▼銚子塚古墳(甲府市)　県内最大の前方後円墳。甲斐風土記の丘公園のなかに復元整備されている。

►国玉《くだま》の農ごよみ絵屛風　六曲一双の屛風で，甲府近郊の国玉村(甲府市)周辺の江戸末期の農事に年中行事をあわせ描いている。図は7月(七夕)と8月(十五夜)の一部で，この地域の風物詩として興味深い。作者不明。

► 釈迦堂《しゃかどう》遺跡群（笛吹市・甲州市）　昭和54～55（1979～80）年に調査され，とくに大量に発見された縄文中期の住宅跡は空地を中心に環状に配され，背後に位置する土器捨て場の存在とともに，当時の集落景観を伝えてくれる。

▲康和《こうわ》の経筒　甲州市の大善《だいぜん》寺の裏山白《はく》山平《さんだいら》から出土。783字が刻まれており，写経から埋納に至るまでの過程が詳細に記録されている。

► 金銅観音菩薩《ぼさつ》立像　平成6（1994）年に調査された東畑《ひがしばたけ》遺跡（甲府市）から出土した高さ9.5cmの小金銅仏で，白鳳期の作品と推定される。

◄川中島合戦図屏風　武田信玄と上杉謙信の一騎討ちは川中島合戦のハイライトとされる。実際にはこんなことはなかったが，両者の戦いを象徴的に示している。

▲大聖寺《だいしょう》木造不動明王坐像(身延町)　承安元(1171)年，加賀美遠光《かがみとおみつ》が高倉天皇から下賜されたものと伝える。藤原時代の作で，本来は青不動だが現在は古色を呈する。

▼大善寺本堂(甲州市)　弘安９(1286)年立柱銘をもつ県内最古の建造物。鎌倉時代の和様建築の代表的な遺構で，５間四方のうえに檜皮葺《ひわだぶき》の大屋根を乗せる姿は，見る者を圧倒する。

▼武田勝頼《かつより》・夫人・信勝画像　このおだやかな家族の像からは，天正10(1582)年武田氏滅亡の悲劇は感じられず，はなやかな戦国大名のつかの間の幸せがみられる。また勝頼の風貌からは猪突猛進型の勇将のイメージは湧いてこない。

▼若き日の信玄画像　武田信玄の画像については近年諸説があり，従来知られる丸顔の信玄像を否定するものが多い。この画像は間違いないと思われるが，ここからは名門武田の若き当主の意気込みが感じられる。

►善光寺阿弥陀《あみだ》三尊像　この像は武田信玄が永禄元(1558)年に信濃善光寺から移したもので，本尊の前立仏だったという。本尊が信濃に帰ってからも善光寺信仰は続き，現在も甲府善光寺は多くの参拝者を集める。

▼勝沼氏館跡（甲州市）　武田信虎《のぶとら》の弟信友の館跡で，国指定史跡として整備が進んでいる。有力武士の館の状況がよく示されている。

▲甲府絵図(弘化 2〈1845〉年)　幕府直轄時代の甲府。武家地・町人地・寺社地と道・川などを色分けして城下の構成が明らかにされている。甲府和《わ》田平《だびら》町の志村守明の作図で，縦100㎝・横92.5㎝。

►柳沢吉保《よしやす》画像　吉保が甲府受封前の元禄15(1702)年，狩野《かのう》常信に描かせた像三幅の一つで，上部にみずから賛をしたためている。没後の正徳5(1715)年に柳沢氏の遠祖青木氏の開基になる常光《じょうこう》寺(韮崎市)に納めさせた。

運籌帷幄
決勝千里
還笑子房錯費工
韜畧從來寥廓裏
吉保自題

▼水行直仕《すいこうなおしし》方図《かたず》の絵馬　急流の富士川で通船の第一の難場といわれた天神ガ滝で，舟路の大規模な改修が完工した文化14(1817)年，船頭たちの信仰する七面《しちめん》明神(富士川町)に奉納されたもの。工事の模様が描かれている。

▲甲州犬目峠の絵　葛飾北斎《かつしかほくさい》の富嶽三十六景の一つ。犬目峠は甲州道中の野田尻《のたじり》宿(上野原市)と犬目宿(同)の間にある。富士山を南西に遠望し，前面に峠道を上る旅人や馬をひく馬子を配して，装飾画的なはなやかさをみせる。

▼富士山神宮 幷《ならびに》 麓八海略絵図(部分)　金鳥居《かなとりい》から上吉田の御師《おし》町をへて富士浅間明神と富士登山道が描かれる。原図は江戸後期と推定される上吉田の藤原浩俊の作で，御師の大番城《だいばんじょう》家が所蔵した版木による墨摺《すみずり》に精緻な着色がほどこされている。

▲甲州生糸《きいと》商標(武井常助製糸章)
出荷生糸の品質保証のために種々の図案の商標を使用したが，工場を描いたものとして興味深い。石版刷。ちなみに武井製糸場は明治11(1878)年甲府穴山町で創業された。

►大正6(1917)年の重要物産(『山梨県統計書』) 器械製糸県としてスタートしたことが近代山梨の産業発展の基軸となり，それが本県の産業経済の体質を生糸・繭・桑葉の上位3種で重要物産の3分の2を占めるという蚕糸業に強く依存するものに変えていった。

地方史研究協議会名誉会長
学習院大学名誉教授
児玉幸多　監修

企画委員　熱田公—川添昭二—西垣晴次—渡辺信夫

山梨県の歴史

目次

飯田文弥—秋山敬—笹本正治—齋藤康彦

山梨県の歴史

風土と人間——内陸の甲斐

三つの地域●

日本のほぼ中央に位置する山梨県は、南東の富士山、北西の八ケ岳《やつがたけ》をはじめとして、四周を二、三千メートル級の山々で囲まれた内陸県である。そして、県の中心部となるのがわが国有数の甲府盆地である。山地から流入する諸河川が、北東からの笛吹《ふえふき》川、北西からの釜無《かまなし》川にそそぎ、やがて盆地南端で富士川となって、東西に山地のせまった狭窄《きょうさく》部を南へ流下して駿河《するが》へむかう。こうした地形からうまれたのが、はるかな昔、甲府盆地は湖であったとする湖水伝説であろう。

ところで、県外の人々の多くは、周囲の山地帯と中におさまった甲府盆地という、こじんまりした山梨県をイメージしているようである。しかし、面積で全国では第三二位にある本県も、自然的・人文的条件においてけっして一様ではない。まず、県域を中央より東寄りに大菩薩《だいぼさつ》連嶺と御坂《みさか》山地が東西にわけて、古くから東部を郡内《ぐんない》、西部を国中《くになか》とよんだ。

郡内は、富士五湖の一つ山中《やまなか》湖に発源して北東へ流れる桂《かつら》川と、その支流域に展開する地域を人々の生活のおもな舞台としており、下流は相模《さがみ》川となって相模湾にそそぐ。また、一部の北方山間地は東京湾にそそぐ多摩《たま》川の上流域であった。このように、富士川に盆地の水が集められる国中とは、明らかに水系を異にしていた。気象でも郡内と国中とが異なるのは、甲府地方気象台の天気予報が山梨県を東部・富士五湖と中西部の二つの地方に区分していることでも知られよう。地理的に武蔵《むさし》（埼玉県・東京都）・相模

（神奈川県）に接して、関東諸国との関係が深かった郡内は、方言もいわゆる関東方言に属し、信濃《しなの》（長野県）・駿河（静岡県）に接壌した国中が、東海・東山方言のナヤシ（長野・山梨・静岡）方言に属して、たとえば、前者の「べー」言葉に対し、後者が「ズ・ズラ・ツラ」を用いるように、これはまた生活文化圏の対照をみせる。

　元文五（一七四〇）年、古文書調査のため甲斐を訪れた青木昆陽《こんよう》は、『甲州略記《りゃっき》』に「郡内（都留《つる》郡）の人は、甲州とは別の一国のように思って、三郡（国中の山梨・八代《やつしろ》・巨摩《こま》の三郡）を指して甲州という」と記して、両地域における大きな違いを、税制・量制・幣制についてのべていた。

　一方、国中も甲府盆地一帯と富士川の河谷《かこく》地帯とにわけられる。甲斐を東西に郡内と国中のなかほどを横断する甲州道中からは、南にへだたっているためにみえにくいが、後者は河内《かわうち》とよばれてきた地域である。河内は戦国時代に穴山《あなやま》氏、郡内は小山田《おやまだ》氏の直接支

甲府盆地　盆地の東南から遠く茅ケ岳と八ケ岳を望む。

配下にあった。そうした領有関係から、戦国末期以来、甲斐を区分する九筋《くすじ》二領のうちの二領として、河内領と郡内領という広域地名で存続することになった。そして、九筋はかつて武田氏の本領であった盆地に広がる一帯で、万力《まんりき》・栗原《くりばら》・大石和《おおいさわ》・小石和《こいさわ》・中郡《なかごおり》・北山《きたやま》・西郡《にしごおり》・逸見《へみ》・武川《むかわ》の九筋であった。このような地域構成のもとで展開される歴史はもちろん多彩であった。

武田の遺風●

春、県内の各地にはなやかな祭りがあいつぐなかで、四月の初め、甲府の街に武田氏の甲州軍団がよみがえる。「信玄公祭り」で、多くの観光客を集める山梨県第一の祭りである。著名な祭りの観光化にほとんど例外はないが、この大がかりな祭りは人々に、信玄ならではの国柄を強く感じさせるものがあろう。

江戸時代、甲斐には国法と称するものがあった。大小切《だいしょうぎり》（税制）・甲州枡《ます》（量制）・甲金《こうきん》（幣制）など、他国と異なる制度から習俗にもおよんだもので、もちろん成文法ではなく、慣習法あるいは国風《こくふう》といってよいものであった。もっとも、それらは国中に特有のもので、郡内は別であった。この大小切・甲州枡・甲金の三法は信玄にはじまるとされ、武田氏滅亡後、甲斐に入国した徳川家康《いえやす》もそれらを武田の制法として認め、以来、国法として維持されてきたというのである。あるいは、四角箸《しかくばし》は後先のない角箸であるが、これも信玄以来の流儀とされ、また、この国で重陽《ちょうよう》（九月九日）の節句《せっく》を祝うことがないのは、信玄の軍が川中島《かわなかじま》で敗北した日であるとの言い伝えによったともいわれるほどであった。江戸時代になってからほとんど甲府在城の藩主をもたず、江戸後期には幕府の直轄領化してしまったことが、民心のよりどころとして、現存する国法（国風）の制定者と信じられた、信玄渇仰の念を高めさせたにちがいない。

大小切は農民にとって有利な税法であり、甲州枡と甲金はやはり長く甲州人の生活に密着したもので、三者は一体の制度で不可分と考えられてきた。したがって、いずれか一つが改廃されることがあれば、他におよぶと危惧された。この時代に甲州枡や甲金が存廃の危機に逢着《ほうちゃく》した際に、三郡をあげての訴願《そがん》運動の展開をみたのはそのゆえである。まして、崩壊寸前の幕府が慶応三（一八六七）年、大小切の廃止を触《ふれ》だしたとき、三郡惣百姓は反対闘争をおこした。これらの運動にはきまって三法の創始者とされる信玄がもちだされたように、信玄は江戸時代を通して生き続けなければならなかったのである。三法存続の運動は、国中の人々の生活擁護のための独自性の主張と解されよう。明治五（一八七二）年に政府の大小切税法廃止の布告に反対した一揆（大小切騒動）が弾圧されてのちも、甲州人の信玄追慕の情はうすらぐことがなかった。明治十六年に山梨県へ出張した太政官《だじょうかん》統計院の役人細川広世《ひろよ》の旅行記『甲州土産《みやげ》』には、五月十八日、躑躅ケ崎《つつじがさき》の館跡（武田氏館跡）を訪れたときのようすがつぎのようにみえる。

　今日ハ其祭日ナルヲ以テ、菱章（武田菱《たけだびし》の紋章《もん》）ノ

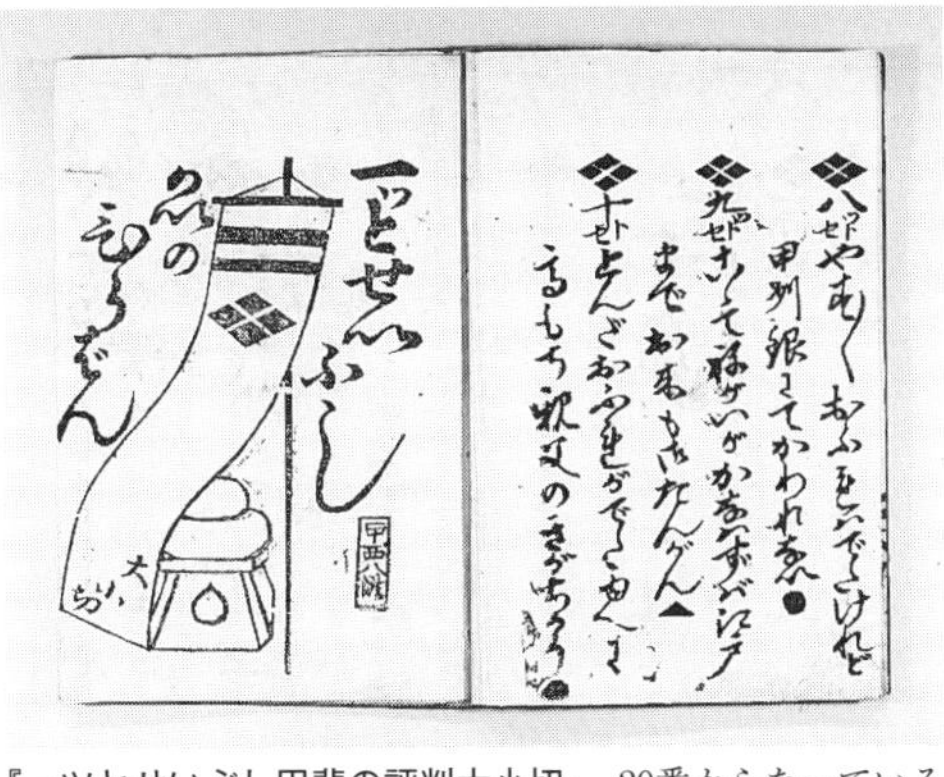

『一ツとせいぶし甲斐の評判大小切』 20番からなっているが，なかで「五ツトセ，いかにてんかのおふれでも，たったら甲州やみとなる」と歌う。

旗幟《きし》風ニ飜《ひるがえ》リ、州民輻湊《ふくそう》甚ダ雑沓《ざっとう》ヲ極ム、凡《すべ》テ州中ノ民、昔時《せきじ》ヨリ信玄ヲ追慕スルコト、赤子《せきし》ノ父母ニ於ケルガ如ク、今ニ至リテモ信玄公ト称セザルハ、談話ノ際ト雖《いえ》ドモ大ニ不平ノ色アリ

閉鎖と交流と●

高峻な山岳でさえぎられた周囲の国々からの隔絶感は、この山国で生まれ育った人々よりも、他国の人々により強かったことは当然であろう。「甲斐人の嫁にはならじ事辛《から》し甲斐の御坂《みさか》を夜や越ゆらむ」（『承徳《じょうとく》本古謡集《ほんこようしゅう》』）と、甲斐は他国人にとって僻遠《へきえん》の地であったにちがいない。甲斐の語源については江戸時代以来、山と山とのあいだの狭い所を意味する「峡《かひ(い)》」の説が有力であった。国語学者橋本進吉《しんきち》の研究になる上代特殊仮名遣《じょうだいとくしゅかなづかい》いで、峡の説はいれられないことが明らかにされたが、通説化していた峡の印象と、それから生ずる閉鎖性という一般的認識は、地形的条件においてはぬぐいえなかった。しかし、それだけにこの国に住む人々は外に対する関心が強く、他国とつなぐ幾筋もの道に働きを求めてきたのである。

古代の御坂路が、中世以来、鎌倉往還として甲斐源氏の活動する政治的・軍事的道路の役割から、鎌倉仏教の伝教者、富士道者《どうしゃ》の道として、あるいは甲斐と駿河・伊豆《いず》（静岡県）・相模三国とのあいだの物資の移出入路となって展開したように、周囲の国々へつうじていた古道はやがて近世的に整備されて、諸国との交流を盛んにする機能をになった。秩父《ちちぶ》・青梅《おうめ》・中道《なかみち》・駿州《すんしゅう》・佐久《さく》の諸往還であるが、江戸初期に五街道の一つとして開設された甲州道中は交通の大幹線となり、もう一つ、富士川が甲斐を海につなぎ、海の香をもたらす舟運として活躍する。人の往来と物資の流通は、甲斐の経済や文化の活動を盛んにした。

元禄～享保期（一六八八～一七三六）は商品経済の進展を背景に、江戸の消費経済が甲府城下へも普及して、町人層に江戸の風俗や文物にならおうとする風が浸透した時期であった。とくに柳沢吉保《やなぎさわよしやす》・吉里《よしさと》

父子の時代（一七〇四～一二四）に江戸風の流入が顕著で、以来、江戸から運ばれる香具や呉服の類をはじめとして、不自由な物はなくなり、江戸で流行の品はただちに移入されるほどだったという。柳沢氏の家老の家に生まれ、江戸と甲府のあいだを何回か往復した柳沢淇園《きえん》（柳里恭《りゅうりきょう》）は、著書『ひとりね』のなかで、甲斐の国はめずらしい言葉を使う所だとして多くの方言をあげているが、そのあとに、在方《ざいかた》とはちがい、城下の町では言葉はあまり江戸と変わらず、ただ語感に一風変わったところがあるとのべていた。

すでに十七世紀後半から商業活動の面で他国商人の入峡や、甲府商人のほか在方商人のなかにも江戸への往復がみられるようになっていたが、十八世紀前半には江戸や他国から俳諧師《はいかいし》をはじめ、文人や遊芸人が入峡し、甲斐の文人が旅行するなど、彼らのあいだの交流は繁くなり、そのネットワークは地理的条件をはるかにこえて作用していた。当時、「甲府の町家では楽舞音曲《がくぶおんぎょく》、俳諧や盤上《ばんじょう》（囲碁《いご》・将棋《しょうぎ》などの遊戯）を愛好して、風雅《ふうが》を楽しむ者が多く（中略）、他国から来る碁打《うち》・将棋指《さし》その他の遊芸人に対して、親戚以上にもてなすので、彼らの中には世帯をもって住みついてしまう者も多い」とのべる『裏見寒話《うらみかんわ》』（宝暦二〈一七五二〉年序）は、「畢竟《ひっきょう》、豊饒《ほうじょう》なる土地と見えたり」と書き加えていた。

甲州人気質●

以上のような風土と歴史に育まれてきた山梨県で、生きてきた人々について語られる県民性はさまざまである。まず、県内でも地域差はあるが、人々の生活の場として大部を占める甲府盆地にみられる年間の寒暑の差の大きい気候は、甲州人のメリハリのある気質を培ってきたといえる。つぎに、県民性として〝新しもの好《ず》き〟ということがいわれる。流行に敏《びん》なることで、たんに軽薄さではない。先にのべたように、十八世紀初頭以来、東都《とうと》（江戸）の風俗・文物の摂取に努めてきた歴史にあったのであり、山国という閉鎖感の反作用で、時流《じりゅう》に遅れまいとする気風の強さであろうか。

明治四十五（一九一二）年、東京朝日新聞特派員として山梨県へ出張した松崎天民《まつざきてんみん》は『甲州見聞記』で、当時、山梨県へ赴任していた二人の人物に甲州人を語らせている。県知事として着任して四年の熊谷喜一《くまがいきいち》郎《ろう》（東京府出身）と、甲府中学校長に着任して一一年の大島正健《まさたけ》（神奈川県出身）である。両者に共通している点は、甲州人は実利主義で個人本位で、自立自営の気概が強く、協力の精神にとぼしいが、「義俠《ぎきょう》の血汐《ちしお》も流れている」としていることである。江戸時代を通して、後楯《うしろだて》となる在藩の城主をほとんどもつことがなかったことが、こうした気風を育てたのであろう。そして、ここには幕末開港以来、冒険投機商として活躍し富豪となった若尾逸平《わかおいっぺい》や雨宮敬次郎《あめみやけいじろう》その他の甲州商人が想起される。松崎自身は二人の甲州人観に加えて、文学と政治思想のとぼしさを指摘していた。

もう一つは従来、指摘されることが少なかったが、濃密な人間関係が、付き合いを重視する県民性としていわれるようになった。右の実利主義・個人主義に対する調整的な役割とみるべきだろうか。特殊な例であるが、県内に多くの無尽《むじん》が旧来の頼母子講《たのもしこう》のもつ本来的な機能は消去されて、小さな仲間意識を強めるために無尽の形をかりた会として存在している。擬似《ぎじ》無尽で近年の所産であるだけに、交際の一事象として、他県出身者の目に奇異に映るのも当然であろう。

産業・経済の発達、交通網やマスメディアの進展が、地域差をしだいに埋めながらも、人々の基本的な意識の地域性は否めない。ここでとりあげてみたのは県民性の一端にすぎず、それらは固定したものではない。変容の過程にある県民性があらたにどのように培われていくかは、地域の歴史をになう人々にかかっているのである。

1章

甲斐国の成立

方形周溝墓群(甲府市上の平遺跡)

1　遺跡が伝える甲斐

旧石器時代人の足跡●

山梨県で発見されている遺跡は、約三万年近く前にまでさかのぼる旧石器時代の立石《たていし》遺跡（甲府市）、一杯窪《いっぱいくぼ》遺跡（都留《つる》市）などが最古に属する。打製石器を用いるこの時代の遺跡は、県内では平成八（一九九六）年末で五三カ所を数えるが、調理施設と考えられている礫群《れきぐん》一〇カ所を検出した天神堂《てんじんどう》遺跡（南部町）のように、定住的な生活痕跡を確認できたものは少なく、たんに少数の石器のみを出土する遺跡が多い。そのため、後者については、黒曜石の原産地である長野県和田《わだ》峠付近と、その石を加工した石器を出土する遺跡が東海・関東各地に所在するところから、両者を行き来した交易者の一時的な居住地であるとか、海岸部に定住する人々が季節的に獲物を求めて訪れた際の宿営地であるとの考え方も示されている。

一方、丘《おか》の公園《こうえん》遺跡群（北杜《ほくと》市）のなかには、縄文《じょうもん》時代草創期初頭に特有の形態といわれる柳葉形の槍先形尖頭器《せんとうき》や縄文早期の

県内最古といわれる石器（甲府市立石遺跡）

土器などが礫群とともに発見されているから、縄文時代に直接つながる遺跡もあったことを知ることができよう。

花開く縄文文化●

氷河期の終焉と時期をほぼ同じくして日本は新しい縄文時代を迎える。一万二〇〇〇年前にはじまるこの時代は、温暖化にともなって、食用果実を提供する落葉広葉樹林の展開や中小獣の繁殖などの生態系の大きな変化にあわせ、土器の発明が煮炊《にた》きによる食用範囲の拡大や長期保存を可能とし、食料の安定的な供給をもたらして、竪穴住居による定住生活が促進されていくのである。

県内の縄文遺跡は、複合遺跡を時代ごとに一遺跡と考えると、一九〇〇が確認され、総数の約三五%を占める。とくに、前・中期に遺跡数が増え、その規模も大きくなっていくのは、温暖化の進行により生活環境や食料確保に恵まれるようになり、より多くの人口をささえることが可能になったことを示すものと考えられている。地域的には全県にわたって所在しているが、とくに甲府盆地縁辺部の曾根《そね》丘陵や扇状地、八《やつ》ケ岳・茅《かや》ケ岳山麓、桂《かつら》川流域の河岸段丘上などに多い。

県内最古の土器は、平成四（一九九二）年の調査で神取《かんどり》遺跡（北杜市）から発見された隆起線文・爪形文がほどこされた草創期のものだが、この時代を代表する遺跡としては、まず釈迦堂《しゃかどう》遺跡群（笛吹市・甲州市）をあげざるをえない。盆地東部の京戸《きょうど》川扇状地に位置する遺跡群は、中央自動車道建設にともない昭和五十五〜五十六（一九八〇〜八一）年にかけて約二万平方メートルが発掘調査されたもので、塚越北《つかごしきた》A・塚越北B・三口神平《さんこうじんだいら》・釈迦堂・野呂原《のろはら》の五地区にわかれる。旧石器時代から平安時代におよぶ複合遺跡であるが、早期から後期までの遺跡が含まれる縄文時代が主体である（口絵参照）。

住居跡は、塚越北Aでは早期二五・前期一八・中期九・後期三（敷石）、塚越北Bでは早期一・中期八・後期二、三口神平では前期一〇・中期一五八、野呂原では中期一六が検出された。これらが集落として同時期に存在したわけではないが、同一地域に集落が連綿として維持されてきたようすをうかがうことができる。また三口神平の中期住居の多くは曾利《そり》式期のもので、円形の広場を中心に、土壙《どこう》群・住居・土器捨て場が同心円上に配されるなど、当時の集落景観と大規模化の傾向を端的に物語っている。その傾向は前期後半の住居跡四九軒を確認した天神《てんじん》遺跡（北杜市）にすでにみられるが、中期住居を多くともなう遺跡としては、三三軒の久保地《くぼち》遺跡（都留市）、二八軒の原平《はらだいら》遺跡（大月市）、二五軒の宮之上《みやのうえ》遺跡（甲州市）、一五軒の上野原《うえのはら》遺跡（甲府市）、二二軒の一《いち》の沢《さわ》遺跡（笛吹市）、二七軒の鋳物師屋《いもじや》遺跡（南アルプス市）、二七軒の社口《しゃぐち》遺跡（北杜市）、四九軒の甲ツ原《かぶばら》遺跡（同市）、一九四軒の酒呑場《さけのみば》遺跡（同市）などが知られる。

また、この時期の遺跡からは出土品も多く、縄文土器の最盛期を示す過大ともいえる装飾がほどこされた華やかな土器

中期土器群（笛吹市一の沢遺跡）

が多く出土する。酒造具とされる有孔鍔付《ゆうこうつばつき》土器や顔面取手などとともに、とくに注目されるのは、一遺跡からの出土数としては全国一である釈迦堂遺跡の土偶《どぐう》一一一六点で、完形品は一点もないという特徴も含め、その信仰的意味が問われている。

しかし、後・晩期になると遺跡数は急激に減少する。それは気候の寒冷化にともなう生活環境の悪化によるものと考えられるが、八ケ岳南麓の金生《きんせい》遺跡（北杜市）では、後・晩期の住居跡三八軒とともに、配《はい》石《せき》遺構五基、石組《いしぐみ》遺構一五基、土壙八基が発見された。配石遺構の一つは幅一〇メートル、長さ六〇メートルもあり、方形や円形の石組のなかに立石・石棒・丸石などを配した特殊な形態から、祭祀施設と考えられている。出土品も、土偶二三三点のほか、石棒・石剣・独鈷石《とっこいし》、土製耳飾り、一歳未満のイノシシの下顎骨一三八個体、祭祀用土器など、儀礼的用途に使用されたとみられるものが少なくない。同様な性格は近隣の石堂《いしどう》遺跡・青木《あおき》遺跡（ともに北杜市）にも認められる。国指定史跡として復元された金生遺跡をみると、きびしい自然との闘いを克服するために、神への祈りにかけた後・晩期縄文人の心が伝わってくるようである。

稲作と甲府盆地の開拓●

稲作と金属器に象徴される弥生《やよい》時代は、山梨県でも紀元前三世紀頃からはじまるとされている。昭和六十（一九八五）年に調査された中道《なかみち》遺跡（韮

晩期の特異な土偶（北杜市金生遺跡）

崎市）から、籾痕《もみあと》のある縄文晩期の土器が出土し、その胎土中から稲のプラントオパールが検出された。稲作の伝播時期を考えるうえで話題をよんだが、宮《みや》ノ前《まえ》遺跡（同市）で確認された弥生前期と推定される水田跡も、東日本における早い事例として注目されている。

昭和五十二年に発見された金《かね》の尾《お》遺跡（甲斐市）は、甲府盆地低部で確認された最初の大規模遺跡である。貢《く》川左岸の自然堤防上に位置する後期の住居跡三三軒、周溝墓《しゅうこうぼ》二六基は、溝によって南北に区分され、溝の北側に墓域が設けられていた。残念ながら水田跡は発見されていないが、炭化米や籾痕土器などの稲作集落であることを裏付ける遺物のほか、紡錘車《ぼうすいしゃ》・石錘《せきすい》・ガラス玉などの生活用具が出土している。金の尾遺跡と同様の後期には、扇状地先端部に立地する遺跡が釜無《かまなし》川右岸で連続して発掘されるなど、盆地低部の水辺に近い地域の開発が相当進んだであろうことが推定される。

一方、金の尾遺跡で発見された周溝墓も、この時期を画する大きな特徴の一つである。中央に埋葬施設を設けて周囲を溝で囲むもので、溝は金の尾でも二六基のうち二四基がそうであるように方形のものが多いため、方形周溝墓とよばれる。曾根丘陵の上《うえ》の平《だいら》遺跡（甲府市）では、一二六基が集中して発見されている（章扉写真参照）。方形周溝墓をつくった人々は、同時期の住居跡七七軒が発見された宮《みや》ノ上《うえ》遺跡（同市）など近くに別に集落を形成しており、住居地域と墓域がはなれていたことがわかっている。墓が集中するという意味では共同墓地的な性格をもつが、周溝墓の大きさは一律ではなく、一辺が一〇メートル前後のものが多いなかで、最大規模三〇メートル×二四メートルの存在は、これら集落を統括する首長の登場をうかがわせるに十分といえよう。集落と墓は古墳時代初頭まで維持され、あらたな時代を準備したのである。

巨大古墳の築造●

曾根《そね》丘陵の西の米倉山《こめくら》にある全長四五メートルの小平沢《こびらさわ》古墳（甲府市）は、県内唯一の前方後方墳で、築造年代ももっとも古く、四世紀中頃と推定されている。古墳は、方形周溝墓の埋葬部分を盛土でおおった形態だが、共同墓地的性格をはなれ、個人の独立した墳墓としてつくられたもので、埋葬された首長の支配力の強大化の象徴としてうけとめられる。

小平沢古墳に続くものとして、曾根丘陵に巨大な前期古墳が集中して築かれた。四世紀中・後期の前方後円墳である全長約一二〇メートルの大丸山《おおまるやま》古墳や一六九メートルの銚子塚《ちょうしづか》古墳（口絵参照）、五世紀初頭を下らない径七二メートルの円墳丸山塚《まるやまづか》古墳（以上、同市）などである。副葬品も豊富で、大丸山古墳からは鏡・管玉《くだたま》・手斧・鉄斧・鎌・鉄剣・短甲・鉄鏃《てつぞく》、銚子塚古墳からは鏡・石釧《いしくしろ》・勾玉《まがたま》・管玉・鉄剣・鉄斧・鉄鏃、丸山塚古墳からは鏡・鉄剣・鉄斧・鎌・石釧などが出土し、銚子塚古墳・丸山塚古墳の墳丘は埴輪《はにわ》で飾られていた。また、大丸山古墳で発見された三角縁三神三獣鏡は岐阜県打越《うちこし》古墳、静岡県銚子塚古墳、銚子塚古墳の三角縁人車馬画像鏡は岡山県車塚《くるまづか》古墳、群馬県三本木《さんぼんぎ》古墳、福岡県藤崎《ふじさき》遺跡から出土した鏡と同じ鋳型でつくられたもの（同笵）である。同笵鏡《どうはんきょう》の分配は服属の過程で畿内王権によってなされたといわれ、古墳の形態や副葬品などにも畿内の影響が強く認められることから、曾根丘陵へ墓をつくった首長たちは畿内王権と強く結びつき、その東国進出の前進基地的役割をはたしたのではないかと考えられている。

五世紀にはいっても、曾根丘陵には全長一三二メートルの前方後円墳天神山《てんじんやま》古墳（甲府市）がつくられるなどその勢力は維持されるが、古墳は周辺地域にもおよんでいる。王塚《おうづか》古墳（中央市、前方後円墳、全長六一メートル）、物見塚《ものみづか》古墳（南アルプス市、前方後円墳、全長四八メートル）、岡《おか》・銚子塚古墳（笛吹市、前方後円墳、全長九二メートル）、亀甲塚《かめのこうづか》古墳（同市、現況円墳、径二五メートル）、竜塚《りゅうづか》古墳（同市、方墳、一辺五二メートル）などがあり、古墳の築造が各地の首長層にうけいれられていったようすをうかがうことができる。それはまた畿内王権の勢力浸透過程を表現しているともいえよう。

　後期になると、古墳は甲府盆地一帯と郡内《ぐんない》の桂《かつら》川流域にもみられるようになる。六世紀後半には、径四〇メートル、石室の長さ一七・五四メートルの姥塚《うばづか》古墳（笛吹市）、径約四五メートル、石室の長さ一六・七五メートルの加牟那塚《かんなづか》古墳（甲府市）という、全国でも十指にはいる規模をもつ巨大な円墳が築かれる。盆地北部や東部にあらたな政治勢力が形成されたことを物語っている。一方、小規模古墳が集中して残る群集墳も出現する。千米寺《せんべいじ》古墳群・国分《こくぶ》古墳群（以上、笛吹市）、湯村山《ゆむらやま》古墳群・千塚《ちづか》古墳群（以上、甲府市）、赤坂台《あかさかだい》古墳群（甲斐市）などである。群集墳の登場は、墓を築造できる層が拡大していったことを示すもので、ムラの有力者や家族という単位で築造を

岡・銚子塚古墳（笛吹市）

可能にするだけの生産力の向上があったことを反映している。それはまた、古墳が権力の象徴であった時代の終焉が近づいていることを端的に伝えてくれる。

また、甲府市東部の横根《よこね》・桜井《さくらい》地区の南面山間部には、石を積み上げて造成された積石塚《つみいしづか》とよばれる特殊な形態の古墳が一四五基も集中して確認されている。すべてが円墳で、径五~七メートルのものが多い。築造方法の特殊性から、その発生については、類似の積石塚がある朝鮮半島から渡来してきた人々の手になるとする被葬者渡来人説と、築造材料としての石が豊富という地域事情によるとする環境自生説とがあり、決着をみていないが、この積石塚古墳群も群集墳であることには変わりはなく、前述の変遷のなかに位置づけられよう。

2 伝説に描かれる甲斐

甲府盆地湖水伝説●

甲府盆地を囲む丘陵や山に登ってみると、周囲を高山に囲ま

積石塚古墳（甲府市横根支群29号墳）

れた地形は、かつて盆地は湖だったのではないかという感慨を誰もがもつに違いない。たしかに、甲府盆地の成因については湖底盆地（古甲府湖）とする説があるが、これは百数十万年前にあったとする地質学上の学説である。さらに、緑が丘運動公園近くの相川《あい》の河床（甲府市）で、約八万年前より古い地層からナウマンゾウの臼歯が発見され、また縄文時代前期の上石田《かみいしだ》遺跡（同前）の存在など、盆地低部での生活痕跡が確認されていることから、少なくとも人々が住みつくようになった頃には、盆地一帯が湖だったということはありえないことははっきりしている。

ところが、盆地が湖だったという話は、近世の地誌類にしばしば登場する。たとえば、勘定方《かんじょうがた》として甲斐に入国した村上某が記録した享保十七（一七三二）年の『甲州噺《こうしゅうばなし》』には、その冒頭に「国母《こくぼ》地蔵・蹴裂《けさき》明神之事」と題して、つぎのような話を載せる。

甲斐国の往昔は、水海にて村里・人家も少なく候所、山梨郡東光寺《とうこうじ》村、東光寺の法城《ほうじょう》寺の国母地蔵と、巨摩郡鰍沢《かじかざわ》村の枝郷鬼島《おにじま》村の末柳《やな》川の洲崎に小宮之《これ》有り。蹴裂明神との方便を以て、右山間の岩石を切り開き給うに依りて、一国の水干落ち、村里田畑も多く出来たる由之有り。右の地蔵を国母地蔵と申し奉り、寺を水去りて土と成ると書き、法城寺と唱え候由。（中略）又巨摩郡甘利《あまり》の西の方に苗敷《なえしき》山と云う有り。此の山上に立たせ給う虚空蔵菩薩《こくうぞうぼさつ》は、其の節国中の水干潟へ稲の苗を与え給うとて、一国の百姓毎年八月十三日に、其の年の新米を小さき俵に拵《こしら》え持参いたす由、古来より語り伝え御座候由。

ある人物が山（この話では明記されないが、他の伝説では南山といい、開削場所を禹瀬《うのせ》とする）を開き、湖の水を落として沃土としたというのである。

このパターンの話はほかにもあり、開削者は根裂神《ねさき》・磐裂神《いわさき》（笛吹市・佐久神社）、国建神《くにたて》（韮崎市・穂見神社）、向山土本毘古王《むこうやまとほひこ》（甲府市・佐久神社）、国司《こくし》（同市・穴切大神社）、行基《ぎょうき》または国母地蔵（甲府市・法城寺）、七面大明神（富士川町・感応寺）などと異なるものの、筋はほぼ同じである。いずれも寺社の主尊や祭神などの功績として語られており、後世の付会の観が強いが、江戸時代初頭の元和年間（一六一五～二四）には成立していたとみられる『甲陽軍鑑《こうようぐんかん》』にもこの種の伝説がみえるから、成立時期は戦国時代までは確実にさかのぼると考えられる。さらにいえば、『延喜式《えんぎしき》』には八代郡佐久《さく》神社が載るが、佐久は「裂く」に通ずる点から、その勧請・創建が開削者を神として祀るためになされたものとすれば、湖水伝説の成立は平安時代初期以前にさかのぼるといえよう。

伝説そのものには史実を認めることはできないにしても、以上のような諸種の形で甲斐の人々はこの話を信じ、伝えてきた。平安時代の『和名抄』に青沼《あおぬま》郷・沼尾《ぬまのお》郷など低湿地の存在を示す名称が依然として残り、『延喜式』に堤防の修理料二万束が計上され、また、甲府市南部地域で第二次大戦前まで軒先に舟を吊しておかざるをえなかったのは、盆地の地形的特徴により水との永い闘いの歴史があったことを物語るものであり、湖水伝説の成立とそれが伝承されてきた背景を知ることができるであろう。

酒折宮説話と甲斐国造

『古事記《こじき》』に倭建命、『日本書紀』に日本武尊と記されるヤマトタケルノミコトは、九州の熊襲《くまそ》、東国の蝦夷《えみし》を征討し、大きな功績をあげたにもかかわらず、ふるさと大和《やまと》を目の前にして亡くなった悲劇の英雄として両書は描いているが、その東征の過程で足柄《あしがら》坂をへて甲斐国酒折《さかおり》宮に立ち寄っている。

すなはちその国より越えて、甲斐に出《い》でまして、酒折宮に坐《ま》しし時、歌ひたまひしく、「新治《にいばり》　筑波《つくば》

を過ぎて　幾夜《いくよ》か寝つる」とうたひたまひき。ここにその御火焼《みひたき》の老人《おきな》、御歌に続《つ》ぎて歌ひしく、「かがなべて　夜《よ》には九夜《ここのよ》　日《ひ》には十日《とおか》を」とうたひき。これをもちてその老人を誉《ほ》めて、すなはち東《あずま》の国　造《くにのみやつこ》を給ひき。

これは『古事記』の記事だが、酒折宮でヤマトタケルが老人と歌をかわすという筋は『日本書紀』でも変わらない。このヤマトタケル東征物語のなかでもっとも平和的な部分といえる酒折宮説話について、吉田孝氏はつぎのように解釈している。当時、「あづまの国」と意識されていた足柄坂—新治・筑波（茨城県）間を遠征して足柄坂まで戻ったヤマトタケルが、事の終了を意味するとみられる九・十という連数を織りこんだ歌で征討の完結を祝い、老人を東の国造に任命したのは、いわば国占めの儀式を説話化したもので、「あずま」の領有の意思表示である。酒折宮が儀式を行なう場所としてとりいれられたのは、甲斐が「あずま」の国に接し、かつ畿内王権と関係が深いことから、儀式を行なうにふさわしい所と畿内の人々が考えたからであ

酒折宮（甲府市）

る。

周知のように埼玉県稲荷山《いなりやま》古墳出土鉄剣銘にみられる大王ワカタケルは、記紀では大長谷《おおはつせ》若建命《わかたけのみこと》（大泊瀬幼武天皇）と記される雄略《ゆうりゃく》天皇のことであり、『宋書』にみえる倭王武《わおうぶ》に相当する。そのワカタケルが、四七八年の上表文（『宋書』倭国伝）のなかで、「昔より祖禰《そでい》躬《みずから》甲冑を擐《つらぬ》き、山川《さんせん》を跋渉《ばっしょう》して寧処《ねいしょ》に遑《いとま》あらず。東は毛人《もうじん》を征すること五十五国、西は衆夷《しゅうい》を服すること六十六国、渡りて海北《かいほく》を平《たいら》ぐること九十五国」と記しているのは、三世紀末にヤマトを拠点として誕生した畿内王権の代々の大王が国内の統一を進めてきた過程を具体的に物語るものである。

ヤマトタケルの話は、こうした歴代の大王たちの行為を一人の人物に仮託してまとめあげられた英雄伝説であって、話自体が史実というわけではない。にもかかわらず、県内には玉室杉《たまむろすぎ》（手植え、甲府市・玉諸神社）、若彦路《わかひこじ》（皇子若武彦王の通行路）のほか、立ち寄り地の伝承をもつ四阿山《あずまやさん》（笛吹市）、御腰掛石（山梨市・山梨岡神社）、褥塚《しとねづか》（甲州市・松尾神社）、褥石（山梨市・飛尾《とびお》神社）、教来石《きょうらいし》（北杜市）など、記紀にはみえない所伝が色濃く残されており、酒折宮説話の影響力の大きさをしのぶことができる。

ところで、畿内王権と甲斐の関係を伝えるものに甲斐国造起源説話がある。『古事記』は、開化天皇の孫沙本毘古《さほびこ》王を「日下部連《くさかべのむらじ》・甲斐国造の祖」とするが、これは甲斐国造の氏姓が日下部直《あたえ》であったから、日下部の管掌を通じて日下部連と同族とする系譜が成立したのであろうと推定されている。大化前代には諸国の人民は必要に応じて部《べ》に編成され、貢納物などをもって中央に奉仕した。日下部もその一つで、ワカタケル（雄略天皇）の妃草香幡梭《くさかのはたび》姫のために全国に設置された名代《なしろ》の民である。それを統括する中央豪族が日下部連、地方管掌者が日下部直で、日下部直は地方官である甲斐国造も兼ね、畿内王権に服属したことを反映したものと考えられる。

雄略朝以降、甲斐国においては、三枝部《さいぐさべ》・小長谷部《おはせべ》・壬生部《みぶべ》などの皇室に属する名代・子代《こしろ》、大伴部《おおともべ》・物部《もののべ》・当麻部《たぎまべ》・丸部《わにべ》・漢人部《あやひとべ》などの中央豪族が私有する部曲《かきべ》、矢作部《やはぎべ》・丈部《はせつかべ》などの特殊技術をもって官司に奉仕する品部《しなべ》の設置が確認され、さまざまな形で中央への隷属の度合を強めていくようすを知ることができる。雄略朝にはじまるのは、部民の設置や甲斐国造の任命ばかりではない。『日本書紀』が酒折宮で大伴武日《たけひ》に靫負部《ゆげいべ》を賜ったとするのも、雄略朝に活躍する大伴室屋《むろや》の靫負三〇〇〇人拝領の伝承をもとに挿入されたものと思われ、後述の甲斐の黒駒《くろこま》の話も雄略天皇の時代のこととされるなど、ワカタケルと甲斐との深い関係を伝える伝承が多く残されている。

甲斐が畿内王権と関係をもつのは、前方後円墳の築造時期から四世紀後半は下らないといい、畿内勢力の東国制圧の前進基地的役割をはたしたとされる。雄略朝における甲斐国造の任命が、それまでの連合政権的立場からより隷属性の強い臣下的立場への転落を意味するにしても、酒折宮説話が「あずま」の国領有の儀式を象徴するものだとすれば、畿内と早くから結んでいた甲斐に所在する同宮での執行は、もっともふさわしい国占め儀式の場として意識的に選択され、説話にとりいれられたことを示すものといえるのではなかろうか。

甲斐の黒駒●

「甲斐の黒駒」は名馬の代名詞として知られるが、『日本書紀』雄略天皇十三年九月条に、つぎのような話がみえる。

名工として名高い韋那部真根《いなべのまね》に対して、天皇は絶対に失敗しないことを約束させたうえ、下着だけを身につけた采女《うねめ》（地方豪族が貢上した子女）が相撲をとるのをみせながら作業させたところ、案の定失敗したので、処刑しようとしたが、その死を惜しむ声に動かされて、赦免の使いを甲斐の黒駒に乗せて派遣するとともに、「ぬば玉の　甲斐の黒駒　鞍著《き》せば　命死なまし　甲斐の黒駒」と歌った。

甲斐が馬の生産地であったことは、平安時代の御牧《みまき》の存在と駒牽《こまひき》行事から確認できる。この話も内容は他愛はないが、甲斐の黒駒が駿馬であることを前提として語られている。乗馬の風習と馬の飼育は四世紀後半頃に朝鮮半島から日本に伝えられ、畿内王権が騎馬軍団として軍事力に採用して全国に普及していったとするのが通説である。しかし、本県での馬具の出土は五世紀後半のかんかん塚古墳（甲府市）が最古であることなどから、雄略天皇の時代に中央で名声を博するほど甲斐での馬の飼育が進んでいたとは考えにくいとされ、後世に成立した「甲斐の黒駒」の名声が、国造の服属の証しとしての貢馬の制のはじまったという雄略朝に結びつけられたと解せられてきた。

ところが、最近東山北《ひがしやまきた》遺跡および塩部《しおべ》遺跡（ともに甲府市）の方形周溝墓からは馬の歯が発見された。ともに四世紀後半の遺跡で、全国的にも最古の事例に属するが、長野県においても四世紀後半から五世紀代の出土例が多く報告されている。時期的には大陸からの伝来時期と重なるわけで、畿内とほぼ同時に馬の飼育が甲斐・信濃の東国でもはじまったとする可能性が生じた。熟練した飼育技術をもつ渡来人の移住の問題とも関連するが、古墳の築

国内最古に属する馬の歯の出土状況（甲府市塩部遺跡）

造を通じて知りうる畿内王権と甲斐との連携は、時期的に考えて馬の供給・確保が目的の一つとみることもでき、甲斐の貢馬の伝統が大きくさかのぼる可能性は少なくない。雄略朝の黒駒の説話も、その時代に甲斐が馬の供給地であった事実をふまえて成立したと考えてよいと思われる。

しかし、文献的に甲斐における馬の存在を教えるもっとも確実な事例は、六七二年まで下らなければならない。

この年、前年に亡くなった天智天皇の後継者をめぐって、皇子大友皇子と皇弟大海人《おおあま》皇子（のちの天武天皇）の戦いが勃発した。壬申《じんしん》の乱である。このとき、大海人方として動員されたのが「甲斐の勇者」で、大和箸陵《はしのはか》（奈良県桜井市）の戦いに参戦した。このとき敗れて白馬に乗って逃げた敵将廬井鯨《いおいのくじら》が、泥田に馬の足をとられて動けなくなったのをみた将軍大伴吹負《ふけい》は、甲斐の勇者に「急《たちまち》に追いて射よ」と命じた。勇者はすぐに馳せて追ったが、ほどなく泥田から脱出した鯨はあやうく難を逃れたと『日本書紀』にある。

記事はこれだけだが、乗馬の敵将を追撃する行為や「馳せ追う」との表現から、甲斐の勇者が騎馬兵だったことは明らかである。しかも、動員は国司を通じてなされた公的な命令によるものと推定されるから、勇者の属した置染菟《おきそめのうさぎ》軍一〇〇〇余騎のなかの相当数は甲斐の兵だったはずである。「騎」の表現からそのすべてが騎馬兵とも考えられるが、たとえそうでなかったにしても、軍の中核は騎馬兵だったわけで、その騎馬兵を供給できたのは、甲斐の黒駒に象徴される馬の飼育の伝統を反映したものと考えることができよう。

3　律令体制下の甲斐国

「甲斐国」の誕生●

皇極天皇四（六四五）年六月の蘇我蝦夷《そがのえみし》・入鹿《いるか》父子の謀殺を契機として、中大兄皇子《なかのおおえ》（天智天皇）や中臣《なかとみの》鎌足《かまたり》などを中心とする大和政権は新しい体制の国家の建設にむかう。これを大化《たいか》の改新とよび、大宝律《たいほうりつ》令《りょう》の完成まで約半世紀におよぶ改革政治が続くが、彼らがめざしたのは、隋《ずい》・唐《とう》で採用していた律令国家体制であって、全国を一元的に支配するために、まず地方制度の改編に手をつけた。

同年八月、東国を八地区にわけてそれぞれ国司を派遣して人口や田地を調査させ、翌年八月にも改めて国司を任命して田の班給を命ずるとともに、「国国の壃堺《さかい》を観て、或いは書にしるし或いは図にかきて、持ち来りて示《み》せ奉れ。国県の名は、来む時に将《まさ》に定めむ」と、国界を確定したうえで、国の名を決定する方針が示される。この国定めの作業が、その後どのように進められたか明らかではないが、天武天皇十二（六八三）年十二月には諸国へ伊勢王らを派遣して国界を決めようとしたがはたせなかったため、翌年再度派遣し、翌々年にも東国を対象として同人らを遣わすなどの記事が『日本書紀』にみえる。四〇年近くたっても完了していなかったわけで、作業が相当の困難をともなうものだったことを知ることができる。

大和政権時代には国造を個別に服属させ、その勢力のおよぶ範囲を支配対象としていたのに対し、この改革では国境を明瞭にして国の範囲を決め、行政をその全域におよぼそうとしたところに眼目があったのであろうが、国造の支配領域の分割・統合をともなった点から彼らの強い抵抗が当然考えられ、日時を要したものと思われる。西国にくらべて隷属度の低い東国に問題が多かったことは、東国への使者の派遣記事が多いことからも容易に推定されよう。

甲斐国も例外ではない。相模国との間に国境をめぐっての争いがあった。『日本後紀』延暦十六（七九七）年三月二日条に、以前から甲斐と相模の間に国界争いがあったので、現地に使者を派遣して「甲斐国都留郡□留村東辺砥沢」を境とし、東側を相模、西側を甲斐と決定したとあるのがそれである。「□留」は都留（上野原市鶴島付近）あるいは鹿留（都留市鹿留《ししどめ》）に比定されるが、いずれにしても国界とするような地形的特徴を備えていない。もともとが行政上の必要にもとづく一方的な境界決定だったため、確定作業後一世紀をへてもまだ論争がくすぶっていたと考えてよかろう。

大宝令時代の五八国二島が、六六国二島におちつくのは天長元（八二四）年のことで、国域の変遷には長い年月を要したことが知られる。甲斐国

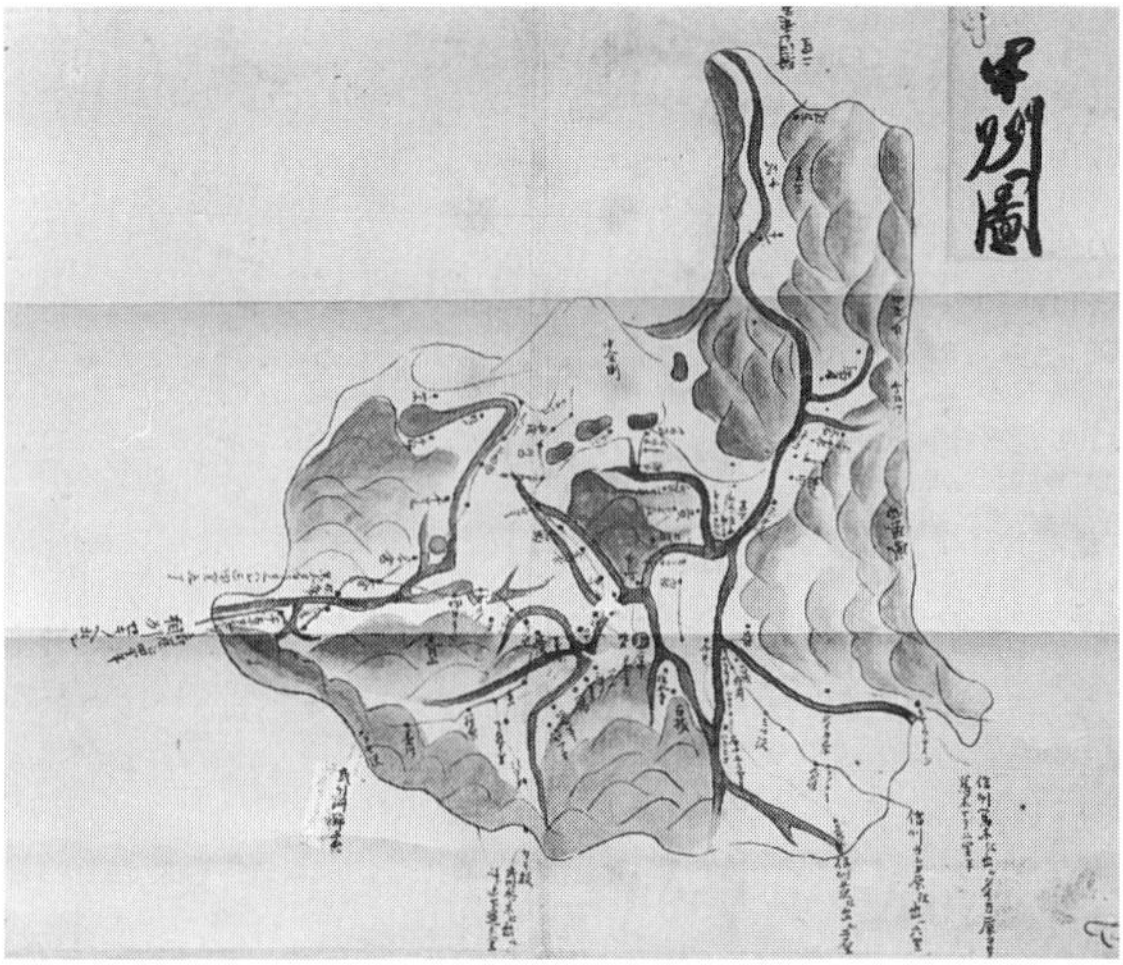

最古の甲斐国の絵図（恵林寺蔵）　江戸初期のものといわれるが，国域は律令時代からほとんど変わっていない。

の領域は、律令時代からほぼ現在の山梨県と変わらなかったと思われるが、当初の強引な設定が、のちに相模地方との結びつきの強い都留郡を郡内《ぐんない》、風俗なども異なる甲府盆地一帯を国中《くになか》とよぶ地域性をうみだす素地をなしたことは想像に難くない。

こうして成立した律令制下の甲斐国は、東海道に属し、横走駅《よこばしり》（静岡県御殿場市）から分岐して加古（加古カ、山中湖村）―河口《かわぐち》（富士河口湖町）―水市《みずいち》（笛吹市）の三駅をへて甲斐国府に至る甲斐路によって中央と結ばれていた。国府の位置については諸説あるが、笛吹市国府《こう》から同市国衙《こくが》に移転したとするのが通説である。郡（大宝令以前は評と書かれた）は山梨・八代《やつしろ》・巨麻《こま》・都留《つる》の四郡で、その下におかれた里《り》は五〇戸で編成され、のちに郷《ごう》と改称される。『和名抄』には、山梨郡一〇・八代郡五・巨麻郡九・都留郡七、計三一郷が記録されるが、比定される所在場所は半数以上が盆地東部に集中しており、開発状況が地域によってかなりの格差があったことが知られる。

国は大・上・中・下の四等級に区分されたが、『延喜式』時代の甲斐は上国（八世紀前半は下国、同後半は中国）で、中央から派遣される国司は、守《かみ》・介《すけ》・掾《じょう》・目《さかん》各一人が令の定員であった。また、郡司も同様に四等官制で、大領・少領・主政・主帳が任じられることになっており、中郡である山梨・巨麻の両郡は各一人、下郡の八代郡・都留郡は主政を欠いた。郡司には旧国造などの地方豪族が選任されたのであるが、史料上確認されるのは、四等官では貞観年間（八五九～八七七）の八代郡擬大領伴真貞《とものまさだ》、都留郡大領矢作《やはぎ》部宅雄《べのやかお》・同少領同毎世《ことよ》の三人のみで、それ以外には下級官僚とみられる山梨郡散事小長谷《おはせ》部練麻呂《べのねりまろ》・同麻《ま》佐《さ》、都留郡散仕矢作部宮麻呂《みやまろ》を知りうるにすぎない。また、郡司が勤務する郡家《ぐうけ》の位置も四郡とも不明である。磯貝正義氏のいう、郡域の変動や巨麻郡等力《とどろき》・栗原《くりはら》郷が山梨郡内に飛地として存在することは、郡の設置が人為的・政治的事情を考慮してなされた結果であるとの意見をあわせ考えると、甲斐の郡が行政機構として機能した痕跡がきわめて薄いのは、自然条件よりも人為的条件を優先した設置事情によるといえるのかもしれない。

渡来人と巨麻郡●

甲斐国の四郡のうち、巨麻郡は成立事情を類推することができる唯一の郡である。

郡名については、馬の生産地だったからと「駒」に起源を求める説と、高麗《こま》（高句麗《こうくり》）人の来住に求める説とがあった。しかし、関晃氏は上代特殊仮名遣いの研究により明らかにされている、万葉仮名の「コ」が二種類の異なる発音の語を含むことを援用して、巨麻の巨はコの乙類、駒のコは甲類に属し、当時は発音上峻別されていたから巨麻は駒ではありえないとし、河内国大県《おおがた》郡巨麻郷・同国若江《わかえ》郡巨麻郷などの例から高麗にもとづくことを論証した。

日本では高麗と記される高句麗は、南満州から北朝鮮にかけての地域に紀元前一世紀頃に成立した国であるが、六六八年に唐・新羅《しらぎ》連合軍の攻撃で滅亡している。大勢の渡来があったのは当然その前後と考えられるが、はっきりした記録はない。ただ、『続日本紀』霊亀二（七一六）年五月十六日条には、駿河・甲斐・相模・上総・下総・常陸・下野の七カ国に住む高麗人一七九九人を移して、武蔵国に高麗郡を新設したとの記事があり、甲斐に高麗人が居住していたことは確認できる。武蔵の高麗郡を構成するのは高麗郷と上総郷だから、このときの移住者の半数近くは上総からだったとも考えられるが、コマが郡名にまでなっているのは武蔵と甲斐しかなく、九郷で構成される甲斐のほうが郡の規模が大きいから、甲斐の高麗人は武蔵国高麗郡の人数を上回っていたものと思われる。郡名の初見は天平勝宝三（七五一）年以前に貢納された正倉院に残る白絁《しろあしぎぬ》墨書銘だが、前記の事情からして、七世紀後半に「巨麻評」として建郡されたと考えてよいであろう。

百済《くだら》からの渡来人もいた。延暦十八（七九九）年十二月、止弥若虫・久信耳鷹長など一九〇人が石川・広石野に改姓しているが（『日本後紀』）、彼らはみずから百済人を名乗り、六六六年に甲斐に移住したと主張している。また、その一〇年前には山梨郡の要部上麻呂《ようほう》らが要部・古爾《こに》・鞠部《きくほう》・解礼を改め、田井・玉井・大井・中井を称することを許されているが、その姓から彼らも百済系渡来人と考えられる。百済は六六〇年に滅び、援軍をだした日本は六六三年の白村江《はくそんこう》の敗戦で朝鮮から撤退することになる。『日本書紀』には六六五年に百済人男女四〇〇余人を近江国に、その翌年には二〇〇〇余人を東国に、さらに三年後には七〇〇余人を近江国に移すなどの記事があり、撤退の際に相当数の亡命者をともなったものと思われる。甲斐の百済人もその一部であったことは疑う余地がない。

高麗人と百済人は母国の滅亡による大量渡来であるが、大陸・朝鮮からの渡来は四世紀末頃からみられ、その知識と技術から当時の政治・社会に大きな影響を与えた。甲斐に住む渡来人は前記以外に東漢氏《やまとのあやうじ》しか知られていないが、馬の飼育技術も渡来人によってもたらされたとされており、彼らが開発にはたした役割は甲斐においても決して小さくなかったものと思われる。

逃亡する仕丁たち●

律令国家は、班田《はんでん》収授の法にもとづき口分田《くぶんでん》を与えるかわりに、各種の税を課した。租《そ》・庸《よう》・調《ちょう》・雑徭《ぞうよう》・兵役・運脚《うんきゃく》などさまざまな形で負担をしいられたが、その一つに仕丁《しちょう》がある。仕丁は五〇戸から二人ずつだし、中央官庁での雑役に従事した。『養老令』によれば、期間は三年で、一人は立丁《りってい》といって直接労役に従事し、厮丁《しちょう》とよばれたもう一人が炊事や身の回りの世話係とされたが、八世紀中頃からは区別がなくなり、両者とも労働にしたがうようになったとされる。

天平宝字五（七六一）年九月頃、厮丁として坤宮《こんぐう》官（皇后宮職）に配属されていた巨麻郡栗原郷の漢人部町《あやひとべのまち》代《よ》が逃亡したため、そのかわりに同郷戸主丸部《わにべ》千万呂の戸口漢人部千代《ちよ》が徴発され、近江の保良《ほら》離宮の坤宮官のもとに送られた。十二月二十三日付の甲斐国司の送り状には「年三十二、左手に疵」と本人の特徴が付記されている。翌年二月に奉写石山院大般若経所が新設されると、千代は下総国の矢作真足《またり》・久須原部《くすはらべ》広嶋・占部小足《うらべのこたり》、出雲国の多米牛手《ためのうして》とともに同所に転属したらしい。三月にはいって般若経所経由で各自年養物六〇〇文を受け取っている。養物は仕丁の生活費として郷里から送られたもので、民部省を通じて年分と月分とにわけて支給された。五人の月養物（綿二屯あるいは庸布一段）については、四月に二・三月分、五月に一～四月分を請求した文書が残るが、矢作真足などはさらに一～九月分を十月に、一

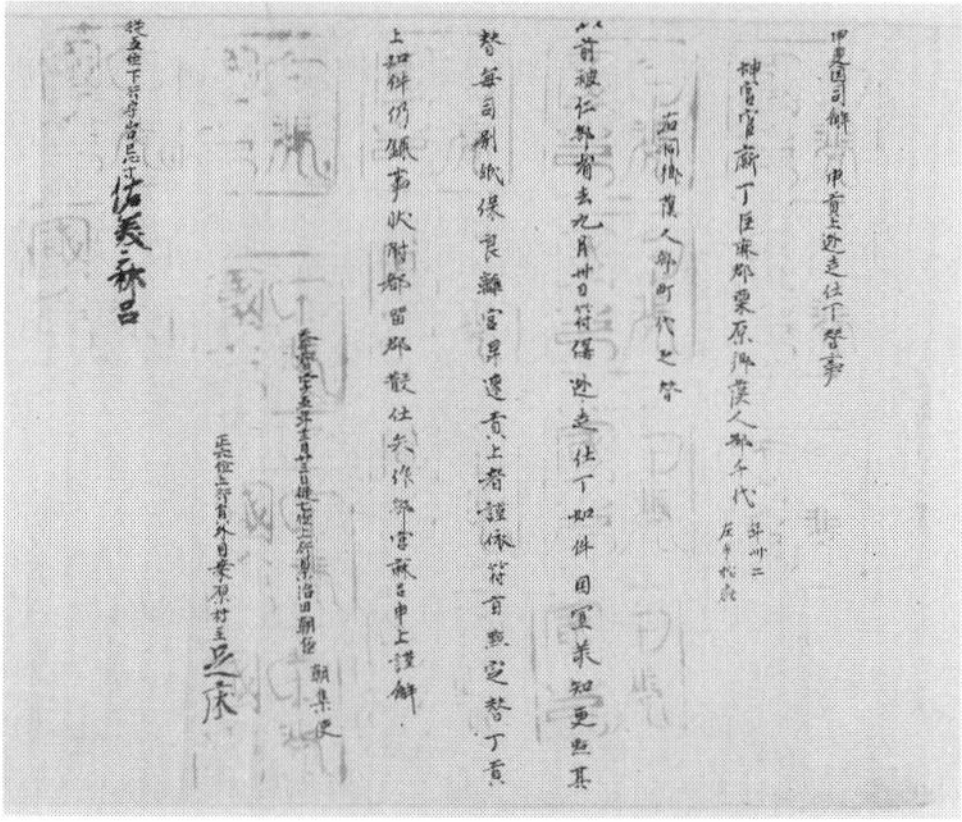

正倉院文書　逃亡した町代の替りに千代を貢上したことを記録する(「甲斐国司解」，正倉院宝物)。

❖コラム

富士山の噴火と浅間神社

貞観六（八六四）年五月、富士山が大噴火した。都への第一報は駿河国からはいり、大音響とともに二〇丈（六〇メートル）余の火炎が上がり、地震が発生した。一〇日以上も続いた噴火は、山を焼いて、砂石は雨のごとく、溶岩は本栖湖《もとす》を埋め、甲駿の国界にまで達した。甲斐国からの報告が二カ月近く遅れたのは、被害の中心がこちら側にあったからであろうが、その報告によれば、土石流は本栖湖ばかりではなく剗《せ》の海も埋め尽し、人家を襲い、河口湖にまでせまったという（『日本三代実録』）。その結果、剗の海は西湖《さい》と精進湖《しょうじ》に縮小・分割され、流れだした溶岩流は北西麓の精進口登山道一帯をおおって、その上に生育した樹木はのちに青木ケ原樹海とよばれる原生林となるなど、現在の山麓景観の原形を形成したのである。

朝廷は、この災害の発生を、駿河浅間明神《せんげんみょうじん》の神官の祭祀が不十分だったからと考え、亀卜《きぼく》の結果や八代郡《やつしろ》擬大領《ぎたいりょう》伴真貞《とものまさだ》に神がかりして託宣した浅間明神の言葉から、甲斐国司《こくし》の申請にまかせて八代郡に浅間神社を創設することを許して官社に列せしめ、さらに山梨郡にも浅間神社の建立を認めた（『日本三代実録』）。

現在笛吹市に所在する浅間《あさま》神社がそのいずれに該当するかは、郡域の変更の問題もあって確定するに至っていないが、駿河国と同様に浅間神社が甲斐一宮として人々の崇敬を集めたのは、秀麗な山容にもかかわらず、ときに強烈な災害をもたらす富士山の鎮魂が重要な関心事だったことを物語っていよう。噴火は貞観だけではなく、天応元（七八一）年を初見として宝永四（一七〇七）年まで十数回を数えるが、そのたびに畏怖の思いをあらたにしたに違いない。

～十月分を十一月に請求しており、遅配は常習だったようである。ただし、常食料として米・塩・滑海藻《あらめ》・酢などは支給された。仕事の具体的な内容はわからないが、炭焼、材木などの採取、各所への常食料の配付なども行なっていた。

以上が、『正倉院文書』にみえる般若経所における仕丁の生活である。五人のうち占部小足は五月七日、千代は九月十三日に逃亡したが、補充されることなく、写経事業が終了したため、天平宝字六年十二月二十四日には残りの三人を坤宮官に返上している。就労日数などは不明だが、一年足らずのあいだに五人中二人が逃げ出しているところからも、過酷さの程度が類推できよう。

仕丁以外にも、西国の防備を三年間務める防人《さきもり》の制があり、天平十（七三八）年の駿河国正税帳《しょうぜいちょう》には、食料を支給された帰国途中の防人のなかに甲斐出身者三九人がみえる。平城宮で出土した「斐国山梨郡加美郷丈部宇麻呂　天平宝字八年十月」と墨書された木簡《もっかん》は、一年任期で都の警備にあたる衛士《えじ》または仕丁として徴発された宇麻呂への養物の付札とされる。また、甲斐から運ばれた白絁や調絁の現物が正倉院宝物として残り、貢納物につけられた木簡も発見されているが、これらの調や庸を都まで納めるのも納税者の責任であった。これを運脚という。『和名抄』によれば、甲斐から都へ行くのに二五日、帰国に一三日を要したから（上京には調物などを運搬するために日数がかかる）、これもまた相当の負担であった。これらにあわせて、国司が年間六〇日を限度として使役できる雑徭など、各種の力役は律令時代の公民の重い負担となったのであった。

2章

王朝国家と甲斐

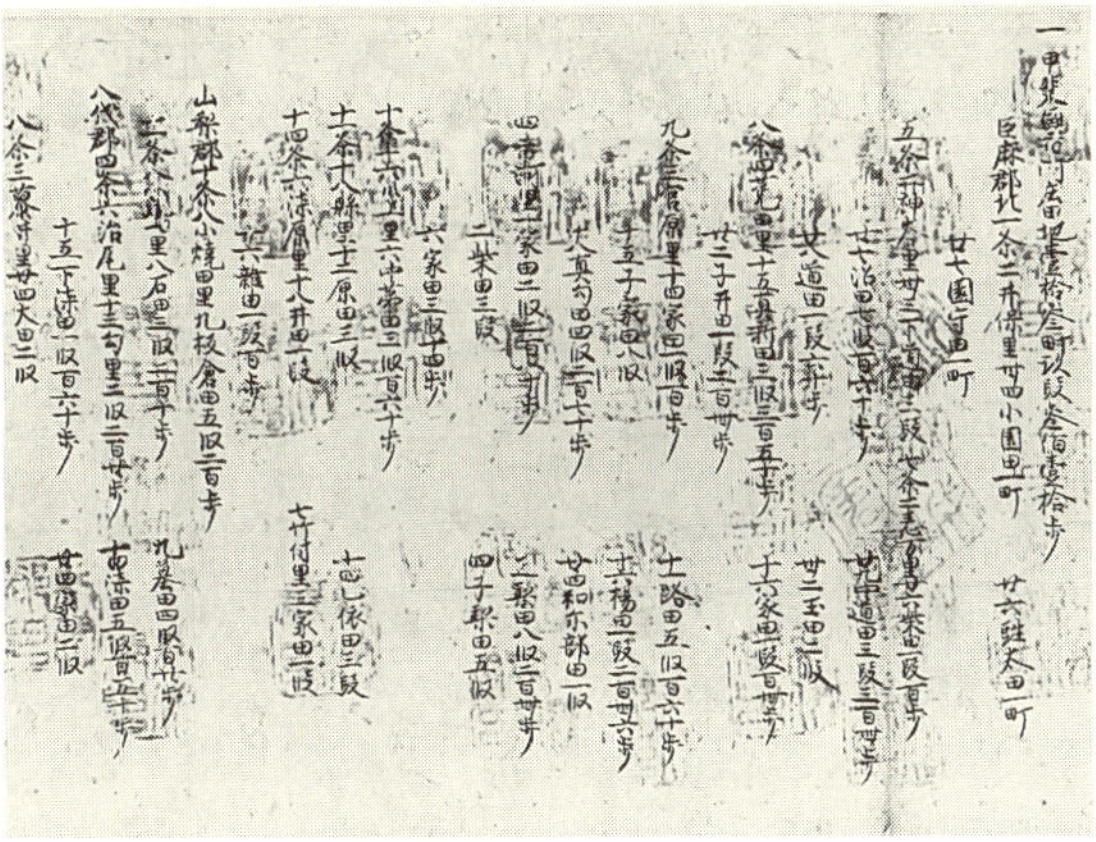

法勝院領目録(京都仁和寺蔵)

1　甲斐にかかわる年中行事

御牧と駒牽●

天平三（七三一）年十二月、全身が黒くて髦《たてがみ》と尾の白い馬を甲斐守《かいのかみ》田辺広足《ひろたり》が献上した。朝廷は瑞祥と喜び、天下に大赦《たいしゃ》し、関係者を褒賞した（『続日本紀』）。律令制下においては七〇〇年に諸国に牧の設置が命じられ、景雲四（七〇七）年には飼育馬に押す鉄印が二三カ国に配付されている。甲斐の黒駒の伝統のある甲斐国がそのなかに含まれているのは間違いなく、広足の献上した馬もその牧での生育馬だったのであろう。令では、中央への貢馬はとくに規定されていないが、駿河国正税帳《するがのくにしょうぜいちょう》にみえる進上御馬の部領使《ことりづかい》山梨郡散事小長谷部麻佐《おはせべのまさ》の存在や、長屋王《ながやおう》邸宅跡から甲斐出身の馬司《うまのつかさ》勤務者を記載する木簡《もっかん》が発見されたことなどによって、奈良時代にも継続的に甲斐からの貢馬がなされていたことが判明する。

御牧は、令制の変容にともなうもので、八世紀後期に皇室の必要とする乗用馬を確保するために、甲斐・信濃・上野・武蔵の四カ国に設置されたのにはじまるとされる。甲斐国

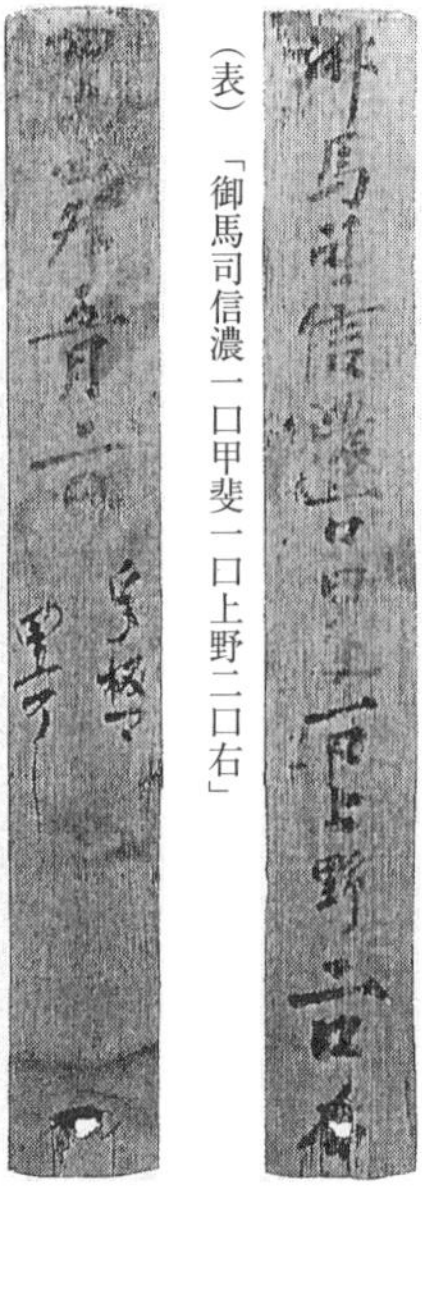

（表）「御馬司信濃一口甲斐一口上野二口右」

（裏）「四米四升五月二日　受板部　黒万呂」

長屋王邸跡出土の木簡　王家の馬司に仕える者が甲斐・信濃・上野出身者であることを伝えるが，三国はいずれも御牧所在国で，この時代から馬の飼育技術に優れていたことがわかる。

には三牧があり、穂坂牧《ほさかのまき》は韮崎市穂坂町、真衣野牧《まきの》は北杜市武川町牧原付近に比定され、柏前牧《かしわざき》は同市高根町念場原《ねんばはら》説が有力である。毎年貢進する馬数は、穂坂牧三〇疋、真衣野・柏前牧各一五疋と定められ、四カ国で計二四〇疋であった（『延喜式』）。

牧監《もくげん》に引率されて都に到着した馬は、天皇の閲覧をへたのち、まず諸臣に分与され、他は左右の馬寮《めりょう》に配置された。この天皇の前で馬を牽く一連の行事を駒牽《こまひき》といい、牧ごとに行事の日が定められ、真衣野・柏前両牧は八月七日、穂坂牧は同月十七日であった。駒牽がいつ頃から行なわれるようになったかはっきりしないが、甲斐の御馬が宮廷で牽かれる初見は天長六（八二九）年、信濃の初見も弘仁十四（八二三）年であるなど、九世紀初めにはその事実を確認できる。その後の儀式の年中行事化にともない、定着していったのであろう。

甲斐の牧名を記録する貢進は、延喜四（九〇四）年の穂坂牧から寛治元（一〇八七）年の穂坂・真衣野両牧まで約一八〇年間に八七回を数えるが、平将門《まさかど》の乱後は期日・定数とも規定が守られたことはほとんどなく、なかには一年以上も遅れて行なわれた例もある。にもかかわらず、有職故実《ゆうそくこじつ》の書や公家《くげ》の日記に一〇〇回近くも記録されるのは、年中行事としての定着度を物語るもので、和歌にも「春草の穂坂の小野の放れ駒　秋は都へ牽かんとすらん」（権中納言師俊）などと歌われ、歌枕として永く親しまれるのである。

都に牽かれていった馬の活躍した例としては、天慶七（九四四）年五月に行なわれた一〇番の競馬《くらべうま》で、参加した二〇疋のうち、穂坂牧五疋、真衣野牧二疋と甲斐からの貢上馬が半数近くを占めたことがある（『九暦』）。また『古今著聞集』にみえる永延元（九八七）年の競馬では、穂坂牧出身同士の馬が対戦し、七歳馬の葦毛《あしげ》が五尺の差で勝ったが、敗れた九歳の鴾毛《つきげ》は翌日目に涙を浮かべて死んだとの挿話などが知られる。黒駒以来の伝統がこの時代にも受け継がれていたことを示すものといえよう。

十一世紀末以降、駒牽の日には御馬逗留の解文《げぶみ》が奏上されるのみの儀式が維持されることになるが、駒牽の廃絶が牧の消滅を必ずしも意味するわけではない。甲斐守藤原惟信《これのぶ》が、康和三（一一〇一）年二疋、翌年二疋、嘉承元（一一〇六）年七疋の馬を関白藤原忠実《ただざね》に献上できたのは（『殿暦』）、甲斐国で馬の飼育が持続していたことを端的に示している。これらの馬の供給は、変質した御牧や小笠原牧・飯野牧・石間《いわま》牧などの私牧がになったわけで、それらの牧はやがて甲斐源氏の勢力基盤を構成していくことになるのである。

都留の郡と「ななひこ」の粥◉

『甲斐国風土記《ふどき》』の唯一の逸文とされるつぎの文章は、都留《つる》郡の名称の説明である。「かひの国のつるの郡に菊おひたる山あり。その山の谷よりながるる水、菊をあらふ。これによりて、その水をのむ人は、命ながくしてつるのごとし。仍《より》て郡の名とせり」（『和歌童蒙抄』）。大月市にある菊花山《きくかさん》に、中国の菊水の故事を懸けて、長命の意で「鶴」と命名したというのである。その当否は別にして、平安時代の歌人が都留をそのような意味の嘉名と考えたのは確かで、「君の為命買ひにぞ我は行く　鶴のこほりに千代は売るなり」（壬生忠岑《みぶのただみね》）などと長寿を寿ぐ趣旨《ことほ》で和歌にも多く歌われている。

元永二（一一一九）年五月三十日、顕仁《あきひと》親王（のちの崇徳《すとく》天皇）の産 養《うぶやしない》の儀式が行なわれた際、「甲斐の国の鶴の郡の永彦の米粥長く啜らん」との吉祥句が奏上され、粥が振舞われている（『長秋記』）。産養は、生後一〇日までのあいだの奇数日に行なわれる祝宴で、母子の健康と長寿が祈念された。永（長）彦は年長彦で、稲の生育をつかさどる神ともいわれるから、前記の吉祥句は長寿を象徴する鶴と豊穣が期待できる永彦が結びついてできた賀詞であろう。産養の行事に用いられるのにふさわしいといえ、当時の都人が都留に対して描いたイメージを想像することができる。

また、代表的な産養が七日に行なわれることが多いことから、その行事を「お七夜《しちや》」といい、振舞われる粥を「七彦粥」ともいうが、七彦粥は山梨市七日市場《なのかいちば》の七日子《ななひこ》神社からの献上米からつくられたと同神社では伝え、甲斐との関連をいっそう強めている。

長寿のイメージは歌枕の世界にもおよぶ。「塩の山」は甲州市、「差出《さしで》の磯《いそ》」は山梨市の笛吹川右岸にある地名で、甲斐の代表的歌枕である。『古今和歌集』にはこの二つを織りこんだ「しほの山さしでのいそにすむ千鳥　きみがみよをばやちよとぞなく」がのり、賀歌として知られている。上野晴朗氏のように塩の山を潮路をこえた遠方にある山の意に解すれば、和歌は、海のむこうにある塩の山の、その近くにある差出の磯で鳴く千鳥の声も君の御代が永遠であることを祈っているという意味に読める。君（天皇）の勢威が遠方の塩の山までおよんでいることを表現するとともに、その勢威が距

七日子神社（山梨市）

離と同様に永続することを願っているわけで、その永さは不老長寿のイメージにも重なる。平安貴族にとって甲斐は僻遠《へきえん》の地ではあるが、長寿をまっとうできる観念的な桃源郷と意識されていたといえよう。

相撲人大井光遠●

『今昔《こんじゃく》物語集』巻二三に、「今は昔、甲斐国に大井光遠《みつとお》と云ふ左の相撲人《すまいびと》ありき。ひきふとにていかめしく、力強く足早くて、微妙なりし相撲なり」ではじまる話がのる。その内容は、二十七、八になる美人の光遠の妹についてで、人に追われた男が妹の住む家に押し入り、人質に取って後ろから羽交い締めにし、刀を腹部に突きつけたが、娘はおびえるようすもなく、左手で矢竹二、三十本を押し砕いた。これをみて、恐れをなして逃げ出した男を捕らえた光遠が、「俺の二倍も力持ちの妹に握り殺されなくてよかったな」とあざ笑い、「妹が男であれば、向かうところ敵なしなのに」と残念がったという筋書である。

光遠の妹が異例の強力の持主だったことを伝えるもので、彼女が逸話の中心になっているが、光遠自身も一条天皇時代の「異能」者の一人に数えられる、天下に名の知られた相撲人であった（『続本朝往生伝』）。藤原行成《ゆきなり》の日記『権記《ごんき》』にも、宮中で行なわれた相撲の実技者として登場し、長保二（一〇〇〇）年七月二十七日には三番手として紀持堪《きのもちひで》と、翌日四番手で他戸秀高《おさとのひでたか》と、また寛弘四（一〇〇七）年八月二十日には秦常正《はたのつねまさ》・為雄《ためかつ》と対戦したことが記録される。

相撲を観覧する相撲節《すまいのせち》も年中行事の一つである。古くは七月七日に行なわれていたが、天長三（八二六）年に十六日に変わり、その後さらに二十八～二十九日（小の月は二十七～二十八日）に改められた。毎年二～三月に諸国に相撲使を派遣して相撲人を選定し、六月二十五日までに入京させて左右近衛府《このえふ》に分属、練習をさせて当日に備えさせた。節会《せちえ》の当日は、天皇以下群臣には酒食が供され、舞楽の奏されるなかで二〇番（のちに一七番）の取り組みが行なわれる。翌日は抜出《ぬきで》・追相撲ともいい、前日の成績優秀者などによる対戦がなされた。こうした行事が終了したのち、相撲人は順次帰国することになるが、臨時相撲は未帰国者をもって八月に行なわれることが多い。寛弘四年の場合がそれである。

節会の目的は娯楽だけではない。天長十年五月の勅で、「啻《ただ》に娯遊《ごゆう》するのみにあらずして、武力を簡練《かんれん》するは、最も此の中にあり」とのべるように（『続日本後紀』）、武力の象徴としての相撲を顕彰することによって、兵士・武芸などの強化を図ろうとする狙いもあった。同勅が膂力《りょりょく》人（力持）を捜し求めて貢進するよう、甲斐を含む北陸・東国の一二カ国に命じているのは、これら諸国が相撲人の供給地としてふさわしいと当時考えられていたからであろう。その目的がどの程度達せられたかわからないが、『小右記』にみえる寛仁三（一〇一九）年の例では、丹波国からはみた目はすこぶるよいが実際に相撲をとるにたえない体の者やはなはだ痩せ衰えた者が貢進されたほか、阿波国では五〇歳の者の貢進の是非が論議され、播磨国の相撲人は胸をわずらって途中で療養し、紀伊国の相撲使は相撲人を連れてこないために追い返されるなど、優秀な相撲人の確保には相当苦労したらしい。

この寛仁三年の相撲節に参加した相撲人に大井高遠《たかとお》がいる。名前の共通性からして光遠の近親者であろう。甲斐の相撲人の名はこの二人しか知られていないが、天長十年の時点でも相撲人の供給適地として甲斐国があげられていることからすれば、相当数の相撲人を輩出したものと思われる。

『今昔物語集』によれば、光遠は敷地内の別棟に妹を住まわせ、使用人をかかえ、立派な体軀をもち、武芸（相撲）を身につけていた。このようなことから、ふつうの庶民とするよりも、地方の豪族層に属する人物だったと考えたほうが妥当であろう。都人にとって、相撲人は異国からきた単なる観覧の対象にすぎなかったが、上洛した相撲人にとっては、年に三、四カ月滞在する都での生活は大きな刺激であったに違いない。

2　荘園世界の展開

市河荘と大井荘●

律令制の基本である公地公民制がくずれ、各地に貴族や大社寺の私有地である荘園が成立すると、甲斐にも当然その影響はおよぶ。

甲斐の荘園の史料上の初見は市河荘《いちかわのしょう》である。安和二（九六九）年七月七日の真夜中、京都法勝院の西僧房が全焼したため、所領の確認を求めて作成された目録（章扉写真参照）のなかに他の七カ所とともに記載される。寺の主張によれば、これらの所領は海印寺《かいいん》座主基遍《きへん》大法師のときに領有して以来数十年経っているというから、遅くも十世紀初頭には市河荘も荘園として成立していたと考えられる。

市河荘の田地計一三町九段三一〇歩は、巨麻《こま》郡一〇里二九坪、山梨郡二里三坪、八代《やつしろ》郡二里五坪と三郡にわたって散在していることが条里によって示され、甲斐においても条里制が施行されていたことが確認できる。条里の起点が判明していない現在では、荘域を特定することはできないが、甲斐源氏が最初に拠点とした荘園として知られ、中心部の位置は市川三郷町平塩岡《ひらしおのおか》付近とする説と昭和町西条《さいじょう》付近とする説がある。

それに続くのは、一世紀以上も遅れて『中右記《ちゅうゆうき》』元永二（一一一九）年二月二十三日条にみえる大井荘である。南アルプス市・富士川町から市川三郷町黒沢にかけて広がる同荘について、源基俊《もととし》が娘である宗重女房への譲渡を申し出たことが記録される。

基俊は関白藤原忠実の乳母の子で、肥後や遠江など諸国の守《かみ》を歴任した、受領《ずりょう》層とよばれる中級貴族の出である。遠江守であった永久五（一一一七）年頃、鎌田御厨《みくりや》や安濃津神人《あのつじにん》などをめぐって伊勢神宮と訴訟事件をおこし、元永元年正月に遠江守退任、六月十四日には宮内少輔解任と贖銅《しょくどう》の罪（実刑のかわりに銅を納めさせる）が決定している。その直後に、娘の夫宗重の父親で、当時記録荘園券契所《きろくしょうえんけんけいしょ》の上卿《しょうけい》でもあった『中右記』の著者藤原宗忠に対して娘への大井荘の譲渡を申し出たのは、所領をも没収される危険を感じた基俊が、宗忠の力によって荘園の存続を期待したからに違いない。基俊は自分のもっていた領《りょう》家の職《けしき》（荘園からの収穫を受納する権利）を娘に譲るとともに、その一部を分割して宗忠に寄進したものと思われる。その後の伝領がどうなったかはわからないが、戦国時代にも大井荘の名はみえるから、荘園として維持されたことは確かである。

市河荘を領有した法勝院は、藤原良房《よしふさ》が惟仁《これひと》親王（のちの清和天皇）のために創建した貞観寺の子院であるから、同荘は同寺の維持のため中央貴族である良房によって立券《りっけん》・施入されたのであろう。また大井荘の場合は受領が領主であるから、在国した国司《こくし》（基俊あるいは父親などの近親者）が任期中に立荘し、収公の危険に際して職の一部を寄進して存続を図ったものといえるであろう。二荘の成立事情や伝領経緯はそれぞれ異なるが、このようにして甲斐の地に成立した荘園として知られるものは、三九荘・六牧・一御厨・一別符《べっぷ》・三保《ほ》を数える。

在庁官人三枝氏●

在庁官人は、任国に赴かない遥任《ようにん》国司にかわって国庁に出仕し、国政の実務を担当する在地有力者で、十一世紀中頃以降多く登場する。甲斐の三枝《さいぐさ》氏もその一人である。この三枝氏は大化前代の三枝直《あたえ》との関係は伝えず、独自の所伝をもつ。

仁明天皇の時代、丹波国に生まれた三枝守国《もりくに》は、異国征伐で功績をあげたが、讒言《ざんげん》により甲斐国に流された。住み着いた守国は、氏寺《うじでら》として大善寺（甲州市）を創建し、長徳四（九九八）年一一六歳で死ぬが、子孫は三枝一族として栄えた。

この大善寺の草創と結びついた守国伝説は、戦国時代頃に成立したものであることが磯貝正義氏によって明らかにされた。伝説は平安時代の実態を伝えるものではなく、守国の実在も否定されたものの、大善寺に残る「三枝系図」によれば、守国の嫡子守将《もりまさ》が野呂介《のろのすけ》、次男守忠《もりただ》が立河介《たちかわ》、三男守継《もりつぐ》が隠曾介《おぞ》、四男守党《もりまさ》が林部介《はやし》を称したと記載されるのは注目される。介は在庁官人が好んで用いた官職名であり、実際に介を名乗って活躍する三枝氏が存在することから、三枝一族が在庁官人層に属する氏族だったことを反映しているとみることができよう。

介としての行動を具体的に示す事例に、柏尾山寺《かしおさんじ》（大善寺）往生院での経典埋納供養がある。同寺裏山の白山《はくさん》で発見された経筒の銘文によれば、康和二（一一〇〇）年一月に僧寂円《じゃくえん》によって牧山村米沢寺で開始された如法経書写は、同五年三月には完了し、往生院に移されて四月三日に供養の行事が行なわれ、二十二日に埋納された。この一連の行事を惣行事として取り仕切ったのが三枝宿禰《すくね》守定と守継の二人で、甲斐守藤原惟信、目代《もくだい》とみられる藤原基清、三枝氏と断定される権介守清なども結縁者として参加している。自分の氏寺の行事に国司・目代を参加させることができたところに、三枝氏の実力の一端がうかがえる。

　また、保延五（一一三九）年には「前介三枝守廉」が大般若経を書写して熊野新宮へ奉納している（岐阜県関市高賀《こうが》神社蔵の大般若経袖書）。同経は鎌倉中期まで甲斐国に所在したのは確かだから、この守廉も甲斐の三枝氏であり、しかも「介」として実際に国務に従事したことを明瞭に記録するものである。

　当時は、納税免除（不輸租《ふゆそ》）や領内への立入り不可（不入《ふにゅう》）の荘園が成立しており、在地領主は国司の追及をまぬがれるために私領を寄進して荘園化をねらったり、武士化して実力で抵抗しようとするものも少なくなかった。そのため、徴税などの国務を執行する側にも、命令にしたがわせるだけの強制力（武力）が必要とされた。みずからが在地領主でもある在庁官人は、当然そうした道を歩んでいたわけで、三枝氏も武士として甲斐源氏に対抗できるだけの力を備えていたはずである。その実力は、つぎの事件で発揮された。

八代荘停廃事件●

応保二（一一六二）年正月に新任された甲斐守藤原忠重《ただしげ》は、目代右馬允《うまのじょう》中原清弘《きよひろ》を現地に派遣し、国務を代行させた。任地に赴いた清弘は、早速恒例にしたがい違法な荘園の調査に着手したが、その過程で事件はおこる。

　十月六日、在庁官人三枝守政らは目代の命令に

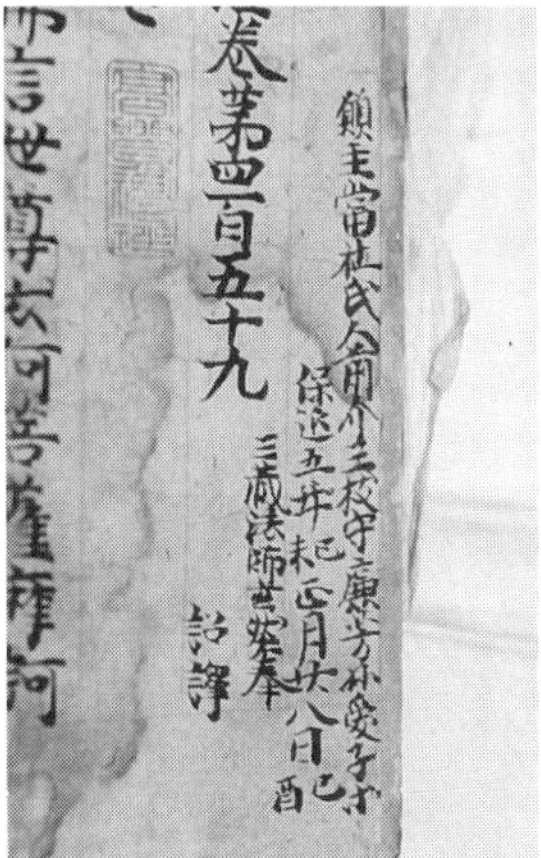

大般若経の袖書（岐阜県高賀神社蔵）　前介の称をもつ三枝氏が登場する

より、牓示《ぼうじ》を抜き棄てて八代《やつしろ》荘内に乱入し、年貢を奪い取り、在家《ざいけ》を追捕《ついぶ》し、神人《じにん》を搦《から》め取って禁足し、放言した者は口を八裂きにした。十一月に被害報告をうけた荘園領主である紀州の熊野神社は、十二月に朝廷に訴状を提出し、荘園の回復と忠重らの処分を求めた。

神社の主張によれば、この荘園は康治元（一一四二）年に甲斐守になった藤原顕遠《あきとお》（のちに顕時と改名）が、自分の所領を久安年間（一一四五〜五一）に本宮で行なう十一月の法華八講《ほっけはっこう》の費用にあてるために寄進し、遅くも久安六年以前に鳥羽院庁下文《いんのちょうのくだしぶみ》をえて正式に成立したものである。荘園整理の際にも、白河・鳥羽院庁下文により設置された荘園は別に朝廷の判断をあおぐのが通常の扱いであるのに、勝手に停廃し、乱暴狼藉《ろうぜき》を働いたと訴えた。この成立事情に関しては、国司側の反論はなく、院庁下文を所持していることも認めているから、事実であったと考えてよいであろう。

犯人の糾明を担当する検非違使《けびいし》庁は、関係者の尋問を開始した。それぞれの弁明はつぎのとおりである。

〈忠重〉任初めに荘園整理の宣旨《せんじ》を申請し、寛徳二（一〇四五）年以降の新立荘園を停廃したうえで、国務を執行するのは諸国の例であり、自分もこの通例にしたがったまでである。とくに八代荘の停廃を指示していない。でなければ、同荘加納《かのう》（追加荘地）である長江《ながえ》・安多《やすだ》に租税免除の庁宣《ちょうせん》をだすわけがない。任国に行っていないから現地のことは承知しておらず、狼藉についても現地の人間が勝手にやったことで、責任を追及される覚えはない。私の命令によるというなら確かな証拠を示せ。

〈清弘〉定例的な宣旨のみではわからないから、停廃すべき荘園を具体的に示すよう忠重に再々にわたって催促し、それを書き入れた手紙が届いたので、その指示にしたがい実行したまでである。鳥羽院庁下文がだされていることは在庁官人が承知していた。

〈守政〉停廃の経緯は清弘のいうとおりである。神人の口を裂いたのは放言によるもので事実である（彼の従者とみられる成弘も、神社が提出した荘家損物注文の内容が事実であることを肯定した）。

以上のような調査・尋問をへて、有罪と認められた彼らに対し、その罪名と量刑の勘申《かんじん》が大判事兼明法《みょうぼう》博士中原業倫《なりとも》に命じられた。四月七日付でなされた勘文《かんもん》では、忠重が鳥羽院庁下文で立券された荘園であるのを承知しながら、目代らに八代荘の停廃を指示して事件をおこしたと罪状を認定した。そのうえで、熊野神社は大社である伊勢大神宮の祭神と同躰であるから大社とみなせるとし、大社の神物の強盗および神人の傷害は絞《こう》刑、詔勅と同じ院庁下文にそむいたのも絞刑に相当するとして、忠重・清弘・守政などはすべて絞刑に処すべきことを答申している。さらに十五日には刑部卿《ぎょうぶきょう》藤原範《のり》兼《かね》・掃部頭《かもんのかみ》兼大外記《だいげき》中原師光《もろみつ》、十六日式部大輔《しきぶだいゆう》藤原永範《ながのり》、二十一日鎮守府将軍兼文章《もんじょう》博士藤原長光などがつぎつぎと勘申し、業倫の熊野神社伊勢大神宮同躰説を補強した。

これで忠重らの運命はきわまったかにみえたが、刑はつい

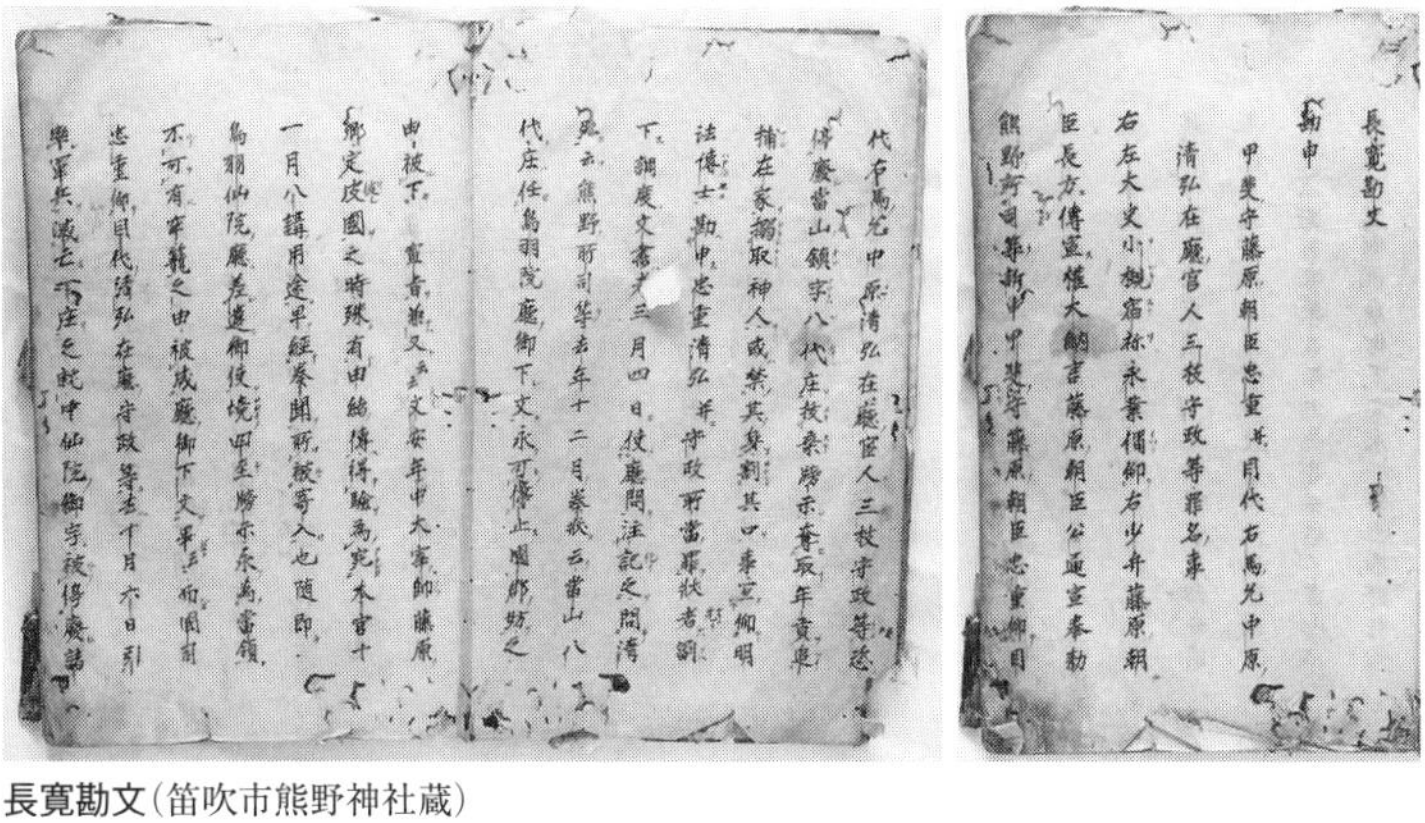

長寛勘文（笛吹市熊野神社蔵）

に執行されなかった。逆に翌年四月二日には太政大臣藤原伊通《これみち》、二十四日に助教清原頼業《よりなり》が非同躰説を勘申したのは、朝廷内部においても両説の対立があり、しだいに非同躰説が優勢になったことを物語るものであろう。

こうした事件の経緯は『長寛勘文』(『群書類従』)によって知りうるが、非同躰説が有力になって忠重らが減刑されたという勘文は残されていない。しかし、『尊卑分脈』では飛騨守・甲斐守を歴任した藤原忠重に対し、飛騨国在任中に目代左馬允清実《きよざね》が熊野先達《せんだつ》と闘諍事件をおこしたとの注記があり、編者はこれを甲斐のことと解している。その処分は忠重は伊予国へ配流《はいる》、清実(清弘)は禁獄《きんごく》というもので、八代荘事件の結果として妥当なものであり、編者の理解は正しいといえる。

注記は三枝守政の処分にはふれていないが、清弘の禁獄をこえることはなかったであろう。この事件が三枝氏に影響をおよぼしたのは間違いないが、笛吹市御坂町大野寺《おおのじ》の福光園寺《ふっこうおん》が所蔵する吉祥天女坐像の寛喜三(一二三一)年胎内銘に、国司とみられる左衛門尉藤原定隆とともに大檀越三枝守縄《もりつな》以下多くの三枝氏が列挙されており、この時期になってもいぜんとして東郡に大きな勢力を保持していたことを知ることができる。いずれにしろ、このような荘園の停廃をめぐる事件が各地に多く発生し、武士の登場をうながしたのである。

3章

甲斐源氏から武田氏へ

他阿上人真教坐像(笛吹市称願寺蔵)

1　甲斐源氏の活躍と挫折

甲斐源氏の勃興●

清和源氏《せいわげんじ》は清和天皇の孫経基王《つねもと》（源経基）を祖とする源氏だが、甲斐国との関係は長元二（一〇二九）年に経基の孫頼信《よりのぶ》が甲斐守《かいのかみ》に任じられたのにはじまる。関東では、前年に上総国の豪族平忠常《ただつね》が安房国衙《こくが》を攻撃して反乱をおこしており、手がつけられないほど強勢を誇っていた。翌年九月、改めて追討使《ついとうし》を命じられた源頼信は、甲斐に下向して軍を進発させようとしていたところ、春には忠常の方から投降してきて事件はあっけなく解決してしまう。長年の戦闘状態による忠常軍の疲弊と、頼信と忠常とのあいだに以前から主従関係があったからといわれるが、ともかく一兵も動かさずして大乱を制したことは、頼信の武威を高める結果となった。彼の甲斐在国は半年足らずにすぎないが、その武人としての声望は甲斐源氏進出の素地を用意したのである。

甲斐源氏の始祖は、その頼信の孫新羅《しんら》三郎義光《よしみつ》で、彼が甲斐守となって甲斐に着任したのにはじまると一般的にはいわれてきたが、実際に入国したのは義光の子義清《よしきよ》であったことが志田諄一氏によって明らかにされた。大治五（一一三〇）年十二月三十日、常陸国司の訴えにもとづき住人清光などの濫行に対する処分の件が朝廷で問題になった（『長秋記』）。これは常陸に進出した源義光が、嫡子義業《よしなり》に佐竹郷、次子義清に武田郷（ひたちなか市武田）を与えて勢力拡大を図ろうとした過程で、常陸大掾《だいじょう》氏などの在地勢力と衝突して義清・清光父子が訴えられたものであった。その結果二人は甲斐国市河荘に流罪になったといい、『尊卑分脈』が義清に「武田冠者《かじゃ》」と注記するのは、常陸国武田郷に拠ったからだとする。義光が甲斐守に任官したり、在国した可能性はほとんどなく、義清土着説、武田氏常陸発祥説は現在通説化しつつあるといえよう。

土着した義清父子の子供たちは、甲斐国各地に本拠を求め、その地名をもって氏姓とした。彼らは、約半世紀のあいだに甲府盆地一帯に居住範囲を広げ、甲斐源氏発展の基礎を築くが、治承《ちしょう》・寿永《じゅえい》の内乱の際の行動などから、だいたい三勢力に大別できる。一人は、逸見山《へみやま》（北杜市大泉町谷戸城と同市須玉町若神子の両説あり）に拠点を移した清光の後継者となり、挙兵時には甲斐源氏の棟梁《とうりょう》であった武田信義《のぶよし》である。北巨摩から一条小山（のちの甲府城跡）周辺部をおさえ、嫡子一条忠頼《ただより》をはじめ、武田（逸見）有義《ありよし》・板垣兼信《かねのぶ》・石和信光《いさわのぶみつ》・河内義長《こうちよしなが》・平井清隆《きよたか》などがこれに属する。

もう一人は義清の四男安田義定《よしさだ》で、牧荘（山梨市牧丘町、甲州市）、八幡《やわた》荘安田郷（山梨市）などを拠点として東郡《ひがしごおり》を勢力下に収めた。また、加々美《かがみ》荘（南アルプス市）に拠った加賀美遠光《かがみとおみつ》は、西郡《にしごおり》方面から盆地南部に勢力をのばし、子である秋山光朝《みつとも》・小笠原長清《ながきよ》・南部光行《みつゆき》のほか、奈胡義行《なごよしゆき》・浅利義成《よしなり》・曾祢《そね》厳尊《げんそん》などがこれにしたがったとみられる。彼らは保元・平治の乱にも積極的に参戦したようすはなく、勢力を温存して源平の争乱時代を迎えるのである。

富士川の戦い●

治承四（一一八〇）年八月十七日、平家討伐をうながす以仁《もちひと》王の令旨《りょうじ》に応ずる形で、伊豆に流罪となっていた源氏の棟梁源頼朝《よりとも》が伊豆目代《もくだい》の山木兼隆《やまきかねたか》を討って挙兵したのに相前後して、甲斐源氏も平氏に反旗をひるがえした。

甲斐源氏系図　①〜⑬は、『甲斐国志』による甲斐源氏惣領職（武田氏）歴代

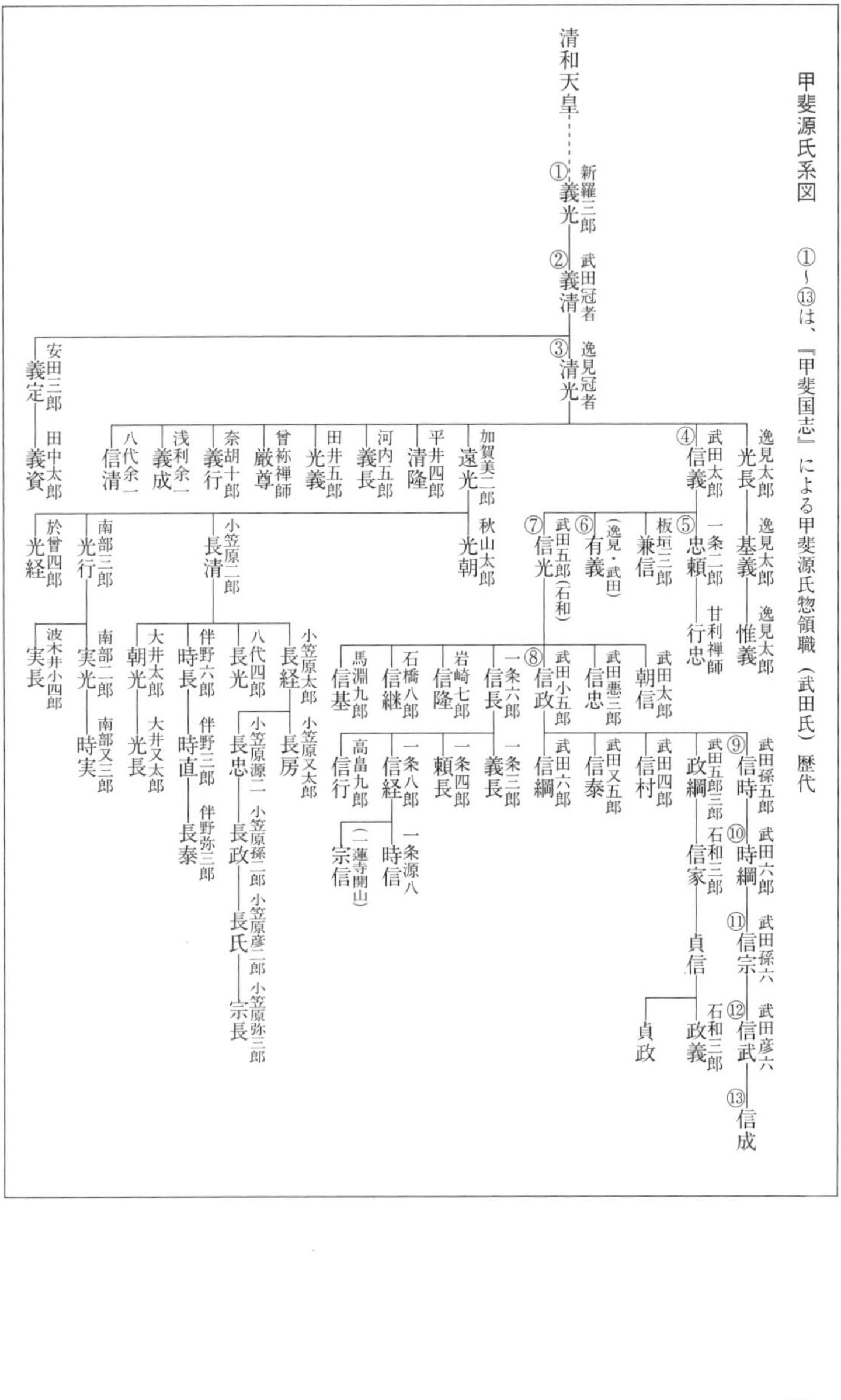

駿河にむかった安田義定などは、八月二十五日に甲駿国境付近の波志太山《はしだ》（位置不明）で平氏軍を撃破するが、石橋山（神奈川県小田原市）での頼朝の敗戦を知って甲斐に引き返した。八月二十八日付の上野《こうづけ》国（群馬県）の豪族新田義重《にったよししげ》が平清盛《きよもり》にあてた手紙では、「義朝の子（頼朝）は伊豆国を領し、武田太郎（信義）は甲斐国を領す」と、挙兵当時の東国情勢が報告されるなかで、甲斐源氏と頼朝がまったく同等に扱われている（『山槐記』）。

九月十五日、信濃の大田切郷城《おおたぎりごうのじょう》の菅冠者《すがのかじゃ》を討って逸見山へ凱旋した武田信義のもとへ、北条時政が頼朝の使いとして援軍の派遣を要請するために到着、さらに石和御厨《いさわのみくりや》（笛吹市）まで進んだ二十四日には二度目の使者土屋宗遠《むねとお》を迎えている。石橋山の敗戦後、安房国に渡って再起を図った頼朝が甲斐源氏を強く意識し、その軍事力に大きな期待を寄せていたことがわかろう。

東海道を下向してくる東国追討使平維盛《これもり》軍の行動に呼応して、武田信義・安田義定などが石和御厨を出発したのは十月十三日である。若彦路《わかひこじ》を進んだ甲斐源氏軍は、途中大石駅（富士河口湖町）に一泊し、鉢田《はちだ》で駿河目代橘遠茂《とおしげ》軍と遭遇、激戦の末これを退けたのち、さらに南下して富士川左岸に至り、追討使軍と対峙した。

九条兼実《かねざね》の日記『玉葉』によると、十七日朝、甲斐源氏は維盛に手紙を送り、「年来見参《げんざん》の志ありといえども、今《いま》に未だ思いを遂げず。幸いにも宣旨使《せんじし》となりて御下向あり。須《すべから》く参上すべきといえども程遠し一日を隔つと云々。路嶮《みちけわ》しく輒《たやす》く参り難し。また、渡御《とぎょ》煩いあるべし。仍て、浮嶋原《うきじまがはら》甲斐と駿河とのあいだの広野と云々に相互に行向い、見参を遂げんと欲す」といっている。慇懃《いんぎん》な言葉を使いながらも、互いに進軍して浮島原で対戦しようという意思表示をした挑発的な内容であり、怒った維盛は、当時の戦《いくさ》の常道からは外れるが、武田の使者二人を斬首したという。ついで、十九日早朝に攻撃する準備を進めていた甲斐源氏の勢いをみて、四万余対四〇〇〇余騎と兵力的に劣勢だった維盛軍からは、脱落して降伏する者があいつぎ、結局戦うことなく京に逃げ帰り、甲斐源氏が大勝したというのが兼実の語る富士川の合戦である。

『吾妻鏡』では頼朝軍と合流した甲斐源氏が、その命令にしたがい行動したとするが、この合戦で平氏軍と直接対陣したのが甲斐源氏であったことには相違がない。『平家物語』などにみえる、源氏の兵の動きに驚いて飛び立った水鳥の羽音を敵襲と勘違いし、平氏勢はあわてふためき総崩れになって敗走したという有名な話は、『山槐記』などにも載るから、実際にあったのであろうが、最大の敗因はその兵力差にあ

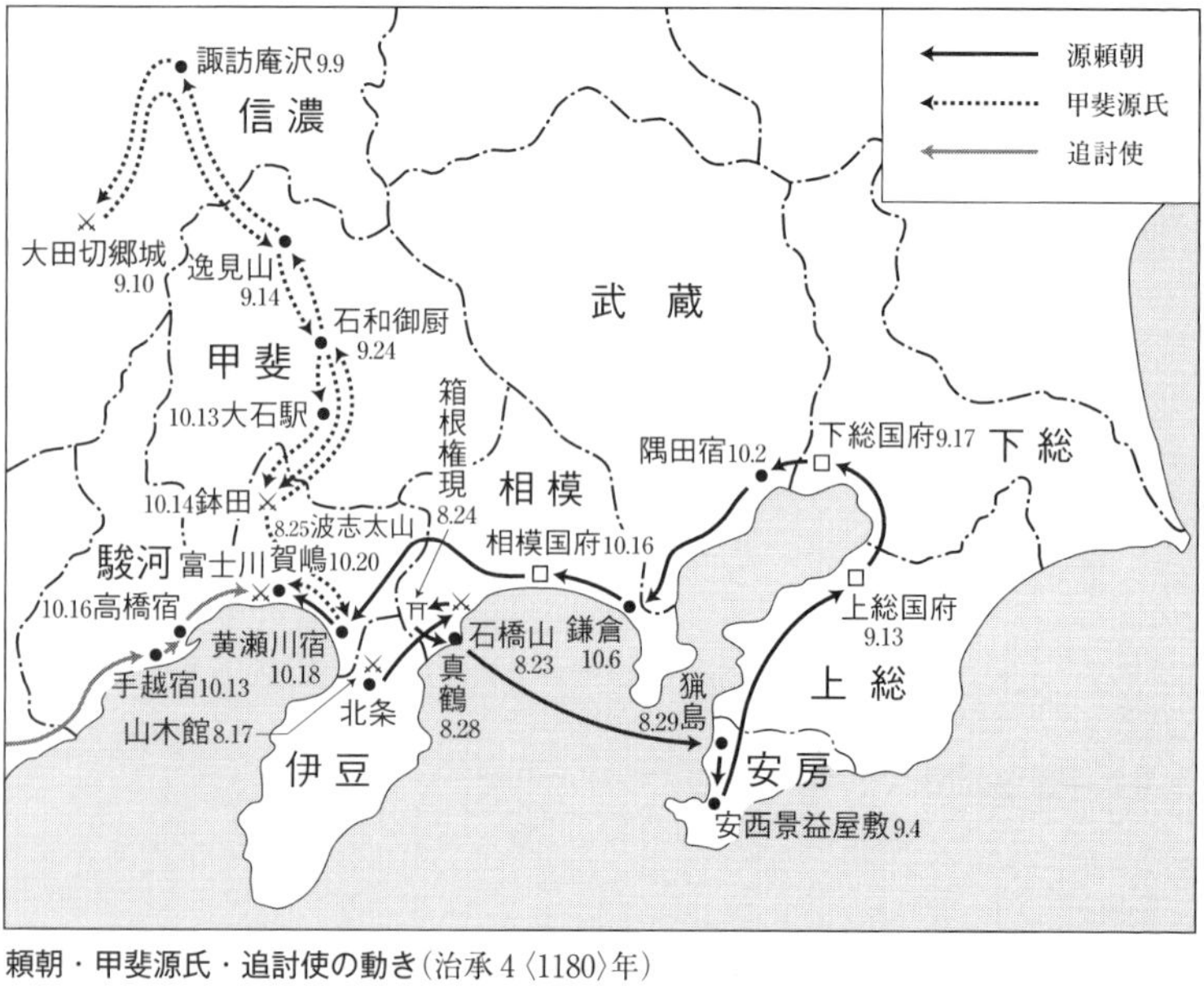

頼朝・甲斐源氏・追討使の動き（治承4〈1180〉年）

った。この勝利で反乱軍は東国に勢力基盤を確保し、平氏はこの敗戦から没落への道をたどることになる。

富士川での勝利後、頼朝は鎌倉に戻り、甲斐源氏は敗走する平氏軍を追って東海道を西上する。『吾妻鏡』は十月二十一日条に、頼朝が武田信義を駿河守護《しゅご》、安田義定を遠江守護に任じた旨を記載する。しかし、これまでの行動からは甲斐源氏が頼朝の支配下にあったとは考えられず、この記事も実際に任命されたというよりも、甲斐源氏がすばやく駿遠地方に進出・制圧したことを追認したものといえよう。十一月七日、東国の反徒鎮圧を命ずる宣旨が再度出された際には、頼朝とならんで信義の名が追討の対象としてあげられている。

甲斐源氏の進撃速度は速かった。『玉葉』は十一月八日には遠江以東の一五カ国は反乱軍に属したとの噂を記録し、十七日には美濃・尾張も制せられ、二十一日には近江まで逆賊の支配するところとなったと、刻々と京へ迫り来るようすを伝える。三十日には甲斐の武田が近江源氏に対し軽率な攻撃を控えるよう指示し、十二月十二日条では、「武田の党、遠江に来住して参州を伐《き》り取り了《おわ》んぬ。美濃・尾張、また素《もと》より与力し了んぬ」と、伝聞ではあるがその主体が甲斐源氏であることを明らかにしている。

こうした迫り来る甲斐源氏におびえたかのように、平氏が信義の子有義が京に残してきた妻子を処刑し、その首を門前に梟《さら》すという残虐な措置をとったのは十二月二十四日のことだった(『山槐記』)。しかし、その後は遠隔地における長期の戦闘と平氏が反撃体勢を整えたこともあって戦線は膠着状態が続き、養和元(一一八一)年閏二月には、遠江を抑えた安田義定も頼朝の部下和田義盛《よしもり》を援軍として迎えざるをえないなど苦戦を強いられることになる。

鎌倉御家人としての甲斐の武士●

鎌倉にとどまった源頼朝は、佐竹氏を討つなど対抗勢力を制して関東武士の掌握に成功し、しだいに政治的・軍事的に優位となる。寿永二（一一八三）年十月の宣旨によって、東山道・東海道地域の荘園領主の権利を保障するかわりに国衙を指揮命令することが許され、公認された政権としての第一歩を踏み出した。翌年正月に木曾義仲《よしなか》を、そして、文治元（一一八五）年三月には平氏を壇《だん》ノ浦《うら》に滅ぼし、同年十一月弟源義経《よしつね》追捕を理由に守護の設置を認めさせるなど、鎌倉政権の基盤は着々と固められていった。

その過程で、かつての対抗馬甲斐源氏の諸氏はつぎつぎと排斥されていく。まず養和元（一一八一）年、棟梁武田信義には頼朝に対する謀反の疑いがかけられ、このときは起請文を提出して一応事なきをえたが、元暦元（一一八四）年六月には嫡子一条忠頼が同じ容疑で鎌倉で謀殺され、信義も失脚した。建久元（一一九〇）年には忠頼の弟板垣兼信が年貢対捍《たいかん》の罪で隠岐国に流罪、同じく武田有義も文治四年に頼朝の随行役を拒否して失踪し、その後いったん復活するものの正治二（一二〇〇）年の梶原景時の謀反事件に関係して史上から姿を消した。また、遠江守護・遠江守・下総守などを歴任した安田義定も、建久四年に嫡子越後守義資《よしすけ》が頼朝に仕える女官に恋文を送った不謹慎さをとがめられて梟首《きょうしゅ》された際に所領を没収され、翌年自分も梟首されてしまう。

しかし、すべての甲斐源氏が排斥されたわけではない。頼朝は、文治元年一月六日付の弟範頼《のりより》への手紙のなかで、「甲斐の殿原《とのばら》の中には、いさわ殿・かがみ殿、ことにいとおしくし申させ給うべく候」といい、いさわ殿（石和信光）とかがみ殿（小笠原長清）の二人を愛すべき人物と評している。石和（武田）信光は信義の子で、兄たちがつぎつぎと失脚するなか、頼朝の信頼をえて伊豆守・安芸守護、そして多分甲斐守護にも任命され、武田氏の基礎を築いた人物である。小笠原長清は加賀美遠光の次男であるから、信光の従兄弟になる。在京経験がある父遠光の意思にしたがい、平知盛《とももり》につかえていたが、富士川の戦いの直前に頼朝のもとにかけつけた。中央の情勢に通じ、挙兵に慎重だったため、武田・安田氏などに遅れをとった遠光・長清父子は、頼朝に接近することによって活路をみいだそうとしたのであろう。長清が頼朝の斡旋で上総の豪族平広常の婿となり、遠光の娘大弐局《だいにのつぼね》が頼朝の子頼家・実朝の養育係になったりしているのは、両者の関係を示す具体的な好例である。

頼朝に選ばれた二人は、その後の甲斐源氏の中核となり、承久三（一二二一）年の後鳥羽上皇の倒幕計画に端を発する承久の乱の際には、東山道大将軍として五万余騎の甲斐・信濃を中心とする兵を率いて上洛している。また、二人は海野《うんの》幸氏《ゆきうじ》・望月重隆《しげたか》とならんで「弓馬の四天王」に数えられる（『山県本武田系図』）。武士のたしなみとして弓馬の道に通ずることが求められ、幕府の行事のなかにも流鏑馬《やぶさめ》・犬追物《いぬおうもの》・笠懸《かさがけ》などが取り入れられた。各氏族のあいだに武芸のやり方についての一定のルール＝作法が形成されはじめていたことは、建久五年に頼朝が長清を含む弓馬堪能者一八人を招集して「相伝の家説」の披露を求めたことに端的に示されている。信光も仁治二（一二四一）年の射的や寛元三（一二四五）年の流鏑馬に見証《げんしょう》（審判）として登場するほか、執権北条時頼の射芸の師と伝えられるなど、実技のみでなく弓馬の作法にも通じていたことがうかがえる。作法は機構・組織の維持システムの一つといえるが、作法に長じ、その集成をなしえたことは二人の組織者としての能力の高さを示すものともいえよう。頼朝はその点を鋭く見抜いていたのではなかろうか。二人が生き残るのはたんなる偶然ではなかったのである。

しかし、御家人《ごけにん》となった甲斐の武士は甲斐源氏ばかりではない。甲斐源氏の足跡の残らない郡内《ぐんない》においては、建保元（一二一三）年の和田義盛の乱に味方して波加利《はかり》荘競石《くらべいし》郷（大月市）で自殺した古郡保忠《ふるごおりやすただ》兄弟や、大原荘（富士河口湖町）を領した加藤景廉《かげかど》、承久の乱に参戦した小山田太郎らが知られる。また、建治元（一二七五）年の京六条八幡宮の再建経費を賦課した文書に登場する、甲斐国の御家人一八人のうち、鮎沢・工藤・室伏・市河氏などは通常甲斐源氏と理解されない氏族である。このうち、工藤氏は景光・行光、市河氏は行房が挙兵時から甲斐源氏と行動をともにしている。そのほか、鎌倉末期には逸見《へみ》荘・牧《まき》荘は二階堂氏の領するところとなるなど、少なからず甲斐源氏以外の氏族を拾うことができる。通説によれば、甲斐国は鎌倉時代から戦国時代まで、一貫して武田氏が守護をつとめた希有な国の一つに数えられている。しかし鎌倉時代に限っていえば、史料のうえで確実に確認できるのは最末期の武田政義《まさよし》一人にすぎず、網野善彦氏のように二階堂行氏《ゆきうじ》が建長年間（一二四九〜五六）の甲斐守護だったと推定する説もある。この時代の甲斐源氏の実力を知るためには、他氏族との関係が重要な要素となるが、この方面の研究はまだ緒についたばかりである。

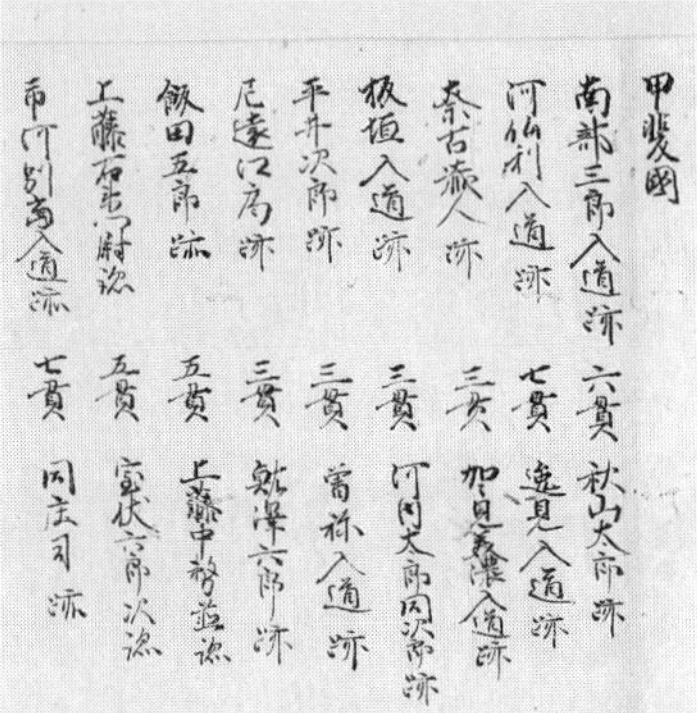

建治元(1275)年の六条八幡宮造営注文（国立歴史民俗博物館蔵）　鎌倉幕府が造営経費を御家人に賦課したもの。甲斐では18人が載るが，それ以外に武田・小笠原氏は鎌倉在住として別に書き上げられている。

2 武田守護家の形成

甲斐源氏の東と西●

甲斐国が甲斐源氏一色でなかったのは、前節でのべたとおりだが、それと対照的に他国における甲斐源氏の足跡は顕著である。

武田氏においては、安芸国（広島県）との関係が深い。武田信光《のぶみつ》が文治五（一一八五）年当時同国守護としてみえるのをはじめとして、承久の乱の論功行賞により再任されて嘉禎元（一二三五）年までつとめ、孫信時《のぶとき》は仁治・寛元（一二四〇〜四七）頃から弘安年間（一二七八〜八八）頃まで同職に在任、元徳三（一三三一）年には信時の孫信宗《のぶむね》が在任するなど、断続的ではあるが、鎌倉時代を通じて確認できる。元寇の際には信時が長期にわたって異国警護の指揮にあたり、建武二（一三三五）年武田信武《のぶたけ》が足利尊氏《たかうじ》に呼応して挙兵したのも安芸国であったことなどを考えると、信時流の武田氏は、甲斐国から安芸国に勢力基盤を移していたと考えてよい。板垣氏も武田氏にしたがって安芸に移住したと伝え、深沢郷《ふかさわ》（甲州市）を名字の地とする深沢氏も安芸町村地頭職《じとうしき》をえて移住し、鎌倉末期には逸見《へみ》氏を称している。

小笠原氏の活動範囲は広い。まず、信濃国との関係は小笠原長清《ながきよ》の父加賀美遠光《かがみとおみつ》が文治元年に信濃守に任官するのにはじまるが、長清も伴野荘《とものしょう》（佐久市）の地頭となっている。六男時長《ときなが》がその跡をついで伴野氏を名乗り、七男朝光《ともみつ》は隣接する大井荘に入部している。いったん、霜月騒動で勢力を失うが、南北朝時代には信濃守護として貞宗《さだむね》が復帰した。さらに、承久の乱の論功により、長清が阿波国（徳島県）の守護、嫡子長経が同国麻殖保《おえのほ》の地頭、大井朝光が伊賀国(三重県)虎武保《とらたけ》の地頭の地位を獲得した。阿波守護職は幕府滅亡まで保持されるほか、和泉(大阪府)・長門(山口県)・美濃(岐阜県)では守護北条時村の守護代もしくは又代官的立場の人物として小笠原盛雅・入道連念・二郎などの名がみえ、北条氏の被官として活躍した一族が確認できる。南北朝時代初期には石見(島根県)や若狭(福井県)にも守護代だった小笠

〔1表〕 全国に残る甲斐源氏の足跡(鎌倉・南北朝時代)

国名	氏族名	在職確認期間	職名など
信濃	加賀美氏	文治元(1185)～建久5(1194)	信濃守
	小笠原氏	建武3(1336)…文明9(1477)	守護
	(伴野氏)	文治2(1186)～弘安8(1285)	伴野荘地頭
	大井氏	鎌倉時代	大井荘地頭
安芸	武田氏	文治5(1189)…貞治6(1367)	守護
	〃	弘安10(1287)	在国司
	〃	正応元(1288)	佐東郡地頭
	深沢(逸見)氏	嘉禎3(1237)～文和4(1355)	安芸町村地頭
豊後	市川氏	弘安8(1285)	国分寺地頭
摂津	逸見氏	承久3(1221)～	三条院領地頭
和泉	逸見氏	承久3(1221)～宝治2(1248)	守護
	小笠原氏	弘安9(1286)	守護代？
遠江	安田氏	治承4(1180)～建久4(1193)	守護
駿河	武田氏	治承4(1180)～元暦元(1184)	守護
伊豆	武田氏	寛喜元(1229)～貞永元(1232)	伊豆守
阿波	小笠原氏	承久3(1221)～元弘3(1333)	守護
	〃	正平7(1352)～正平15(1360)	南朝方守護
	〃	承久3(1221)～	麻殖保地頭
讃岐	秋山氏	(伝)弘安年中～	高瀬郷地頭
対馬	河内氏	文治元(1185)	守護
若狭	武田氏	貞治5(1366)～応永13(1406)	守護又代官
	〃	永享12(1440)～永禄10(1567)	守護
	小笠原氏	貞治5(1366)～応永13(1406)	守護代
長門	小笠原氏	正和4(1315)～元応元(1319)	守護又代官
越後	小笠原氏	正安4(1302)	天主堂院主職
出雲	逸見氏	文永8(1285)～明徳4(1393)	熊谷郷地頭
伊賀	大井氏	承久3(1221)～宝治2(1248)	虎武保地頭
美濃	小笠原氏	元応2(1320)	守護代？
	〃	元弘3(1333)～永徳3(1383)	中河御厨地頭
陸奥	南部氏	鎌倉時代末	地頭代？
	〃	建武元(1334)～	糠部郡国代
出羽	浅利氏	(伝)鎌倉時代	比内郡地頭
石見	小笠原氏	建武3(1336)	軍奉行
	〃	建武4(1337)～天正13(1585)	河本郷地頭
	武田氏	暦応2(1339)	河本郷地頭代
上総	武田氏	～康永3(1344)	姉崎保地頭
	小笠原氏	康永3(1344)～永徳3(1383)	姉崎保地頭

❖コラム

二つの小笠原

山梨県には小笠原の地名が二カ所にある。北杜市明野《あけの》町と南アルプス市で、いずれの地でも甲斐源氏小笠原氏の発祥地と伝えている。伝承ではあるが、前者には始祖長清《ながきよ》の館跡・墓と長清寺《ちょうせい》が残り、後者には館跡・墓と長清が創建した御願寺（曹源《そうげん》寺）跡がある。

「おがさわら」の名称は、紀貫之が「都までなづけて牽くは小笠原 逸見の御牧の駒にぞ有りける」と歌ったように、十世紀には甲斐の名馬を産する牧の名として中央にも知られていた。明野説は、この小笠原牧が北巨摩地方をさす逸見と併称されることから、明野町小笠原はその遺称であり、長清は牧馬を駆使して弓馬の道に秀でるとともに、地名によって小笠原氏を称するようになったと力説する。

一方、南アルプス説の主張はつぎのとおりである。南北朝時代には甲斐に二つの小笠原荘があり、山《やま》小笠原荘には荘内の地名として朝尾《あさお》郷（明野町浅尾）がみえることから、明野側にあった荘園であることが明らかである。したがって、康永三（一三四四）年十一月十二日付の小笠原貞宗《さだむね》譲状《ゆずりじょう》にみえる原《はら》小笠原荘の遺称が南アルプス市小笠原と考えられ、惣領職相伝の地と記されるから、同荘が小笠原氏にとっての「名字《みょうじ》の地」であって、氏族発祥の地といえる。

名字の地が永く伝領されることは、奥州に移住した南部《なんぶ》氏が南部郷（南部町）を、浅利《あさり》氏が浅利郷（中央市）を南北朝時代まで領有していることでも明らかだが、小笠原の場合には確証はなく、明野説にしても状況証拠にすぎない。可能性としては南アルプス説が強いと思うが、結論のでていないこうした謎に、勝手な思いをめぐらすのも、歴史を楽しむ醍醐味の一つといえよう。

原氏がいる。

このほか、承久の乱の恩賞として摂津国（大阪府）三条院勅旨田《ちょくしでん》を与えられた逸見惟義《これよし》は和泉守護になっており、讃岐国の秋山氏も弘安年間に移住して、高瀬郷（香川県三豊市）を本拠にしたとの所伝をもち、弘安八年には豊後国（大分県）大分郡の国分寺一〇町の地頭として甲斐国住人市河宗清がみえる。

東の方へ足をのばした氏族には、長清の弟光行《みつゆき》を祖とする南部氏がいる。同氏の陸奥進出は、光行が奥州征討に従軍した際の功により糠部郡《ぬかのぶ》（青森県）を拝領したのにはじまるという話は伝承であろうが、少なくとも鎌倉末期までには同郡に拠点を構えていたことは確かである。南部氏は小笠原氏と同じく北条氏の得宗《とくそう》被官であり、北条氏領に地頭代として配されたのではないかと推定されている。同じ陸奥国への進出氏族に甲斐の工藤氏がいるが、こちらは行光が源頼朝から岩手郡（岩手県）を拝領したことが『吾妻鏡』に明記される。また、出羽国比内郡《ひない》（秋田県）に勢力をもった浅利氏《あさり》は、文和三（正平九＝一三五四）年の時点でも甲斐国青島荘浅利郷（中央市）を領しており、甲斐源氏出自であることが明らかである。

このように、鎌倉時代を通じて甲斐の武士、とくに甲斐源氏は所領支配を梃子として全国各地に土着し、発展への道をたどった。その多くは甲斐国との関係を持続するが、安芸に移住した武田氏は南北朝の動乱期に守護として甲斐国に戻ってくる。

守護家の祖武田信武●

元弘元（一三三一）年九月、倒幕計画が発覚して笠置山《かさぎ》に逃れた後醍醐《ごだいご》天皇追討のために幕府は大軍を上洛させるが、この軍勢には甲斐の御家人を率いて守護武田政義《まさよし》が参加した（『光明寺残篇』）。また、同じ上洛軍にみえる武田伊豆守は信宗（信武ともいう）のことで、安芸の武士を率いての参戦と考えられる。この二つの武田氏は信政《のぶまさ》の子の代にわかれたもので、前者は政綱を祖とし石和御厨を本拠として代々石和を称したので石和流武田氏、後者は信時が安芸守護となったのを契機に安芸に拠点を構えたもので、信時流武田氏とよばれる。

元弘三年に鎌倉幕府は滅んだ。後醍醐天皇による建武の新政がはじまるが、建武二（一三三五）年十一月足利尊氏が新政府に反旗をひるがえすと、政義も、信宗の子で当時安芸守護であった信武も早速これに呼応した。信武は十二月二日に挙兵し、同月二十六日矢野城（広島市安芸区）に熊谷蓮覚《くまがいれんがく》を討ったのち、一軍を率いて上洛し、政義は翌年正月一日に信濃守護小笠原貞宗とともに諏訪郡に侵入して、天皇方の諏訪上社大祝《おおはふり》藤沢政頼を追放している。

天皇方を南朝（宮方）、尊氏方を北朝（武家方）といい、いわゆる南北朝の内乱時代にはいる。甲斐の南朝方としては、建武四（延元二＝一三三七）年に国中《くになか》に攻め入って大善寺（甲州市）を焼いた初雁《はつかり》五郎や、陸奥へ移住し当初から終始南朝方として行動した南部氏の一族などがいる。挙兵時には北朝方だった武田政義は、途中で南朝方に帰属したが、康永二（興国四＝一三四三）年以前に京から石和御厨に戻ったところを襲われて戦死している（『八坂神社記録』）。

一方、上洛して尊氏と合流した武田信武は、畿内で

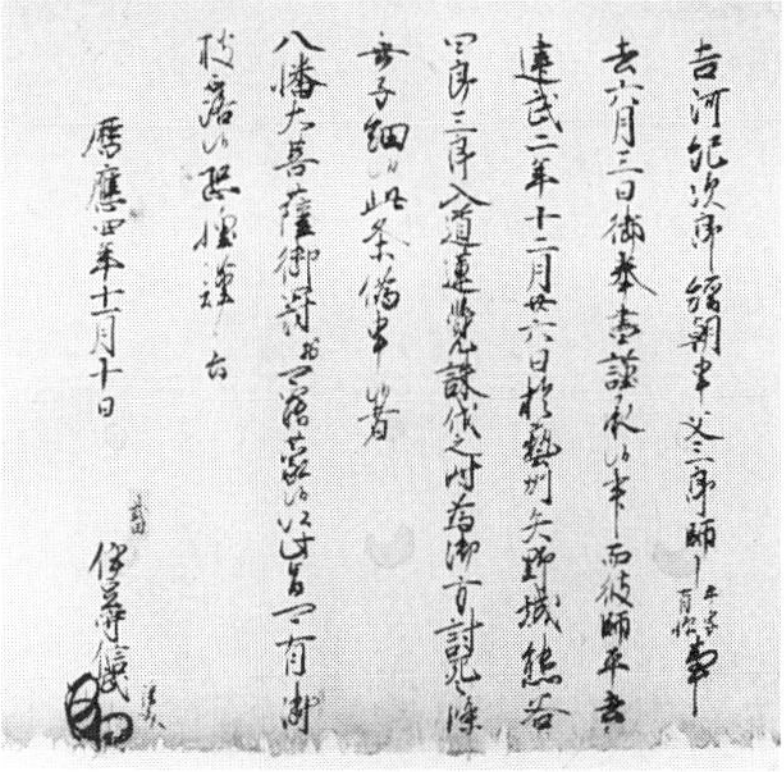

武田信武請文（吉川家文書）　安芸での挙兵に従軍した吉川師平の戦死しての忠節を子経朝に認めたもので，同国守護としての活動を示す。

の軍事行動に従事し、活躍した。安芸守護の信武は、やがて甲斐守護をも兼任するようになるが、建武五年正月には彼の部下とみられる安芸の武士内藤泰廉《やすかど》が飯田郷（甲府市）の地を充行《あてが》われているから、信武の甲斐への進出は相当早かったと思われる。信武の守護就任時期は不明だが、守護の座をめぐっての石和流と信時流の両武田氏の争いがもちこまれ、政義が南朝方に寝返るという結果を生じたのであろう。しかし、政義の死によって信時流武田氏の優位は動かなくなる。

観応《かんのう》元（正平五＝一三五〇）年、尊氏・直義《ただよし》兄弟の対立にはじまる観応の擾乱《じょうらん》では、甲斐においても鎌倉府執事をつとめる尊氏方の高師冬《こうのもろふゆ》が須沢城（南アルプス市）で敗死するなど、はじめは直義方が優勢であったが、そののち京を逃れて鎌倉に下った直義を追って尊氏が東国にむかった際には、信武も随行した。甲斐国内には、以前から子信成《のぶしげ》・信明・義武などを送り込んでおり、このときも信成が守護代として甲斐の武士を指揮している。文和元（正平七＝一三五二）年正月に直義は降伏、翌月急死した後、直義方と結んだ南朝方の新田義宗・宗良《むねよし》親王などは、一時は鎌倉をおとしいれ、武蔵野で激戦を展開したが、結局は敗れて鎌倉を捨てた。甲斐でも政義の弟貞政などとの戦いが七覚寺《しっかくじ》（甲府市）であり、貞政は敗退して石和流武田氏は姿を消す。

信武の死は延文四（正平十一＝一三五九）年とも貞治元（正平十七＝一三六二）年ともいわれるが、死ぬまで甲斐守護であった。信武自身の甲斐での在住期間は短かったものの、守護職は信成―信春と子・孫に継承され、南北朝の動乱を通じ、同家の基礎を固めたのである。

悲運の守護たち●

応永二十三（一四一六）年十月、前関東管領上杉禅秀《ぜんしゅう》（氏憲《うじのり》）は鎌倉公方《くぼう》足利持氏《もちうじ》を急襲して鎌倉を制圧した。この禅秀に娘を嫁して舅の立場にあった甲斐守護武田信満《のぶみつ》が荷担する。甲斐・伊豆以東の一二カ国を管轄する鎌倉府内部の権力争いが原因だが、室町幕府は鎌倉府を全面的に支援し、翌年正月十日禅秀一族を鎌倉に討ち取るとともに、二月六日信満を木賊山《とくさ》（甲州市）に追いつめ、自害させた。持氏は自分の意にしたがう逸見有直《へみありなお》の甲斐守護補任を願うが、鎌倉府のこれ以上の強大化を望まない将軍足利義持《よしもち》は、高野山に逃れていた信満の弟信元《のぶもと》を甲斐守護とした。信元は甥の信濃守護小笠原政康《まさやす》の支援のもとに帰国をはたすものの、戦乱のなかで同二十八年以前に没した。

幕府が信元の後の守護に任命したのは、信元と同じように高野山に隠棲していた武田信重《のぶしげ》である。しかし、信元は生前信重の弟である信長《のぶなが》の子伊豆千代丸《いずちよまる》を養子としており、豪勇をうたわれた父の援助をうけて逸見氏などと応戦していた。逸見氏の要請で出兵した鎌倉府の軍勢に敗れた信長が、鎌倉に出仕したのは応永三十三年のことである。ところが、その間隙を縫って守護代跡部《あとべ》氏が勢力をのばした。同氏は信濃国佐久郡跡部を本拠とする小笠原支族で、信元を援助した政康

武田信満の墓（甲州市棲雲寺）

の意向により守護代になったという。跡部氏の強勢を知って帰国した信長は日一揆《ひいっき》と結び、永享五（一四三三）年四月二十九日に輪宝《りんぽう》一揆と連合した跡部氏と荒川で戦うが、大敗して甲斐国を去っている。

このように一揆に代表される中小武士団の台頭、信長・伊豆千代丸の活動や逸見氏・跡部氏の強勢など、交錯する守護対抗勢力の存在によって、守護に任命された信重の帰国はなかなか実現できなかった。しかし、情勢の変化を察知したためか、永享七年には跡部氏が信重の帰国を要請する使者を派遣するなど国内のうけ入れ体制が整えられ、同十年の永享の乱での持氏追討軍に加わることによって、信重は約二〇年ぶりの帰国をはたすことになる。逸見一族も持氏の滅亡とほとんど運命をともにするが、その後も嘉吉二（一四四二）年と文安元（一四四四）年に国内に武力衝突があったことが記録される。信重の最期についても、黒坂太郎を攻撃中に小山城《こやま》（笛吹市）城主穴山伊豆守に小石和館《こいさわ》（同市）を襲われ自殺したと伝えられるなど（『甲斐国志』）、信重の治世は必ずしも安泰とはいえなかった。

信重の跡をついで守護となった信守《のぶもり》は五年の短命で、わずか九歳の信昌《のぶまさ》が家督を相続すると、守護代跡部氏の力が強くなる。氷川《ひかわ》神社（甲州市）の寛正二（一四六一）年造営棟札にみずから「跡部上野介景家《かげいえ》、身心勇猛にして永く武家の棟梁となり、子孫繁栄して正に武門の枢要にならんことを」と記したように、守護家を圧倒する勢いを示した。実戦でも、長禄元（一四五七）年十二月および翌年正月の衝突では、守護方の岩崎氏一族に壊滅的打撃を与えるなど、大勝している。信昌は寛正五年に、跡部景家の父駿河守明海《みょうかい》の死去を契機に、翌年七月景家を小田野《おだの》城（山梨市）に攻めて自害させ、守護家滅亡の危機を一応乗りこえたが、これで支配が安定したわけではなかった。信昌の子信縄《のぶつな》と信恵《のぶしげ》の対立をはじめ、武田一族でもある大井・栗原・今井・穴山などの国人《こくじん》領主たちとの抗争、地下《じげ》一揆の頻発、信濃・駿河・相模の隣国勢力の侵入など、下剋上《げこくじょう》を制して戦国大名となるための苦しみはまだ続くのである。

3　鎌倉街道と仏教・文化

石和宿と烏帽子商人大太郎●

『吾妻鏡』をみると、池田宿（静岡県磐田市）・岡部宿（同藤枝市）・大磯《おおいそ》宿（神奈川県大磯町）など多くの宿が登場する。これらは東海道の交通の要衝に位置するのみでなく、商業活動の拠点でもあった。武田信義の母親は手越《てごし》宿（静岡市）の遊女というが、源義平《よしひら》の母も橋本宿（静岡県新居町）の遊女、源頼朝の弟範頼の母も池田宿の遊女であったということなどからも、宿の繁栄の一端を知ることができる。石和《いさわ》宿もその一つである。

その石和にかかわって『源平盛衰記』に載るつぎの話は興味深い。石橋山の戦いで敗れた源頼朝は、追手の目を逃れて伊豆の山中をさ迷っていたところ、甲斐の烏帽子《えぼし》商人大太郎《おおたろう》に出会った。大太郎は乱れた服装から落武者《おちむしゃ》とすぐわかる頼朝などの求めに応じて衣服を用意するだけではなく、宿所に案内して酒肴でもてなしたうえ、左折《ひだりおれ》の烏帽子を差し上げた。頼朝は、源家の大将は八幡太郎義家以来代々左烏帽子であることから大変喜び、自分が出世したら名田《みょうでん》一〇〇町・在家《ざいけ》三宇を与えることを約束し、平家滅亡後、約束どおり大太郎に甲斐国石和の名田と在家を賜った。

恩賞の地石和は、甲府盆地東部の笛吹川沿いの平地にある。『和名抄』に山梨郡石禾《いさわ》郷がみえ、のちに伊勢神宮領である石和御厨《みくりや》がおかれた。石和宿はその中心集落であり、市部《いちべ》・四日市場などの地名から、市も開かれていたことがわかる。武田信光が館を構えたといい、石和流武田氏の政義が最後に石和御厨で戦死したのも、同氏がこの地を代々本拠にしたことを示している。また、深沢郷（甲州市）の地頭である御家人深沢有経《ありつね》は石和に屋敷を所有しており（小早川家文書）、謡曲『鵜飼《うかい》』に登場する旅僧が同地で宿泊を求めたのは交通の要地だったことを示すものといえるなどのことから、当時の石和が甲斐の政治的・経済的中心地であったことを知ることができよう。商人大太郎が恩賞として与えられたのが石和であったことは、こうした石和宿の繁栄があってこそ、他国にまで足をのばして活躍する彼にとって、より大きな経済的意味をもったに違いない。

石和はまた鎌倉街道の起点でもある。鎌倉街道（鎌倉道）は、幕府の成立とともに、鎌倉番役《ばんやく》など御家人の鎌倉への行き来の道として発達したもので、関東各地にその名称が残る。甲斐の場合は、石和から御坂《みさか》峠・籠坂《かごさか》峠をへて、竹の下（静岡県小山町）から鎌倉へ至る道筋を主としてそうよぶ。甲斐の御家人はこのルートを通行して幕府に出仕

遠妙寺　笛吹市にある鵜飼山遠妙寺の縁起が，謡曲『鵜飼』の素材となったと考えられる。

し、将軍の身辺警備や社寺参詣の際の随行、諸行事の際の流鏑馬《やぶさめ》・笠懸《かさがけ》・犬追物《いぬおうもの》の射手などをつとめたことが『吾妻鏡』に頻繁に記される。通行者は商人や御家人ばかりではない。僧侶や技術者もこれらの道を通じて甲斐国に新しい情報・文化をもたらしたのである。

鎌倉仏教の伝教者たち●

佐渡流罪を許された日蓮《にちれん》が身延《みのぶ》に入山したのは、文永十一（一二七四）年五月十七日であった。幕府に自分の意見が聞き入れられなかったため、佐渡流罪以前に鎌倉で弟子入りしたという波木井《はきい》郷（身延町）地頭南部実長《さねなが》の勧誘により鎌倉を後にしたのである。このときの入国ルートである竹の下―車返《くるまがえし》（静岡県小山町）―大宮（同富士宮市）―南部（南部町）は、実長にとっては鎌倉へ出仕するための鎌倉道であった。草庵（のちの久遠《くおん》寺）をつくって山中での生活をはじめた日蓮は、死の直前まで約八年余のあいだ身延にとどまっているが、身延からはなれた痕跡はない。しかし、しだいに信者が集まるようになり、建治四（一二七八）年には下部《しもべ》の湯（身延町）へ湯治がてらに参拝する不届きな者が多く、皆追い返したといい、弘安二（一二七九）年には山中で一〇〇余人も養っていると日蓮書状に記されるほどであった。療養のため常陸に行こうとした日蓮は、富士川をさかのぼって甲府盆地にはいり、黒駒（笛吹市）―河口（富士河口湖町）―呉地《くれち》（富士吉田市暮地）―竹の下をへて武蔵国池上に至るが、ここで弘安五年十月十三日死去した。その後の身延山には後継をめぐっての争いや盛衰があったものの、同宗の一大活動拠点として発展し、一一代日朝《にっちょう》のときに現在地に伽藍を移して興隆していく。

時宗の二世真教《しんきょう》が甲斐国を遊行《ゆぎょう》したのは、永仁三（一二九五）年のことである。信濃善光寺に参詣したのち、甲斐国へはいって一条（甲府市）・小笠原（北杜市ヵ）・中河・御坂（以上、笛吹市）・河口などに立ち寄り、布教につとめたことが『一遍上人絵詞伝《いっぺんしょうにんえことばでん》』にみえる。この間に、一条時信・武田小五郎・黒駒殿・板垣入道などの武士を教化し、北杜市須玉町若神子の長泉《ちょうせん》寺、甲府市太田町の一蓮《いちれん》寺、笛吹市御坂町黒駒の称願《しょうがん》寺、富士吉田市上吉田の西念《さいねん》寺などの有力寺院が鎌倉街道沿いに開創された。これら寺院を経由して信濃佐久郡伴野に抜けるコースは、歴代遊行上人の廻国順路となったようで、八世渡船《とせん》や二四世不外《ふがい》もこのルートを通行している。

真教が布教し、また時宗寺院の所在するところは、商人や職人が集住する都市的機能をもつところであり、また、宗祖親鸞《しんらん》が甲斐に入国布教したとの伝承もある浄土真宗や、「辻説法」を布教の手立《てだて》として選んだ日蓮宗にも、信徒に都市民が多かったと網野善彦氏は主張する。そうした町場に人が多く集まったことは、真教の小笠原での説法で日蓮宗徒と悶着をおこした際、たちまち在家人が大勢集まって立ちふさがったと絵詞伝にみえるとおりである。一条道場一蓮寺の場合でも、『一蓮寺過去帳』にみえる東大門・南大門・横大門・東町・西町・町屋・門前などの地名から、一条小山（現甲府城跡）の南側に形成された一蓮寺門前町が、少なくとも十五世紀初めには相当な規模で繁栄していたことが確認できる。

禅宗では、臨済宗の宋僧蘭渓道隆《らんけいどうりゅう》が甲斐へ流されたのを契機に、東光寺（甲府市）・永岳《えいがく》寺（韮崎市）を創建したと伝えるが、隆盛をきわめるきっかけとなったのは夢窓疎石《むそうそせき》の出現である。疎石は伊勢の人だが、幼い頃甲斐に移り、市川（市川三郷町）の平塩《へいえん》寺で修行したのち、諸国を遊学して禅をきわめ、牧荘主二階堂氏の外護《げご》によって嘉元三（一三〇五）年浄居《じょうきょ》寺（山梨市）を、そして元徳二（一三三〇）年には恵林寺（甲州市）を同荘内に開創した。その後疎石自身は足利尊氏などの帰依をえて京に天竜寺を開基するなど中央で活躍するようになるが、彼の弟子である竜湫周沢《りゅうしゅうしゅうたく》・絶海中津《ぜっかいちゅうしん》などの名僧が恵林寺住持を歴任し、中津が入寺した際には「在京の師・相州有名の英衲《えいのう》、雲集す」（『翊聖国師年譜』）といわれるほど、同寺は甲斐の五山派の拠点として大きく発展した。

また、元《げん》に留学した業海本浄《ごっかいほんじょう》は木賊《とくさ》山中（甲州市）に棲雲《せいうん》寺を、同じ留学僧である明叟斎哲《みょうそうさいてつ》は正法《しょうほう》寺（笛吹市）を開き、独自の活動を展開している。さらに、守護武田信成の帰依をうけた抜隊得勝《ばっすいとくしょう》は、康暦二（一三八〇）年塩山に向岳《こうがく》寺を創建、一派の本山として郡内から武蔵方面に教線をのばした。

これに対し、曹洞宗の甲斐での活動は臨済宗よりも遅れ、南北朝時代の初めに大井春明に招かれて明峰派の雪山元杲《せつざんげんこう》が南明《なんめい》寺（富士川町）を開いたのをはじめとする。ついで、法王派の鶏岳永金《けいがくえいきん》が郡内に宝鏡寺（都留市）を建て、同派の拠点とした。峨山派の大綱明宗《だいこうみょうしゅう》は甲斐出身で、その法嗣吾宝宗璨《ごほうそうさん》の弟子拈《ねん》笑宗英《しょうそうえい》の系統に属する興因《こういん》寺（甲府市）の末寺は三〇〇をこえたといい、また、雲岫宗竜《うんしゅうそうりゅう》が中山（笛吹市）に開創した広厳《こうごん》院は、流末六九〇カ寺を数える甲州最大の宗派へと発展していく。

宗教世界の遺産

このように、中世には仏教を中心に宗教が武士や民衆の精神的支柱として重要な役割をにない、彼らはその創建・維持にも勧進や寄進という形で積極的に関与した。現在に残る文化遺産の多くは、そうした人々の営みの結晶である。

建築では、国宝の大善寺本堂（甲州市、口絵参照）と清白寺仏殿（山梨市）が双璧であろう。前者は弘安九（一二八六）年の立柱銘をもつ県内最古の建物で、五間四方の雄大な和様建築の代表例であり、後者は応永二十二（一四一五）年建立の唐様《からよう》建築の典型で、夢窓疎石を開山と伝える同寺にふさわしいが、甲府市の東光寺、南部町の最恩寺の仏殿も同様式である。また、小菅《こすげ》村の観音堂は鎌倉建長寺派の長谷寺（廃寺）の仏堂であるが、鎌倉時代の建築で、甲斐の山深くまで禅宗が浸透していたことを示している。神社では、古式を伝える春日造の熊野神社本殿（甲州市）のほか、重要文化財九棟をもつ大井俣窪《おおいまたくぼ》八幡神社（山梨市）の本殿が十一間社流造という特異な形式を採用していることなどがとくに目を引く。

彫刻では、平安末〜鎌倉初期の優作が多い。そして、願成寺（韮崎市）の阿弥陀三尊は武田信義、善光寺（甲府市）の木造阿弥陀三尊二組は武田信義およびその子有義、放光寺（甲州市）の大日如来・愛染明王・不動明王・金剛力士各像は安田義定、大聖寺（身延町）の不動明王像（口絵参照）は加賀美遠光、宝珠寺（南アルプス市）の大日如来および四波羅密菩薩像は小笠原長清というように、甲斐源氏の有力武将による造像・勧請が推定されている。鎌倉末〜南北朝期になると、称願寺（笛吹市）の他阿《たあ》上人真教像（章扉写真参照）、善光寺の源頼朝像、古長禅《こちょうぜん》寺（甲西町）の夢窓国師像、棲雲《せいうん》寺（甲州市）の普応国師像・業海本浄像など実在の人物を写した

窪八幡神社本殿（山梨市）

肖像彫刻にみるべきものが多い。

絵画には、国宝として久遠寺の夏景山水図《かけいさんすい》と向岳寺の達磨《だるま》図があるが、向岳寺の三光国師像・大円禅師像などの頂相《ちんぞう》も優れた作品である。

作者については不明なものが多い。しかし、建築では信濃国佐久郡の大工が比志《ひし》神社（北杜市）本殿・十五所神社（同前）社殿・窪八幡神社鐘楼の建立にかかわったことが棟札によって判明している。仏師では、放光寺の金剛力士が鎌倉に下向して造像活動に従事した成朝《せいちょう》の作と伝えるほか、福光園寺《ふっこうおん》（笛吹市）の吉祥天女像が蓮慶、棲雲寺の諸仏が院広・院遵・慶□、古長禅寺の夢窓国師像が行成であることがわかっている。院広などは院派に属する奈良仏師であることが明らかだが、他も中央の仏師であったと思われる。また、棲雲寺庭園の石には文和二（一三五三）年の年号とともに「京城道石刻之」とあり、京の石工が甲斐にきている。

こうした事実から、文化の流入にともなう技術者の移動が当然想定されるわけで、それを契機に技術もまた徐々に地方に根付いていく。十四世紀初めには鋳物師の集団が宇津谷《うつや》（甲斐市）に形成されているが、文安五（一四四八）年の向岳寺梵鐘をつくった宇津屋満吉もその一人であろう。

4章

武田三代と歩んだ戦国時代

八幡原古戦場の一騎討ちの像(長野市)

1　甲府誕生と信虎

信虎による甲斐統一●

『妙法寺記《みょうほうじき》』（『勝山記《かつやまき》』）には、明応元（延徳四・一四九二）年「六月十一日、甲州乱国に成り始むるなり」と記されている。これより少し前、武田信昌《のぶまさ》は家督を長子信縄《のぶつな》にゆずり、万力《まんりき》の落合館《おちあいやかた》（山梨市）に隠居したが、信縄と弟信恵《のぶよし》（油川氏）の関係は険悪で、信昌は信恵に荷担していた。武田家内部で激しい争いが続いていたところへ駿河からの乱入もあり、まさしく甲斐はこの年に混乱の渦にまきこまれた。

明応二年、甲斐は大変物騒で惣領《そうりょう》の信縄がたびたび合戦に負けた。しかし翌年三月二十六日の合戦で信恵が敗れ、信縄の軍事的優位が固まった。明応七年になると信縄は信昌と和睦し、政治的立場を有利にした。

永正二（一五〇五）年九月十六日に信昌が没し、それからわずか二年後の同四年二月十四日に信縄までが亡くなった。その跡をついだのが明応三年に信縄の長男としてうまれた信虎《のぶとら》で、永正五年十月四日には信恵とその子供を討ちとった。わずか一三歳で家督をついだ信虎に対し、長年信縄と戦いを続けてきた年輩の信恵が有利になるとみえたが、あっけなく殺された。これによって信虎の武田一族中での地位は確立した。

永正十二年十月十七日、信虎は西郡《にしごおり》の大井信達《のぶさと》を上野《うえの》城（南アルプス市）に攻めたが敗れ、板垣・甘利《あまり》など有力な武将を失った。その後、駿河から甲斐への口々をふさがれた。信虎は大井氏に敗れたうえに、大井氏と結んだ駿河の今川氏からも圧力をかけられたのである。大井氏と武田氏との戦いは翌年も続き、甲斐国と駿河国の争いも続いた。

府中移転●

永正十六（一五一九）年十二月二十日、武田信虎は河田館《かわだ》（甲府市川田町）から躑躅ケ崎館《つつじがさきやかた》に移り、現在の甲府ができた。これまで武田氏当主の転居は甲府の移転を意味しなかった。ところが、このときには信

武田信虎画像（大泉寺）

信玄誕生ゆかりの積翠寺（甲府市）　右は要害山。

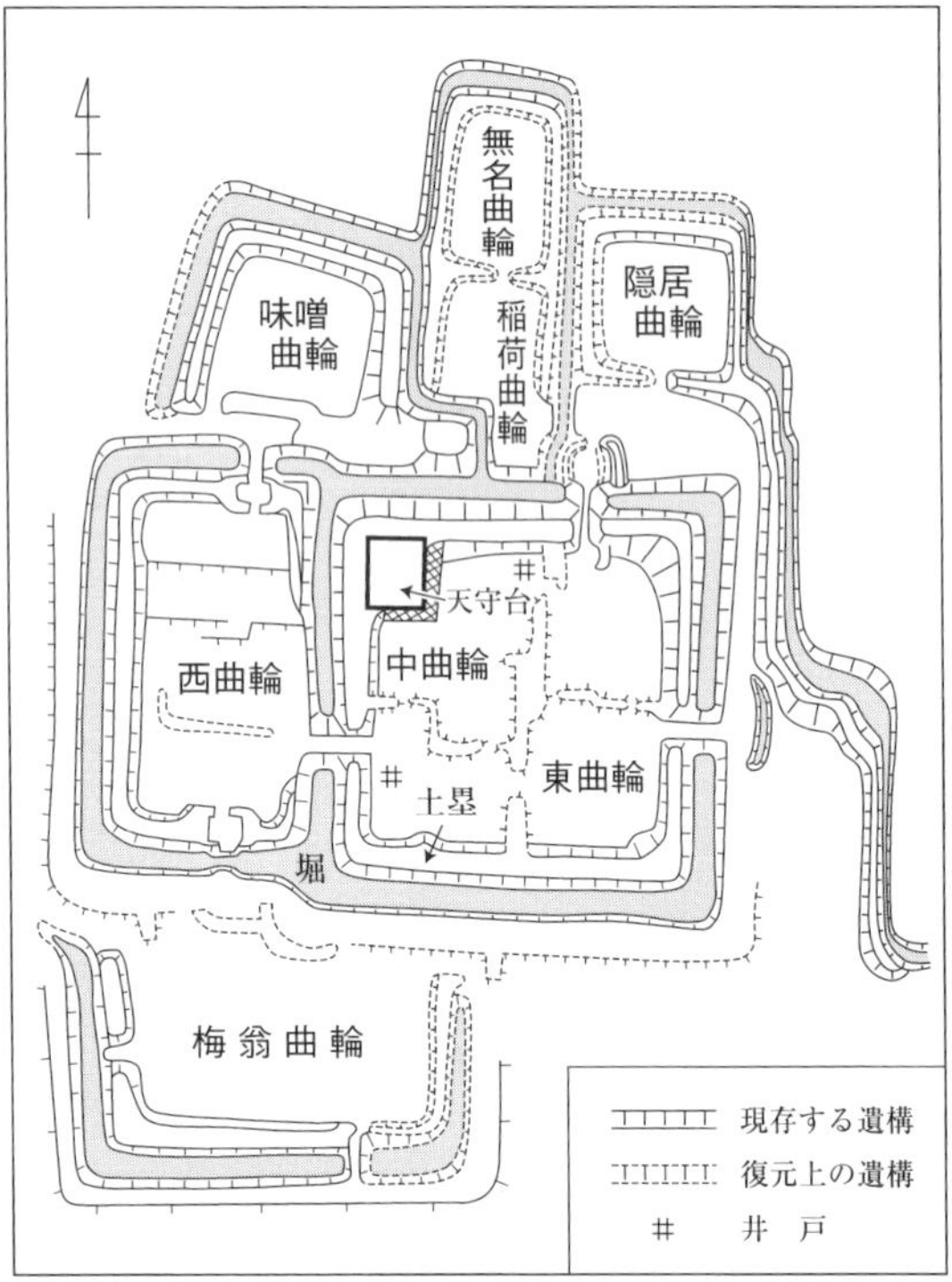

躑躅ケ崎館跡概略図(『甲府市文化財調査報告』5より作成)

躑躅ケ崎館の跡(甲府市)

❖コラム

発掘される武田氏館跡

甲府駅の北約二キロメートルの武田神社が、信虎・信玄・勝頼の三代が住んだ躑躅ケ崎館《つつじがさきやかた》の跡である。館は武田神社のある東曲輪《くるわ》と中曲輪、かつて旧睦沢《むつざわ》小学校校舎（甲斐市）が移築されていた西曲輪、その北側の曲輪や南側の梅翁《ばいおう》曲輪などからなる。東曲輪は東西約一三五メートル、南北一二七メートルで東と北に門を配し、東門を大手門とした。中曲輪は東西約六〇メートル、南北約一二七メートルで、北東部と南西部に井戸を設け、西に門があった。周囲には高さ二〜七メートルの土塁が囲み、東西の土橋から現況で深さ約六メートルの空堀、南に深さ約七メートルの水堀がめぐらされている。西曲輪は東西六七メートル、南北一二〇メートルである。この曲輪は天文二十(一五五一）年八月二十三日からつくりはじめ、翌年六月二十七日に義信が移り住んだ。

梅翁曲輪や天守台《てんしゅだい》跡は武田氏時代以降のものとされ、武田氏滅亡後にも館へ手を加えられているので、信玄時代の館を知るためには発掘し、考古学的に考えねばならない。現在、甲府市教育委員会によって発掘調査が進んでいるが、中曲輪南側の遺構確認によれば、数時期にわたって二〜五メートルの土盛りが行なわれている。したがって生活面から土塁の上までは約一〇メートル、外側の堀底から土塁上までは一五〜一七メートルもの高さがあった。最終段階の館はきわめて高い土塁に囲まれていたのである。中曲輪の南側では池や庭の遺構がみつかった。また、北側の曲輪の土塁では版築《はんちく》がなされており、土塁自体も何度も改修の手がはいっていたことが判明した。さらに、建物跡などもでており、今後そうした建物の実態が明らかになるであろう。

虎の居館移転が新府中づくりと結びつき、ここに甲斐の有力者が集まったので、彼らと信虎のあいだになんらかの合意がなされたのであろう。あらたな甲府建設は信虎の圧倒的な力によってではなく、国人《こくじん》たちとの合意のもとにできたが、これをなしえたことは信虎の権力伸張を意味する。

信虎は翌年に積翠寺《せきすい》に要害城《ようがいじょう》を築いた。躑躅ケ崎館が信虎家族の居住地であるとともに、甲斐の政治の中心地としての役所的役割をはたすのに対して、これはいざというときに逃げこむための城であった。つまり躑躅ケ崎館と要害城とは、セットになって近世の城の意味をもったのである。

他国との関係●

大永元(一五二一)年、駿河の福島正成《ふくしままさしげ》が甲斐に攻めこんできたが、武田信虎は敵勢を十月十六日の飯田河原の合戦と、十一月二十三日の上条《かみじょう》河原の合戦で破った。この間の十一月三日、積翠寺で信虎に長男の晴信《はるのぶ》(信玄《しんげん》)が誕生した。国外の敵乱入は甲斐の住民の心を一つにさせ、防衛戦の指揮をした信虎は相対的に地位を高め、甲斐一国に対する支配力が強まった。その現れの一つが大永二年一月三日からの棟別《むなべち》銭《せん》の賦課であった。

信虎が完全に甲斐を押さえたのは天文元(一五三二)年で、九月に浦《うら》(今井)信元《のぶもと》が敵対し、信州勢を頼んで浦城(北杜市)にこもったのを攻め降参させたことによる。これを『妙法寺記』は、「一国御無異になり候」と評している。

甲斐を平定した信虎は国外進出をめざした。大永四年一月、北条氏綱《ほうじょううじつな》に江戸城を攻められた扇谷《おうぎがやつ》上杉朝興《ともおき》が川越城(埼玉県川越市)に走ると、関東管領《かんれい》上杉憲房《のりふさ》は江戸城回復の軍事行動をおこした。これに信虎も介入し、二月十一日に猿橋《さるはし》(大月市)へ出陣し北条軍と対峙した。武田軍は小猿橋(神奈川県相模原市）でしばしば北条軍と戦い、三月には鉢形《はちがた》城（埼玉県寄居町）の上杉憲房とむかいあい、六月には岩槻《いわつき》城（埼玉県さいたま市岩槻区）を攻めた。十一月には信虎と氏綱は和睦したが、翌年にはふたたび津久《つく》井《い》（神奈川県相模原市）方面で戦った。三月、関東管領の憲房が没し、子の憲政《のりまさ》が幼少であったために、古河公方《こがくぼう》足利高基《たかもと》の次男憲寛《のりひろ》が跡をついだのを機会に、信虎は管領家と和睦した。

大永六年、富士北麓地方に信虎が上洛するとの噂が流れ、将軍足利義晴《よしはる》も六月十九日に関東管領の上杉氏、諏訪上社大祝《かみしやおおほうり》、木曽《きそ》氏にあてて、信虎の上洛に協力するようにと御内書《ごないしょ》をだした。将軍が上洛を期待するほど、信虎の力は京都でも注目されるようになっていたのである。

大永七年に甲斐と駿河が和睦したが、天文四年には信虎と駿河守護の今川氏輝《うじてる》との関係が悪くなり、六月五日に信虎は兵を富士川沿いに駿河へと進めた。氏輝も出陣してきて、八月十九日に国境の万沢《まんざわ》口（南部町）で合戦があった。氏輝が北条氏に救援を求めたので、氏綱父子は大軍を率いて小田原（神奈川県小田原市）を出発し、八月二十二日に山中（山中湖村）に攻め入った。川越城の上杉朝興は氏綱が甲斐に出陣した隙に乗じて小田原城を攻撃しようとしたので、氏綱は二十四日にあわてて帰城した。翌年、武田軍は相模国津久井郡青根郷（神奈川県相模原市）に攻め入り、足弱《あしよわ》（足の弱い者、女・子供・老人）を一〇〇人ばかり捕らえてきた。

天文五年三月（一説には四月）十七日に今川氏輝が没し、遺言によって善徳寺《ぜんとくじ》（善得寺）にいた弟の承《しょう》芳《ほう》（今川義元《よしもと》）が跡をつぐことになった。しかし、義元の異母弟の遍照光院《へんじょうこういん》の玄広恵探《げんこうえたん》を外祖父の福島上総介《かずさのすけ》が擁立したために、内戦が勃発した。今川家の重臣の大半や北条氏綱が義元を支持し、六月八日の合戦で恵探は敗れて自殺した。反義元派の残党前島一門が甲府にのがれてきたが、義元支持の態度を決めた信虎は切腹を命じた。これをきっかけに武田と今川の関係は好転して、義元は晴信の妻に三条公頼《きんより》の娘を斡旋し、信虎は天文六年二月に晴信の姉を義元の妻に送りこんだ。武田と今川は婚姻による同盟関係になったのである。

北条氏は同盟を怒り、二月下旬に大軍をもって東駿河に侵入して、富士川以東の駿東・富士の二郡を押さえ、興津《おきつ》（静岡県静岡市）あたりまで焼き払った。信虎は今川氏を救援するため須走《すばしり》口まで出陣して戦争になった。翌年五月十六日には北条氏の軍が吉田新宿（富士吉田市）を夜襲したが、その後和睦が成立し、信虎は南と東の方面の安全を確保した。

信虎の信濃侵攻●

南と東を大敵にはばまれ、西を南アルプスのけわしい山々にさえぎられた武田信虎がねらいをつけたのは、盆地ごとに領主が乱立して争っていた北の信濃であった。大永五（一五二五）年、「諏訪殿」が甲府にきて住居を望んで与えられた。当時諏訪では下社の金刺《かなさし》氏と上社の諏訪氏が争っており、この人物は諏訪頼《より》満《みつ》に追われた下社の金刺正春《まさはる》であった可能性が高い。諏訪地方の争いで敗れた者が、助けを求めるほど信虎の地位は上がっており、こうしたことを契機に彼の目は信濃にむかったと考えられる。

大永七年、信虎は前山《まえやま》（長野県佐久市）に居館を構えた伴野《ともの》氏に頼まれて、信濃に攻め入った。その後、信虎は信州の領主たちと和睦した。

享禄元（一五二八）年八月二十二日、信虎は兵を信濃との国境地帯に進め、青柳《あおやぎ》（長野県茅野市）付近で諏訪頼満・頼隆《よりたか》父子と対陣した。晦日に神戸《ごうど》（長野県富士見町）の戦いで勝った信虎軍は、国境の堺川《さかいがわ》まで引き返したが、夜襲をかけられて大敗した。

❖コラム

災害の時代

『妙法寺記』によれば、文明五（一四七三）年に甲斐は大飢饉《ききん》で餓死することかぎりなく、文明九年にも飢饉があり、子供たちの大半が疱瘡《ほうそう》を病んで、生きる者は千死に一生という状態だった。文明十三年も疫病が流行して死人が多かった。その翌年には大風がたびたび吹いて作物を吹き倒し、収穫ができずに人民が多く病死した。文明十五年にも売買の値段が高かったために世間がつまり、疫病が流行した。疫病は文明十八年と十九年にも流行し、十九年には過半の者が死んだ。長享二（一四八八）年にも大雨がしきりに降って粟が大きな被害をうけ、疫病が流行し、死者は数知れなかった。

悲惨な状況はその後も続き、武田信玄が家督をつぐ前年の天文九（一五四〇）年にも五月、六月と大雨が降り、世の中が散々だったところへ、八月十一日に大風が吹いた。海辺では人々が波にさらわれ、山家《やまが》は大木に打ち破られ、堂・寺・宮はことごとく吹き倒されて、一般の家でたっているのは千に一つ、万に一つだった。この日の大風の被害は『王代記』にもみられ、午後四時頃に大風が吹いて、河原明神の大木が打ち散らされたという。そして翌年の春には餓死がまっていて、人馬とも餓死することかぎりなく、一〇〇年の内にもないというほどであった。天文十一年の秋にも大風が三度吹いて多くの人々が餓死した。

したがって、戦国時代は食料を求めて戦う時代でもあった。信玄が家督をついでからつぎつぎと侵略戦を展開していかねばならなかった原因の一端は、ここに存在したのである。

享禄四年一月二十一日に飯富《おぶ》氏や栗原氏・大井氏などが信虎をさげすんで、甲府をしりぞいて御岳《みたけ》（甲府市）へ馬を入れ、今井信元も行動をともにした。彼らは諏訪頼満と結んで府中を攻撃しようとした。しかし、信虎軍は二月二日の合戦で大井信達《のぶさと》の子や今井氏の一門を戦死させ、四月十二日には河原辺《かわらべ》（韮崎市の塩川のほとり）で諏訪軍を迎え撃って、討ちとった首が八〇〇ばかりという大きな勝利をあげた。天文元（一五三二）年に今井信元が信虎に敵対した折、信州勢は信元に味方したが、結局敗れた。天文四年九月十七日、信虎は神長《じんちょう》（諏訪上社の神官の最高位）守矢頼真《もりやよりざね》が諏訪社の宝鈴を鳴らすなかで、神に誓約して頼満と和睦した。こうなると信虎が手をのばしうるのは、信濃でも佐久郡しかなかった。

諏訪頼満は天文八年十二月九日に没し、孫の頼重《よりしげ》が跡をついだ。翌年、信虎は佐久郡を侵略する前に頼重と娘の禰々《ねね》（晴信の妹）を婚約させ、五月に佐久郡に出兵し、十一月晦日に娘を嫁がせた。十二月九日に頼重は甲府に婿入りし、十七日に信虎が諏訪を訪れるなど、両家の関係は親密であった。

2 拡大する信玄の領国

晴信登場●

天文十（一五四一）年五月、武田信虎は長男の晴信（信玄《しんげん》）とともに諏訪頼重や埴科《はにしな》郡の村上義清《よしきよ》と連合して小県《ちいさがた》郡に出兵し、海野《うんの》・禰津《ねづ》氏らの滋野《しげの》一族を攻め、十三日に尾山（長野県上田市）、翌日には海野平（同東御市）を陥落させた。甲斐に帰った信虎は、信濃から凱旋すると六月十四日に今川義元に嫁いだ娘を訪ねるため駿府にむかった。ところが、晴信は父が甲斐から外に出ると帰れないように河内路《かわうち》を遮断し、十八日に家督相続の祝儀を行なった。

当時の国人《こくじん》たちは独立性が強く、いつでも反乱する可能性があった。信虎の国人への支配力は弱く、信虎と彼らは同盟関係にすぎなかった。福島氏の乱入を機会に棟別銭《むなべちせん》を賦課したことは、信虎にとって支配の浸透であったが、国人たちには敗北だった。その後連続して信虎による他国への侵略が続き、戦争の負担が国人たちの肩にかかった。こうして支配を強める信虎に対して、家臣たちのあいだには不満がうずまいた。それが信虎の国外追放の直接的な動機となったのであろう。

晴信による父の追放は相当数の同調者がなくては実現できない。信虎追放のクーデタは晴信主導でなく、反信虎の多くの家臣や国人たちにかつぎだされて、彼がシンボルの役目をはたした可能性が高い。このまま信虎の権力が浸透すれば、それだけ国人たちの立場は弱くなる。これを阻止しようとして信虎を追放し、若くて御しやすい晴信をかつぎだしたほうが、自分たちの立場はよくなると彼らは考えたのであろう。

信濃諏訪・佐久への侵略●

家督をついだ武田信玄（晴信）は信濃諏訪郡をねらった。諏訪は頼満の代に諏訪氏が統一したが、頼重が連年兵を動かしたので人々の心は彼から離れていた。天文十一（一五四二）年七月一日、武田軍が田沢《たざわ》（長野県茅野市）あたりに陣取ると、翌日、武田と手を結んだ高遠頼継《たかとおよりつぐ》軍が諏訪に侵入した。上原《うえはら》城（茅野市）で支え切れないと思った頼重は桑原《くわばら》城（長野県諏訪市）に移ったが、四日に和談に応じて開城し、甲府で二十一日に切腹させられた。

高遠頼継は福与《ふくよ》城（長野県箕輪町）の藤沢氏などと結んで、同年九月十日に兵を挙げ諏訪下社と上社を占領した。信玄は十一日に板垣信方《のぶかた》を諏訪にむかわせ、自身も頼重の遺児を擁して十九日に甲府を立った。

武田軍は二十五日に安国寺（茅野市）門前宮川のほとりで圧倒的な勝利をえた。頼継はかろうじて高遠（伊那市）に逃げ帰った。諏訪郡を平定した信玄は翌年五月に上原城を修築して、板垣信方を諏訪郡代にして在城させた。

天文十四年四月、信玄が高遠攻略の軍を動かし、十五日に杖突《つえつき》峠に陣を張ると、頼継は十七日に城をすてて逃亡した。その後、武田軍は藤沢頼親《よりちか》を攻撃し、六月十日に頼親を和議に応じさせ、上伊那も支配下においた。

これより先の天文十二年九月、信玄は大井郷（長野県佐久市岩村田）の大井貞隆《さだたか》を討つため甲府を出発し、十九日に貞隆を生け捕りにし、翌日望月一族を殺した。信玄は天文十五年五月、内山《うちやま》城（佐久市）によって抵抗する貞隆の子貞清《さだきよ》討伐の軍を動かし、二十日に降伏させた。貞清は城を明け渡し、翌年五月に甲府へ出仕した。佐久郡で志賀城（佐久市）の笠原清繁《きよしげ》だけは、西上野の豪族や関東管領《かんれい》上杉憲政などの支援をうけて信玄に抵抗したので、天文十六年七月に信玄は出兵した。武田軍は二十四日から攻撃を開始し、結局、志賀城は八月十一日に至って、城主父子や城兵三〇〇人ばかりが討死

諏訪頼重の墓（東光寺）

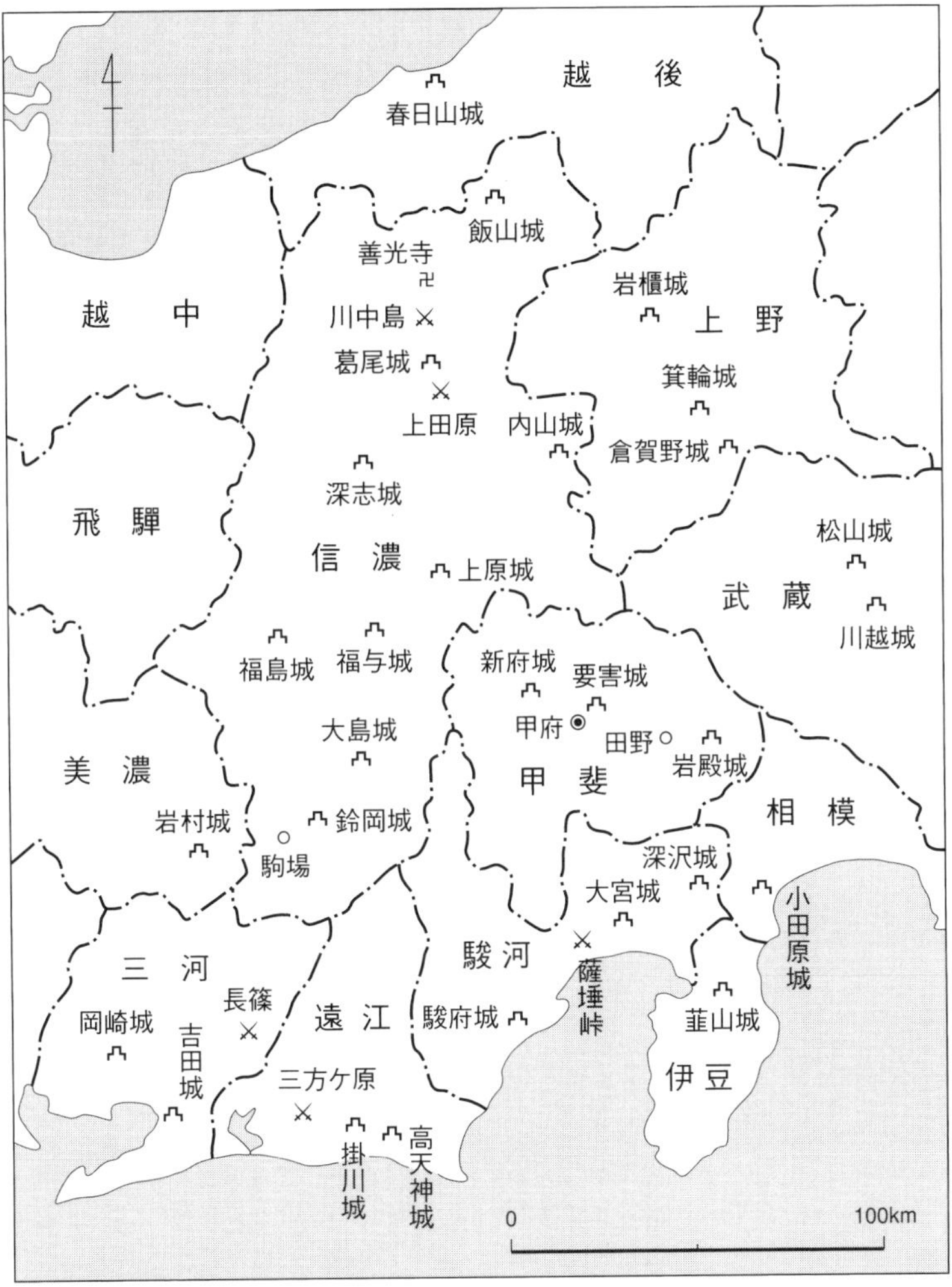
越　後
春日山城
飯山城
善光寺
川中島
葛尾城
上田原
内山城
越　中
岩櫃城
上　野
箕輪城
倉賀野城
深志城
飛　驒
信　濃
上原城
松山城
武　蔵
川越城
福島城
福与城
新府城
要害城
甲府
田野
岩殿城
大島城
美　濃
甲　斐
相　模
岩村城
鈴岡城
駒場
深沢城
大宮城
小田原城
三　河
駿　河
薩埵峠
長篠
岡崎城
吉田城
遠　江
駿府城
韮山城
伊　豆
三方ケ原
掛川城
高天神城
0
100km
武田氏関係図

して陥落した。

信府奪取●

ついで武田信玄は信濃の北から東に勢力をもつ村上義清と争った。天文十七（一五四八）年二月一日、村上氏の根拠地の坂木《さかき》（長野県坂城町）にむけて出馬し、上田原《うえだはら》（長野県上田市）に陣を張った。一方、義清も千曲川《ちくま》をはさんで武田軍と対峙した。十四日、両軍が上田原で激突したが、武田軍は地の利を知りつくしていた村上軍に惨敗し、板垣信方などの有力武将が戦死して信玄も負傷した。武田軍の惨敗は信玄に抵抗する信濃武士を勇気づけ、武田氏の占領地に動揺をもたらした。義清は府中（長野県松本市）の小笠原や大町（長野県大町市）の仁科《にしな》勢とともに、四月五日に諏訪に乱入した。佐久でも二十五日に内山城に放火して過半を焼き、前山城も佐久衆が武田氏の手から取り戻した。

武田軍はかつて天文十四年に福与城の藤沢頼親を攻めたとき、竜ケ崎《りゅうがさき》城（長野県辰野町）に出陣した府中の小笠原長時《ながとき》を破り、塩尻《しおじり》（長野県塩尻市）を荒らした。長時は上田原での信玄の敗戦を好機と判断し、四月五日に村上氏や仁科氏、藤沢頼親などとともに諏訪下社近辺に放火した。六月十日にも長時軍は下社に攻め入ったが、迎え撃った下社の地下人《じげにん》たちのために、馬回りの一七騎と雑兵一〇〇人余りが討ちとられ、長時も傷を負った。

七月十日に西方衆《にしかたしゅう》とよばれた諏訪湖西岸の武士や、諏訪氏一族の矢島・花岡氏らが、長時につうじて諏訪に乱入した。信玄は十九日早朝六時頃に塩尻峠の長時軍五〇〇〇余を急襲し、不意をついて武具をしっかり着ける暇もない敵を一方的に打ち破り、将兵一〇〇〇余人を討ちとった。武田軍はその直後に西方衆を追討し、彼らの家々に火をかけた。こうして信玄は、上田原の合戦でこうむった痛手をいやし、ふたたび信濃制圧に乗り出すことになった。

信玄は九月に諏訪から佐久にはいり、前山城を攻めて失地を回復した。そのうえで本格的に松本平に侵入するため、十月四日に村井城（松本市）の普請《ふしん》を開始した。

天文十九年に信玄はふたたび小笠原氏攻撃を開始し、七月十五日に武田軍はイヌイ城（場所不明）を攻め破り、勝どきをあげた。これを聞いて小笠原方の大城《おおじろ》（林城）・深志《ふかし》など五カ所の城兵は、深夜にみな戦わずして逃亡し、島立《しまだち》・浅間《あさま》の二城（以上いずれも松本市）も降参した。この間に小笠原氏の主だった侍衆が続々と武田方に寝返り、大町の仁科道外《どうがい》も出仕してきた。こうして信玄は信濃の府中を手に入れた。

府中を領有した信玄は小笠原氏の本拠林城を破却し、あらたな信濃経略、および松本平を支配する基地として深志城（松本城）の修築を決め、二十三日に総普請を開始した。

村上義清との戦い●

武田信玄は塩尻峠合戦の勝利によりふたたび佐久郡平定をめざし、武田軍は天文十七（一五四八）年九月十一日に臼田（長野県佐久市）をでて、前山城を攻め落とし数百人を討ちとったので、近辺の一三城も落ちた。翌日も五〇〇〇人ほどの首をとり、無数の男女を生け捕ったという。翌年八月二十三日、信玄は桜井山城（同市）にはいり、九月四日には平原《ひらはら》城（長野県小諸市）に放火した。これら一連の軍事行動により、佐久郡はふたたび武田氏の勢力下にはいった。

天文十九年七月に松本平を手に入れた信玄は、村上義清を打倒するため小県《ちいさがた》郡へ出陣し、戸石《といし》城（長野県上田市）を攻撃しようとした。八月二十九日に戦闘が開始され、九月九日総攻撃をかけたが成果をえられず、十月一日退却を開始した。これに村上勢が猛攻撃を加え、武田方は横田高松《たかとし》をはじめおもだった者一〇〇〇人ばかりが討ちとられた。名高い「戸石崩れ」である。

義清は小笠原長時を助けて平瀬《ひらせ》城（長野県松本市）に進出し、その後、小諸《こもろ》（長野県小諸市）に進み、野沢・桜井山城に放火した。信玄が戸石城で大敗すると、長時は義清の援助で深志城を奪還しようとした。十月末、長時が氷室《ひむろ》（長野県松本市）に陣取ると、小笠原氏の旧家臣たちは信玄に味方した者たちの城をおとしいれた。しかし信玄の出馬をきいて、長時は中塔《なかとう》城（同市）に籠城した。

天文二十年五月二十六日、真田幸隆《ゆきたか》が突然戸石城を落とした。地元出身で戸石城近辺の地形や豪族の事情に精通する幸隆は、謀略によって村上方の武士を武田方に引きこみ、城兵の不意を襲って落城させたのであろう。

翌天文二十一年、信玄は小笠原方の小岩岳《こいわたけ》城（長野県安曇野市）攻略のため甲府を出発し、八月十二日に城主を自害させ、五〇〇〇余人を討ちとって落城させた。これによって小笠原氏が領有していた安曇《あずみ》・筑摩《つかま》の両郡も、ほぼ信玄の支配下にはいった。

天文二十二年四月二日に信玄は苅谷原《かりやはら》城（長野県松本市）を攻め落とし、夕方には塔ノ原城（同安曇野市）も開城させた。四月六日、武田勢の先陣が村上義清の本拠葛尾《かつらお》城（長野県坂城町）の攻略にむかった。九日に城が戦わずに落ち、義清は越後の上杉謙信《けんしん》を頼って落ちのびた。

信玄は天文二十三年八月七日、小笠原信定《のぶさだ》の鈴岡《すずおか》城（長野県飯田市）を攻め落とした。これを契機に下伊那の武士の多くが武田氏にしたがったが、神之峰《かんのみね》（飯田市）の知久頼元《ちくよりもと》だけが降伏しなかったので、武田軍は攻撃した。武田勢の猛攻によって城は落とされ、頼元父子も捕らえられた。この状況をみて吉岡城（長野県下條《しもじょう》村）の下条氏も武田氏に臣従し、下伊那も信玄の支配下にはいった。

❖コラム

信濃からみた信玄像

山梨県の年輩の人は、信玄と呼び捨てにするな、信玄公と呼べなどという。また信玄堤をはじめ、各地の関連遺跡の説明は信玄への思慕を大きくする。少なくとも山梨県人にとって信玄は尊敬すべきであり、もっとも人気の高い歴史上の人物である。ところが長野県にいくと必ずしもそうではない。もっとも決して評価が低いわけではない。信玄を大好きな人も少なくない。そうした代表として『武田信玄』や『武田勝頼』を書いた小説家の新田次郎がいる。彼はどうみても信玄大好きである。

川中島合戦というと海津《かいづ》城が有名であるが、近世に松代《まつしろ》城と名前を変え、真田一〇万石の根拠地となった。真田氏と武田氏との関係、海津城とのつながりからして、松代では信玄の評判が高いだろうと思ったが、ここでは信玄より謙信の評価が高い。長野市から北にいけば信玄の評価は圧倒的に悪くなり、飯山市にいくとほとんどの人が信玄は嫌い、謙信が大好きだという。

豊臣秀吉《ひでよし》は日本では英雄であるが、韓国では侵略者としてもっとも嫌われる人物である。信濃にとって信玄は侵略者だということなら、すべての人が信玄を嫌ってもよいはずであるが、必ずしもそうでない。信玄の支配を長くうけた信濃南部の人たちに信玄好きが多いことでもわかる。信玄好きの存在は、信玄が公《おおやけ》の役割をはたし、たんなる侵略者とされなかったためであろう。ところが信濃の北側は支配された時期が短く、川中島合戦の戦乱の巷になったため、悪人のイメージが強いのである。山梨県人はこうした他県人の意識も知っておきたい。

弘治元（一五五五）年三月、武田軍は塩尻方面から木曾を攻撃しはじめた。鳥居峠を下った藪原《やぶはら》（長野県木祖村）側に砦を築いたが、主力が急遽川中島へむかったため、戦線は膠着状態となった。信玄は八月にあらためて木曾に軍を進め、小沢（木曽町）川端で木曾軍を撃破した。この敗戦によって木曾義康《よしやす》は信玄に和睦を求めた。

上杉謙信との抗争●

天文二十二（一五五三）年四月、村上義清は上杉謙信に助けを求め、以前から上杉氏と関係の深かった北信濃の豪族も、謙信と結びついて武田信玄に対抗した。謙信は彼らの救援を名目に信玄と戦ったが、実際は信濃が信玄の手に落ちると、根拠地の春日山《かすがやま》（新潟県上越市）や領国が危機にさらされるので、そうなる前に手を打ったのである。

武田軍は四月二十二日に八幡《やわた》（長野県千曲市）で、越後勢と村上義清など北信諸士の連合軍五〇〇〇人ほどと遭遇し、四月二十三日に葛尾城を奪い返された。信玄は決戦をさけて二十四日苅谷原にしりぞき、義清は坂木をはじめ小県方面を回復し、塩田《しおだ》城（長野県上田市）にはいった。

甲府に戻った信玄はその後、佐久口から信濃にはいり、八月一日に和田城（長野県長和町）の城主以下を皆殺しにし、四日には高鳥屋《たかとや》城（長野県上田市）、内村城（同市）を落城させた。翌日塩田城も陥落して義清も逃亡し、武田軍は付近の城一六を落とした。武田軍がさらに川中島南部に陣を進めると、謙信は八月に信濃にはいり、布施《ふせ》（長野市）で戦い、九月一日には八幡で武田勢を破った。越後勢はさらに筑摩郡に侵入し、四日には虚空蔵山《こくうぞうさん》城を落とした。

天文十九年に今川義元夫人である信玄の姉が亡くなったので、天文二十一年十一月に義元の娘が信玄の長男義信《よしのぶ》に嫁ぎ、今川と武田とのあいだに再度同盟が結ばれた。また今川氏と北条氏は信玄の仲立ちで和睦し、その後両者のあいだで婚約が決められた。一方、天文二十二年には武田と北条とのあいだで婚約がなった。天文二十三年七月、北条氏康《うじやす》の娘が今川氏真《うじざね》に嫁ぎ、十二月に信玄の娘が北条氏政《うじまさ》のもとへ嫁いだ。こうして武田・今川・北条の姻戚関係による同盟が成立したので、信玄は南と東を気にすることなく、謙信との戦いに専念できることになった。

信玄は北信の武士のみならず、謙信の家臣にまで工作を推し進め、十二月、北条城《きたじょう》（新潟県柏崎市）の北条高広《たかひろ》に挙兵させたが、彼は翌年謙信に攻められて二月に降伏した。また、信玄は千見《せんみ》（長野県大町市）を占領させ、糸魚川《いといがわ》（新潟県糸魚川市）方面からの越後勢の侵入に備えさせた。

謙信は天文二十四年四月頃に信濃へ出陣し、七月に横山城（長野市）へ陣取り、信玄に味方した栗田氏がこもる旭山城《あさひやま》（長野市）に対峙し、信玄は大塚（長野市）に陣取った。七月十九日に武田軍と上杉軍は川中島で戦ったが、その後両軍は犀《さい》川をへだてて対陣した。戦局が膠着し両者とも疲れ、今川義元の斡旋で閏十月十五日に講和が成立して兵を引いたが、実質的にはこの戦いをつうじて信玄の勢力が川中島地方の一部にまで浸透した。

弘治二（一五五六）年八月、真田幸隆が雨飾城《あまかざり》（長野市）を落城させ、小県から地蔵峠をこえて川中島にでる道を確保した。弘治三年、信玄は越後が雪深いあいだは謙信が兵を動かせないことをみこして、兵を北信に派遣した。善光寺の裏山に続く葛山城《かつらやま》（長野市）は謙信方の落合一族（葛山衆）の根拠地で、善光寺から越後につうずる道を押さえる要地であったが、二月十五日に落城させたので、信玄は善光寺平の中心部を手に入れた。飯縄《いいづな》社（長野市）も信玄に降り、戸隠《とがくし》社（長野市）の三院の者は越後に逃げた。

謙信は四月十八日に信濃へはいり、二十一日に善光寺に陣をしき、山田（長野県高山村）の要害《ようがい》や福島（同須坂市）を奪い返し、二十五日には旭山城を再興して本営を移した。ついで小川（長野県小川村）・鬼無里《きなさ》（長野市）方面に圧力を加えた。五月十三日、謙信は坂木・岩鼻（長野県坂城町）まで攻めたが、戦果をあげられず飯山に引き返した。七月五日、武田軍は意表をついて松本から越後の糸魚川方面に抜ける要衝の小谷《おたり》（長野県小谷村）を攻略した。この地の占領は謙信を背後からおびやかすことになった。八月に上野原（場所不明）で両軍の衝突があった。

永禄元（一五五八）年冬、信玄は信濃守護職《しゅごしき》に補任された。当時の守護職はほとんど名目であったが、信玄にとって十分に利用価値のある役職だった。翌二年四月に上洛した謙信は、将軍足利義輝《よしてる》と会見し、正親町《おおぎまち》天皇にもあった。また関白近衛前嗣《このえさきつぐ》と意気投合し、関東公方《くぼう》に迎える約束をした。永禄元年、関東管領《かんれい》上杉憲政は北条氏に攻められて没落し、謙信の厄介になっていた。憲政は立場をよくするため上杉の姓と関東管領の職を謙信にゆずると申し出ていたが、ここに幕府に公認されたのである。謙信が半年も越後を留守にしているあいだに、信玄は北信の大部分を手に入れ、越後へも侵入しようとした。永禄二年五月、信玄が松原諏訪神社（長野県小海町）に越後の滅亡を祈った願文に「釈信玄」と署名したが、これが信玄と記された現存最古の文書である。

この頃、信玄は川中島の拠点として海津城《かいづ》（長野市松代町）を築き、一方で夫人の妹にあたる三条公頼《きんより》の三女が石山本願寺顕如《けんにょ》の妻である関係を利用して、本願寺と連絡をとり、加賀・越中の一向宗《いっこうしゅう》門徒に謙信が留守をしている越後をねらわせた。

上杉謙信は永禄四（一五六一）年閏三月十六日、鎌倉の鶴岡八幡宮の社前で関東管領の就任報告と、上杉氏の襲名式を行なった。武田信玄は謙信の軍事行動を牽制するため、北信の武士を海津城に集めた。そして援軍を小田原に送るとともに、四月には碓氷峠《うすいとうげ》をこえて上野の松井田《まついだ》（群馬県安中市）に陣を進め、借宿《かりやど》（同長野原町）に放火などして攪乱工作を行なった。

謙信は永禄四年六月下旬に関東から越後に帰ったが、八月二十九日には大軍を率いて信濃に出陣した。一方、信玄も軍を率いて対応した。海津城を拠点とする武田勢に対し、上杉勢は妻女山《さいじょざん》（長野市松代町）に陣をしいたが、九月十日の早朝に千曲川を渡って八幡原《はちまんばら》（長野市小島田町）で武田軍と激突した。武田軍ははじめ苦戦したが、妻女山にむかった一軍がかけつけ、側面から上杉軍を攻撃し退却させた。この戦いで武田方では信玄の弟の信繁《のぶしげ》が戦死し、有名な武将も多く戦死した。これが川中島合戦のなかでもっとも有名な合戦である。

永禄五年秋、信玄は西上野の諸城を攻め、九月に信濃に帰り、十一月に北条氏康とともに上野・武蔵の上杉方の城を攻略し、松山城（埼玉県吉見町）を包囲し翌六年二月に落城させた。謙信は古河《こが》城（茨城県古河市）を奪い返そうとして、四月二十日に飯山口の備えの失態をいさめ、警戒を厳重にさせ、六月に越後に帰った。十二月、武田・北条の連合軍は、またしても上野の上杉方に属する諸城を攻めたので、謙信も関東に出陣し、翌七年四月上旬まで各地を転戦した。

永禄七年、信玄は会津黒川（福島県会津若松市）の蘆名盛氏《あしなもりうじ》を北から越後に侵入させ、越後を挟み撃ちする計画をたてた。三月十八日、信玄は信濃と越後の国境に近い野尻《のじり》城（長野県信濃町）を攻略し、越後領内に乱入して村々を焼き払った。一方、盛氏は四月に軍を越後に侵入させたが、あわてて帰国した謙信

棒道って何だろう

一般に棒道《ぼうみち》は川中島の合戦用に、信玄が甲斐から川中島に即座に移動できるようにつくった、棒のようなまっすぐな道とされる。

棒道の唯一の史料は天文二十一（一五五二）年十月六日付の南佐久郡佐久穂町の高見沢文書で、「甲府より諏訪郡への路次《ろし》」とある。甲府はせまい都市、諏訪郡は郡名で広い範囲をさし、両者は併置して記す性格の地名ではない。川中島合戦のためなら目的地は川中島である。甲府から諏訪郡への道をつくれとの記載からして、棒道は甲斐を中心につくられたはずであるが、伝わっている棒道は大門峠に至る信濃側のほうが多い。

道をつくる方法は「勧進《かんじん》」となっている。勧進とは人々に仏道を勧め善にむかわせることから出発し、道の建設のために金品をつのることである。つまり、信玄は人々の善意の金を集めて道をつくれと命じたことになる。これでは完成する期日も不明で、道路の規模も確定できず、軍事道路としての体をなさない。棒道を信玄がつくらせたのなら、当時の記録に記載があってもよいが、なにも記されていない。川中島合戦のためにつくったのなら、駿河侵略などの際、信玄はなぜ同じように軍事道路をつくらなかったのだろうか。このように従来いわれ続けてきた棒道はすこぶる疑問が多いのである。

棒道をつくったのは信玄の権力ではなく、戦国時代以前から甲斐と信濃のあいだを足繁く往復していた民衆だろう。ただし、信玄が信濃侵略にあたってすでに存在した棒道を利用したことは十分に考えられる。そうした信玄と棒道とのかかわりが前提となって、棒道を信玄がつくったとする伝

❖コラム

説がうまれたのであろう。

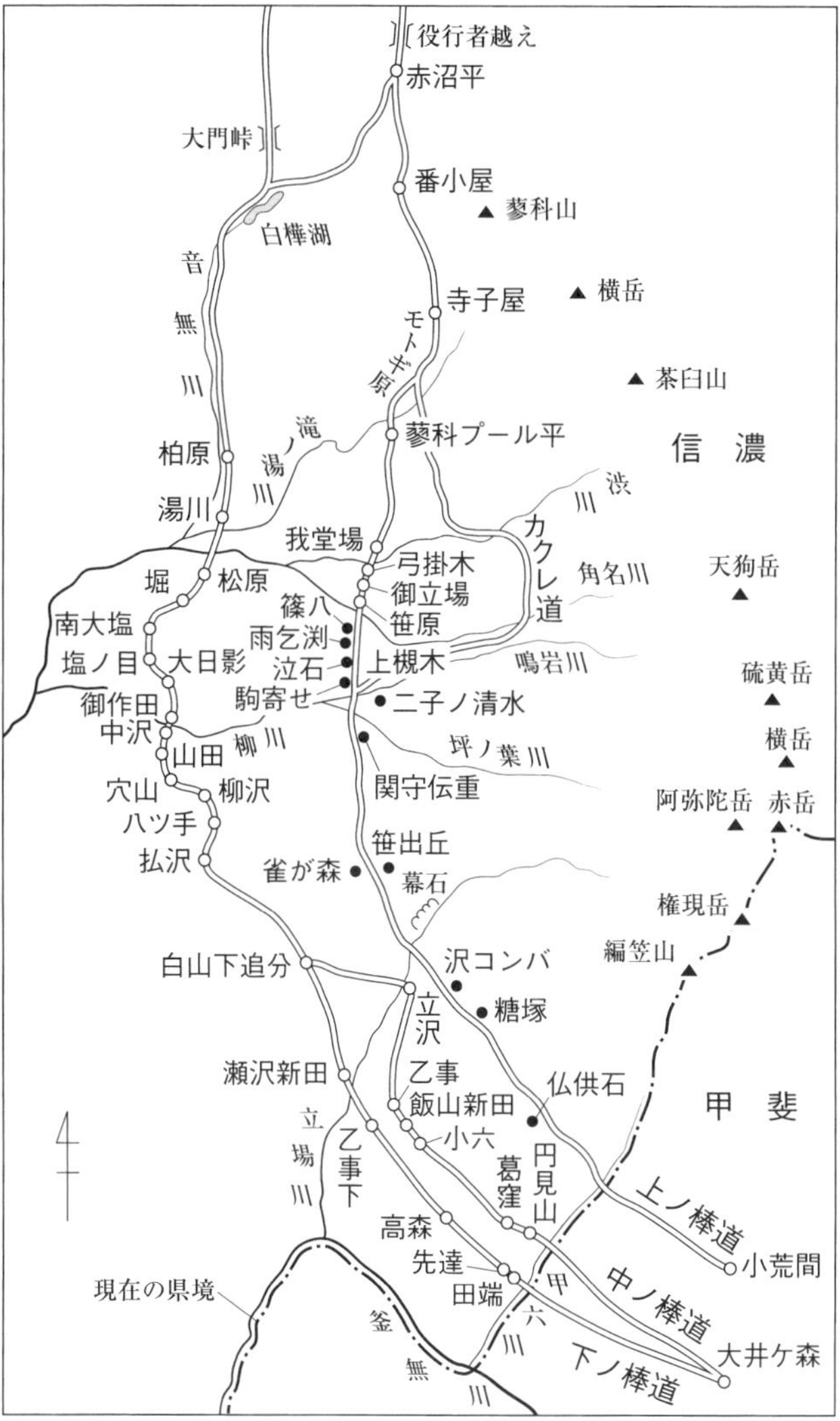

信玄の棒道略図(『諏訪の交通史』より)

の軍に敗れた。また野尻城も奪回され、信玄の計画は失敗に終わった。信玄は飛驒でも軍事行動を行なったが、信玄の勢力が飛驒におよぶと、背後から越後がつかれる危険もでてくるため、謙信も越中の武士たちに対応させた。

謙信は八月三日に犀川を渡って川中島に陣を張った。信玄は塩崎《しおざき》（長野市）にでたが、謙信と戦おうとはしなかった。謙信も川中島が信玄の支配地になっていたため、無理な攻撃ができなかった。両者の対陣は前後六〇日にもおよんだが、謙信は飯山城（長野県飯山市）を修築して目付《めつけ》をおき、信玄の軍に備えさせて十月一日に春日山城に帰った。

こうして有名な川中島合戦は終わり、以後信玄と謙信は激しく戦うことはなかった。

西上野の侵略●

武田信玄は永禄五（一五六二）年秋に上野にはいり、箕輪《みのわ》（群馬県高崎市）・総社《そうじゃ》（同前橋市）・

現在の棒道

五月幟にみられる一騎討ちの図

倉賀野《くらがの》（同高崎市）を荒らし、作毛を刈りとった。十一月には上野から武蔵に進み、北条氏康父子とともに松山城を攻め、翌年二月四日に落城させた。一方、上杉謙信は永禄五年十二月関東にはいり、翌年騎西《きさい》城（埼玉県騎西町）を下して下野にはいり、古河城を回復して足利藤氏《ふじうじ》を帰館させた。この間に信玄が越後をおびやかす姿勢をみせたので、謙信は六月に越後に帰った。

謙信がいなくなると氏康が下総にはいり、古河城で藤氏を捕らえて伊豆に幽閉し、足利義氏《よしうじ》を古河城に帰らせて古河公方にした。信玄も上野にはいり倉賀野城を攻めた。また吾妻郡の諸士が、上杉方の岩櫃《いわびつ》城（群馬県東吾妻町）をおとしいれた。

信玄は永禄八年二月、西上野にむけて出陣し、さらに謙信を牽制するため、本願寺の顕如と結んで、越中の一向一揆《いっこういっき》に越後を侵略させようとした。信玄は五月二十二日にふたたび安中口《あんなかぐち》に出陣し、倉賀野城を攻め落として箕輪城に迫り、翌年九月二十九日ようやく箕輪城を手に入れた。これにより西上野が武田の勢力範囲となり、関東計略は一応落ち着き、箕輪城が信玄の西上野支配の拠点となった。

駿河攻略にむけて●

駿河の今川義元は上洛をめざしたが、永禄三（一五六〇）年五月十九日、尾張の桶狭間《おけはざま》（愛知県豊明市）で織田信長《のぶなが》の急襲によってあえない最期をとげた。家督は氏真《うじざね》がついだが、弱体化した今川家に信玄は目をつけた。

信玄の駿河侵攻に反対した長子の義信は永禄十年十月十九日に亡くなり、妻である氏真の妹も駿府《すんぷ》に送り返され、両家の関係が緊張した。今川氏は北条氏と協定して、遠江・駿河・伊豆・相模方面から甲斐へはいる塩の輸送をとめた。これに対し、信玄は永禄十一年二月、徳川家康と今川氏の分国の駿河と遠江を東西から攻めとる約束をした。

越後では三月に信玄に味方した謙信の重臣の本庄繁長《ほんじょうしげなが》が本庄城（新潟県村上市）で兵を挙げたが、謙信軍に攻められ籠城せざるをえなくなり、信玄は救援に努めた。七月に信玄は飯山城（長野県飯山市）を攻撃して、関山街道から越後を攻略しようとしたがかなわなかった。謙信は十一月七日から村上本城を攻撃し、翌年三月に繁長を降伏させた。

謙信の注意を越後に引きつけた信玄は、駿河侵攻の態勢を固め、永禄十一年十二月六日に駿河に侵攻した。今川氏真は薩埵《さった》峠（静岡市）を固め甲州勢を防ごうとしたが、信玄に内通していた瀬名信輝《せなのぶてる》らが一戦もまじえずに後退し、今川勢の先鋒も本陣に引き揚げたため駿府にしりぞいた。甲州勢は十三日に駿府に乱入した。

信玄の駿河侵入と同時に徳川家康も遠江攻略をはじめ、十二月二十七日からは掛川城《かけがわ》（静岡県掛川市）の氏真を攻めた。この頃、信玄配下の秋山信友《のぶとも》が遠江に侵入し、見附《みつけ》（静岡県磐田市）に陣を張って家康勢と交戦した。家康は本拠地の岡崎（愛知県岡崎市）と掛川とを遮断されたので、信玄に強く抗議した。これによって家康は信玄への疑惑を深め、同盟関係を解除し、北条氏や謙信と結びつくようになった。

信玄が駿河に進出すると、北条氏は氏真救援のために駿河に出兵した。北条氏政は十二月十二日に小田原を出発し三島（静岡県三島市）に到着したが、翌日駿府は信玄の勢力下にはいり、氏真も掛川城へ逃走したので、海路救援軍をだした。翌永禄十二年一月二十六日、氏政は三島を出発し、駿河にはいり薩埵山の要害に陣を構えて信玄の背後に迫った。

信玄は山県昌景《やまがたまさかげ》を駿府にとどめ、本陣を久能《くのう》城（静岡市）におき、武田信豊を進ませ、興津《おきつ》城（静岡市）

を築いて北条軍に対抗した。この間に北条氏と上杉氏が接近したので、信玄は織田信長をつうじて将軍を動かし謙信の軍事行動を押さえようとした。御内書《ごないしょ》は二月十八日に越後春日山へ届けられたため、以後謙信の動きがにぶくなった。

家康は三月八日に氏真と単独講和を結び、遠江を割譲すれば北条氏と協力して信玄を追い払い、駿府に帰れるようにすると申し入れた。信玄は関東の反北条の勢力と手をにぎって、北条包囲網を結成し、北条氏と上杉氏が手を組むことを妨害させた。

興津の滞陣は長期にわたり食糧もつきかけてきたので、信玄は四月十九日に江尻《えじり》城（静岡市）を守る穴山信君《あなやまのぶきみ》に城の守備を厳重にするように命じ、二十四日急に撤兵した。すると家康が駿府を占領し、氏政とともに今川氏の居館の焼け跡を普請して、館ができたら戻すという条件で、氏真のいた掛川城を五月十七日に開城させた。氏真は当面伊豆の戸倉《とくら》（静岡県清水町）に赴いて氏政の庇護をうけることになった。

駿河攻略●

永禄十二（一五六九）年六月十六日、武田信玄は再度駿河に攻め入り、古沢新地《ふるさわしんち》（静岡県御殿場市）、さらに伊豆の三島を攻め、先鋒隊は北条（静岡県伊豆の国市）で勝利をえた。その後、小田原に進もうとしたが、箱根と足柄《あしがら》の峠にはばまれて富士郡にはいり、二十五日（一説には二十三日）から大宮城（静岡県富士宮市）の攻撃を開始し、七月早々に落とした。その後信玄は上野にはいり、九月十日に武蔵鉢形《はちがた》城（埼玉県寄居町）を囲んだ。ついで滝山《たきやま》城（東京都八王子市）の攻撃を開始したが容易に落ちなかったので、南下して十月一日には小田原に迫った。十月四日、武田軍が急に退却を開始したのをみて、北条方は津久井郡と愛甲郡の境の三増《みませ》峠に急行し、両軍は六日の早朝に戦った。武田軍は防戦しながらも、敵に大打撃を与えた。

十一月に信玄はみたび駿河に侵入し、十二月六日に蒲原城《かんばら》（静岡市）の城下に放火してから、総攻撃に移り城を陥落させた。この勝利によって薩埵山の北条軍も落ちた。その後府中館も開城し、駿河の主要部分を手に入れた信玄は、いったん甲府に帰り、翌元亀元（一五七〇）年一月早々に四度目の駿河侵攻を行ない、一月四日から志太郡花沢城《はなざわ》（静岡県焼津市）を包囲し、やがて城を手に入れた。この年四月から武田軍は五度目の駿河侵入を行なった。

元亀二年六度目の駿河攻めが行なわれた。かねて包囲中の深沢城《ふかざわ》（御殿場市）は金山衆《かなやましゅう》を使って掘り崩したため、一月十六日に落城させることができた。二月、信玄は反転して遠江に攻め入り、三月に高天神《たかてんじん》城（静岡県掛川市）を攻撃したが、陥落させることができず引き上げた。翌月、信玄は子の勝頼とともに信濃から三河にはいり、足助城《あすけ》（愛知県豊田市）を攻め落とした。また主力は野田城（新城市）をおとしいれ、さらに吉田城（豊橋市）にまで迫った。その後、信玄は東三河を侵略してから、五月上旬に甲府に帰った。

信玄は信長や謙信を牽制するために一向一揆と結びつき、石山本願寺との連係を密にした。同時に将軍足利義昭《よしあき》との関係も強化し、元亀三年五月十三日には義昭から、軍事行動をおこして天下静謐《せいひつ》のために尽力するよう命じられた。

元亀三年、信玄は木曾義昌《よしまさ》配下の山村良利《たかとし》・良候《たかとき》父子らを飛驒に侵入させ、謙信に味方していた江馬輝《えまてる》盛《もり》を攻めさせたが、輝盛が九月十七日に謙信の陣にはいったので、飛驒での反武田の動きがなくなった。

こうして信玄は謙信の動きを封ずるとともに、将軍義昭、本願寺の顕如《けんにょ》、越前の朝倉、近江の浅井、伊勢

❖コラム

近世につくられた信玄像

なぜ武田信玄がこんなに山梨県人にしたわれているのかは、山梨の歴史を考えるうえでも興味深い問題である。その解答は簡単ではないが、いくつか考えられる。

信玄の評価が高い最大の理由は江戸時代の前期につくられた『甲陽軍鑑《こうようぐんかん》』にある。江戸時代においてもっとも評価の高い人物は、幕府を築いた徳川家康で、東照大神君《とうしょうだいしんくん》と神にもされている。その家康が人生でただ一回圧倒的な敗北を味わったのが三方ケ原《みかたがはら》合戦であった。神君でさえも負かした男、それが信玄であった。したがって、江戸時代の軍学においては信玄の戦術が研究されたが、そのテキストとなったのが『甲陽軍鑑』であった。このため武士にとってまず読んでいなければならないのが、この本だったのである。

信玄が亡くなってから半世紀もたってから書かれた『甲陽軍鑑』は、理想の武将として信玄を描いたが、それがそのまま真実の信玄像と思われ、各地に伝説の形で影響をおよぼした。そしてその内容がそのまま地域の信玄像として蓄積され、理想の領主像化されたのである。

信玄亡き後、甲斐においては地元出身の領主をもたなかった。そうしたなかで柳沢吉保《よしやす》は武川衆《むかわしゅう》の流れを引く特別な領主であった。彼はみずから信玄の跡をつぐと称し、信玄を顕彰している。信玄を高く評価することが、自分を高めることになったからである。このために信玄の評価はさらに高まり、甲州人の信玄に対する思い入れも深まった。甲州人の信玄好きそのものが歴史の産物なのである。

の北畠、大和の松永の各氏、さらには延暦《えんりゃく》寺・園城《おんじょう》寺などと結んで織田信長の包囲網を固めた。

三方ケ原合戦と信玄の死

元亀三（一五七二）年九月、武田信玄は山県昌景に先鋒衆を率いさせて甲府をたたせ、本人も翌月三日に出陣し、諏訪から伊那を通って南に進み、十日に遠江北部に乱入した。また昌景の軍は下伊那から東三河へ、高遠城を守っていた秋山信友の軍は東美濃へとそれぞれ侵入した。信玄は軍を二つにわけ、一隊は只《ただ》来《らい》（静岡県浜松市）を占領させ、二俣《ふたまた》城（同）へむかわせ、信玄自身は天方《あまがた》（静岡県森町）などを攻略して、さらに南下を続けた。徳川家康は浜松城をでて迎え撃とうとしたが、見附の西の一言《ひとこと》坂の戦いで敗れ、かろうじて浜松城に逃げ帰った。信玄は袋井《ふくろい》（静岡県袋井市）・見附方面を確保し、二俣城を攻撃して落城させた。一方、秋山信友の率いる軍は十一月十四日に岩村城（岐阜県恵那市）を奪取した。

信玄は十一月二十二日に天竜川を渡り、秋葉街道から家康本拠の浜松城（静岡県浜松市）にむかう姿勢を示して三方ケ原《みかたがはら》（浜松市）へとでた。そこへ家康が織田信長の援軍とともに攻撃を加えて合戦となったが、武田軍の圧倒的な勝利に終わった。これが有名な三方ケ原合戦である。翌日、信玄は兵をまとめて刑《おさか》部《べ》（浜松市）に陣をとり、そのまま越年した。

翌天正元（一五七三）年一月、武田軍は三河の野田城を包囲し、二月十日に陥落させ、二十七日に信玄は野田をたって長篠《ながしの》城（愛知県新城市）にはいった。

こうした信玄の動きは、反信長の勢力をおおいに力づけた。逆に、当時浅井・朝倉氏を攻撃していた信長は、信玄が三河まで迫り、その将の秋山信友が東美濃に侵入し、長島（三重県桑名市）では一向一揆がおきたため、岐阜に帰った。しかし朝倉義景《よしかげ》は信長が引き上げると越前に軍を引いてしまい、信玄の度重なる出陣要請にもかかわらず、ついに軍を動かさなかった。一方、浅井長政《ながまさ》はその後も奮戦を続け、信玄の動きに期待をよせていた。また将軍義昭も信長に対抗して、京都二条城の守備を固めた。さらに本願寺も挙兵した。

しかし、信玄はすでにこの一連の軍事行動のなかで病魔におかされ、野田城を攻略してからは軍を進めることができなくなっていた。長篠に引き上げてからも病状はいっこうに好転の兆しをみせなかったので、やむなく兵をおさめて帰国することにしたが、その途中、天正元年四月十二日、伊那の駒場《こまば》（長野県阿智村）で死亡した。時に五三歳だった。

3　悲劇の勝頼

諏訪勝頼●

武田信玄の長男の義信《よしのぶ》は天文七（一五三八）年にうまれ、同二十三年に今川義元の娘と結婚した。そして同二十二年十二月から、将軍足利義輝から「義」の一字を貰い義信と名乗った。この翌年信州での初陣でおおいに勝利をあげ、弘治三（一五五七）年十二月二十八日には父の信玄と連名で向嶽寺《こうがく》（甲州市）と常《じょう》性《しょう》寺（山梨市）へ寄進状をだした。

『甲陽軍鑑《こうようぐんかん》』によれば、義信は永禄八（一五六五）年に父に牢に閉じこめられ、同十年十月十九日（十六日とも）に自害（病死ともいう）した。親子の不和の原因は、信玄の駿河侵攻に義信が反対したのだといわれているが、信玄が父信虎を駿河に追放したような家臣主導のクーデタがあった可能性が高い。信玄は義信が死ぬ二月前の永禄十年八月、当時の武田氏領国となっていた地域の武士約二四〇人から、信玄に対して二心のない旨の起請文を提出させ、下《しも》之《の》郷大明神《ごうだいみょうじん》（長野県上田市生島足島《いくしまたるしま》神社）に納めさせた。これは家督相続の混乱に動揺した家臣団を信玄に引きつけておくための手段であった。

　義信を廃したのち、武田家をついだのは諏訪頼重の娘を母に、天文十五年に信玄の四男としてうまれた勝頼《かつより》である。彼の名前は、頼重の跡目をつぐために武田家相伝の「信」でなくて、諏訪氏の通字の「頼」

武田義信の墓（東光寺）

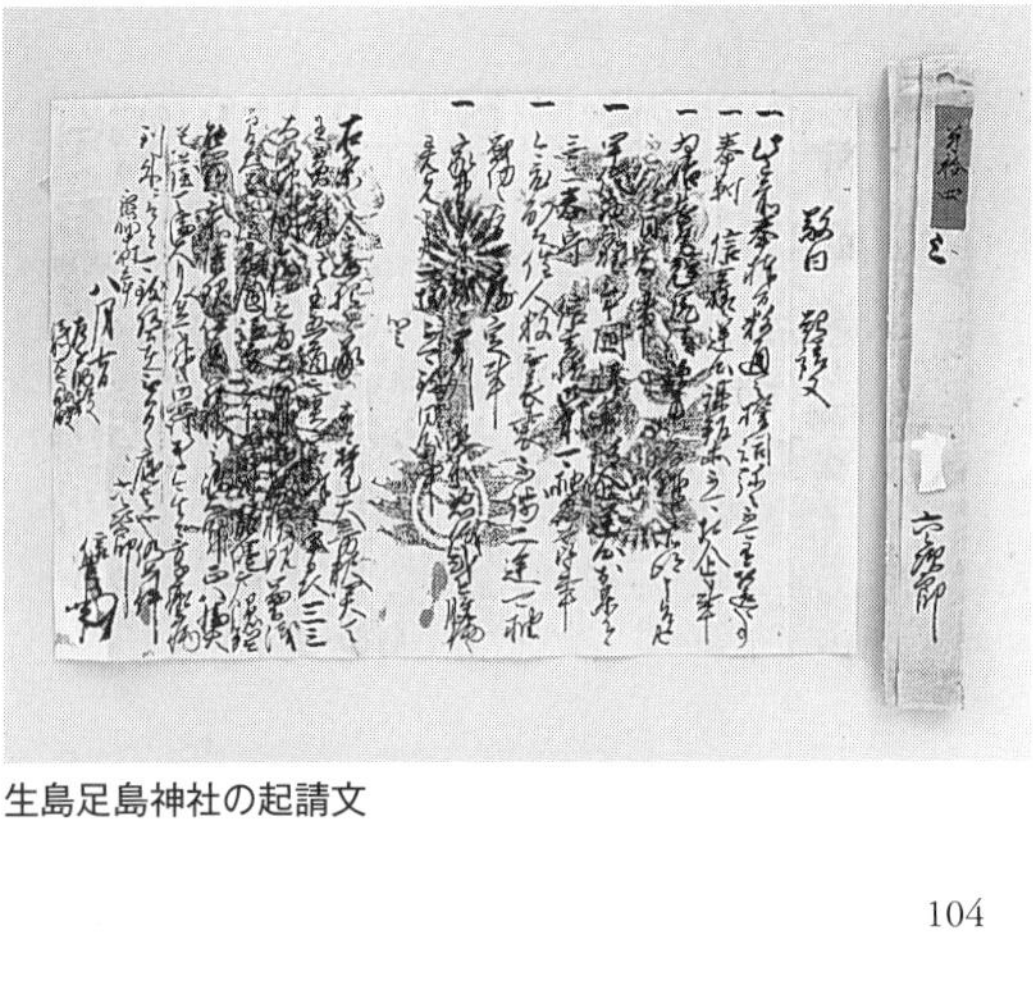
生島足島神社の起請文

の字が用いられた。

勝頼は永禄五年に伊那郡代、高遠《たかとお》城主になったとされるが、これ以前の経歴は知られていない。永禄七年十一月、勝頼は小野神社（長野県塩尻市）に梵鐘を寄進したが、その銘には「郡主勝頼」「諏訪四郎神勝頼」などとみえる。彼が伊那郡の郡主として、諏訪氏（神氏）の意識を強くもっていたことが示されている。

武田家のなかでの勝頼の地位が確定するにしたがって、彼自身の軍事力も大きくなり、『甲陽軍鑑』によれば直属の武士を二〇〇騎もしたがえ、武田氏の軍事力の中枢に位置した。以後、勝頼は多くの戦いで重要な役割をはたすようになり、武田家相続者の地位を確定し、信玄の片腕となって軍事的にも後継者としての資質をみせた。

信玄は勝頼へ政権をゆずるために、高遠の城主である彼を甲府によびよせ、身近において後を託す用意をしなくてはならなかった。勝頼が高遠から甲府へ移ったのは、元亀二（一五七一）年の二月から三月頃とされる。甲府に移った勝頼は対外交渉でも前面にでるようになり、外交上の手紙をだしたりして、信玄の後継者であることを明示しはじめた。こうした武田家の動きに応じるように、元亀三年一月十四日、大坂の顕如《けんにょ》は信玄と勝頼のそれぞれに太刀や黄金などを送った。この頃から勝頼は単独でも、領国全体の支配にかかわる文書をだすようになった。また、甲府に住んでからは信玄のかわりとして軍の先頭にたつことも多くなった。信玄は元亀三年十月から最後の作戦である西上の軍を動かしたが、このとき勝頼は副大将の役割をになっていた。

長篠の敗戦●

天正元（一五七三）年四月、武田信玄が死んだという風聞をえると、徳川家康は駿河に侵入し、七月には東三河にはいって長篠《ながしの》城（愛知県新城市）を囲み、九月十日に攻め落とした。そこで武田勝頼は十一月、一万五〇〇〇の兵を率いて駿河から遠江にはいり、掛川・久能《くのう》の地を焼いた。

翌二年一月、家康が駿河に侵入し、織田信長も東美濃へと動いたので、勝頼は反撃のため東美濃に侵入し、二月五日に明智《あけち》城（岐阜県恵那市）を陥落させた。一方、上杉謙信は信長や家康と連絡をとって、一月十八日には西上野にはいり、沼田《ぬまた》（群馬県沼田市）に陣をとって武田軍の背後に回った。さらに家康も三河の足助《あすけ》（愛知県豊田市）に出陣したので、勝頼は兵をおさめ、五月にふたたび馬を遠江に入れ、六月には堅固な守りで知られた高天神《たかてんじん》城（静岡県掛川市）を攻め落とした。高天神城は信玄でさえも奪えなかった城なので、勝頼はこれを奪取して自信をもったであろう。ここまでの状況をみると勝頼は直情的な性格で、戦略的にもすぐれた武将であった。

天正三年四月十二日、勝頼は恵林寺《えりんじ》（甲州市）および躑躅ケ崎館《つつじがさきやかた》で、父信玄の大法要をいとなんだうえ、甲斐・信濃・西上野の兵を率いて三河にむかい、四月二十一日には長篠城を攻めた。

その後、勝頼は長篠城を包囲する一〇〇〇余の兵を残すと、二連木《にれんぎ》（愛知県豊橋市）・牛久保《うしくぼ》（同豊川市）へ兵を進め、五月六日に家康のいる吉田城を取り囲んだ。しかし家康が城外にでて戦おうとしなかったので、武田軍は五月十一日、ふたたび全軍で長篠城攻略に取り掛った。家康に救援を求められた織田信長は軍勢を率いて岐阜を発し、十五日に岡崎に到着した。十八日、信長は設楽原《しだらはら》（愛知県新城市）に着き、極楽寺山に陣をおいた。信長の長男の信忠《のぶただ》は御堂山、家康は高松山に陣取り、連合軍は連子《れんご》川を前面にして武田軍の騎馬隊の動きを封ずるための馬防柵として約五キロにわたって三重の柵を立て連ねた。さらに陣地の前には堀を掘り、足軽《あしがる》の鉄砲隊三〇〇〇人を配置した。勝頼も清井田付近に進んで布陣した。両軍の兵力については諸説があるが、織田・徳川の連合軍が一万七、八千人、武田軍が六〇〇〇人ぐらいではなかったかという。

二十日夜半、酒井忠次《ただつぐ》の一隊が鳶巣《とびのす》山の武田方の砦を急襲し、未明に落とした。勝頼は朝の五時から六時頃に総攻撃の采配を振った。戦闘は午後二時頃まで続けられたが、騎馬戦を得意とする武田軍は馬防柵と鉄砲のために動きをとめられ惨敗した。武田軍の戦死者は数千人といわれ、山県昌景《やまがたまさかげ》など信玄以来の武田家の旧臣の多くを失った。

長篠で勝った家康は勢いにのって六月に光《こう》明《みょう》城（静岡県浜松市）を落城させ、八月には

長篠合戦図屏風（徳川美術館）　右上方が武田勝頼の本陣。

諏訪原城《すわはら》（静岡県島田市）も落とし、さらに小山城（静岡県吉田町）をも攻めようとしたので、勝頼は駿河に出兵して巻き返しをはかった。一方、信長は東美濃の岩村城を攻めようとしたが、秋山信友以下の信濃衆の備えが固くて落とすことができなかった。

態勢立て直し●

長篠合戦に大敗した武田勝頼は、長篠から帰ると態勢の立て直しをはからねばならず、戦死した武士の跡継ぎを確定したり、あらたな知行宛行《ちぎょうあてがい》をしたりして、武士支配のてこ入れをした。下って天正三（一五七五）年十二月十六日、勝頼は来年には、尾張・美濃・三河・遠江へ軍を動かし、武田家興亡の一戦を行なうとして、信濃小県郡の小泉昌宗《まさむね》らに条目《じょうもく》を配布した。その条文には、近年隠遁したり不知行のために蟄居《ちっきょ》した者のなかから武勇の輩を選び出して、定められた人数以上の人員を率いて出陣するようにとあり、長篠合戦で減少した兵員の補塡を指示している。また、長篠で鉄砲のために負けたことを意識して鉄砲を用意させ、さらに貴賤ともども分量のほかの玉薬《たまぐすり》（火薬）を用意するようにと命じた。

いったん引き上げていた織田軍が、ふたたび東美濃の岩村城を攻撃してきたので、勝頼は岩村の後詰《ごづめ》をしようとして、甲斐・信濃の士民百姓までかりだして出陣し、天正三年十一月十日に織田信忠の本陣水《すい》晶《しょう》山を攻めたが敗退した。岩村城の秋山信友はついに支え切ることができなくなり降伏したので、勝頼はむなしく引き上げた。また遠江の二俣《ふたまた》城も十二月二十四日に落城した。勝頼は東美濃と遠江の戦略上できわめて重要な城を二つも失ったのである。

翌天正四年には織田信長も徳川家康も武田氏に対して積極的な動きをみせなかったので、この間に勝頼は態勢の立て直しをはかることができた。四月十六日、勝頼は亡父信玄の正式な葬儀を恵林寺で行なった。

天正五年一月二十二日、勝頼は北条氏政の妹をめとり、相・甲同盟が成立し、長篠合戦以後の孤立無援的状況から抜け出すことができた。三月三日には、諏訪下社の秋宮の千手堂の堂舎および三重塔が再建された。武田氏が軍事的危機をのりこえて小康状態にはいった直後に諏訪社を造営したことは、諏訪氏である勝頼の諏訪社との特別な関係を示すとともに、軍神としても名高い諏訪明神の加護をうけることによって、武田氏の武運長久と領国の繁栄をもたらそうとしたものであろう。

御館の乱と信濃支配●

天正六（一五七八）年三月十三日、大軍を率いて西上しようとしていた上杉謙信が、突然府中（新潟県上越市）で死去した。謙信は妻帯せず、子供がなく養子をとっていた。その一人景勝《かげかつ》は上田郷坂戸（新潟県南魚沼市）の城主長尾政景の次男で、母は謙信の姉である。景虎《かげとら》は北条氏康の七男（有力な異説もある）で、元亀元（一五七〇）年、相・越同盟が結ばれた際に謙信の養子となり、景勝の姉を妻にしていた。謙信の死を契機に血筋が謙信に近い景勝と、北条氏政という有力な後楯をもつ景虎が熾烈な相続争いをはじめた。

景勝と景虎はしばらくのあいだは反目しあいながらも春日山城にいたが、五月十三日景虎は妻子とともに城をでて、府内の御館《おたて》にはいった。このため謙信の遺臣たちは二分され、上杉家を二分しての争いがはじまった。越後の内紛をみて、上杉氏と領域を接していた武田氏と北条氏は早速軍を動かした。とくに北条氏政は景虎の兄だったので、すぐさま支援を武田勝頼に求めるとともに越後に兵をだした。勝頼は小諸城主武田信豊《のぶとよ》を先陣として進発させ、やがてみずからも軍を率いて出発した。この北条と武田の動きによって景勝は窮地におちいった。

氏政は上野の沼田へはいり利根川以東をおおむね手中にしたが、川西の川田《かわだ》（群馬県沼田市）・名胡桃《なぐるみ》

（同みなかみ町）などの諸城が景勝側についたので、関東から越後に進めなかった。当面の敵が勝頼だけになった景勝は、窮余の一策として武田信豊に講和の斡旋を頼んだ。講和条件のなかには、織田信長・徳川家康との同盟を解消して、武田・上杉の同盟を結ぶこと、信濃と上野の上杉領を勝頼に割譲することがはいっていたようである。六月七日には、勝頼の家臣跡部勝資《あとべかつすけ》が春日山城の武将にあてて講和を承諾した旨の返事をだした。

勝頼は二十七日に春日山城の城下に迫り、二十九日に城下の下木田に着陣した。景勝と手を結んだものの景虎をみすてるわけにもいかなかった勝頼は、ここで双方に和平の斡旋をはじめた。その具体的な状況は不明であるが、勝頼は七月二十三日に、景勝の家臣で信濃出身の仁科中務丞《なかつかさのじょう》・山吉掃部助《かもんのすけ》などに贈物の礼状を書き、景勝に諫言するようにとのべている。八月中旬、和平工作は一応の成果をあげたようで、二十日に景勝は斡旋に対する礼として、勝頼に太刀一腰、馬一頭、青銅一〇〇〇疋を贈った。しかし結局和平はならず、勝頼は八月二十八日に越府の陣を引き払った。

勝頼は景勝との同盟関係を交渉するに際して、彼の妹のお菊と景勝との婚約も進め、十二月には景勝から勝頼のもとへ結納品が届けられ、両者の同盟は確固たるものになった。この間にも景勝と景虎との争いは続いたが、しだいに景勝が有利になり、天正七年三月十七日ついに景勝は御館を攻め落とし、元関東管領《かんれい》の上杉憲政を殺した。景虎は鮫ケ尾《さめがお》城（新潟県妙高市）へ逃げこんだが、景勝の攻撃を防ぐことができず三月二十四日に自害した。

景虎が滅ぼされると氏政と勝頼との関係は悪くなり、九月五日に氏政は家康と勝頼を挟撃することを約束した。一方、勝頼と景勝との関係は、天正七年十月二十日にお菊が春日山城に輿入れをして、盟約がいっそう固くなった。

勝頼は景勝との盟約条件にしたがって、上杉領であった上野と信濃を割譲させた。これまでは信濃でも飯山城などは上杉氏が領有していたが、これによって武田氏は信濃全体を支配するようになった。信濃全域が武田氏の領国に組み入れられたのは勝頼の時代であり、期間的には足掛け四年、実質的には二年余りにすぎなかった。

新府城の築城●

領国内の安定と対外交渉の成果を背景にして、勝頼は領国の支配の拠点として、また織田信長の侵攻にそなえるため、新府城《しんぷ》（韮崎市）を築くことを決定した。ここは七里が岩の台地上に位置し、防御にはうってつけで、勝頼の根拠地である諏訪方面、富士川からの駿河方面にもつながり、経済的にも、軍事的にも、領国の中心になりうる地点であった。甲府が甲斐をおさめる根拠になりえても、武田領国全体を考えると中心とはいいがたいのに対し、ここは十分に領国全体をみわたせる地点である。信玄は甲斐の国内に大きな城を築けるだけの権力基盤をもたなかったのに、勝頼は新府城を築く力をもつことができるようになったのである。

天正九（一五八二）年一月二十二日、真田昌幸《まさゆき》が新府城築城のため分国中の人夫を徴発するので、自分の領内の人間も来月十五日に着府するようにと家臣に連絡しており、二月十五日頃から新府城の起工がはじまったと推定される。人足は信濃からも徴発され、まさしく領国をあげての城づくりであった。工事は順調に進み、勝頼は九月に城が落成したことを同盟者に伝えた。その後十一月終わりから十二月初め頃に、勝頼は新府城に移ったようで、諏訪上社の神長官《じんちょうかん》が竣工を祝い、武運長久などを祈った守符などを贈ってきたので、十二月二十四日に礼状をだした。こうして、勝頼は新府城を根拠にして、あらたな領国支配をめざしながら、大敵の織田信長に対処しようとしたのである。

織田軍の侵入●

徳川家康は天正九（一五八一）年三月二十二日、武田氏の遠江における拠点、高天神城を陥落させた。一方、織田信長は十二月十八日に甲州進攻の準備として米八〇〇〇俵を購入し、三河の牧野城（愛知県豊川市）にそなえた。こうした情勢をみて天正十年一月二十五日、木曾義昌は信長とつうじた。義昌は信玄の娘を妻としており、武田氏とは姻戚関係にあったが、いち早く信長と結びついたのである。情勢をみてとった武田勝頼は、二月二日に息子の信勝《のぶかつ》や信玄の弟信繁の子武田信豊《のぶとよ》などとともに、兵一万五〇〇〇で義昌討伐のため出陣し、上原（長野県茅野市）に陣を張り、武田領国へはいる諸口の警備などを申しつけた。

二月三日、駿河口から徳川家康、関東口から北条氏政、飛驒口から金森長近《かなもりながちか》が大将として侵入し、伊那口は信長と長男の信忠《のぶただ》が二手にわかれて武田領国へ乱入する手はずになった。この日、尾張・美濃の人数を引き連れた信忠は、先陣を木曾口・岩村口から武田領国に攻め入らせた。

武田軍は伊那口を警固したが、下条信氏《のぶうじ》の家臣が逆心を企て、二月六日に信氏を追い出し、岩村口から川尻秀隆《かわじりひでたか》の人数を引き入れた。武田方は重要な地点に防御のため砦を築いたが、全軍が浮き足だち、つぎつぎと信長方に寝返る者がでた。

二月九日、信長は信濃にむかって軍を進める指令をだし、武田氏討伐の具体的な指示をした。二月十二日、織田信忠が木曾義昌救援のため出陣し、十四日に岩村に着陣した。これをみて信濃伊那郡松尾（長野県飯田市）城主の小笠原信嶺《のぶみね》が信忠に降り、妻籠《つまご》口（長野県南木曾町）から信濃に先陣としてはいっていた団平八《だんへいはち》（忠直）と森勝蔵（長可《ながよし》）は、清内寺口《せいないじ》（長野県阿智村）より軍を進めた。織田に味方した小笠原信嶺が所々に煙をあげたため、武田方の飯田城（飯田市）を守る坂西織部《ばんざいおりべ》と保科正直《ほしなまさなお》は、夜になって敗走した。

武田軍は木曾義昌攻撃のために動いていたが、この方面では二月十六日に今福昌和《いまふくまさかず》が侍大将として鳥居峠へ足軽をだし、合戦となり、屈強の者四〇人余りが討ちとられ敗退した。

勝頼は伊那の拠点大島城（長野県松川町）に信玄の弟信廉《のぶかど》を入れ守らせたが、織田軍の攻撃の前に陥落した。先手を飯島（長野県飯島町）に移らせた信忠のもとへは、百姓たちが自分の家に火をかけ、織田軍に味方しようとやってきた。長篠合戦以後、領国を拡大できない武田氏は、戦争にそなえるため百姓からしぼりとるしか手段がなく、あらたな課役を課したため、負担にたえられなくなっていたからである。

勝頼と同盟関係にあった上杉景勝は、武田方に援兵を送ることを知らせた。勝頼は二月二十日景勝に書状を送り、軍勢は不足していないが二〇〇〇でも三〇〇〇でもいいからだしてくれたらありがたい、とのべた。

二月二十三日頃までに、伊那郡で織田軍の進撃をはばむのは高遠城だけになった。三月二日の払暁に織田軍は攻撃をしかけた。武田方は大手口から打ってでて数刻争ったが、多くの者が打ちとられたため、残党は城中に逃げ帰った。そこへ信忠が攻撃の命令をしたので、織田勢は大手と搦手《からめて》の双方から城のなかにはいった。守備する武田軍は死力をつくして戦ったが、結局、城将仁科盛信《もりのぶ》、副将小山田昌行《まさゆき》ら四〇〇人が壮絶な戦死をとげ落城した。

武田氏滅亡●

天正十（一五八二）年二月二十五日、武田親族の穴山信君は織田方に寝返り、甲府に人質としていた妻子を盗み出した。これにより甲斐の武士たちは一気に織田方に走ったり、山中に逃げ隠れたりした。二月二十八日、武田勝頼父子は上原を打ち払い、新府の館に兵をおさめた。その後、勝頼は新府城にたてこもって戦うのは無理と判断し、三月三日午前六時頃に城へ火を放ち、小山田信茂《のぶしげ》を頼りに自然の要害である岩殿《いわとの》城（大月市）にむかった。一行が勝沼（甲州市）をすぎてから、頼りにしていた信茂が謀反をおこしたことを知った。勝頼が新府城をでたときには侍分の者が五、六百人もいたのに、途中でつぎつぎと去っていって、したがう者はわずかに四一人になってしまった。行く手をさえぎられた勝頼一行は、天目山《てんもくざん》の麓、田野《たの》（甲州市）の平屋敷を陣所として足を休めた。

三月七日、織田信忠が上諏訪から甲府にはいり、武田一門・親類・家老の者などをさがさせ、ことごとく成敗し、甲斐の中心部分を押さえた。織田信長は三月五日にやっと陣を動かし、十一日には岩村に着陣した。三月十一日、織田軍は勝頼が駒飼《こまかい》（甲州市）の山中に引きこもったとの情報をえて探索し、一行をとりまかせた。勝頼一行はのがれがたいことを知り、たがいに刺し殺し自刃したと伝えられる。勝頼三七歳、夫人一九歳、子の信勝は一六歳だった。

武田勝頼・夫人・信勝の墓（景徳院）

5章

戦乱のなかの民衆

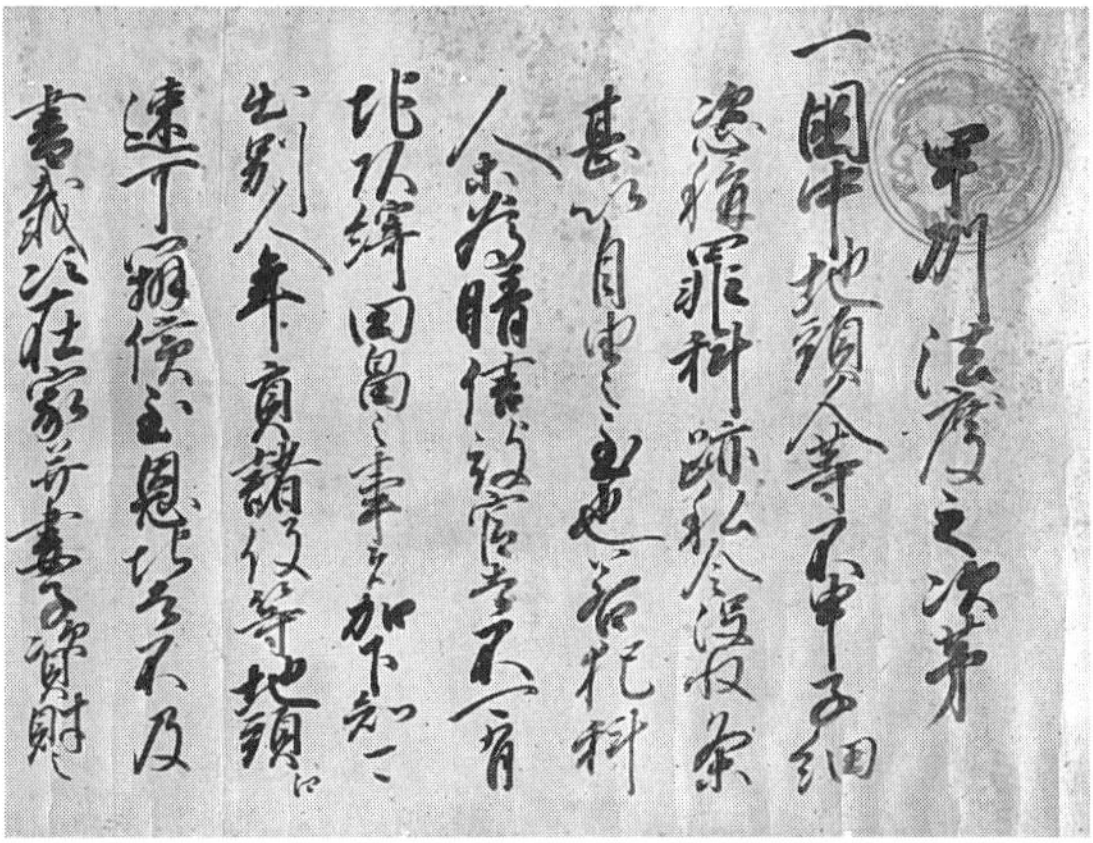

甲州法度之次第
一 国中地頭人等不申子細
恣称罪科跡私令没収条
甚以自由之至也、若称科
人者為晴信被官之上者、有
此次第田畠之事者加下知、
出別人年貢諸役等地頭ニ
速可弁償、至恩地者不及
書載之在家并妻子資財

甲州法度之次第(55カ条本)

1　戦争をささえる人々

武士と戦●

戦国という戦争がくり返される時代にあって、戦いの主役は武士であった。彼らが従軍したのは、所領を維持・入手するため強い権力と結びついてその保護をうける必要があったからだった。戦争に参加して味方が勝利すれば軍功にしたがって知行《ちぎょう》がえられるわけで、戦争に参加することこそ武士の職業だった。その意味では、戦場が武士にとっての職場であり、戦いは人生のお祭りのような性格をも帯びた。それゆえに、あれだけはなやかな支度をして戦場にのぞんだのである。

戦争の指揮をする武田氏と武士とのあいだを結びつけ、勝利へとつなげたのが武士の負担する軍役《ぐんやく》であった。武田信玄が元亀二（一五七二）年五月二十六日に石原次郎三郎にあてた宛行状《あてがいじょう》に「相当の武具など相嗜《たしな》み、軍役を勤むべきものなり」とあるように、武士は御恩（知行高）相当の軍役を負担しなければならなかった。

戦争は肉体的にも精神的にも多くの疲労をもたらす。それのみならず実際に命のやりとりをしなくてはならず、勝利すれば利益があるとはいうものの、大きなかけであった。しかも当時の戦争では武具のみならず食料も自弁しなくてはならず、費用負担が大きかった。武士は所領に帰れば農業経営者でもあったので、家を空けることが多くなればなるほど、農業にもひずみがきた。あまりに戦争が続くことは、たとえ武士であっても歓迎すべきことではなかったのである。信玄が家督をつぐ前年の天文九（一五四〇）年には、信濃への侵略が頻繁になされ、「皆々迷惑致し候」(『妙法寺記』)という状態になった。天文十六年も、信濃と甲斐の戦争がやまずに一年に二度も軍を動かしたので、奉公の人々は信濃の陣に言葉にならないくらい迷惑した。

大きな負担は武士だけではなく、彼らにしたがう被官《ひかん》でも同じであった。永禄五(一五六二)年二月八日、信玄は大井左馬允入道《さまのじょうにゅうどう》に、彼の被官でこのたび陣中より欠け落ちした者や、軍役に嫌気がさして自分の領地をすて分国中を徘徊している者があったならば、誰がそれを許していようとも成敗するように命じた。武士に隷属する者の負担が大きく、戦場をすててしまったのである。

百姓にとっての戦争●

戦争に参加したのは武士だけではなかった。武田氏は戦争を続けていくにしたがって、軍事力を拡大する必要があり、そのために従来百姓として軍役を負っていなかった者も戦争に参加させた。当時は兵農分離がされておらず、上層の百姓は土豪的性格が強く、実態としてもほとんど武士と変わらなかった。

信玄最大の軍事行動は三方ケ原《みかたがはら》合戦に至る作戦であるが、それに先だって元亀二(一五七一)年三月から四月に信玄は六科《むじな》郷(南アルプス市)の矢崎源右衛門尉など、多くの郷に住む者に棟別役《むなべちやく》や普請役などを免除して軍役衆同然にするので、厳重に参陣するようにと命じた。本来百姓である者も大きな戦争に参加させられる。そして戦場で軍功をあげれば、武士になる道も開かれた。

百姓たちは自分の意図とは関係なく、戦争に際しての兵糧《ひょうろう》など物資を輸送するために引き出されることもあった。信玄は天文十八(一五四九)年八月一日、古関《ふるせき》(甲府市)・蘆川《あしがわ》(笛吹市)・梯《かけはし》(甲府市)の郷へ、陣中に駿河合力衆《ごうりきしゅう》の荷物を運ぶため伝馬《てんま》をだすように命じた。軍事用物資の輸送をこの郷中の人々が負ったのである。また押立《おしたて》陣夫として戦場に徴発される百姓も存在した。その他さまざまな形で戦場に引き連れられることもあった。武士のなかには軍役の補いとして、百姓・職人・禰宜《ねぎ》、または幼弱の者を召し連れていくこともあった。

ところが、こうして戦場に連れていかれた百姓たちも、味方が勝利をしていれば戦争のあいだに物資を略奪したり、場合によると敵方の人間を拘束して奴隷として売ることもできた。武田氏の勝利は甲州人全体にとって利益を約束するものだったのである。

百姓の負担●

武田氏が戦争を続けるためには、それを可能にするだけの収入、軍資金が必要だったが、その負担は領国民の肩にかかっていた。

武田氏の直接的な収入の一つは、領地である御料所《ごりょうしょ》（直轄領）からの年貢で、武田氏は領国内で最大の領主だった。甲斐における御料所としては山梨郡の石森《いしもり》・窪八幡《くぼはちまん》・上万力《かみまんりき》・大工《だいく》村（以上山梨市）、和戸《わど》（甲府市）、萩原《はぎわら》・塩後《しおご》（以上甲州市）、八代郡の高萩（市川三郷町）など、巨摩郡の甘利《あまり》上条《かみじょう》・河原部《かわらべ》（以上韮崎市）などが知られている。当然これ以外にも政治的経済的に重要な地点を押さえていた。地味がよくて生産力の高い場所をもったことが、武田氏の優位を保ったのである。

年貢は御料所からしかとれないため、領国が増えたとしても直轄領を増やさないかぎり武田氏の年貢は増えない。これに対して、棟別銭や段銭《たんせん》は領国全体に賦課された。家ごとに徴収される棟別銭は信虎の代にはすでに恒常的なものになっていた。その台帳が、『高白斎記《こうはくさいき》』に天文十一（一五四二）年八月十二日からつくられるようになったとみえる棟別帳である。信玄が家督をついだ翌年に棟別帳がつくられたことは、彼がその徴収に並々ならぬ決意をいだいていた現れで、『甲州法度之次第《はっとのしだい》』のなかには棟別銭徴収に関係する条項が多くみられる。

信玄時代の文書にみえる田地銭《でんちせん》は田地役・田役などとも記され、他の戦国大名文書に段銭としてでてくる。段銭は本来田の面積に応じて賦課された臨時税で、恒常的な税とされて戦国大名の大きな収入源になったのである。

特定の者に賦課された臨時税に徳役《とくやく》銭と過料《かりょう》銭があった。天文十八年五月七日、信玄領国で徳役をはじめる談合が落ち着き、今井信甫《のぶすけ》などが連判した。弘治三（一五五七）年十二月二日に信玄は一宮（浅間神社・笛吹市）と二宮（美和神社・笛吹市）の神主に、社壇の造営などを粗略なく勤めたら徳役銭を永く免除するとした。徳役銭は有徳銭《うとくせん》で、裕福な者に課した臨時税であった。過料は罪を犯した者に金銭でつぐなわせる刑であるが、信玄領国の場合には財産をもつ者に対して、理由をつけて臨時税として徴収したのであろう。したがって徳役とほとんど同じものである。

このほかに、信玄は妻帯した僧侶に妻帯役《さいたいやく》を課しており、機会あるごとに臨時税を課して収入をえようとしていた。それが信玄の軍資金として使われたのである。

年貢や棟別銭の徴収など御料所の支配にあたったのが代官衆《だいかんしゅう》、財政全体にかかわったのが御蔵前衆《おくらまえ》であった。代官はいくつもの郷にわたって代官を勤めるような者から、せまい範囲の代官を勤める者までさまざまであった。また有力領主に近隣の統治をまかせることもあった。

商人がささえた戦争●

『甲陽軍鑑《こうようぐんかん》』には、信玄時代の御蔵前衆として、諏訪の春芳《しゅんぽう》、甲州の八田《はった》村、京の松木珪琳《けいりん》、深志《ふかし》（長野県松本市）の宗浮《そうふ》がでてくる。

このうち八田村とは、八代郡八田村（笛吹市）に住んだ末木《すえき》新左衛門である。のちに徳川家康は彼の一族へ一カ月に馬五疋ずつの諸役所（関所）の通行免除、一〇〇石積みの船一艘の分国中の諸役免除などをしており、末木家が馬や船を利用して大規模な商業活動をしていたことが知られる。京の松木珪琳は本来京に住んだ商人で、近世に甲府の町検断《けんだん》をした松木氏がその後裔と考えられる。甲府と京都とを結んでいた商人が、武田氏に重用され、甲府に定着したのである。その他の人物も深志と諏訪に住んだ大きな商人である。

このように武田信玄の御蔵前衆の中心をなしたのは、遠隔地間を結ぶ大商人であった。信玄は日常生活に必要な物資や武具を買うために、年貢などを売却し換金しなければならなかったが、甲斐の産物を売る役割を彼らが負ったのであろう。また逆に、鉄砲や絹織物などの進んだ技術を要する物資は畿内などで購入したが、それらの買いつけにも彼らがあたった。遠隔地間を結んでの取引には信用が必須で、商人個々の力が前提とされる。信玄はそうした人物を重用して財政を担当させた。こうし

現在の八田家の門（笛吹市）

た商人との結びつきは、信玄がいち早く鉄砲などを入手する原動力にもなった。商人の関与なくしては戦争もできなかったのである。

永禄二（一五五九）年三月二十日、信玄は「分国商買（売）の諸役免許の分」という書き上げを示した。これは関所を通行する際に通行税を免除した者を確認した内容である。各関所では特別に許可された者以外から商売の役として通行税をとっていたが、関所を通行する一般の者からとった関銭も信玄の収入になった。それだけ多くの商人が甲斐と他国とを結んでいたのである。

町に住む者には町役が間数に応じて課されていた。これは町棚《まちだな》、つまり店の広さによって賦課され、武田氏の収入になった。またそれぞれの商人や職人からは座役《ざやく》が徴収されていた。甲府の坂田氏は肴《さかな》の役の代官であったが、座役は直接武田氏の収入にもなっていた。日常的な商人の活動からも、武田氏は資金をえていたわけである。

さらに戦場には多くの商人たちが一攫千金《いっかくせんきん》を夢みて集まった。年未詳九月晦日に穴山信君《のぶきみ》は駿河の松木与左衛門尉以下九人に、半手《はんて》商売の定《さだめ》をだした。彼らは敵方と味方との領域の境目において商業を行なっていた。戦場における商人たちの活動が、長い戦争を可能ならしめたのである。

さまざまな職人●

『甲陽軍鑑末書』は陣屋のなかにおくべき者として、医師・右筆《ゆうひつ》・馬屋別当《べっとう》・馬の血とり・細工衆・大工・金掘《かなほり》などをあげているが、こうした職人たちの存在によっても戦争はささえられていた。

城の攻撃などに際しては敵陣のようすをみるために井楼《せいろう》が建てられ、また陣地には小屋や柵などが必要であったが、大工（当時は番匠《ばんしょう》とよばれた）はこれらの建設に従事した。また番匠は相手の城をこわすと

甲州の金山

信玄の軍資金が甲州の金山にあったはずだとの想定から、当時の金山は武田氏の直接経営による直轄領だと理解され、その代表として黒川金山《くろかわ》（甲州市）があげられた。したがって金の採掘にあたる金山衆《かなやましゅう》は、武田氏と被官関係をもつ名主《みょうしゅ》的武士であるとされてきた。

信玄時代に金山衆に知行を与えた文書は一点も存在しておらず、甲斐の金山を信玄が直接経営したとする通説には疑問が多い。元亀二（一五七一）年二月十三日に金山衆にあてた文書で、信玄は金山衆を軍役衆すなわち武士として扱っていない。またこの文書から、金山衆が田地をかかえて農業経営を行なっていたのみならず、商業にもかかわっていたことが知られる。金山衆の代表とされる田辺家の場合、天正十一（一五八三）年六月二日に徳川家康から於曾《おぞ》（甲州市）ほかの本給を安堵《あんど》され、武士となった。このように金山衆はさまざまな性格をもつ、地域の土豪であった。金山衆

黒川金山の坑道跡

❖コラム

はみずから金を掘る職人ではなく、金掘たちをかかえた経営者として存在していたといえる。しかも彼らは、信玄の直接支配をうけていたわけではなく、個々が間《ま》歩《ぶ》・堀間（採掘場）の所有者であって、みずからの資金で管理していたのである。

したがって、これまで信玄の財源とされてきた黒川金山については、直轄であった兆候がみられない。その意味では、金山と信玄の通説も見直しが必要である。

なお金山衆の田辺氏の末裔は現在も甲州市下於曾に居を構えているが、安永四（一七七五）年の屋敷は周囲を土塁に囲まれた約一〇〇メートル四方の規模で、南側に二重の土塁と木戸を設け、用水を屋敷地に引き入れている。典型的な中世の土豪の屋敷である。

黒川金山で用いられた石臼

きなどにも活躍した。神戸《ごうど》（甲斐市）など山中一二カ村の杣《そま》たちは、武田氏の時代に戦争に参加したとの伝承をもっているが、木こりたちも陣地をつくったりするため従軍した。

城攻めでとくに重要な役割を負ったのが金掘（金山衆《かなやましゅう》）であった。永禄五（一五六二）年一月、信玄が北条氏政に加勢して武蔵松山城（埼玉県吉見町）を攻めたときには、諸方から金掘を召し寄せて櫓をくずした。また信玄は元亀二（一五七二）年一月、駿河深沢城（静岡県御殿場市）の攻撃に金山衆を利用した。このほか元亀四年一月の三河野田城（愛知県新城市）攻めでも、信玄は金掘を用いて城中の水を掘り抜いて落城させた。

鍛冶《かじ》は戦場で武器の修理などにあたった。また医師は負傷した者の手当てに重要だった。さらに、陰《おん》陽《みょうじ》師や僧侶といった宗教者も戦争に参加していた。

職人や商人が戦争の際に道案内をしたなどとの伝承がある。彼らの広い活動範囲が戦争に際してのさまざまな情報源ともなり、実際に彼らが諜報活動を行なうこともあった。

職人には職業に応じた役が課せられていた。弘治元（一五五五）年十一月の鮎沢郷《あゆざわ》（南アルプス市）の棟別帳では、番匠の家一軒分が免除された。番匠としての役を負ったために、百姓の負う棟別役などを除かれたからである。彼らは番匠の技術をもって奉公することで、そのほかの役を免除されたのである。こうしたことは鍛冶などにもみられる。職人の場合には、みずからがもっている特別な技能で信玄に奉公することが役となった。

寺社の動き●

武田信玄や勝頼は、実に多くの戦勝を祈願する文書を各地の寺社にだしている。信玄にかぎらず、多くの人々が戦勝を寺社に祈願していた。戦乱に明け暮れた世の中にあって、いざというときに心からすがりうるものは、神仏しかなかったからである。

ＪＲ甲府駅前にある信玄の像は諏訪法性《ほっしょう》の兜《かぶと》とよばれる独特の兜をかぶっており、甲州市の雲峰寺《うんぽうじ》には武田氏の用いたという諏訪法性旗が伝わっている。このように戦陣における兵はつねに神仏とともにあり、その加護によって勝利が約束されると考えられていた。

信玄は永禄十一（一五六八）年六月四日に諏訪上社の神長《じんちょう》守矢信真《のぶまさ》より、越後のうちで本庄氏をはじめとして過半が信玄に同心して、上杉謙信に敵対する態度を示したと注進された。そこで信玄は、近日中に出馬するが「まことにこの度の吉祥《きっしょう》、神徳故に候」として、これから後も武運長久の祈念を疎略なくするようにと書状をしたためた。信玄は戦争の勝利が神の加護によるので、禰宜などが一所懸命祈念すべきだと理解していたのである。

信玄は戦争の勝利がそのまま背後にある神々の戦い

JR甲府駅前の信玄像

と信じていたので、戦争のたびごとに寺社に戦勝を祈願し、お守りなどを入手していた。また、神意をうかがうために禰宜などに何度も占いをさせ、その結果を家臣たちに教え勝利を確信させて従軍させた。戦いは人の戦争であるとともに、神々の力の戦いでもあったわけである。

2 戦国の村と町

戦国の郷村●

『甲州法度之次第《はっとのしだい》』のなかには、棟別役《むなべちやく》の負担をすべき人がいなくなった場合には郷中として弁償せよ、また川流れの家があった場合には新屋をもってその償いをさせ、新屋がない場合には郷中が同心して弁済《べんさい》するようなどとある。郷の自治が前提とされて棟別役の徴収がなされていたのである。

天文十八（一五四九）年八月一日、信玄は古関《ふるせき》（甲府市）などへ伝馬《てんま》をださせているが、これは郷中で自治的に伝馬の負担者を決めて、それに応ずることを前提としている。天文二十二年三月六日、小松・和田・塚原・岩窪《いわくぼ》（以上甲府市）、駒井（韮崎市）の郷の人足押し立て公事《くじ》などを免除した。これらの負担も郷の自治によっていたのである。

武田信玄は元亀三（一五七二）年三月二十六日、上条堰《かみじょうせぎ》（甲斐市）が破損したので郷中で談合して再興するように命じた。このように治水も郷ごとに自力で行なうよう指令していて、武田氏が村内にはいって仕事を分担させたり、道具や材料などすべてをだしたわけではない。ただし、水害地の人々を普請にかりだして日当を与え、それが地域の復興策につながったことは十分に考えられる。武田氏の治水は郷村の自治的なまとまりと治水の慣行のうえに網をかぶせ、みずからが公権力化していく手段であった。

郷宛の文書をみると、いくつかの郷がまとまって記されることが多い。水害や火事、大規模な盗賊に対応したりするのには、一つの郷だけでは力がおよばなかった。各郷村は近隣の郷村とつながり、日常的に助けあっていたのである。実際、自力救済が基本理念とされる当時にあっては、郷村も一つに結びついて大きな力を維持しなくては、さまざまなことがらに対応できなかったからである。

このように、自立した郷や町などには信玄も直接力を浸透させることができず、郷として治水の人足をださせた。それはそれまでの社会的な慣習のうえに立っていたのである。ややもすると信玄の力は絶対で、百姓などを思いのままに使役できるように考えられがちであるが、実際には国人《こくじん》領主の領域に手をのばすことはできず、自分の領域でも村のなかにまではほとんど権力が浸透していなかった。

国と郡

郷の上には郡があった。弘治元(一五五五)年五月二十四日、武田信玄は塩山向嶽寺《こうがくじ》に田原《たはら》・四日市場(都留市)の寺領をあらためて寄進した。その寄進状のなかに「寺務などに至りては、都留《つる》郡の法に任せ、毎月弁償すべし」とあり、都留郡を範囲とする法が存在したことを伝えている。信玄は永禄七(一五六四)年五月二十六日、都留郡の者が分国《ぶんこく》において理由もなく他の主人と契約した場合には現在の主人が召し返してもよいと命じ、また永禄九年十二月二十二日には、富士山中宮《ちゅうぐう》神主に浅間御供《ごく》の籾子を都留郡口で通させた。郡は実態としても人々を結びつけていたのである。

郡の上位概念に国がある。『妙法寺記』によれば大永七(一五二七)年、甲斐と駿河の和睦が一国の内を走り馬で触れられた。和睦は国と国でなされたと意識されたわけで、当時の人々にとって甲斐や信濃という国は帰属する単位として大きな意味をもっていた。天文十（一五四一）年以前の武田信虎の行状について『塩山向嶽禅庵小年代記《えんざんこうがくぜんあん》』は、「国中の人民、牛馬、畜類共に愁い悩む」としている。天文十六年に信玄は信濃侵略を続けたが、『妙法寺記』は「信州と甲州取り合い止まず」と評している。この戦いは甲斐と信濃の戦いで、筆者も甲州人としての意識をもっていたのである。天文十七年、信玄と村上義清が上田原（長野県上田市）で戦ったときには、「甲州人数打ち負け」、有力武将をはじめ大変な被害をうけたが、これを「去る間一国の歎き限りなし」と記した。天文二十一年に今川義元の息女を武田義信の妻に迎えたときには、「甲州一家国人のきらめき言説に及ばず」であった。人々は生活レベルでも国を意識していたのであろう。

甲斐国の人間として信玄がみずからを意識していたことは、彼の定めた法が『甲州法度之次第』と題されているのでも明らかで、信玄は甲斐の国主意識をもち、自分が属する大きな単位として甲斐国を念頭においていた。

国や郡は実際に地域の単位として生きており、人々に帰属意識を与えていた。戦勝はある意味で甲子園野球に県の代表として高校生がでて、その応援が県意識を高めるのと同じ効果をもったのである。このような地域意識がそのまま軍事力の結束を強め、戦争の結果を地域として一喜一憂させた。

このように、信玄にとっては郡の上に国があり、その上に分国が存在し、この分国内をいかにして一律に支配していくかが課題だった。この分国をまとめ、静謐にし、統治していく公権力こそが自分だと意識していたのである。

甲府と吉田●

自立していたのは郷村だけではない。弘治二（一五五六）年十月十日、武田信玄は甲府の八日市場に対して夜回りの番帳を与えた。文書の宛名が甲府のなかの一つの町である八日市場とあることは、それが独立した一つの組織として意識されていたからである。

永禄十一（一五六八）年五月十七日、信玄は禰津善右衛門尉などが細工の奉公を勤めたので、「当府中町次《まちなみ》の普請役」を免除した。また、元亀二（一五七一）年七月二十一日には丹後守に対し、三条殿に一所懸命奉公しているからと、家一間分の「宿次《しゅくなみ》の御普請役」以下を免除した。郷次《ごうなみ》の普請役と対応するように町次の普請役や宿次の普請役も存在したのである。このように甲府の町にも自治が存在していた。

当時の甲府は西側を相川、東側を藤川が流れ、現在の古府中町からJR中央線の線路辺りまでおよんでいて、そのなかには直線的な小路が直行して升目のように走っていた。小路には鍛冶小路や紺屋小路、連《れん》雀《じゃく》小路など職人や商人に関係するものもみられ、武田氏の勢力拡大とともに甲府は武田分国最大の都市になっていった。

永禄元年、善光寺如来（口絵参照）が長野から着いたが、これはそのまま善光寺町の移転にもつながった。この善光寺町と拡大する甲府とがつながれば、武田氏の経済力はさらに大きくなる可能性もあった。そしてここは善光寺別当の栗田氏が支配しており、そのもとに自治があったと考えられる。

当時の町で自治がもっともよくわかるのが吉田（富士吉田市）で、富士山の御師《おし》を中心とする宗教の町だった。吉田は永正十四（一五一七）年に駿河と独自に講和を結び、翌年には駿河と甲斐都留郡が和睦し、大永七（一五二七）年に甲斐と駿河が和睦した。吉田はまとまりをもって駿河と講和ができる自治体で、天文二十三（一五五四）年には一〇〇〇軒の在所であった。

吉田は雪代《ゆきしろ》（富士山の雪解けによる土石流）をさけるため、元亀三年閏一月に古吉田《ふるよしだ》から現在地に移った。その際の町割については『吉田村新宿帳写』が残っており、具体的状況が知られるが、御師が職人や商人としての側面をもちながら集住していたことがわかる。あらたにできた吉田の集落は東西を二つの川ではさまれ、その内側に町を精神的に守るように宗教ゾーンを設け、神や仏で守られた空間を意識して町並みがつくられた。こうしたことも自治が前提にしてなされたのである。

甲府善光寺（甲府市）

現在の吉田の町並み（富士吉田市）

3 戦国時代の社会

物資流通と度量衡●

私たちは一メートルといえば世界中どこでも同じ長さを思い浮かべ、一キログラムといえば同じ重さを感じるが、戦国時代には度量衡《どりょうこう》が統一されていなかったため、取引もまず枡《ます》の大きさなどを決めてからでないと、成り立たなかった。

画一的な年貢徴収などのためにも枡は統一される必要があり、社会もそれを求めていた。近世の甲斐では信玄が制定したといわれる甲州枡が使われた。これは京枡三升入りの大きな枡で、甲州枡・鉄判《かなばん》・三升枡などとよばれた。この枡をつくった小倉《こごい》家には天正四（一五七六）年の武田家印判状が残っており、広い範囲で甲州枡が使われるようになった画期として、戦国時代が想定される。また近世には籾をはかるのに籾斗桶《もみとおけ》・米斗桶という特別な桶があった。これは甲州枡の三升六合六勺余りがはいる容器で、京枡にすると一斗一升入りとなった。米斗桶は京枡で一斗二升、甲州枡で四升がはいった。信玄はこの桶の使用をも推進した。

近世に東国三三カ国の秤《はかり》をつくった守随《しゅずい》氏は、武田信玄のもとで秤をつくった。同家の由緒によれば、駿河今川氏のもとにいたが甲斐に帰り、諸役を免除されて秤細工人を召し抱え、甲斐一国の秤所《はかりどころ》を差し許されて、信玄・勝頼二代の朱印状をうけたという。

もう一つ注目したいのは、近世の甲斐に甲州金（甲金《こうきん》）という貨幣が流通していたことである。これが使われたのは武田氏治国の例により一国通用が免許されたためで、金座の中心となった松木氏は信虎の時代に伊勢国からやってきたといわれる。松木家に伝わった最古の文書は、永禄十二（一五六九）年十月二十六日付で、信玄が所領を安堵《あんど》したものである。明らかな甲州金に関係する文書は、武田氏滅亡後のものであるが、戦国時代には甲金をつくっていた可能性が高い。天文二十二（一五五三）年八月二十日に後奈良天皇が宸筆《しんぴつ》の『般若心経』を諏訪大社に奉納した際、勅使《ちょくし》に対して御礼を言上したうえで「甲金」を献上している。

社会慣行として甲州枡などが存在し、信玄はそれに公権力として保証を加え、領国に広く通用させようとしたのであろうが、その歴史的な意義は大きい。秤の場合も同様で、秤はとくに少量の貴重品の取引などで重要である。この時期の甲斐では金の産出が多かったが、高価な物資の取引には正確で公平感のある秤が要求された。信玄はその秤の流通にも公権力として保証をしたのである。

戦国の社会においては中国からの輸入銭が流通の基本であったが、これはいわば小銭だけで取引するのと同じで、高価な品

甲州枡（山梨県立図書館蔵）

物を小銭で買うためには大量の貨幣を動かさねばならなかった。金は少量でも大きな価値をもち、高額の取引に効力を発揮した。金は秤量貨幣として重さを単位に取引されたが、その際求められたのは金の品質の保証で、初期の甲金は品質保証の判を押したものだった。それがしだいに名目貨幣へと転じていった。信玄はこの過渡期にあたって、甲州金の流通促進に力をつくしたと考えられる。

こうしてみると、信玄の度量衡統一が、当時の社会の広範な流通を前提にしながら、さらにそれを促進しようとする、社会の要求にそう先駆的なものであったことが了解されよう。そして、これも信玄の公的な役割の一部であったのであり、これらの政策は中世と近世とをつなぐものでもあった。

郷村と治水●

『一蓮寺《いちれんじ》過去帳』には享禄元（一五二八）年五月二日に亡くなった人物をはじめ、とくに慶長期（一五九六～一六一五）に多くの「川除《かわよけ》」がみられる。水害の多い甲斐に治水の専門家がいなかったはずがなく、彼らは川除、すなわち堤防をつくる専門家だろう。甲斐の治水技術は武田信虎や信玄が戦国大名として成長してくる以前から存在したのである。

『妙法寺記』によれば、天文五（一五三六）年五月から七月まで大雨が降った。天文八年十二月十五日に大風が吹き大水がで、翌年は五月、六月と大雨が降った。天文十五年七月五日に大雨が降り大水がでて、山がくずれて田地や作物などを押し流した。天文十九年には六月より大雨が降り、七月、八月に大雨が降り大風が吹いた。このように当時は水害が続いていたが、これに対処した最大の治水工事が信玄堤だとされる。

北西から南に流れる釜無《かまなし》川と、南アルプスから東にむけて流れてくる御勅使《みだい》川が現在の信玄橋の付近で合流し、御勅使川の水力によって釜無川が甲府の方向にむかい、大きな水害をもたらした。信玄は御勅使川の扇頂部を固定させ、河道を整理して二つの河道をつくり固定した。その分流工事の中心となったのが先端の将棋頭《しょうぎがしら》で、韮崎市南割には巨大な石（十六石）を水制としておいて、合流した流れを高岩にむかわせ、高岩で流れの勢いをそいで、川を南にむけたのち、竜王に霞《かすみ》堤を設けた。川の流れを中央にむけるために出しとよばれる水制と堤防とを雁行状に築き、さらにその背後に不連続の堤を築いた。この工事は天文十一年にはじまり、弘治三（一五五七）年に終わった。こうした治水事業がほぼ終わると、信玄は永禄三（一五六〇）年八月に、旧河川の跡に竜王河原宿を設定する計画をたてた。

将棋頭

信玄がつくったと伝えられる一の出し

これが従来の信玄堤の解説である。このためには石積み出しや十六石といった石の処理が必要であるが、信玄時代に築かれた城ではほとんど石垣が用いられておらず、技術をもっていたとは考えがたい。また、治水工事は天文十一年から弘治三年までの長きにわたったとされながら、その模様を伝える古文書は一点も存在せず、当時の記録にすらまったく関係記事がない。仮に釜無川の河道がそれまで主として竜王河原宿の方向にむいていたのなら、工事でもっとも重要なのは、流水を一気に南流させる河道づくりであるが、あらたに河道となる土地の所有者から土地を取り上げ、あるいは替え地を与えることができるほど、当時の信玄は力をもっていなかった。したがって、おそらく信玄の治水はすでに存在した河道の固定をしたにすぎず、実態は工事の規模も小さかったであろう。

信玄は永禄六年七月六日に八幡《やはた》(甲斐市)などの一五の郷中に、「右の郷中の人足をもって、当水を退くべきものなり」と命じた。このときには団子新居《だんごあらい》(甲斐市)など九郷に対しても同様の文書がでている。宛名の郷中はつながりをもつ範囲、直接水害をうけた場所とその近辺である。被害者が水害に対処するのは当然であり、遠くから人足をも動員して対処するなら意味があるが、被害地だけでは効果が少ない。また、この文書自体は信玄堤とは関係ない。なお、このような人足の負担が郷次《ごうなみ》の普請役で、広域に命令して普請をさせる手段であった。信玄の最大の功績は、広い範囲にわたる治水をめざした点にあるといえよう。また年未詳の六月二十九日に勝頼は、竜王御川除水下の郷に、「竜王御川除け押し流すの由聞こし召され候間、水下の御家人御印判衆、早速罷《まか》り出で、人夫を催し、彼の御川除け相続き候ように走りまわるべきものなり」と命じた。ここでも堤防決壊によって被害をうけた郷村に、その修復をさせている。現存の史料からは、通説の信玄堤建設の姿がまったくみえてこない。実際に災害に対応したのは地元の郷村だったのである。

天文十五年八月三日に駒井高白斎《こうはくさい》は、飯富《いいとみ》（身延町）の川除普請一〇貫文の分として三間五尺をうけとった。信玄の命令によって貫高を前提に軍役と同じように堤防修築が命じられているので、堤防普請が武士にとって戦争に参加するのと同じ意味になる。

水害のたびごとにその被害をうけた人々はなんらかの治水の策を講じていた。信玄堤によってはじめて治水のための堤が築かれたのではなく、すでに堤防は存在していたのである。信玄の治水政策は在地の治水技術のうえに乗り、それを大規模にしたと解すべきであろう。

自分の所領で治水を行なったとしても、上流で堤防が決壊しては意味をなさないため、治水は川が流れる流域全体を考える必要がある。信玄堤の特徴は、たとえ信玄の直轄地でなくても、信玄が流域全体をみこして広い範囲にわたる治水の号令をかけたところにある。小さな領主が乱立する状態では、せまい範囲しか治水もできず治水の効果は薄かったが、広い範囲にわたって大きな権力を背景になされるようになれば、それだけ実効ある治水ができた。

法と裁判●

享禄元（一五二八）年、「この年御上意より地下《じげ》へ三年先は押し潰し、その後をば本無しとお触れ候」ということがあった。これは徳政令《とくせいれい》の発布であるが、こうした法令の発布は武田氏によってなされたものであろう。それは当時の慣習法をすくいあげる形でなされた。こうした法の集大成としてできたのが、武田信玄がだした法令として有名な『甲州法度之次第《はっとのしだい》』で、その五五カ条は天文十六（一五四七）年六月に定められ、同二十三年五月に二カ条が追加されたという。その第五五条に「晴信行儀その他法度以下において、意趣相違のことあらば、貴賤を選ばず、目安《めやす》をもって申すべし。時宜《じぎ》によりその覚悟をなすべき者也」とあるように、この法は信玄をもしばり、基本的には当時の慣習を前提としたが、ここに信玄の法に対する態度がよく示されている。

法令の名が『甲州法度之次第』となっていることは、これが甲斐全体を律するものであって、信玄が小山田氏や穴山氏といった国人領主の上に立つ権力であったことを明示している。このことは、第三条に「内儀を得ずして、他国へ音物書札遣わすの事、一向これを停止《ちょうじ》おわんぬ」、第四条に「他国へ縁嫁を結び、あるいは所領をとり、あるいは被官を出し、契約の条、はなはだもって違犯の基《もとい》たるか」などと、国を単位とする禁止条項があることでも明らかである。

しかし、この法は甲斐という国に適用されるだけのものではなかった。第二二条に「浄土宗・日蓮党、分国において法論あるべからず」、第二九条に「たとえその職に任ずといえども、分国諸法度のことは、違犯せしむべからず」、第四一条に「負物人あるいは遁世《とんせい》と号し、あるいは逐電《ちくでん》と号し、分国徘徊せしむること、罪科軽からず」などとあるように、分国全体にわたって遵守すべきものであった。しかも、この法令はその内容からして身分を問わず、分国内住人のすべてが守らねばならなかった。

とくに注目すべきは第一七条の、「喧嘩《けんか》のこと是非におよばず、成敗を加うべし」などとあることである。これは中世社会にみられた自力救済《じりききゅうさい》、すべてを自分の力で解決すべきで力のあるものが勝ちとする慣行の否定であり、すべての争いは理非の如何を問わず戦国大名が成敗することになる。ここにおいて武田氏は分国内のすべての権力の上に立つことを明示したのである。

天文二十二年十一月八日、寺領で小山田弥七郎のため年貢などを難渋しているという訴えをうけた武田信玄は、永昌院《えいしょう》（山梨市）にあてて、去る六月に小山田の方に申しつけて弥七郎を谷村（都留市）によびだし、彼が在所に出入りすることを禁止したと伝えた。永昌院から信玄に年貢難渋のことを訴えでて、これに応じた信玄が郡内領主の小山田信有《のぶあり》に命じたわけで、分国内の年貢などの最終決定権を武田氏がにぎっていたことを示している。

興味深い裁判の事例として、天正八（一五八〇）年四月に信濃でおきた小池と内田（松本市）の山論がある。小池の者たちが前々からはいっていた内田山で草木を刈ろうとしたところ、内田の領主の桃井将監《しょうげん》が制止した。その後何度か小池の者たちは甲府に訴えでて、天正九年三月十五日には武田勝頼が志摩《しま》の湯（湯村温泉）へ湯治にいった際、関係者をよびだして親戚である桃井将監の主張をしりぞけた。そのうえで御岳金桜《みたけかなざくら》神社の鐘をついて帰るようにと命じたのである。湯治にいっても信濃の百姓の主張を入れて裁判を行ない、親戚を負けにするとはなんとも見上げた戦国大名といえよう。

こうした裁判にもみられるように、当時の裁判においては御岳の鐘をついて、最終決定を神慮にまかせることがあった。

御岳金桜神社（甲府市）

また西花輪《にしはなわ》（南アルプス市）の八幡宮は、弘治二（一五五六）年から小池四郎左衛門と神田争論を行なったが、永禄五（一五六二）年三月五日に武田氏から御鬮《みくじ》をもって決めるように命じられ、八幡宮の神主が神田と書いた鬮をとって勝ちになった。このように裁判のなかには当時の民俗慣行が色濃くでていたが、それを利用しながらも武田氏は裁判権を掌握していったのである。

寺社の役割●

戦国時代の社会の文化的な中核となっていたのが神社や寺であった。郷村やその連合体などは、寺社を基盤としてまとまっていたのである。

中世は信仰の時代であり、人々にとって平穏な日常生活を送るには、神仏などに守られているべきだとの意識があった。集落の入口には悪霊などをさえぎる神がおかれ、村の中心や村を見下ろすような場所には神社やお寺などが配置されていた。そして寺社でのお守りやお札、祈禱などが災害への日常的な対抗手段とされてきたのである。災厄や流行病《はやりやまい》から身を守ってくれるのは、神仏だったのである。

神や仏に仕える神主や僧侶などは、あの世とこの世のあいだに位置する者と考えられ、日照り・飢饉・災害など、ことあるごとに神々に働きかけて自然を順調にし、人々の平安を約束する役割を負っていたのである。

寺社は地域の文化センターでもあった。ここを中心に人々は集まり、さまざまな祭礼を行ない、共同体の和を結んでいったのである。文字をおぼえたり、さまざまな治療などを行なうのもここであったし、集会場としての役割もはたしていた。

また寺や神社は外の世界とつながる装置でもあった。寺は宗派ごとに結びついて、郷村をこえた交流をもっていたが、それはそのまま檀家を本山につなげることになった。また神社も本社や祭神によって、全国と結ばれていたのである。

4　武田氏滅亡と社会混乱

逃げまどう人々●

戦争時に行なわれる行為に略奪があった。これはとくに武士に従った恩賞にありつけない者たちの大きな取り分であったため、参陣した者たちにとって魅力だった。中世には人身売買が日常的に行なわれ、隷属する人々が数多く存在した。こうした人々が供給される大きな契機が戦争だった。天文五（一五三六）年に甲州軍が相模の青根郷（神奈川県相模原市）を攻めたときには、足弱《あしよわ》を一〇〇人ばかり捕らえた。天文十五年に武田信玄は佐久の志賀城（長野県佐久市）を陥落させたが、このとき男女を生け捕りしてことごとく甲斐へ連れてきて、親類のある人は二貫、三貫、五貫、一〇貫で請け戻された。また天文十七年の田口城（長野県佐久市）攻めにあっても、男女の生け捕り数を知れずという状況だった。天文二十一年には安曇郡の小岩岳城《こいわたけ》（長野県安曇野市）を攻め落とし、五〇〇余人を討ちとるとともに、無数の足弱を捕らえた。生け捕った者たちは奴隷として売れば金になるし、そのまま奴隷として働かせることもできた。まさに戦争は人を狩るときであった。

武田信虎が国内を統一してから、天正十（一五八二）年の武田氏滅亡に至るまで、約五〇年間にわたって甲斐は戦場にならなかったため、結果的に略奪されたり、人狩りをされることはなく、甲州人はもっぱらこれを行なう側であった。それが逆転して、略奪をうける側になったのが織田・徳川連合軍による甲州攻めだった。武田氏滅亡の際の混乱は、長いあいだ平和を楽しんできた甲斐の住民にとっては青天の霹靂《へきれき》だったのである。

全体としての混乱時期は一年という短いものであったが、その刻印は現在に至るまで甲斐の歴史に染みついている。領主である勝頼も、それにしたがった武士たちも、さらに百姓たちまでが混乱のなかで逃げ回ったのである。

避難する場所●

打ち続く戦争に際して、人々はいかにして命や財産を守っていたのであろうか。その一つが神社やお寺に財産をあずけたり、ここに逃げこむことであった。理由の一端は宗教施設がアジール（聖域・避難所）としての性格をもっており、ほかの者たちが手出しをしないとの社会的観念があったからである。

ただし、そうしたアジール性を否定しないと、戦国大名は領国を均等にできないので、寺社への権力浸透に武田氏も努力した。天正九（一五八一）年七月四日に武田勝頼が善光寺にあてた定書のなかでは、信濃の本善光寺から集まってくる僧侶や俗人が、罪科人を守ったり、そうした者の罰銭などをだすことを禁止し、盗賊をかくしたり国法にそむいたら厳科に処すとしている。禁止されている内容こそ善光寺のアジールとしての性格で、これを勝頼は認めなかったのである。

武田氏滅亡に際して、恵林寺の快川紹喜《かいせんじょうき》が織田信長に敵対した者たちをかくまったために、三門において焼き殺されたことは有名である。快川の意識からするとアジールである寺に逃げこんできた者を助けるのは当然のことであったが、天下を統一しようとする織田信長にとってこれを見逃せば、また彼らが反乱する可能性があった。全国統一するために信長は権力の手のおよばない場所をなくさねばならなかった。山梨県で信長の評判がきわめて悪いのは、寺社に火をかけたことに一因があるが、信長の側には理由があり、それは武田氏の政策をさらに推進したものともいえる。

寺社が財産をあずけたり逃げこむ場所でなくなり、武田方の城に逃げこめば城が落ちたときにどうなるかわからないなかで、地域共同体は領主の争いとは無関係な逃げこむための場や装置をつくることがあった。いわゆる村がもつ城、百姓のもちたる城であるが、城を築くには資金が必要で、動員する人足も多くなければならなかった。それができない村では、山に避難小屋を用意して急遽逃げこんだ。いわゆる山小屋である。

甲斐や信濃において、とくに山小屋の姿がみえるのは、天正十年の武田氏滅亡のときだった。『甲陽軍鑑』によると三月三日の朝、地下人《じげにん》はことごとく地焼きをして、山小屋にはいるといって、西郡《にしごおり》・東郡、北は帯那《おびな》（甲府市）にはいり、御岳《みたけ》、さらには勝頼に謀反した穴山信

恵林寺三門（甲州市）

君の知行地にしりぞく者もあったという。韮崎市の風越山《かざこし》には、この混乱のなかで藤井の諸村の人々が兵乱をさけたという伝承が残っている。

『信長公記』によれば、二月に信州伊那谷の百姓たちは自分の家に火をかけて、織田氏のもとにでていった。家を焼くという行為は犯罪などをおかした場合の処罰にもあり、自分がこれまで領主としてきた武田氏との縁を切ったことを明示するための手段だったのであろう。甲斐の百姓が行なった地焼きも同じことと考えられる。

反乱する民衆●

山小屋に逃げこんだのは百姓ばかりではなかった。武士たちもこの混乱のなかで、百姓たちが日頃年貢をとられているので、この機会に地頭の財宝をかすめて取り返そうとし、あるいはその妻や子を奪おうとしたので、西郡に知行をもつ人は東郡の山にはいり、東郡に知行をもっている人は逸見筋《へみすじ》に逃げたという。

武田氏滅亡の折、初鹿野伝右衛門《はじかのでんうえもん》は川浦《かわうら》（山梨市）という恵林寺の奥山にはいったが、鶴瀬《つるせ》（甲州市）に進もうとしたところ、村人たちが伝右衛門の妻を捕らえて越してはならないといった。このために彼は鶴瀬にいけなかった。こうした民衆の反乱は勝頼のもとでもおき、天目山でも辻弥兵衛が大将になって郷人たちが勝頼に謀反をおこして、彼に矢や鉄砲を打ちかけた。

民衆も武田氏滅亡の混乱に乗じて、少しでも自分の立場をよくしようと、このような行動にでたのである。当時の百姓たちは現在の我々が考えるほどには、武田氏との結びつきを感じていなかったのかもしれない。

武士たちの動き●

武田氏を滅亡させた織田信長は、甲府に着くと、武田家の侍大将衆は皆お礼を申せと申し触れ、さらに甲州一国をくれようとか、信濃半国あるいは駿河を与えようといった書状をだした。勝頼の親類衆をはじめとして引きこもっていた者たちが、これを信用してお礼にでていった。この結果、跡部《あとべ》勝資《かつすけ》は諏訪で殺され、信玄の弟の信綱は府中の立石で殺された。最後に勝頼を裏切った小山田信茂、信玄の弟の子である武田左衛門佐《さえもんのすけ》、信茂の一族の小山田八左衛門、小菅五郎兵衛は甲府の善光寺で殺された。一条氏は市川（市川三郷町）で徳川家康によって殺された。長坂釣閑斎《ちょうかんさい》父子は府中の一条氏の館で殺された。その他の者たちにも同様の運命が待っていたのである。

　ところで、この混乱のなかで武田氏時代よりも上昇していく者たちもあった。その一例として九一色《くいしき》衆《しゅう》の場合をみてみよう。武田氏を滅亡させてから、織田氏本隊や徳川家康軍は中道《なかみち》往還を帰還した。徳川家康が帰る折、九一色郷の人々は駿河の根原《ねばら》（静岡県富士宮市）までお供したという。とくに本栖《もとす》（富士河口湖町）は信長の宿泊地に選ばれ、家康がその御座所づくりにあたったが、ここの領主は渡辺囚獄佐守《ひとやのすけまもる》で、すでにこのときには家康と結びついていたのであろう。

　天正十（一五八二）年六月二日、信長が本能寺の変で亡くなると甲斐は混乱におちいった。七月三日、家康は甲斐にむかったが、このとき九一色衆は率先して彼に属した。七月六日に家康は渡辺守に、のちに九一色衆十七騎とよばれる一七人と、歩行同心二〇人を付属させ、甲斐と駿河のあいだの通路の警護を命じた。そして七月十二日には九一色郷の村々に諸商売免許の朱印状が与えられたが、これは近世九一色郷商人が広く活躍する根拠となった。

一方、九一色衆に対しては九月以降に所領が安堵されたり、あらたに付与されたりしている。渡辺守を別とすれば、地元民のほとんどが武田氏時代は九一色郷に住んだ名主《みょうしゅ》クラスの者で、本来的な武士ではなかった。それが天正十年に徳川氏と結んだことによって武士となっていったのである。

宝永元（一七〇四）年に甲斐を領有した柳沢吉保《よしやす》の先祖は武川衆《むかわしゅう》である。武川衆は本来武川筋に住んだ土豪で、武士の家は少なかった。武田氏の滅亡の折にはそれぞれ山小屋にかくれた。吉保の先祖の兵部は餓鬼《がき》の嗌《のど》という場所に兵火をさけたという。武川衆も本能寺の変後に徳川家康に仕え、甲斐を北条氏直《うじなお》と家康がとりあったときに忠節をつくし、武士にとりあげられた。

武士やその下に位置する者たちにとって、武田氏滅亡は大きな変化をもたらしたのである。

6章

甲斐の近世社会の確立

甲府城　南から天守台を望む

1　甲府城の築城と城下町の形成

武田氏滅亡後の甲斐●

天正十（一五八二）年三月、織田・徳川の連合軍の侵攻によって武田勝頼《かつより》が滅亡すると、甲斐国は、徳川家康に降伏して入攻の先導を務めた穴山信君《あなやまのぶきみ》に河内《かわうち》領が旧領として安堵《あんど》されたほかは、甲州攻めの先陣で軍功のあった織田信長の宿将河尻秀隆《かわじりひでたか》にすべて与えられた。

秀隆の暴圧的な支配は、信長による武田色一掃の急進的な占領政策にもとづくものであった。後世、甲斐で「天正壬午《じんご》の変」とよぶ武田氏滅亡からその後の国内の混乱、人心の動揺は甚大であった。「地下人《じげにん》郷邑《きょうゆう》ヲ焚《やき》テ山中ニ逃レ竄《かく》ル」（『武徳編年集成』）と、百姓の避難・逃亡も知られるが、また、巨摩《こま》郡武川《むかわ》地方に久しく割拠していた武田家臣団の一つ、武川衆のもとを訪ねた家康の臣成瀬正一《なるせまさかず》について、以下のような記録がみえる。「右府《うふ》（信長）より、甲斐国先方の士を御味方にめさるゝことを、かたく制止せらるといへども、正一、嘗《かつ》て武田に属せし時、武川の士と好《よし》みを通ぜしゆへをもって、其流落をあはれび、みづから行てこれを問《とう》に、みな害を避て山林にかくれ、隣里人なきにより、彼《かの》門に書していはく、市川（市川三郷町）に来りて正一をたづぬべしとなり」（『寛政重修諸家譜』）。これは、危急にあった武田遺臣に対する家康の慰撫《いぶ》策であり、やがて甲斐経略の道程へつながることになる。

同年六月二日に信長が京都本能寺《ほんのうじ》で倒されると、まもなく武田氏の旧臣ら土豪が蜂起して、河尻秀隆を甲府の岩窪《いわくぼ》で滅ぼした。この地に残る「河尻塚」は、その遺骸を逆さに埋めたという「逆さ塚」の伝承がある。

無主の国となった甲斐は信濃とともに、その領有をめぐって徳川・北条両氏の係争の地となった。先の成瀬正一らによって、武川の士六〇騎を幕下《ばっか》に属せしめたというように、この年八月から十二月にかけて、家康に臣従する甲信の士は多数におよんだ。それは八〇〇余人の誓詞《せいし》、いわゆる「天正壬午甲信諸士起《き》請文《しょうもん》」でも示されよう。北条方との局地的戦闘をほぼ有利に展開した家康は、十月末に和議を成立させて、ここに三河・遠江《とおとうみ》・駿河《するが》の東海三カ国に甲斐・信濃をあわせた五カ国領有を推し進めていくことになる。

鎮静化した甲斐を、家康は平岩親吉《ひらいわちかよし》に命じて支配にあたらせることにしたが、まず軍事・民政の中心として城郭が必要であり、城地は家康の裁断によって一条小山《いちじょうこやま》（甲府市丸の内）が選ばれた。愛宕《あたご》山の西南に位置した孤丘で、鎌倉末期以来時宗《じしゅう》の一蓮寺《いちれんじ》があり、周囲に門前町も形成されていた所であった。築城の縄張《なわばり》の時期については天正十一年、あるいは十三年ともする説があって定かでない。しかし、その後工事はほとんど進捗をみせなかったようである。

豊臣系大名の登場●

天正十八（一五九〇）年、北条氏を滅ぼした豊臣秀吉は、徳川家康を北条氏の旧領関東に移し、これまで家康が領有していた五カ国を諸将に分与した。甲斐には羽柴秀勝《はしばひでかつ》を封じ、郡内領《ぐんないりょう》（都留《つる》郡）はその臣三輪《みわ》近家《ちかいえ》に預けられたが、翌年には腹臣の加藤光泰《みつやす》を入封させ、郡内領へは家老加藤光吉《みつよし》を配置した。秀勝が早速着手したらしい甲府城の築城工事は、これをうけついだ光泰によって促進された。築城は家康の動静を牽制するため、つまり関東の押さえとして急がなければならなかったのである。一蓮寺や近接する浄土真宗長延《ちょうえん》寺（光沢《こうたく》寺）が南方に移転したのはこのときであり、杣《そま》・大鋸《おが》に発給した多くの文書は、城普請に要するこれら職人の確保をめざしたことをうかがわせる。文禄《ぶんろく》の役に甲州勢一〇〇〇人を率いて朝鮮に出兵した光泰が、文禄二（一五九三）年一月城代《じょうだい》にあてた書状で、石垣工事の進捗や郭内の屋舎のことにも言及していたように、築城工事は進行していた。

同年、朝鮮で病没した光泰の跡を、浅野長政《ながまさ》・幸《よし》長《なが》父子が受封して、翌三年入部する。慶長三（一五九八）年八月に秀吉から与えられた「甲斐国知行《ちぎょう》方目録」によれば、甲斐の総石高のうち一万石が御蔵《おくら》入《いり》で、拝領分は幸長一六万石、長政五万五〇〇〇石であった。この頃には長政は隠居し、幸長が当主となっていたのだろう。

浅野長政画像（模写）

入国してまもない文禄三年三月に発せられた長政父子の連署条目《れんしょじょうもく》によると、甲斐における九筋《すじ》二領が行政単位として機能していたことがうかがわれる。郡内・河内の二領を除き、在地支配のため筋ごとに配された三人の奉行《ぶぎょう》に対し、筋内を廻村して百姓に耕作を督励させ、荒地の田畑への復旧分と残りの荒地分の調査、百姓の戸口や他国からの還住《げんじゅう》百姓の状況の記帳などを命じていた。農民の掌握が進められたのであるが、当時、百姓の退転・欠落《かけおち》が広範におよんでいたことが推測される。同年十二月には、在々《ざいざい》へ貸し付けてあった種籾の返済が延引していること、また棟別《むねべつ》を早急に上納すべきことが命じられていたように、疲弊した百姓が続出していた。

こうした状況下で、甲府城の築城工事は資材の調達や杣・大鋸・石工《いしく》・大工など諸職人の動員で本格化した。慶長の役で渡海し陣中にあった幸長が、慶長三年一月城代浅野忠吉《ただよし》にあてた書状で、「小山普請」（城普請）が国許にいる侍は草履取《ぞうりとり》まで動員して進められていることを殊勝とし督励していたように、工事の進捗に強い関心を示していたことが知られる。

慶長五年十月、幸長は紀伊和歌山へ転封された。関ケ原の戦いで徳川方についての軍功を認められたからだという。たしかに領知高が三七万四〇〇〇石に加増されたことでうなずけるが、むしろ豊臣系大名を関東から遠く西方へ移すという、論功行賞に名を借りた家康の戦後処理策とみるべきだろう。

そして、幸長が甲府を去る頃までに城郭はほぼ完工して威容を整え、それに並行して城下の基本的構造も定まったと考えられる。一方、関東と境を接する郡内領は、先の羽柴・加藤両氏の領有期にみられるように、国中《くになか》（山梨・八代《やつしろ》・巨摩《こま》の三郡）とはわけて支

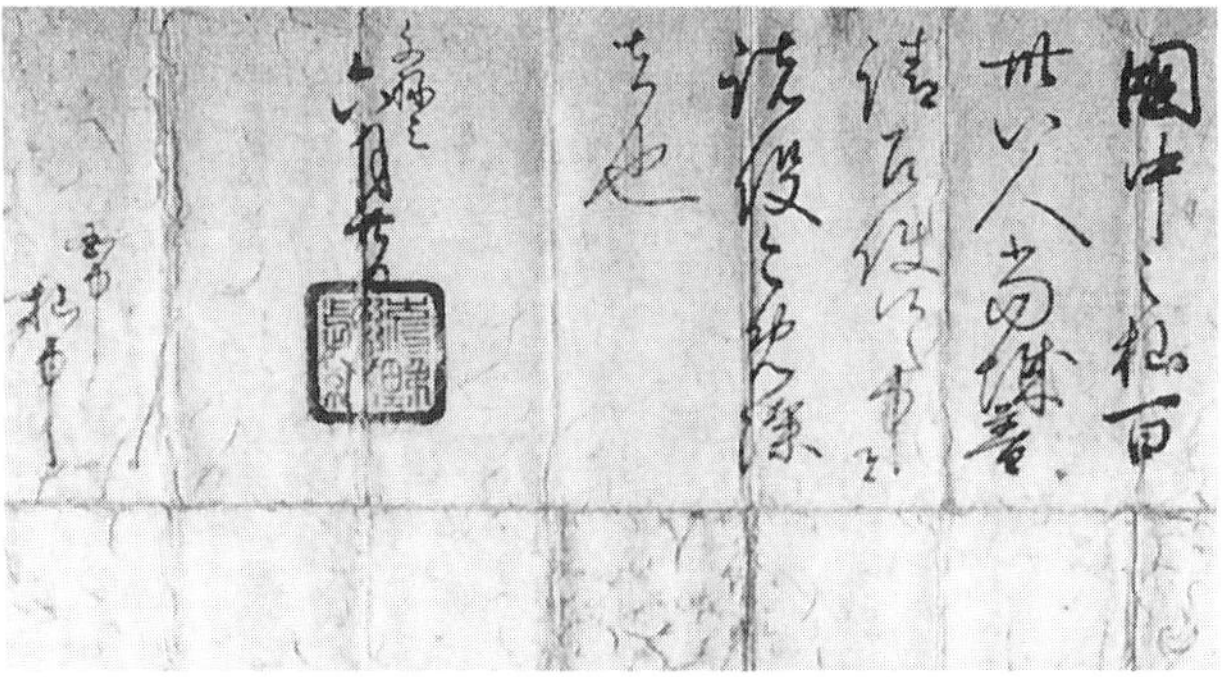

浅野長継（幸長）印判状（文禄3〈1594〉年6月20日付）

配する体制がとられており、浅野氏も家老の浅野氏重《うじしげ》を郡内領主に任じていたが、支配の拠点である谷村《やむら》（都留市）と桂川をへだてた対岸に築かれた山城の勝山《かつやま》城は、谷村城の属城として氏重により完成をみたとされる。

太閤検地と逃散●

文禄三（一五九四）年浅野長政（弾正少弼《だんじょうしょうひつ》）は郡内領主に配置していた浅野氏重に命じて、郡内領における検地《けんち》を実施させた。ついで慶長元（一五九六）年から翌年にかけて国中の検地を行なっている。この検地を郡内では「古検《こけん》」、国中で「弾正縄《なわ》」とよぶが、全国にほぼ統一基準で実施されたいわゆる太閤《たいこう》検地であった。この検地は「村切り」といって検地役人により村の境域が定められ、村ごとに実施したもので、ここに近世の村が成立する。その際に作成された土地台帳が検地帳であり、甲斐で石高で表示されることになった始めである。

　現在、その検地帳は国中においては確認されず、郡内の四カ村についてのみ残っている。その一つ、朝《あさ》日馬場《ひばば》村（都留市）の文禄検地帳の記載を『都留市史』によって紹介してみたい。正しくは表紙に「朝日村御検地帳」と記されていて、朝日村（朝日七郷）全体を思わせるが、地字《じあざ》によって寛文九（一六六九）年の検地を契機に分村した朝日馬場村のそれであったことは確かで、実質的にはすでに文禄検地で分村していたとみられよう。石高は九八石余で、耕地はほとんどが畑作の山間の小村である。検地帳に登録された名請人《なうけにん》は、二町一反五畝《せ》余の土地を所持した九郎右衛門尉《くろうえもんのじょう》から、わずか一畝の与三左衛門尉まで三四人。うち屋敷の所持者が一二人にすぎなかったことは、彼らを年貢・諸役を負担した本百姓《ほんびゃくしょう》として、以外の者はまだ分離独立しえない兄弟で同じ屋敷内に暮らしていた者や、有力農民に隷属していた者、あるいは隣村からの入作者《いりさく》であったと考えられる。また、この検地帳に記載されている分付主《ぶんづけぬし》と分付百姓の存在は、まだ自立していない従属農民の耕作地も登録し、その者の耕作権を認める方針で検地が実施されたことを示している。

文禄検地により郡内は村数八一、高一万八四一八石余と把握された。これに続いた国中の検地結果の数字は知られないが、前述の慶長三年浅野父子に与えられた「甲斐国知行方目録」に載る甲斐の惣高二二万五〇〇〇石は、甲斐一国のこの検地によって確定したものである。

検地はそれに並行していた浅野氏の朝鮮出兵と城普請により、複合化した収奪となって生活基盤の弱い農民の窮乏化を進めていた。浅野幸長が慶長三年一月に朝鮮の陣中から甲府城代へだした書状中に、「去年の作柄《さくがら》が豊作であったと聞き、ことに走《はしり》百姓と女子供の二〇〇〇人余が還住したという報せを喜び、引き続き百姓が立ち直れるよう施政に念を入れて欲しい」旨をのべていた。ここに「二千余も還住」というのは、領内でこれをこえる大規模な逃散《ちょうさん》がおきていたのである。

一方、以前からの自然災害や農民の窮乏・退転などに起因して、耕作が放棄され荒廃した田畑については、慶長五年の荒地開発の定書《さだめがき》にみられるような奨励策がとられていた。荒地を開発したとき、当年は「作り取《どり》」として収穫物を耕作者のものとする免税措置が行なわれていたが、山梨郡和田村（甲府市）の場合、年貢は二年目が作毛《さくもう》の一〇分の一、三年目が五分の一、四年目が三分の一、五年目から二分の一が末代の定めとされた。また、同郡後屋敷新町《ごやしきしんまち》（山梨市）の場合は、開発から二年間は「作り取」、三年目から一〇分の一、五年目からは一〇分の三とするという措置が講じられていた。このように荒地開発は年貢・諸役に緩和策を示しながら、退転百姓の帰住、あるいは小百姓の自立化をはかり、彼らを土地に定着させる離村防止策でもあった。

築城に並行して、浅野氏により城下の基本的構造も形成された。城郭に接して二ノ堀で囲まれた内郭の武家地、それを取り囲むように設けられた町人地、そして城下の外縁部に寺社が配置されるという構成は、近世の城下町に共通するものであった。

城下町甲府●

まず戦国期に武田氏が営んだ躑躅ケ崎館《つつじがさきやかた》（武田氏館）の南方に建設されていた旧城下のうち、館跡と北半部を山梨郡北山筋《きたやますじ》の古府中《こふちゅう》村（甲府市）として新城下からはなし、古柳《ふるやなぎ》町を北限に南半部の商職人地を組みこんで、南端は同郡中郡《なかごおり》筋の蔵田村・東青沼村・遠光寺《おんこうじ》村（甲府市）と接するまでに、城下の拡大が企図されていた。それは、城下の北東に八幡宮・牛頭天王《ごずてんのう》社（祇園《ぎおん》寺）・愛宕権現《あたごごんげん》（宝蔵《ほうぞう》院）、東に尊躰《そんたい》寺、南に信立《しんりゅう》寺、北西に御崎明神《みさきみょうじん》など、おもな寺社がそれぞれ旧地から移転したのがこの時期とされることによっても理解されよう。

こうして現在のJR中央線からほぼ北を古府中（上《かみ》府中）、以南を新府中（下《しも》府中）とわけ、町々の成立をみることになる。なかでも、新府中で城郭の東南にあたり、三ノ堀で囲まれ碁盤目《ごばんめ》型に整然とした街路をもった外郭内の町が城下の中心街を形成した。『甲府中聞書《こうふちゅうききがき》』に「古府中より新府中へ引越《ひっこし》の町人」として、この郭内の伊勢町（山田《ようだ》町）・横近習《よこきんじゅ》町・魚《うお》町・八日町・柳町・三日町・連雀《れんじゃく》町などに移ってきたおもな町人の名をあげ、これら「新府始りの町人、武田家御家人《ごけにん》の末数多也《あまたなり》」とのべていたように、各町の草分《くさわけ》となった有力町人が甲府の検断《けんだん》（町年寄《まちどしより》）や町の長人《ちょうにん》（名主《なぬし》）を務めるのであった。

城下の建設期において、住民の生活上欠かせない上水が大きな課題であった。新府中の一帯は良質の井泉に恵まれなかったために、城下の西方を南流する荒《あら》川の水を、山宮大口《やまみやおおぐち》（取入口）から湯《ゆ》川を通して引き入れ、用水堰を設けて町方へ通水させる御普請《ごふしん》が、浅野氏領有期に行なわれたのが始めであるという。町用水は飲用を第一としたほか、防火上の必要性にもとづいたものであった。しかし、用水堰は両側が石垣のみで堰蓋もなく往来の支障となるため、やがて御入用《ごにゅうよう》をもって石蓋がつけられたのは幕府領になってからである。さらに、新用水堰筋（陣場《じんば》堰）の修復により通水の改善がはかられたのは、甲府家初政の寛文二（一六六二）年のことであった。

　この間、城下の町人地は上府中二六町、下府中二三町を数えるようになっていた。現存資料でそれらの町名が知られるのは、慶安三（一六五〇）年の「府中伝馬割帳《てんまわりちょう》」であることから、おそらく寛永期（一六二四～四四）には四九町全体の成立が推定される。そして、はじめて甲府の町方人口が示されたのは、寛文十年の一万二七七二人であった。

2　江戸幕府の成立と甲斐

家門城主と旗本領●

関ケ原の戦い後、徳川家康は甲斐の国中《くになか》三郡を直轄領に編入し、かつて五カ国経営時代において甲斐の事情に精通していた平岩親吉《ちかよし》を、上野《こうずけ》国厩橋《うまやばし》（群馬県前橋市）から移し、甲府城代としてふたたび支配の中心にすえ、代官頭の大久保長安《ながやす》と桜井信忠《のぶただ》などの四奉行に実務を担当させた。大久保以下は甲州系武士である。

家康の甲斐再領後、まもなく慶長六（一六〇一）年から翌年にわたって大久保長安により実施されたのが慶長検地で、「石見《いわみ》検地」の名がある。その検地帳の多くは山梨県立博物館が所蔵するほか、村方に伝存のものもみうけられるが、後世この検地による石高を「古高《こだか》」と称している。国中三郡の高は二一万九七六七石余、郡内領の文禄検地の高をあわせて、甲斐四郡は二三万八一八五石余の石高となったのである。

慶長八年、家康は当時四歳の第九子五郎太（のち尾張徳川家の祖義直《よしなお》）を甲斐二四万石に封じた。その傅役《もりやく》として平岩親吉がそのまま甲府に在城して国政にあたった。甲府城の修築が慶長六年以来進められたというが、同十二年義直が尾張国清洲《きよす》（愛知県清須市）へ転封になると、親吉も後見を続けるため犬山《いぬやま》城（同犬山市）へ移った。

国中三郡は幕府の直轄領となり、甲府城はこれまで親吉の下で勤仕していた武川衆《むかわしゅう》・津金《つがね》衆の諸士一二人をもって交代で守衛させることになった。一般に「武川十二騎」とよばれたが、いずれも武田家旧臣で旗本《はたもと》となった者たちであった。

当時、代官頭《だいかんがしら》として権限を拡大し、石見（島根県）・佐渡《さど》

山梨郡上粟生野村（甲州市）御縄打水帳（慶長6〈1601〉年）

（新潟県）など有力な金銀山の開発に手腕を発揮していた大久保長安は、甲斐の国奉行《くにぶぎょう》を兼ねて行政にあたっていた。甲府城下南部の代官町や、甲州金鋳造のため佐渡から金工を移住させたという佐渡町の設置は、長安に由来するといい、角倉了以《すみのくらりょうい》による富士川通船の開削工事も長安の管轄下にあったとみられている。

二代将軍秀忠の三男国千代《くにちよ》（忠長《ただなが》）が甲斐に封じられたのは元和二（一六一六）年であった。先の義直と同様に入部することはなく、国政は谷村《やむら》城主鳥居成次《とりいなりつぐ》と、甲府に在城させた朝倉宣正《のぶまさ》を家老とし、国奉行日向半兵衛《ひなたはんべえ》らに担当させ、寛永二（一六二五）年駿河・遠江両国（静岡県）に領地を加えた忠長は駿府を居城とした。ところが、同八年忠長は行状不行届を理由に甲府に蟄居《ちっきょ》を命じられ、ついで上野国高崎へ移されて、同十年城中で自刃《じじん》した。

ふたたび幕府領となって、甲府城は再度の城番《じょうばん》制が行なわれる（第二次城番時代）。はじめ在番した大久保忠成《ただなり》のあと、寛永十年に任じられた伊丹康勝《いたみやすかつ》は山梨郡三日市場村（甲州市）に役所をおいて一万二〇〇〇石を領した。いわゆる徳美《とくみ》藩の成立であったが、のち元禄十一（一六九八）年に勝守《かつもり》の自殺によって廃藩となった。

康勝のあと寛永十三年以後は、上級旗本二人が城番となり、それぞれ与力《よりき》六騎と同心《どうしん》二〇人を付属させ、任期を一カ年として二六年間続くのである。

この間、幕府が寛永十年に大規模に実施した「地方直《じかたなお》し」によって、三郡においても多くの旗本知行《ちぎょう》所《しょ》が設定された。例示すると、山梨郡東部にあって牛奥《うしおく》山入会《いりあい》一二カ村（甲州市・山梨市に所属）における明暦三（一六五七）年の場合は、右馬頭《うまのかみ》（館林《たてばやし》家）領の代官支配所となっていた牛奥村（甲州市）を除

〔1表〕 牛奥山入会12ヵ村の領主
（明暦3〈1657〉年）

村名	領主
牛奥村	右馬頭(館林家)
西之原村	彦坂九兵衛
熊野村	尾畑勘兵衛・篠山八郎兵衛 竹本伊右衛門・小林佐太夫
川田村	駒木根長三郎
山村	高木甚左衛門
東後屋敷村	松田六郎左衛門
休足村	玉虫八左衛門
西後屋敷村	駒井二郎左衛門・神谷与七
上石森村	牧田八郎左衛門
下石森村	石谷将監
小佐手村	朝奈喜助・田村庄左衛門 松平伝六・三田小左衛門 糟屋三郎兵衛・多門平兵衛
菱山村	石谷将監

『塩山市史』史料編2により作成。

き、ほかはすべて旗本の知行所であり、相給《あいきゅう》（分郷《わけごう》）といって、一村を複数の旗本で分割知行する形態がみられる（1表）。しかし、その支配機構は簡略で、各知行所内の村役人層に代官業務をゆだねて年貢収納などにあたらせるのが一般的であった。一方、分郷となっても、村人は生産活動や祭りなどの一体性に変わりはなく、先の一二カ村のなかの二給・四給・六給の農民も、その年入会山をめぐる争訟では一体となって、天目山棲《てんもくさんせい》（栖）雲《うん》寺の非法を訴えるのであった。

寛文元（一六六一）年、三代将軍家光の三男徳川綱重《つなしげ》が甲府城主に封じられて、城番制は終わった。以後、その子綱豊《つなとよ》（のちの六代将軍家宣《いえのぶ》）が宝永元（一七〇四）年に五代将軍綱吉《つなよし》の養子となって江戸城西丸《にしのまる》にはいるまで、父子四三年間が甲府家の時代である。連枝《れんし》の例により入城することはなかったが、家老・城代・定番以下、多数の家臣団の構成と職制を定め、領国内の支配体制が整えられたことは、以前の家門《かもん》を城主とした時代とは明らかに異なっていた。そして、家臣に対する領主権力の強化や領内における諸施策などから、甲府家の支配は甲府藩としての実を備えていたと考えられる。

甲府家の所領は、綱重が慶安四（一六五一）年に与えられていた甲斐の笛吹川以西の山梨郡と巨摩郡の地（河西）一五万石に、城主となったとき武蔵国その他に一〇万石を加増され、その後、綱豊の代には大和国（奈良県）などに一〇万石を加えて、三五万石の大藩となっていた。甲斐河西領における施策として、まず家老新見正信《しんみまさのぶ》の命による甲府城下への用水堰の修復をはじめ、火消組の編成、時の鐘や下府中六〇カ所の木戸の設置など、町方の整備が進んだ。そのほか村方では、江戸商人徳島兵左衛門《ひょうざえもん》や江戸浪人野村久左衛門が開発した徳島堰と楯無堰《たてなし》が、城代戸田忠尊《ただたか》によって完成されたことで、巨摩郡北西部における新田開発が知られる。しかし、この間、寛文四年以降実施された検地はかなりの打ち出しとなって、不満の声が高まっていたところへ、同十年と十二年の不作が領民の疲弊を深刻なものとし、十二年冬、減免《げんめん》と拝借米を求めて農民三、四百人による江戸桜田《さくらだ》屋敷への門訴《もんそ》の敢行となるのであった。

前述したように、国中《くになか》には旗本の知行所が幕府領と入り組んで分布していたが、寛文元年に河西の旗本領はすべて関東へ移されて、甲府家領に編入された。一方、笛吹川以東のいわゆる河東ではその年、代官平岡勘三郎《かんざぶろう》（良辰《よしとき》）が石和《いさわ》（笛吹市）に陣屋を新設して、幕府領を支配することになったが、当時、河東に知行所をもつ給人衆は一〇七人におよんでいたという。

八代郡北都塚《きたみやこづか》村（笛吹市）は旗本の朝比奈《あさひな》・門奈《もんな》・小林三氏の三給の村であったが、朝比奈領では年貢の過重など苛政に抗して、寛文四年農民が逃散《ちょうさん》を決行した。また、山梨郡大野村（山梨市）のほか二カ村を相給としていた山上《やまがみ》氏の領内でも、暴圧的な支配が原因となって、寛文十二年に領民が逃散し、ついで越訴《おっそ》をおこしていた。その結果、山上氏の場合はその処置不行届として給人から蔵米取《くらまいとり》に改められ、給地は幕府領に組み入れられたのである。

河東の給地はその後、柳沢氏の甲府藩成立にともなう三郡一円支配にあたって、宝永二年に上知《じょうち》されて、ここに旗本領は甲斐からまったく姿を消すことになる。

谷村藩の郡内領●

甲斐の東部に位置し、武蔵・相模・駿河に接して古くから一領域をつくっていた郡内領には、関ケ原の戦い後、徳川氏は譜代《ふだい》の小大名を配置した。まず合戦の武功により、谷村《やむら》城主として郡内領一万八〇〇〇石に封じられた鳥居成次《なりつぐ》（元忠の三男）は、その後徳川忠長の家老となり、寛永八（一六三一）年には長男忠房《ただふさ》がついだが、翌年忠長の改易によって忠房も除封《じょほう》となった。

寛永十年、上野国総社《そうじゃ》城主であった秋元泰朝《やすとも》が受封し、以後宝永二（一七〇五）年まで富朝《とみとも》・喬知《たかとも》と秋元氏三代七二年にわたる郡内領支配が行なわれるのである。

秋元氏の施策として、泰朝の代における絹・紬《つむぎ》生産の振興と堰（用水路）の開削にみるように、農業生産力が極度に低い領内での殖産政策があった。在来の機織《はたおり》技術の改良のために、上州から新しい機具《はたぐ》を導入したことや、十日市場村（都留市）の田原《たわら》の滝《たき》の上で桂川の水をせきとめて城下へ引き入れた大堰《おおせぎ》である。この用水の本流は家中《かちゅう》川で、分流は武家地と町人地をわかつ中《なか》川となるが、また寺社地と町人地

五石橋《ごせつきょう》　家中川に架けられた五つの石橋の一つで，都留市の円通院境内に現存する。

のあいだを流れる寺川があった。のちに大堰は延長して、遠く猿橋《さるはし》（大月市）に至る九カ村の田地をうるおして、領内で最大の穀倉地帯を形成するようになった。また、喬知のときには富士山北麓の地域での今《いま》井堰《い》（今堰）の開削や、丸尾《まるび》とよばれる溶岩台地上の開発が進められて、大明見《おおあすみ》村・小明見村・上暮地《かみくれち》村（富士吉田市）などで新屋敷の設置や移転が行なわれた。あるいは河口湖と新倉《あらくら》村（富士吉田市）とのあいだの新倉掘抜《ほりぬき》工事も元禄期（一六八八〜一七〇四）に秋元氏により着手されたと伝える。

この間、寛文九（一六六九）年に喬知は郡内領総検地を実施した。文禄検地から七五年後にあたる。『甲斐国志』がこの検地について、「百姓ニ命ジテ検地セシム、此時村里百十一、高二万九百十一石六斗六升八合五勺、古検（文禄検地）ニ比スレバ村落益《まし》タル事三十村ナレド、或ハ一村両村ニ別レ、又五、六村ニモ分レシ故如此《かくのごとし》、民戸殖《ふえ》タルニハ非ズ」とのべるように、「百姓検地」として領民にとって有利な検地であり、石高も文禄検地より約二五〇〇石の打ち出しにすぎなかった。この検地から一二年後の天和元（一六八一）年、新倉村以下一九カ村は村役人の主導で越訴をひきおこしている。これは、年貢・諸役の過重に前年の大風雨の被害による窮乏が契機となっていたようである。元禄三（一六九〇）年の諸国大名評判記ともいうべき『土芥寇讎記《どかいこうしゅうき》』に、喬知の谷村藩について、新地開き・運上《うんじょう》・課役・掛物《かかりもの》（付加税）などで知行高のほかに一万四〇〇〇石余がある。とりわけ運上の多い所と記されるのも、検地高にはみえない十七世紀後半における領内諸生産力の進展と、それをつみとるための課税政策を物語るであろう。

その後、喬知は若年寄《わかどしより》となって加増を重ね、元禄十二年には実父戸田忠昌《ただまさ》の死去による後任として老中となった。ついで宝永元（一七〇四）年、武蔵国川越から柳沢吉保《よしやす》が甲府へ移封されると、その後へ移ることになった。谷村藩は廃藩となって、郡内領は幕府領となった。

柳沢吉保と吉里●

綱吉政権のもとで、小藩主の秋元喬知が着実な出世コースを歩んだのに対して、柳沢吉保《よしやす》は、綱吉の寵愛によって館林《たてばやし》藩時代の小姓《こしょう》から、綱吉の将軍就任にしたがって幕臣に加えられ側用人《そばようにん》となって、やがて幕閣の中枢に立つまでに異例の栄進をとげたことで知られる。

宝永元（一七〇四）年、吉保は川越城主七万二〇〇〇石から、これまで徳川一門しか封じられることがなかった甲府城主となった。宝永二年の領知目録によると、国中《くになか》三郡一円の高一五万一二八八石余として、ほか七万七四七七石余を内高とする領地二二万八七六五石余である。さらに翌三年には幕府領になっていた郡内領が吉保の預りとなったので、その支配は甲斐一国におよんだのである（のち郡内領は正徳三〈一七一三〉年に幕府領に復している）。

柳沢氏の藩政がはじまってまもない宝永三年の秋、儒臣荻生徂徠《おぎゅうそらい》が主命を帯び甲斐に旅した。九月十日甲府城下にはいった徂徠は、人家は繁昌し、市街がよく整って商店に多くの品物が並び、人々の姿ふるまいもほとんど江戸と異なるところがないと記している（『風流使者記《ふうりゅうししゃき》』）。また、城中を巡視するにおよんで、元来甲府は親藩の封じられる所で入国することがないならわしであったため、殿閣が設けられなかったが、今度受封したわが藩は当然殿舎を営まざるをえなくなったので、ここに土木工事が盛んで、人足が蟻《あり》のように集まって大層な喧噪であるとものべていた（『峡中《きょうちゅう》紀行』）。こうして楽屋曲輪《がくやぐるわ》・屋形《やかた》曲輪・清水《しみず》曲輪その他に殿舎の造営が進んで、甲府城はこれまでにみられなかった輪奐《りんかん》の美を呈するのであった。

内郭を構成する小路《こうじ》が完全に整備されたのはこのときと考えられ、城郭に近く重臣の屋敷を配し、武家地は郭外にさらに拡大されてあらたな武家町がつくられた。また、柳沢氏の菩提寺《ぼだいじ》として、宇治（京都府宇治市）の黄檗山万福寺《おうばくまんぷくじ》に準拠し「七堂伽藍《がらん》荘厳美麗」（『甲斐国志』）といわれた黄檗宗の龍華山永慶寺《りゅうげえいけいじ》（はじめ穏々山霊台寺《おんおんれいだい》）を創建するなど、甲斐を子孫永領の地と考えての吉保の積極的な姿勢がうかがわれよう。

宝永六年、綱吉の死去とともに吉保は隠居し、襲封した嫡子の吉里《よしさと》が翌七年甲府に入城して、江戸時代における甲府在藩の唯一の大名となる。甲府が最大の武家人口を擁したのは吉里の時代で、「御家中御役人番屋敷帳」によれば、郭内に一四九屋敷を配置し、郭外は侍屋敷二二五のほか役人屋敷六〇、足軽《あしがる》屋敷六二七、同心《どうしん》組屋敷一〇〇、小人《こびと》組屋敷一四で、合計一一七五屋敷を数えた。町方人口も元禄期（一六八八〜一七〇四）以降の一万四〇〇〇人台を維持して、市街は活況をみせ、甲府開闢《かいびゃく》以来の繁昌と評された。ちなみに、これまで茅《かや》屋根や藁《わら》屋根が多かった町家が、防火対策として板屋根に改められたのがこの時期であったという。

柳沢氏は宝永五年から享保四（一七一九）年にかけて、山梨郡栗原《くりばら》筋と八代郡大石和《おおいさわ》・小石和両筋の村々の検地を

大泉寺総門　永慶寺総門を移築したもの。甲府市。

実施した。この三筋は、旧甲府家領（河西領）であった山梨郡万力《まんりき》筋とともに、国内でもっとも土地生産力の高い地域であったが、これまで幕府領と入り組んだ旗本領で個別的な検地が行なわれていたために、統一基準による検地を必要としたのである。また、吉保は川越藩主時代に三富《さんとみ》新田（埼玉県三芳町・所沢市）を開発したことで知られるが、吉里の藩政下には新堰の開削が行なわれている。吉里は、茅ケ岳《かやがたけ》南麓の台地で用水に苦しむ三之蔵《さんのくら》・宮久保・三ツ沢（韮崎市）の三カ村のために、享保三年郡代山口八兵衛を普請奉行として、浅尾《あさお》堰に水源を求めた穂坂《ほさか》堰の開削にあたらせ、風越《かざこし》山に暗渠《あんきょ》を通すなどの難工事を完成させている。同五年に三カ村が建立した「大穴口之碑」に詳しい。

甲斐には戦国期の武田氏以来、三郡で通用した独特の地方貨幣があって、甲金《こうきん》（甲州金）とよび、のちに元禄期までの甲金は総称して古甲金とよぶようになったという。柳沢氏の時代には甲金の改鋳《かいちゅう》がしばしば行なわれたが、幕府の金銀吹替《ふきかえ》に準じたものであった。元字金《げんじきん》にならった宝永四年の甲安中金《こうやすなかきん》、ついで幕府が乾字金《けんじきん》（宝永金）を鋳造すると、正徳四年に甲安中金を廃して甲安今吹《いまぶき》を鋳造、その後、享保金に対する享保六年の甲重金《こうしげきん》と続くが、柳沢氏の転封で吹替が中途で終わっていた。甲金は一分判・二朱判・一朱判・朱中判の四種で、これらと銭が人々の日常使用する貨幣であったが、他国との取引には小判が用いられてきたことはいうまでもない。ところで、柳沢氏の国替えに際して、家中が家財諸道具などを処分し、小判にかえて持参したために小判が払底し、したがって甲金両替の高直《こうじき》を招いたという。ちなみに、幕府領になってまもなく甲金判屋松木源十郎をはじめ町人たちの願い出によって、新甲金の吹足《ふきたし》が許され、享保十二年から十七年にかけて鋳造されたのが甲重金と同品位の甲定金《こうさだきん》であった。

柳沢父子の時代はわずか二〇年間にすぎなかったが、ともに学問・教養にすぐれた大名として知られた。

❖コラム

甘草屋敷

JR中央線の塩山《えんざん》駅の北口へでると、街路をはさんで真向いに、かつてこの地域(甲府盆地東部)の民家を特徴づけた切妻造《きりづまづく》りの宏壮な家屋が姿をみせる。旧高野《たかの》家住宅(国重文)で、また、その屋敷は甘草《かんぞう》屋敷(県指定)とよばれる。江戸時代、上於曽《かみおぞ》村(甲州市)の村役人であった高野家の屋敷内でわずかながら栽植されていた甘草が、享保五(一七二〇)年幕府の採薬使《さいやくし》丹羽正伯《にわしょうはく》の見分をうけて以来、御用を命じられたことにより、一反一九歩(一〇アール余)の屋敷を園地として、年貢・諸役が免除されることになった由緒による。

甘草はマメ科の多年草で、根が鎮痛・鎮咳《ちんがい》や利尿《りにょう》に効があるので、古くから湯薬《とうやく》(煎薬《せんやく》)として用いられてきた貴重な薬種であった。しかし、元来わが国に産しなかったので、中国からの輸入に頼らなければならなかった。折しも享保の改革期にあって、幕府が輸入品の国産化を進めるなかで、朝鮮人参《にんじん》の国内栽植と同様に、甘草も輸入薬種に代えさせようという試みであったのだろう。本草《ほんぞう》学者としても名高い平賀源内《げんない》が、宝暦十三(一七六三)年に著した『物類品隲《ぶつるいひんしつ》』に、江戸と駿府《すんぷ》(静岡市)の官園にある甘草は甲斐からえたものであるとみえるように、高野家の甘草園は、幕府の御薬園で栽培するための移植にあてる補給源の役割と、薬種として乾燥させた根を幕府へ上納することにあった。甘草は根分けによって増植をはかるのが通常であった。そして、気象条件に左右されながら、植え付けから施肥や手入れ、その他管理に丹精をこめて栽培された。こうした栽培成果の状況などは、享保五年から明治初年におよぶ、高野家歴代の書上げ「甘草文書」三巻(現在甲州市所有)に詳しい。

前述の荻生徂徠や細井広沢《こうたく》を儒臣とし、和学では北村季吟《きぎん》について古今伝授《こきんでんじゅ》をうけ詩歌のたしなみも豊かであった吉保と同様に、吉里も絵画や和歌・俳諧をよくし、やはり季吟に学んで多くの歌集を残している。享保期（一七一六～三六）の初め「甲府八景」を選定し、八人の公卿《くぎょう》に八景の和歌を請い、奏聞《そうもん》して勅許をえたものであった。また、吉里は入城した宝永七年の十月末、楽屋曲輪の能舞台で「能を奏《かな》でさせ、自身にも舞いて、家中の諸士並びに国中の寺社・町中・道中の者までに見物させ」たという（『福寿堂年録』）。文芸愛好の藩主を迎えた甲府の町名主や上層町人に陪観《ばいかん》が許された、いわゆる町入能《まちいりのう》の最初であった。その後も城下町人の能拝見の記録がみえるが、彼らが大名文化をまのあたりにした数少ない例であろう。なお、家老柳沢保格《やすただ》の次男淇園《きえん》（柳里恭《りゅうりきょう》）は多能多芸で、「文学武術を始て人の師たるに足れる芸十六に及ぶとぞ」ともいわれ（『近世畸人伝《きじんでん》』）、わが国における文人画の草創期を代表する一人と目されているが、またその随筆『ひとり寝』は甲斐の風物にふれるところが多い。

3　甲州道中と富士川舟運

甲州道中と脇往還●

近世甲斐の幹線道路である甲州道中は、甲斐国内を東西にもっとも長く横断する街道である。五街道の一つとして、江戸から中山道下諏訪宿《なかせんどうしもすわ》（長野県下諏訪町）まで五三里二町余（一里＝三六町＝三・九三キロメートル弱）の里程で、この間の宿駅は内藤新宿《ないとうしんじゅく》（東京都新宿区）から上諏訪宿（長野県諏訪市）まで四五宿を数える。甲斐国内は東端の上野原宿（上野原市）から西端の教来石宿《きょうらいし》（北杜市）に至る二五宿で、東西の国界のあいだは二七里ほどであった。口留《くちどめ》番所は甲斐と相模の国境の諏訪番所（上野原市）、郡内《ぐんない》口の鶴瀬《つるせ》番所（甲州市）、信州口の山口番所（北杜市）の三カ所が設けられていた。

二五宿の成立の時期は明らかでない。甲府城下の柳町宿を例示してみよう。寛永十三（一六三六）年十二月、柳町が同じ郭内の七町にあてた伝馬《てんま》請負証文は、これまで右の八町を母町と組下町の四組に組み合わせて務めてきた伝馬役を、同町が請け負うことを定めたもので、ここに甲府の柳町宿と定助《じょうすけ》七町の確定をみるのである。宿駅の開設は一様でなく、おそらく元和・寛永期（一六一五〜四四）までに全部出揃うことになったのだろう。また、甲州道中は人馬継立《つぎた》ての業務を一宿で負担できないため、二宿以上が日割りのほか変則の継立て方をする、いわゆる合宿《がっしゅく》がとくに多かった。宿高《しゅくだか》が小さく人馬負担能力が低かったことや、宿駅間が比較的短距離であったことを理由とする説がある。

公用に利用される機会は五街道のなかでもっとも少なかったが、寛永十年にはじまり、特別の威儀をもって通行する茶壺道中があった。幕府御用の茶を山城国宇治（京都府宇治市）から江戸へ運ぶもので、往路は東海道、復路を中山道から甲州道中経由としたのは、茶壺の一部を夏季のあいだ、谷村《やむら》（都留市）の勝山城に貯蔵しておくためであった。しかし、これも、制度的には元文三（一七三八）年に終わったという。参勤交代の大名として信濃の高島《たかしま》・高遠《たかとお》両藩と、中山道を順路とした飯田藩がときに通行したほかは、甲府藩、ついで享保九（一七二四）年以降は甲府勤番の諸士の通行などがおもなものであった。

本来的に公用人馬の通行を主目的に整備された甲州道中も、商品生産と流通の発展にともない、商品輸送路として私的運輸の拡大は趨勢であった。元禄七（一六九四）年には町飛脚《まちびきゃく》として、三の日に甲府を立ち、八の日に江戸を立つ三度飛脚がはじまっているが、この頃から甲斐の物産の移出、他国商品の移入が

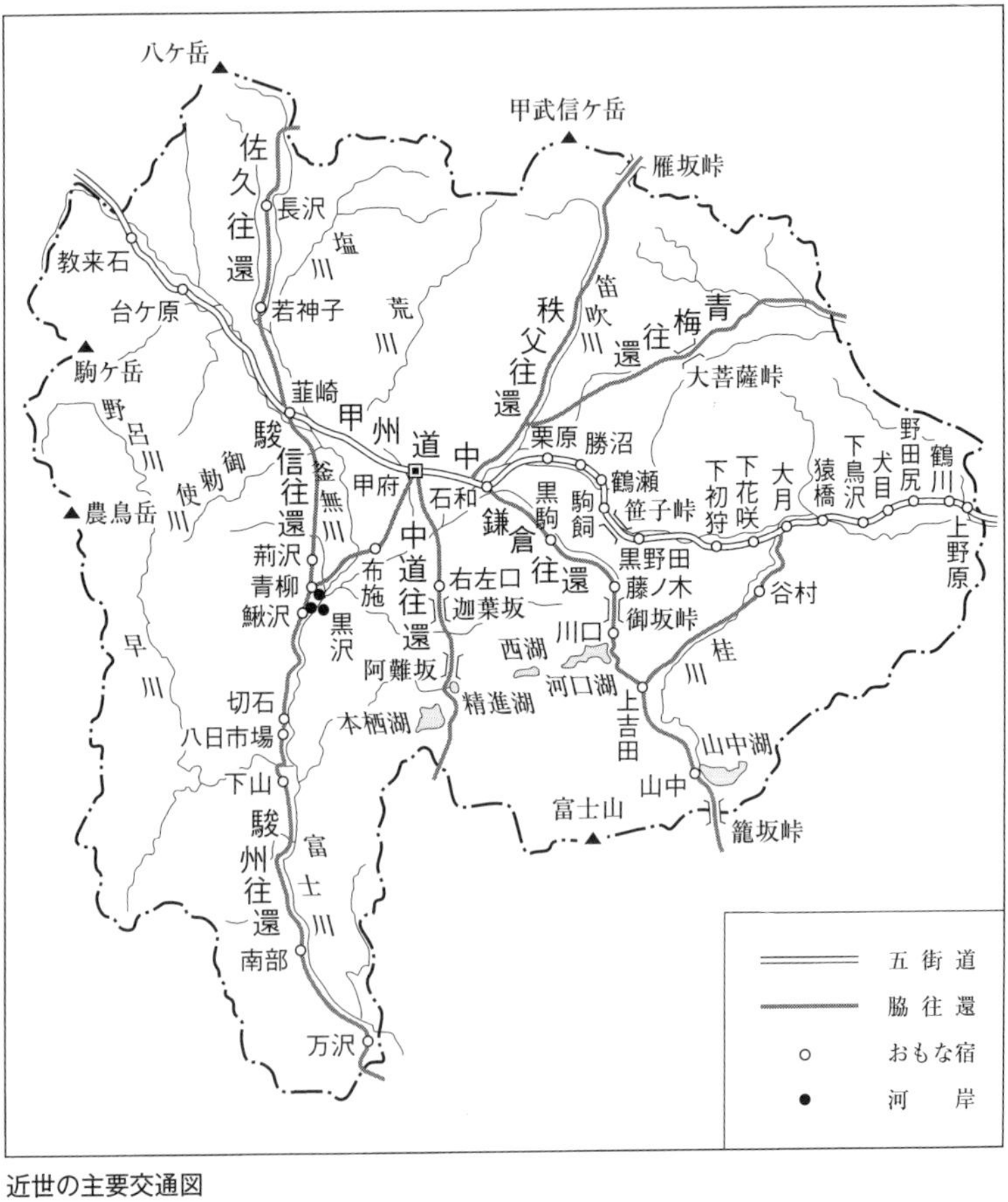
八ヶ岳
甲武信ヶ岳
雁坂峠
佐久往還
長沢
教来石
塩川
台ヶ原
若神子
荒川
秩父往還
笛吹川
青梅往還
駒ヶ岳
韮崎
大菩薩峠
野呂川
甲州道中
駿信往還
御勅使川
釜無川
甲府
栗原
勝沼
鶴瀬
石和
笹子峠
下初狩
下花咲
大月
猿橋
下鳥沢
犬目
野田尻
鶴川
上野原
農鳥岳
荊沢
青柳
鰍沢
布施
中道往還
鎌倉往還
黒駒
駒飼
黒野田
右左口
迦葉坂
藤ノ木
御坂峠
谷村
黒沢
早川
西湖
川口
河口湖
桂川
阿難坂
精進湖
本栖湖
切石
八日市場
上吉田
山中湖
下山
山中
富士山
籠坂峠
駿州往還
富士川
南部
万沢
五街道
脇往還
おもな宿
河岸

近世の主要交通図

漸増する。
信州中馬《ちゅうま》は、手馬《てうま》で商い荷を運んで駄賃稼ぎをいとなむ農民で、甲州道中への進出は諏訪領・高遠領のそれであった。十八世紀初めには米・雑穀・酒などの荷物をおもに甲斐へ付け出し、戻り馬に富士川舟運がもたらす塩や魚荷などを鰍沢河岸《かじかざわがし》（富士川町）その他から積み帰ることを業としていた。その後、十八世紀後半以降、中馬の活動を権益侵害とする甲州道中の広域にわたる宿駅とのあいだに、争論がしばしばひきおこされるようになるのは、彼らの進出がより活発化したことにほかならなかった。もう一つ、後述するように（一九二頁以下参照）九一色郷《くいしきごう》商人の活動が目立つようになったのもそれに並行する。

甲府をはじめ盆地の中心部で甲州道中から分岐する脇往還《わきおうかん》が、前頁の図に明らかなように諸地域をつないで四周の国々と結ばれていた。まず武蔵への道に、甲州道中より北にあたる青梅《おうめ》往還と秩父《ちちぶ》往還があった。青梅往還は大菩薩《だいぼさつ》峠越えで武蔵国青梅（東京都青梅市）に至り、その先は内藤新宿に達したので甲州裏街道ともよばれたように、甲州道中の補完的役割をになった道筋であった。一方、甲府盆地北東部を笛吹川沿いにさかのぼり、「上下八里の間人戸なし、険隘《けんあい》にして牛馬通ぜず」（『甲斐国志』）といわれた雁坂《かりさか》峠をこえ、栃本《とちもと》関所（埼玉県大滝村）をへて秩父大宮《おおみや》（秩父市）へむかうのが秩父往還である。この往還は、甲斐で盛んであった三峰《みつみね》信仰や秩父札所《ふだしょ》への巡礼の道として知られた。現在の国道一四〇号がこれにあたり、県境付近は通行不能で長いあいだ「開かずの国道」といわれてきたが、平成十（一九九八）年四月、雁坂トンネル（六六二五メートル）の開通をみた。

内陸の甲斐に海の香をもたらす三筋の道があった。その一つは鎌倉往還で、石和《いさわ》宿（笛吹市）で甲州道中から分岐し、御坂《みさか》峠、ついで籠坂《かごさか》峠をこえて駿河国須走《すばしり》村（静岡県小山町）へでて、相模国小田原宿

（神奈川県小田原市）へ達していた。これは駿河国沼津宿（静岡県沼津市）と伊豆国三島《みしま》宿（同県三島市）へも結ばれることによって、駿河東部や伊豆・相模から多種の海産物が運ばれる主要路となっていた。とくに郡内領においては、国中と異なる地理的条件から、諸物資の移出入の商業路としてこの往還に依存するところが大きく、また、富士山北麓の沿道の農民の駄賃稼ぎの経済路として重視された道筋であった。この鎌倉往還が駿州東往還ともよばれたのに対して、駿河へでる他の二道を中道《なかみち》往還と駿州往還といった。前者は、甲府から南へでて迦葉《かしょう》坂・阿難《あなん》坂をこえ、精進《しょうじ》・本栖《もとす》両湖畔のあいだを抜けて、富士山西麓を駿河国根原《ねばら》村（静岡県富士宮市）から東海道吉原《よしわら》宿（同県富士市）へ達した。後者は、甲府城下から南進し、鰍沢《かじかざわ》宿（富士川町）から富士川右岸を南下、河内領を縦断して、東海道興津《おきつ》宿（静岡県静岡市）へ至る往還であったが、河内領の中ほどに位置した身延《みのぶ》山（一七四頁参照）参詣の道筋でもあったので、身延道の名があった。

この駿州往還は、また鰍沢宿から甲州道中の韮崎《にらさき》宿（韮崎市）へ通じることによって、富士川舟運による物資の搬出入を信濃の各地と短距離につなげることになり、この間を駿信往還といった。そして、韮崎宿から北へ若神子《わかみこ》（北杜市）・長沢（同市）をへて信濃国佐久郡へ抜け、中山道の岩村田《いわむらだ》宿（長野県佐久市）へむかうのが佐久往還であった。富士川舟運がもたらす瀬戸内の塩が、諏訪・高遠領で「鰍沢塩」、佐久郡南部で「甲州塩」とよばれたというのも、これらの往還の役割の一面をうかがわせる。

以上のような他国に通じる諸往還は、また甲斐内部における地域道路として、さらに小地域間をつなぐ道とともに、人々がいとなむ生産や消費、あるいは文化活動などにはたした生活道路であったことはいうまでもない。

上り荷・下り荷でにぎわう富士川●

舟運により川を海に通じさせる道として、富士川の水路開削をはかるのには近世をまたなければならなかった。創設の時期をめぐっては諸説があるが、一般に徳川家康の命にもとづき、慶長十二（一六〇七）年角倉了以《すみのくらりょうい》の開削になるものとして知られている。

この舟運は、幕府領である甲斐の山梨・八代・巨摩三郡の年貢米を江戸へ廻送すること（廻米）をねらいとしていたという。鰍沢・黒沢（富士川町）・青柳《あおやぎ》（同町）の三河岸（一六八頁図参照）の成立時期は定かでないが、黒沢河岸の御米蔵《おこめぐら》が寛永十一（一六三四）年、青柳河岸のそれは同十五年に設けられたというので、三河岸による廻米輸送は寛永期の開始とみることができる。こうして本来的に廻米を軸として、富士川舟運は展開されることになるが、やがて信濃の諏訪領・松本領の米が鰍沢河岸から運送されるようになったほか、三郡の年貢米も御料《ごりょう》（代官支配所）・私領別に三河岸にわけて米蔵がおかれた。

三河岸から積み出された年貢米は、駿河国岩淵《いわぶち》河岸（静岡県富士川町）で陸揚げされると、蒲原浜《かんばら》（同県静岡市）へ陸送し、清水湊（同市）へ小廻し、そして江戸浅草御蔵前へ大廻しとなる。

毎年冬から春にわたるこの廻米のルートは、諸商品の移出入するルートにもなった。富士川を下る甲斐産出の米穀類や煙草・木炭などと、中馬で運ばれた信濃の諸商品を下り荷といったのに対して、右のルートを逆に三河岸へ運送される上り荷の第一にあげられるのは、内陸国に不可欠な塩であった。はじめは駿河湾一帯で生産された塩が、元禄期（一六八八～一七〇四）頃までの移入塩であったが、赤穂《あこう》（兵庫県赤穂市）や竹原《たけはら》（広島県竹原市）・波止浜《はしはま》（愛媛県今治市）などの瀬戸内産の塩にかわり、化政期（一八〇四～三〇）には大俵（一二貫目俵）でおよそ一二万俵が年間の移入量であったという。塩のほかは魚など海産物

〔2表〕 富士川三河岸

河　岸	番船（艘）		御　米　蔵	廻　　米
	宝永2（1705）	文化3（1806）		
鰍　沢	108	108	長20間・横4間	甲府代官支配所（信濃諏訪領・松本領）（一橋家米蔵跡あり）
青　柳	88	40	同　上	市川代官支配所（清水家米蔵跡あり）
黒　沢	53	105	同　上 田安家米蔵 長8間・横4間	石和代官支配所 田安家領

「古山日記」，『甲斐国志』により作成。

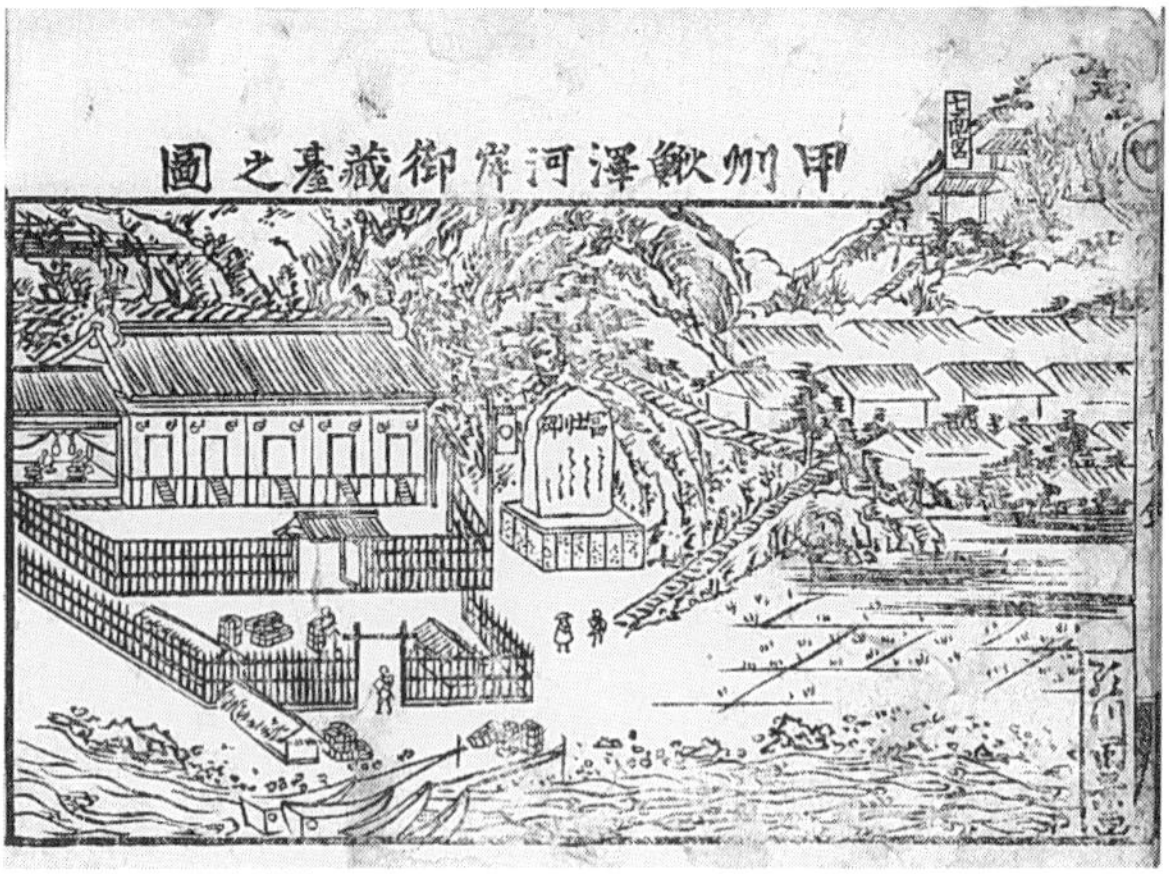

甲州鰍沢河岸御蔵台《おくらだい》之図（『諸国道中商人鑑』） 御蔵台（敷地）の規模は40間×30間（約72m×54m）。

が多かったのをはじめ、砂糖・茶などの食品、阿波《あわ》（徳島県）の藍玉《あいだま》や各地の瀬戸物、畳表・干鰯《ほしか》といった甲斐でまったく産しないか、あるいは生産にとぼしい品々が広い地域から舟荷として運ばれたのである。

三河岸から岩淵までの船路は一八里ほど（約七一キロメートル）で、『甲州噺《ばなし》』（一七三二年成立）によると、下りは六～八時間で、上りは引き船によって四日ほどを要したという。そして、三河岸からさらに上流の諸村とを結んで運送する船を近番船とよんだ。

日本三急流の一つに数えられる富士川は難所も多く、とくに秋は破船の危険もあったが、舟運は物資の運輸のほかに交通路としての役割をもになっていた。身延詣《みのぶもうで》の旅人のなかには、甲州道中の石和宿で笛吹川河岸から下り船を利用する者もあり、駿州往還をたどって鰍沢から船を用いることもあった。大野村（身延町）の河岸が参詣者の船の発着場となっていたのである。

富士山と身延山●

庶民の旅は諸街道の交通や宿泊施設の整備によって、江戸中期から寺社参詣や湯治《とうじ》を目的にその数を増していたが、より広範な層を旅にむけさせるようになったのは、彼らの生活の向上にともなって十八世紀後半からであろう。

甲斐から外への寺社参詣は、伊勢参りが圧倒的に多かったことはいうまでもない。宝暦四（一七五四）年の『裏見寒話《うらみかんわ》』は、甲斐の風俗についてつぎのように記している。

惣《そう》じて町在《まちざい》とも、子供はいうに及ばず、手代《てだい》・下男《げなん》の類までも、正月へ入りて二日三日というに参宮《さんぐう》せんと思う者は、主人の家を立ち退《の》きて、主人尋ね出せば、参宮のため欠落《かけおち》したるというに異議なく、ともすると、郭内外（城下の郭内・郭外の町）米銭を乞《こ》い、夫《それ》を路用・初穂《はつほ》にして発足す。在々も亦《また》斯《かく》の如し、是を抜け参りという。近来武士の家来にも此類多し。

このような抜け参りがときにみられたが、一般に伊勢講という組織による参宮のほかは、信濃の善光寺（長野市）をはじめ、遠江の秋葉《あきば》神社（静岡県浜松市）、相模の阿夫利《あふり》神社（神奈川県伊勢原市）や武蔵の三《みつ》峰《みね》神社（埼玉県秩父市）などへの参詣であった。

一方、他国から参詣者を甲斐へ多く招いたのは、富士山と身延山（身延町）であった。

富士山を霊山とする信仰は古くからあったが、戦国末期に修験《しゅげん》系の行者《ぎょうじゃ》として現われた長谷川角行《かくぎょう》が、近世の富士講の始祖といわれ、江戸時代には富士登拝が一般化することになった。江戸中期になって、その道統が村上光清《こうせい》派と食行身禄《じきぎょうみろく》派とにわかれ、従来富士信仰にみられた呪術的な祈禱を否定し、各自の家業に励むことで富士の神によって救われるとする教えを説いた身禄派が優勢となった。享保十八（一七三三）年の身禄の入定《にゅうじょう》をきっかけに、江戸を中心に富士講は拡大した。道者《どうしゃ》の増加にともない御師宿坊《おししゅくぼう》は繁栄し、中期には吉田（富士吉田市）の九二坊、川口（富士河口湖町）の一〇〇坊余を数えたという。

江戸の内藤新宿をでて甲州道中を西へ、大月《おおつき》宿（大月市）から南へ富士に真向う富士道《ふじみち》を桂《かつら》川（相模川）沿いにたどると、江戸からは三〇余里、二泊三日の行程で登拝口の吉田に達する。これは、江戸や関東諸国からの道者のコースとして盛んになっていったのに対して、戦国期以来の川口の御師宿坊には衰微の傾向があった。身禄派の道者が吉田口を訪れたからで、それは「身禄が先蹤《せんしょう》を追う」（『隔掻録《かくそうろく》』）ものとされた。文化年間（一八〇四～一八）に年平均、吉田口の登山者が八〇〇〇人、そのほかは駿河の三口をあわせてこれとほぼ同数と記録されているが、縁年《えんねん》の庚申《こうしん》の年には平年の三倍から五倍の登山者を数えたともいう。

日蓮《にちれん》宗総本山の身延山久遠《くおん》寺は河内領の中ほどに位置して、甲州道中の甲府柳町宿から南へ一〇里、東海道興津宿からは北へ一三里ほどにあたった。富士山とならんで身延山への参詣が大衆化していた江戸後期に、滑稽本《こっけいぼん》の一つとして文化六年に河間亭《かかんてい》主人水盛《みずもり》の『身延道中滑稽華《はな》の鹿毛《かげ》』が刊行された。その後に続く、十返舎一九《じっぺんしゃいっく》の『身延山道中ノ記・金草鞋《かねのわらじ》第十二編』や仮名垣魯文《かながきろぶん》の『身延参詣甲州道中膝栗毛《ひざくりげ》』など、甲州道中を舞台としてくりひろげられた本に、身延が冠せられていたのも、多数の読者の目を引くのに効果的だったからであろう。

諸国から集まる身延山参詣人に宿泊と参籠の便宜を与えるのが宿坊で、江戸中期以来二〇坊余があった。年間をつうじて、身延山が一番のにぎわいを示すのは、毎年十月十二・十三の両日に行なわれる大法会《だいほうえ》、いわゆる身延山会式《えしき》で、遠近各地から老幼男女の群参はおびただしかった。往還の鰍沢（鰍沢町）と黒沢（市川三郷町）の番所は、参詣の女人の往来が多いため、甲府の信立《しんりゅう》寺以下、日蓮宗五カ寺の証文をもってその通行を認めた。また会式中、繁忙をきわめた鰍沢宿の酒食店では、甲府や市川大門（市川三郷町）から男女料理人を集めたり、酒・魚の類の仕入れも多かったという。

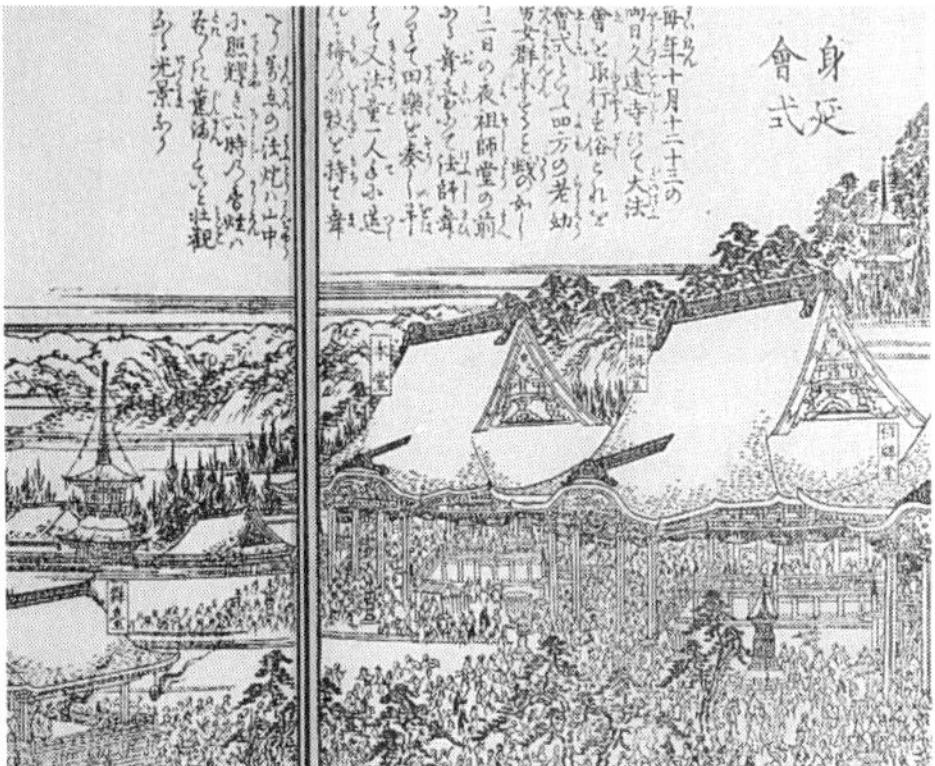
身延会式(『甲斐叢記』)

身延山詣での図(豊国画)

❖コラム

湯村温泉

十八世紀初め頃、甲斐の温泉のなかでも、湯村《ゆむら》の湯（甲府市）は、下部《しもべ》（身延町）・塩山《えんざん》（甲州市）・川浦《かわうら》（山梨市）の湯などとともに名湯として知られた。古くは永正八（一五一一）年連歌師宗長《そうちょう》の書状に、甲斐国塩部《しおべ》で湯治とみえるのはこの湯のことであろうが、『甲陽軍鑑《こうようぐんかん》』も天文十七（一五四八）年に信濃塩尻《しおじり》峠の合戦で負傷した武田信玄が湯治したと記している。「志磨《しま》（島）ノ湯」とよび、貞享元（一六八四）年の検地帳は、一筆《ひつ》で二反七畝余（約二七アール）の湯屋敷を記しているが、年貢は免除されていた。屋敷内に三間×四間（約三九平方メートル）の湯小屋が設けられ、村で湯守《ゆもり》（湯番）と定夫《じょうふ》（小使）をおいて管理した。

元禄十（一六九七）年、江戸から寺社奉行戸田能登守《のとのかみ》が湯治に訪れた際には、城主から馳走として、湯小屋の普請と宿をする家の修復が村に命じられていた。この頃には打疵《うちきず》・切疵や湿瘡《しっそう》などにすぐれたききめがある湯として広く知られるようになっており、その後の庶民生活の向上にともない、遠近の入湯者を増していった。享保九（一七二四）年幕府領になると、やがて湯屋敷は湯坪分を除いて年貢地とされたことから、湯銭の徴収がはじまり、湯役仲間の成立によって温泉の維持・管理が行なわれるようになった。ついで延享四（一七四七）年には温泉運上《うんじょう》が命じられているが、その頃の入湯者数は年間四〇〇〇人余、湯銭は一人一日に一二文《もん》五分《ぶ》であったという。運上は当初、銭五〇〇文の上納であったが、文化元（一八〇四）年の六貫二〇〇文までに増額されていった。ちなみに明治十二（一八七九）年には浴場二カ所、宿屋一三戸、年間浴客数五万二〇〇〇人と記される。

7章

城下町と村の暮らし

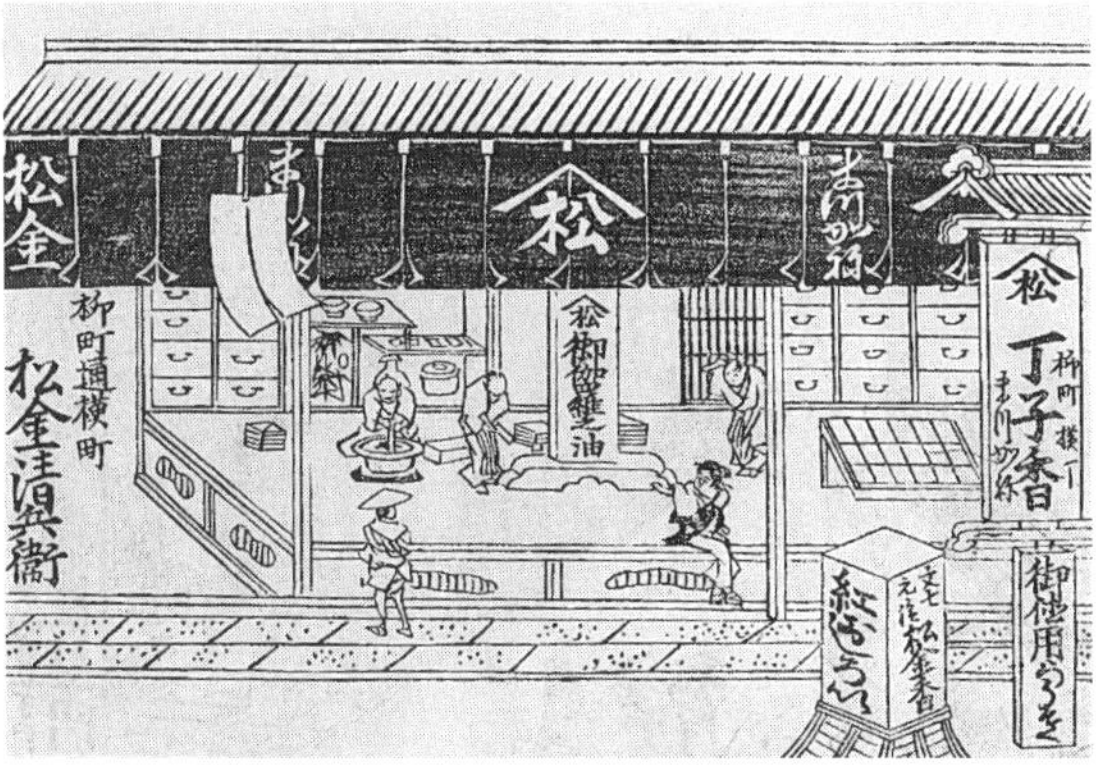

『諸国道中商人鑑』にみる甲府柳町通の店先

1 幕府領と入り組む三卿領

幕府領になった甲斐●

享保九（一七二四）年、関東に隣接する甲斐一円は幕府の直轄領となった。これは、幕府が享保の改革にもとづき直轄領の拡大による財政と政治的基盤の拡充を図った一環として考えられている。甲府家から柳沢父子の藩政時代とは支配機構は一変して、直轄となった甲府城の警衛と城下の町方支配のために甲府勤番支配と、四郡の在方支配にあたる三分《さんぶ》代官が設置された。

甲府勤番支配は大手《おおて》と山手《やまのて》に役高三〇〇〇石の上級旗本が任じられて、役知として一〇〇〇石が与えられた。その下に、それぞれ勤番士一〇〇人（うち組頭二人）、与力《よりき》一〇騎、同心《どうしん》五〇人が配属された。甲府の町政は旧来の町奉行にかわって、両勤番支配の下で、それぞれ用人三人、給人二人、与力二人、同心六人が付属して、両役宅に設けられた町方役所で隔月交代でその任にあたった。また町政の執行上、町方役所と緊密な関係をもつ町年寄には、武田氏の時代に検断《けんだん》役などの由緒をもつ有力町人で、享保四年以来相《あい》役《やく》となっていた坂田与一左衛門《さかたよいちざえもん》と山本金左衛門の二人が、この年に任命された。以後、明治五（一八七二）年の廃職に至るまで、両家が世襲し、月番制によりその職を務めた。

城下は万治三（一六六〇）年の大火以来、元禄六（一六九三）年と享保七年、ついで幕領都市になってまもなく、「府始まりてよりの大火」といわれた享保十二年と同二十年としばしば大火に見舞われた。火消人足の制は万治の大火が契機となったといい、柳沢氏の時代には消防体制がより整備されていたが、幕

〔１表〕 **甲府火消三組の編成**（延享元〈1744〉年）

組＼人足	定式火消人足	諸道具持出水の手人足	御　免	鳶（雇）
	人	人	人	人
八 町 組	142	68	74	25
十三町組	170	78	92	30
上府中組	155	78	77	15
計	467	224a)	243	70b)

実働人足数は a)＋b)となる。

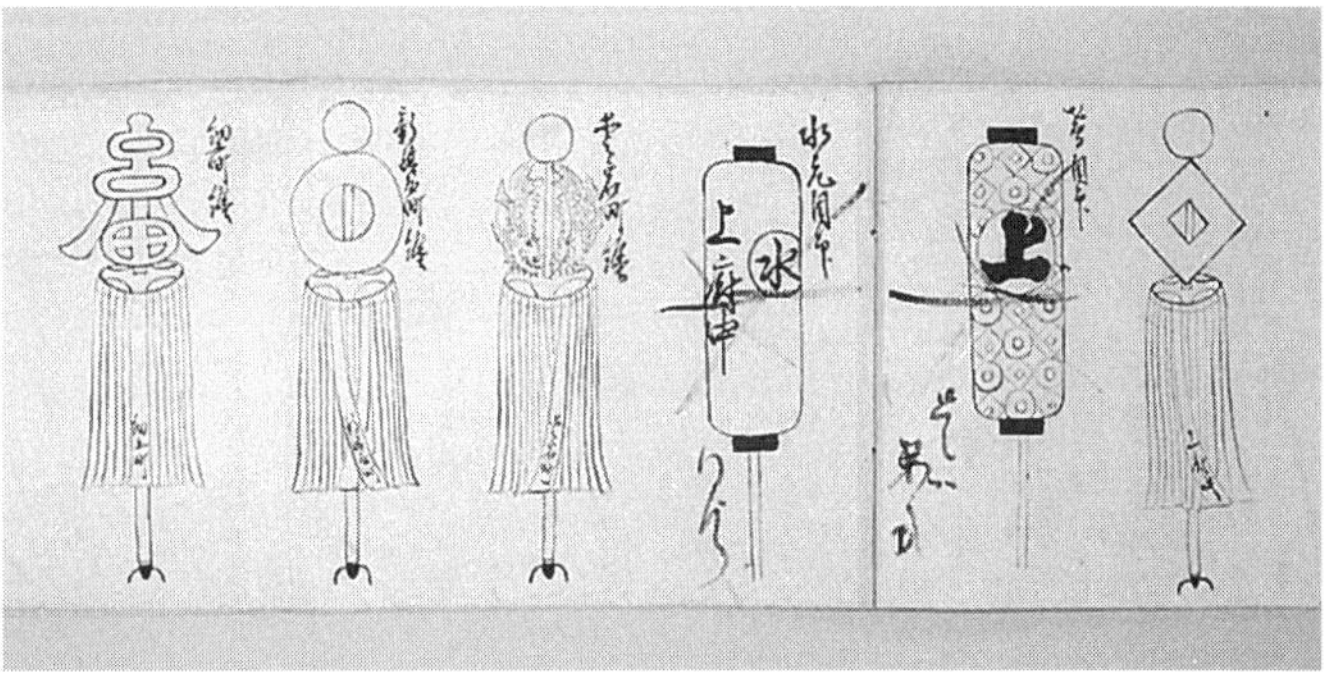

上府中組各町の持道具絵図（一部）

府領になると、あいついだ大火に対する消防強化の町方の新しい火消組織として、八町組・十三町組・上府中組の三組が編成された。ついで各組の構成に駆付鳶《かけつけとび》人足（抱《かかえ》鳶）の雇入れ願いが採用されたのが延享元（一七四四）年で、１表のようになった。その後、三組は組内の編成に若干の異同を示しながら幕末に至っている。

なお、寛保三（一七四三）年には従来木戸の設置がなかった上府中に、城郭の風上に位置する理由から、火の元用心のため八カ所の木戸が新設されている。

甲府城下を除いて、四郡の村々は甲府・上飯田《かみいいだ》（甲府市）・石和《いさわ》（笛吹市）の三分代官の支配下におかれた。郡内領（都留郡）を支配してきた谷村《やむら》陣屋

（都留市）は以後出張《でばり》陣屋となった。ついで下図にみるように、短期間ながら川田《かわだ》代官所（甲府市）がおかれて四分代官となるが、その後、上飯田代官所の取り払い、駿府出張陣屋として設けられていた市川代官所（市川三郷町）が本陣屋となるなど、地方《じかた》における支配役所に変更がみられた。しかも後述するように、国中《くになか》三郡においては、三卿《さんきょう》領の設定あるいは上知《じょうち》などによって支配役所の交代に複雑な村方があった。

　しかしこれ以降、国中では各代官の支配領域をこえて組織され、三郡惣百姓という規模で展開する訴願闘争がみられるようになる。それを、武田氏の遺制と称し、三郡農民が共有し固守してきた甲金《こうきん》（幣制）・甲州枡《ます》（量制）・大小切《だいしょうぎり》（税制）の制度にかかわった二つの訴願についてみよう。国中に独自の事件であり、三郡一体の組織化を可能にした強い連帯にもとづくものであった。

　一つは、幕府が元文元（一七三六）年に鋳造した文《ぶん》金《きん》（元文金）と三郡で用いられている甲金（甲州金）

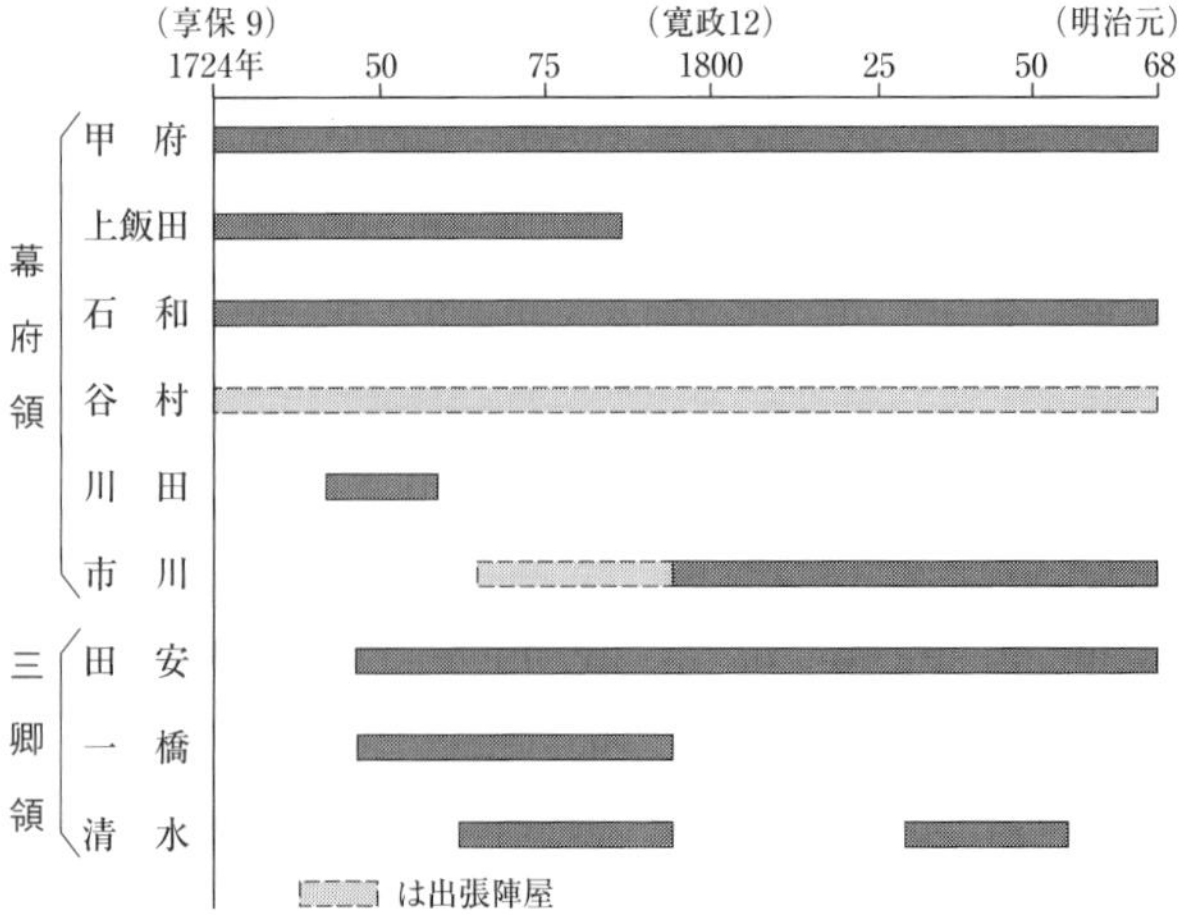

幕府領・三卿領の代官所の変遷

との両替率《りょうがえ》を、明和五（一七六八）年五月、金座《きんざ》の後藤庄三郎《しょうざぶろう》の評価をもって公定するという強硬策をとったことに起因する。つまりこの両替定値段が、日常用いている甲金（甲重金《こうしげきん》・甲定金《こうさだきん》）に多大な両替損を招くことから、三郡の御料・私領の惣百姓が、公定値段の撤回と両替は時の相場によるべきことを要求したのである。幕領化以後、年貢金は藩領時代と違ってすべて江戸小判で上納することになっていたことや、そのほか他国からの移入品の支払いのために、両替定値段により生ずる損失は一万両余にもおよぶと目されただけに、同年冬には駿府目付《すんぷめつけ》へ、ついで勘定奉行への出訴となって、幕府もその撤回を余儀なくされたのであった。

それからまもない安永五（一七七六）年、幕府は東三三カ国において枡座《ますざ》の樽屋藤左衛門《たるやとうざえもん》の京枡以外の枡使用の禁令を発した。甲金と同様に三郡農民の生活に密着していた甲州枡は、存廃の危機に逢着する。甲州枡存続を求めた訴願は、安永九年に四分代官支配所（御料）村々にはじまり、三卿領（私領）村々がこれに加わった。この闘争に先の甲金両替問題をめぐる惣百姓の反対運動が強く意識されていたことは明らかであった。そして、古来の「国枡《くにます》」が断絶されれば、甲金・小切まで廃止が目論まれるのではないかという危惧があった。六七二カ村農民の長期にわたる幕府への執拗な訴願闘争の結果、天明四（一七八四）年甲州枡の通用は従来どおりとし、甲府枡職の枡屋伝之丞《でんのじょう》を樽屋の支配下におくことで落着した。

三卿領の村々●

すでにのべてきたように、一円幕府領になった甲斐のうち国中《くになか》三郡に、やがて三卿《さんきょう》領が複雑に入り組んで設置されることになった。八代将軍吉宗の次男宗武《むねたけ》と四男宗尹《むねただ》がたてたのが田安《たやす》家と一橋《ひとつばし》家で、九代将軍家重《いえしげ》の次男重好《しげのり》がたてた清水《しみず》家をあわせて御三卿といった。それぞれ領地一〇万石のうち甲斐には、田安家が延享三（一七四六）年山梨・八代両郡中に六三カ村・三万四一石余、同年一橋家が巨摩郡に五八カ村・三万四四石余、ついで清水家が宝暦十二（一七六二）年山梨・巨摩両郡中に五八カ村・二万五六〇石余を与えられた。三卿領の合計高は八万六四六石余で、甲斐の全石高の二六％余にあたった。

三卿領は、幕府領（御料）に対して私領であるが、三郡特有の大小切税法が行なわれたことは御料とかわりなく、たとえば田安領が設定された際、「何事によらず、御料所様御同様に仰せ付けられ、何にても相違仕り候趣これ有り候はば、右の段申し上ぐべく」との領村への仰せ渡しのとおりであった。

しかし、支配所により土地に善悪の違いがある村方では、それぞれの事情にもとづいて検見《けみ》による減免や、凶作時の夫食《ふじき》拝借、あるいは年貢米不足分の石代《こくだい》金納値段などについて、「御一統」（御料・私領の違いなく）ではなく、「御支配切《ぎり》」（支配所ごと）の吟味を要求するのは当然であったし、一方、領主側でも財政上の理由から「支配切」の新規の仕法も必要となるなど、現実の施政のあり方には差違が生ずるわけであった。そして双方の矛盾が激しくなっていく線上に、やがて田安領の太枡《ふとます》騒動をみるのである。

寛政四（一七九二）年十二月、領内五四カ村の惣代《そうだい》が寺社奉行に提出した訴状は、その冒頭に、「去る亥年（寛政三年）より、新規御仕法厳しく仰せ付けられ、困窮の百姓一同必至と指詰《さしつま》り難儀至極《しごく》」として、以下、支配に対する糾弾は一〇カ条におよんでいる。その一つに廻米の際、新規の枡でとりたてられたため、百姓の不利益はおびただしいとあるが、おそらくその新枡の不正に象徴された収奪に、この一揆の名はうまれたのだろう。

領民が訴えるおもだったものに、従来「見平均坪刈《みならしつぼがり》」によった検見が、当年は一枚の田のなかでも上出来の所ばかりに竿入れが行なわれたり、損地起返《そんちおこしがえ》しなどの吟味が過酷であること、そのほか、御蔵詰米・廻米入用や用水路御普請入用などについても、御料同様の取り計らいを求めていたことからもわかるように、田安領独自の新規の仕法にもとづく領民負担の強化にあった。しかも、年貢上納の日限を繰り上げ、日延しを願い出た村役人に対しては手鎖《てじょう》、あるいは入牢させ、「郡中の見せしめにも相成り候へば、牢死致し候ても苦しからざるの趣、仰せ聞かされ」た、というような暴圧さえみられたことであった。

一揆の指導者は山梨郡綿塚《わたづか》村（甲州市）重右衛門《じゅうえもん》、同郡熊野《くまの》村（同市）勘兵衛《かんべえ》、八代郡金田《かねた》村（笛吹市）重右衛門ら七人で、ともに長百姓《ちょうびゃくしょう》であり、先の訴状の起草には山梨郡大野村（山梨市）神主飯田長門《ながと》と同郡小原《こばら》村（同前）医者早川石牙《せきが》があたった。

寺社奉行への越訴《おっそ》についで、翌寛政五年二月には老中松平定信への駕籠訴《かごそ》の決行となった。一揆の処断は悽惨であった。二人が獄門、一人死罪、四人が遠島（以上のうち四人牢死）の刑に処せられたほか、処罰は広範囲におよんだ。一方、支配者側で一人、江戸十里四方と田安領からの追放の刑に処せられた者がいた。田安地方《じかた》役の山下次助《じすけ》で、八代郡小石和《こいさわ》村（笛吹市）の長百姓の出で、田安陣屋に務めて三七年という地方巧者《こうしゃ》であった。おそらく

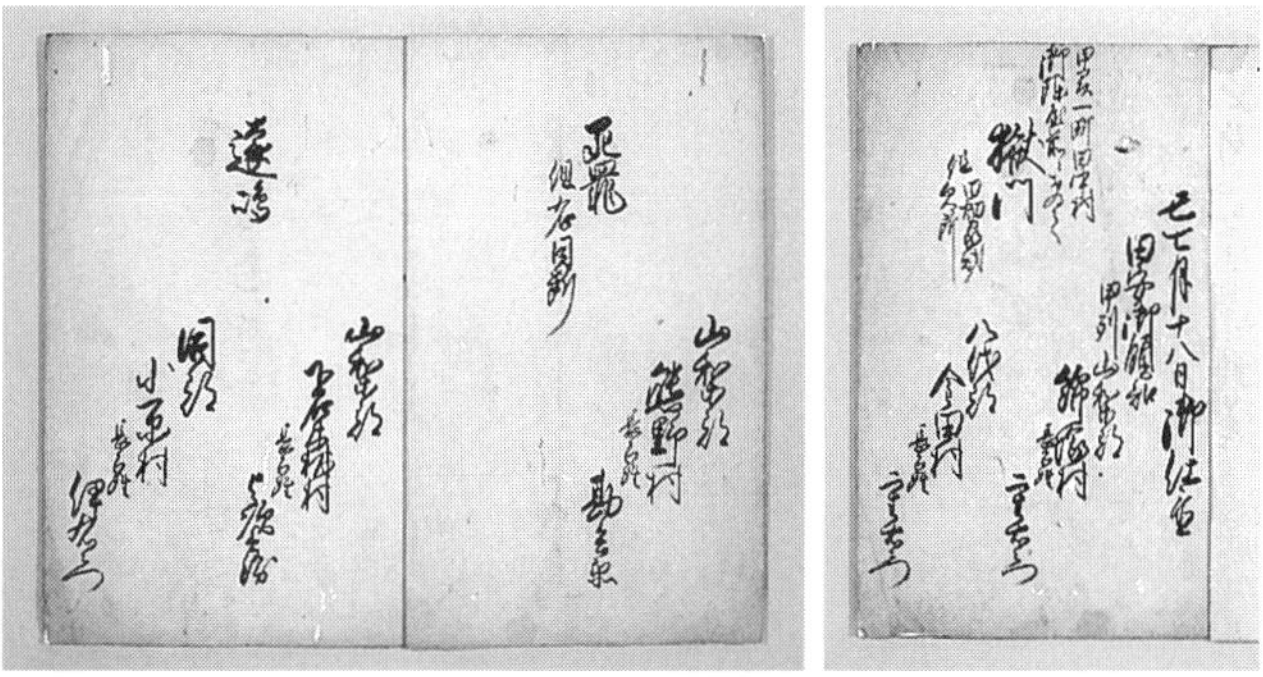

太枡騒動の裁許（部分）

幕府は、一揆に対する弾圧措置と同時に、領民の怨嗟《えんさ》の的を山下一人にむけさせることで落着をはかったのであろう。

一八〇頁の図にみるように、三卿領のうち一橋領が設定されていたのは半世紀ほどで、寛政六年に遠江（静岡県）へ場所替えとなって幕府領に復し、また、清水領も同七年に収公され、その後再領するが、安政三（一八五六）年上知《じょうち》となった。この間、田安領は天保三（一八三二）年武蔵の領地が上知となった替地として、三郡のうちに四〇カ村・高一万七九一七石余が加えられ、明治三（一八七〇）年に甲府県に合併されるまで存続した。

郡内と国中の村役人●

甲斐にあって古くから領主支配を異にして、諸制度や習俗の面でも相違が指摘される郡内領（都留郡）と国中（山梨・八代・巨摩の三郡）は、村を構成する村役人層と小前《こまえ》百姓との関係においても若干の違いがあった。

名主《なぬし》（庄屋）・組頭《くみがしら》（長百姓）・百姓代を村方三役とよぶが、一村の長である名主とその補佐役である組頭は、領主の支配機構の末端に据えられたのに対して、百姓代は彼らの村政運営を監視する目付《めつけ》としての役割をになった者であった。そして名主・組頭は家格と経済力を備えた村の有力農民層からその役に就いていたが、小前百姓のなかから選ばれた百姓代の出現は一般に江戸中期以降とみられている。

郡内領においては、名主ははじめ村の惣百姓による相談で選ばれていたというが、やがて名主・組頭の村政運営などに対する小前百姓側からの批判の声が高まるのにともない、享保期（一七一六～三六）に百姓代が登場するようになると、十八世紀後半には領内で三役が入札《いれふだ》によって選出される村々がかなりみられるようになった。しかし、選挙権は村の小前百姓全員にあったが、被選挙権は年寄《としより》の家に限られていた。この年寄衆は、名主・組頭を務めた村の有力層からなっていた。

このように制約された入札制ではあっても、小前百姓の経済的・社会的成長の成果で、やがてさらに被選挙権の小前層への拡大を求める運動がおこされる。十九世紀前半から幕末にかけて、百姓代を本来的な設置理由にふさわしく小前百姓のなかから入札で選ぶようになったり、あるいは組頭・百姓代ともに年寄と小前の身分差別なく入札によって選出する村もみられるようになったが、名主は年寄から選ぶことに変わりはなかった。このような三役の選出をめぐる問題は、村落の内部事情によって一様ではないが、江戸後期に進展する農民層分化の過程で、年寄衆のなかで没落する者が生ずる一方で、小前層で上昇する者が現れる時代の趨勢として考えられるだろう。

国中では村方三役のうちの組頭にあたる役を長《ちょう》百姓という。そして郡内領における一定の身分・格式を示す年寄なる者は存在しない。名主はほとんどの村方で長百姓のなかから年番（輪番）制で務めることになっていた。

百姓代の成立は、やはり享保期以降と目されよう。享保三年、下柚木《しもゆのき》村（甲州市）で長百姓衆と小前百姓のあいだにおこされた出入《でいり》をみてみる。従来六人の長百姓による年番交代制が行なわれてきた同村で、小前百姓が長百姓の一人を積極的に名主に推したことが、先例の年番制を潰すものとした長百姓衆との争論となったもので、ここに小前百姓側から登場していたのが五人の「平名代《ひらみょうだい》」であった。平百姓の代理の意味で、やがて成立する百姓代の前身であろう。この地方で百姓代が文書にもっとも早く確認される若干の例として、幕府領となった享保九年に支配役所へ提出した村明細帳の末尾に記されている名主・長百姓に続く署名である。ちょうどこの享保期以降、村経費の節減、夫銭《ぶせん》割合の公正や夫銭帳の公開などを、村役人（名主・長百姓）に要求する小前百姓の運動が頻発するが、双方の対立が争訟（小前騒動）となる過程で百姓代の成立をみるようで、したがってその時期は村方により遅速があった。

一方、長百姓衆がその仲間の結束の強化と名主年番制の堅持を図っていたのも、村政に対してしだいに発言力を増してきた小前百姓への対抗策であった。百姓代の選出は郡内領と異なり、当初から毎年名主の交代時に小前百姓のなかから入札によって行なわれた。そして十八世紀後半から名主の選出にかかわる争論もおこされるようになると、名主の入札制が部分的にもみられる趨勢にあったが、これは入札を行なうのが小前百姓に許されても、入札の対象は長百姓に限られていたことで、性格的には郡内領の場合と同じであった。しかしそれでも、長百姓側が「村の治り方」（村方の平和）への配慮から譲歩した結果であった。また一つには、彼らのなかで落目になって村役を離れざるをえなくなった者に代わり、富裕な小前百姓で跡役として役入りする者が現れるようになっていた事情もその背景にあったといえる。

2　甲府の商業と在方商人

甲府の商人と職人●

甲府の城下町は、成立以来地子《じし》免許であった。しかし、家持（町内の屋敷所持者）の基本的な役負担として、伝馬《てんま》役・町人足役（御用諸人足役）・職人役などがあった（2表）。まず伝馬役は、甲州道中の柳町《やなぎまち》宿《じゅく》の常備人馬数をこえた分を、郭内《かくない》九町が定助《じょうすけ》町として負担した役である。これに対して大通行の際に人

〔2表〕 **甲府町方の役負担**（地子免許）

役		下府中				上府中	
伝馬役	宿駅	柳町					
伝馬役	定助町 9(7)町	八日町 三日町 山田町 竪近習町 横近習町	魚町 穴山町 上連雀町 下連雀町	三ノ土居内			
御用諸人足役	大助町 (人足町) 32町	片羽町 西青沼町 緑町 西一条町 金手町	上一条町 下一条町 和田平町 城屋町 境町	土居外	土居外	愛宕町 元紺屋町 元城屋町 元連雀町 元柳町 竪町 広小路 白木町 袋町 広庭町 横田町	元緑町 元穴山町 久保町 手子町 御崎町 八幡町 元三日町 上横沢町 下横沢町 相川町 新青沼町
職人役	免許町 (役引町) 7町	工町 鍛冶町	桶屋町	三ノ土居内	土居外	大工町 畳町	新紺屋町 細工町

馬を振りあてられるのが郭外の大助《だいすけ》町三二町であったが、通常その負担がなかったことから、代わりとして務めるのが御用諸人足役であった。たとえば高札場《こうさつば》矢来建直《やらいたてなおし》修復手伝人足・板橋土橋修復手伝人足・町用水箱樋《はこひ》掛直《かけなおし》修復手伝人足といった類の人足役であった。もう一つは、七町の職人町を形成していた職人が務める御用（職人役）があった。彼らは武田氏時代以来の由緒を書き上げる御用職人で、大工・畳刺《たたみさし》・茅《かや》大工・桶大工・紺屋《こうや》・檜物師《ひものし》・鍛《か》冶《じ》・塗物師《ぬりものし》・鞘師《さやし》・金具師《かなぐし》・柄巻《つかまき》師《し》・磨屋《みがきや》・張付師《はりつけし》の一三職種で、伝馬役・御用諸人足役を免除されていた。

諸役免許の特権をもった彼らの役《やく》

引屋敷《びき》は、元禄六（一六九三）年には三八七屋敷のうち一〇七屋敷が免許七町以外の二六カ町に拡散する一方で、本来的な職人役の形骸化が進んでいた。やがて直轄都市となって享保十（一七二五）年に、甲府勤番支配は職人御用がなくなっていた御役職人に対して、それに代わる城内掃除人足を命じた。つまり職人役の人足役への転用となるのであった。また、これまでに平《ひら》職人の増加が目立ち、元禄八年に御役職人の三三二人に対して、二五八人が三五職種におよんで存在した。

さて、つぎに城下の商業の展開についてみよう。甲府家時代の延宝年間（一六七三～八一）頃までは、在役の武士は日用の品で城下では求めがたく、江戸から取り寄せなければならない物もあったが、元禄期以降、とくに柳沢父子の時代になってから城下も繁華になり、香具《こうぐ》や呉服《ごふく》の類をはじめ不自由な物はなくなった、と『裏見寒話《うらみかんわ》』がのべているように、商品流通が活発化していた。鬢付油《びんつけあぶら》も八日町で香具・薬《やく》種屋《しゅや》を営んだ若松屋平八が江戸から仕入れたのが始めで、しだいに国中に普及したというが、十八世紀初頭以降の商品経済の発展が、甲府と江戸との距離を急速に短くすることになった。

甲府の草分《くさわけ》町人で古く町年寄を務めてきた者たちで、退転により子孫も城下に居住する者がいなくなっていたといわれるのが十八世紀中頃までであったが、上層商人のなかで没落する者があるのと対照的に、その頃新興商人の台頭がみられた。宝暦十（一七六〇）年甲府のおもな商人の書上に、金融業者の仲間として、質屋一九人、両替屋《りょうがえ》一一人と甲府蔵宿《くらやど》（札差《ふださし》）八人がみえるが、甲府屈指の豪商として知られるようになる山田町《ようだ》の和泉屋《いずみや》（名取）作右衛門《さくえもん》が両替屋として登場したのが宝暦三年であり、また緑町の竹原《たけはら》田《だ》（窪田）藤兵衛《とうべえ》が質屋として名を現したのもこの時であった。続いて横近習町《よこきんじゅ》の井筒屋《いづつや》（大木）喜右衛《きえ》門《もん》が呉服屋・質屋の営業で知られるようになる。天保九（一八三八）年に作右衛門と藤兵衛は備荒金の拠

〔3表〕 **甲府町方人口の推移**

	下府中	上府中	合　計
寛文10(1670)	10,420	2,352	12,772
元禄2(1689)	11,809	2,525	14,334
宝永2(1705)	10,830	2,461	13,291
享保9(1724)			14,088
延享元(1744)	10,085	2,859	12,944
明和元(1764)	9,274	2,974	12,248
寛政10(1798)	8,682	2,370	11,052
天保7(1836)＊	8,127	1,819	9,946
文久2(1862)	9,153	1,918	11,071
明治3(1870)	10,270	2,171	12,441

『甲州文庫史料』第2巻ほか山梨県立図書館所蔵資料により作成。

＊　同年は飢饉と郡内騒動による町方打ちこわしなど混乱の影響である。

出により、城中清水曲輪《しみずぐるわ》に設けられた清水御蔵御用達《ごようたし》を命じられ、ついで同十一年に喜右衛門は同見習となっている。

ところで、町方人口（武家人口を除く）の動態を3表に示してみたが、元禄二年の一万四三三四人をピークに、享保九年にかけてほぼ一万四〇〇〇人を上下した人口は、幕領都市になって以後、減少傾向をたどったことが明らかであった。一つは、武家人口が藩領期と異なり幕領化したことで大きく減少した結果、消費需要を減退させたことに起因するだろう。もう一つは、藩領期の領国経済の中心にあった甲府に対して、領内の流通構造の進展にともない、在方経済が相対的にその地位を高めていったことが、甲府町方経済を不振におちいらせたのではないか。それは、城下の経済的発展をになってきた各種の問屋・仲間などの仲間商人の特権的営業が、在郷町をはじめ、在方に簇出《そうしゅつ》した商人の活動によってしだいにおびやかされていったことである。宝暦六年に甲府穀問屋仲間が勤番支配役所に、従来入荷の信州米や逸見《へみ》・武川《むかわ》両筋（巨摩郡北部）の米穀について、在方商人の直買禁止の要求を行なって以来、しばしば問題化していたことでもわかるように、町方商人の取引が蚕食されていったのである。

盆地南端の在郷町●

この時代に行政上、町方とされたのは甲府城下だけであったが、在方で町場化した、いわゆる在郷《ざいごう》町（在町）が点在するようになった。農村における商品経済の展開にともない、周辺村々からの農民の生産品の販売、非自給的物資の購入の場として、各種の商売でにぎわいを示す所であった。

甲府から南へ三里半、甲府盆地の南端に位置して、甲斐で最大の村高（一九一六石余）をもつ市川大門《いちかわだいもん》村（市川三郷町）は、戦国期には河内路《かわうちじ》（駿州往還）の伝馬宿として、近世になって富士川舟運がはじまり、往還が鰍沢《かじかざわ》（富士川町）経由の富士川右岸に変更してからも、旧往還の要所として地域の中心となっていた。

宝永二（一七〇五）年には、家数五六五軒（大屋《おおや》本百姓二九六、店借《たながり》百姓五二、店借水呑《みずのみ》二一七）のうち商人一二八軒がある。その内訳に、まず江戸紙商人一四、小紙商人三〇のほか楮《こうぞ》問屋三、あく灰商人四がみえ、古来の紙生産地として（二〇三頁参照）、その流通にかかわる商人の存在が確認される。日用の商売として塩小売商人一四、塩問屋七、茶酒商人一六、酒屋二、油小売商人二、油屋三、穀売商人八、菓子売商人四、豆腐《とうふ》売商人二八、木綿実商人二、小間物小売商人二、小間物店売商人一、薬種売商人二が営業していた。遠くは同村の東南に三、四里へだたった山間村々から薪炭売りにきて、必需品を買いととのえている姿もみられる。

また、村内に医者七人（本道《ほんどう》四、眼科一、外科二）が開業していたのも、商業的機能にとどまらない在郷町の役割が認められよう。同村では元禄期（一六八八〜一七〇四）の一瀬調実《いちのせちょうじつ》以来多くの俳人や、儒学の座光寺《ざこうじ》南屛《なんぺい》、医学の橋本伯寿《はくじゅ》をはじめとする学者・文人を輩出し、あるいは化政期（一八〇四～三〇）に甲斐でもっとも著名な棋士《きし》であった岩間村（市川三郷町）の赤池嘉吉《あかいけかきち》（五段）が将棋《しょうぎ》指南所を設けていたことにも示されるように、地域の経済圏としてだけでなく、形成された生活圏・文化圏の核となっていたことが知られる。この間、市川大門村は幕府領代官の陣屋元ともなって、広くその役割は高まるが、享和三（一八〇三）年には家数九二三軒、人数は宝永二年の二七二二人から三六八〇人に増加していた。

　市川大門村からは富士川をはさんで西南にあたる三河岸の一つで、また駿州往還の宿として発展した鰍沢村も人と物資が集散する要地であった。延享三（一七四六）年には商人四五人のうち、油・酒・煙草《たばこ》の商人をあわせて七人に対し、塩売三二人、塩小売六人がめだつのは、富士川上り荷の第一にあげられる塩の商売が盛んであったことを物語っている。また、諸商品と廻米の運送に従事する船頭や馬子《まご》などの交通労働者でにぎわう河岸に近く、茶屋二軒、旅籠《はたご》屋二八軒が営業して、「凡《およそ》州中第一の劇邑《げきゆう》（繁多な村）」（『甲斐国志』）ともいわれた。文政三（一八二〇）年に板元《はんもと》として登場し、木版《もくはん》多色刷の「甲斐国絵図」をはじめ、往来物や俳

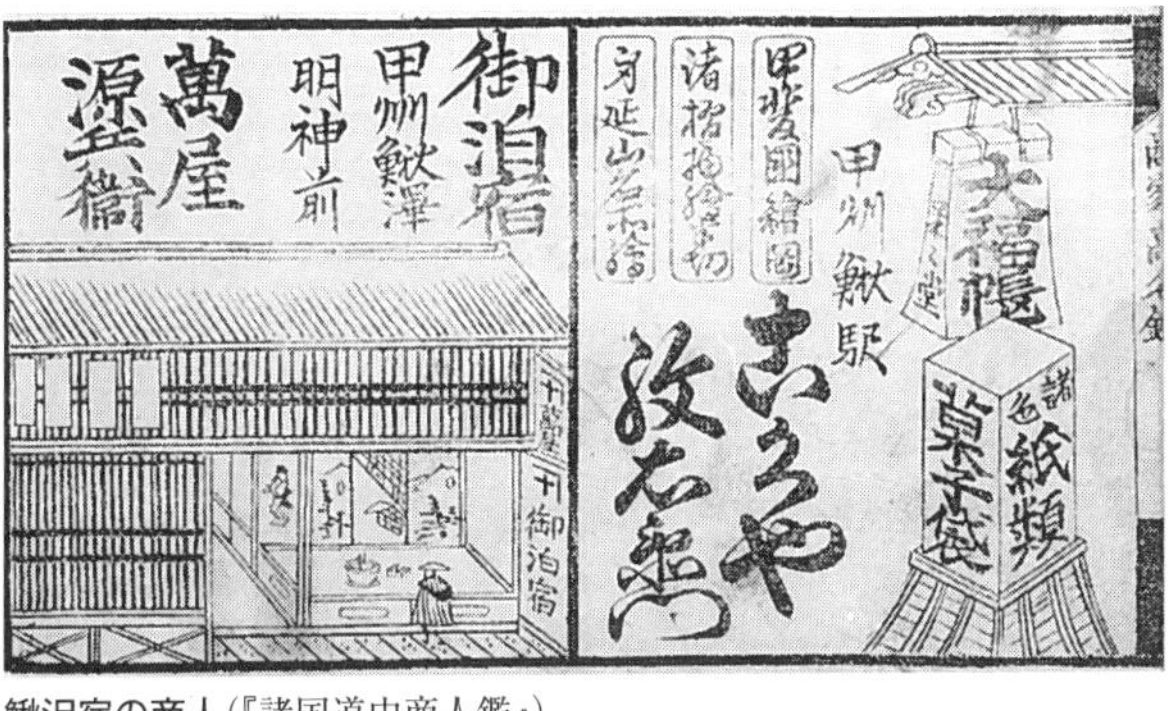

鰍沢宿の商人（『諸国道中商人鑑』）

書を板行《はんこう》した古久屋紋右衛門《こくやもんえもん》の営業も、先の市川大門村と同じく在郷町の性格の一面をうかがわせている。

九一色郷商人●

富士山の北西麓の西湖《さい》・精進湖《しょうじ》・本栖湖《もとす》の湖岸と、御坂《みさか》山地西部の芦《あし》川渓谷沿いに点在した戦国期の西《にしの》湖《うみ》（富士河口湖町）、精進・本栖（同町）、梯《かけはし》・古関《ふるせき》（甲府市）、鶯宿《おうしゅく》（笛吹市）、高萩《たかはぎ》・三帳《さんちょう》（市川三郷町）、芦川（笛吹市・市川三郷町）の九カ郷は、総称して九一色郷《くいしきごう》とよばれた。甲斐と駿河とのあいだを最短距離で結ぶ中道《なかみち》往還に沿って、山間に展開する村落である。

近世になると九カ郷名を継承した九カ村のほか、分村した垈《ぬた》・中山・畑熊《はたくま》（市川三郷町）、八坂《はっさか》・折門《おりかど》（身延町）の五カ村をあわせた一四カ村をよぶようになったが、もと九一色の郷名は、柳田国男によれば「正しい文字は工《く》一色で、木工の勤労を年貢の代りに納めることを許されたる村であった」（『都市と農村』）という。山間で耕地にとぼしく、零細な農業のほかに稼ぎを多く求めなければならなかったこれらの村落では、木材の加工品をもって年貢の代納としたという説である。

たしかに『甲斐国志』が「およそ本州（甲斐）、四方の山に居る者多しと雖《いえど》も、狭隘《きょうあい》かくの如きの地を視《み》ず」と記すように、江戸時代に一四カ村をあわせても、石高は四五九石余（甲斐の平均村高は約三九五石）にすぎなかった。したがって、年貢を皆金納とした九一色郷の村々は、材木商売をはじめ薪炭を市川大門村や甲府へ売り出したり、下駄《げた》・天秤棒《てんびんぼう》・鍬柄《くわえ》・角箸《かくばし》・経木《きょうぎ》などの細工物の製作を稼ぎとしたが、戦国期武田氏の例にならい、徳川家康から諸商売免許の朱印状が与えられていたことにより、彼らの商業（行商と運輸）活動は、甲斐はもとより諸国におよんだ。いわゆる九一色郷商人で、朱印状にもとづき諸商売免許の鑑札六四二枚が交付され、その鑑札を特権の証として携行したのである。

九一色郷商人の原初的な商業活動は、このように郷内で生産した木工品を他地域へ搬出して売りさばくことにあったが、立地上、馬を用いた活動は、周辺地域の産物の商売から国産品の他国への販売、他国産物の搬入販売などへと商業形態を拡大させた。そして、それにともなう商圏の広がりは、持馬以外に他所で雇《やとい》人馬を利用した商品の付出しを多くさせ、一方、商業の資金を欠く者たちは、もっぱら駄賃稼ぎに従事していたようである。

『甲斐国志』はまた九一色郷商人のこうした活動を、「馬子一人に馬二匹、又三匹を牽《ひ》く、駅馬に口銭《こうせん》(手数料)を収むる事なく、又他所に店を開くに敢《あえ》て可否を論ずる者なし、誇り言う、陸には馬蹄《ばてい》の踏む所、海には舟楫《しゅうしゅう》の及ぶ所、跋渉《ばっしょう》せざる事なしと」のべていたが、広域にわたった彼らの活動は、ときに他の地域で係争をひきおこすことがあった。

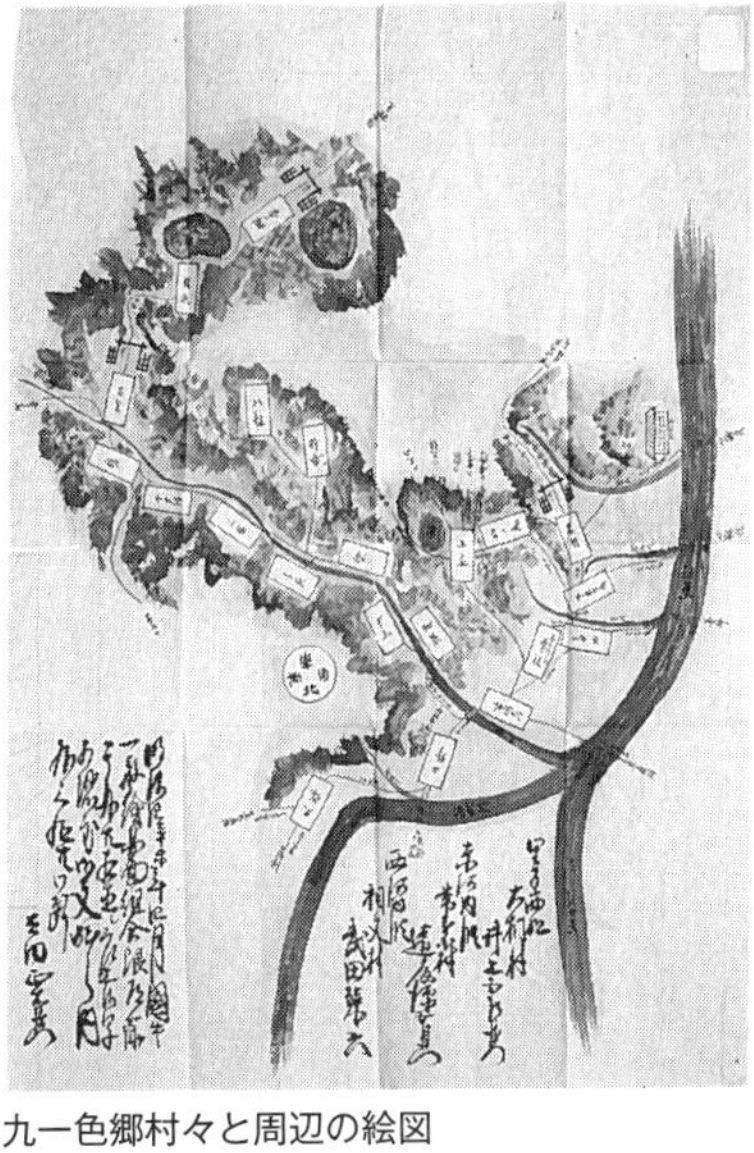
九一色郷村々と周辺の絵図

笹本正治氏によれば、元禄十四(一七〇一)年を初発とし、幕末までに九一色郷商人の特権にかかわる争訟は一一件を数えるという(「近世九一色郷商人の展開概要」『甲斐路』二七号)。その結果からうかがえることは、九一色郷の特権の根拠とされる、家康の朱印状という金看板《きんかんばん》も万能ではありえなかったことである。寛保三(一七四三)年に江戸での駄賃稼ぎをめぐって、江戸伝馬町からおこされた争訟は、幕府の伝馬町助成策（幕法）との衝突であり、九一色郷の敗訴となっていた。また、文化十一（一八一四）年には他国産の鎌農具の販売をめぐる甲府鍛冶《かじ》町の鍛冶職人との争論では、双方が主張に援用する朱印の共存（調整）をはかった裁許であったと解される。なお文政十二（一八二九）年の中山道宿々との争いにおいては、幕府は、九一色郷の特権を否定しないが、できるだけ限定して、宿場の助成を優先させていた。このように、九一色郷がもつ特権は、現実には相対的に制約が生ずることはさけられなかった。しかし、元来山間の地で生活をいとなむ郷民に付与された独特の権益として重用され、この時代をとおして、彼らの活動は駿河・信濃や関東諸国に広くみられたのである。

3 特産物生産の発展

郡内織●

郡内織《ぐんないおり》またはたんに郡内ともよばれた絹織物を産出したのは、郡内領（都留《つる》郡）の村々であった。郡内領は、山国の甲斐のなかでも、とくに山地が大部分を占めて耕地が狭少なため、面積は甲斐四郡のうち二八％ほどにあたるにもかかわらず、十九世紀初頭の数字で石高はわずか六・八％（二万九一一石）と農業生産力はきわめて低く、それに比して人口は二二・三％（六万二九六一人）と過大であった。このような郡内領の経済をささえたものに、甲州道中や鎌倉往還で展開された駄賃《だちん》稼ぎや、入会《いりあい》山の利用による林産物の収入、その他の稼ぎがあったが、もっとも大きな比重を占めたのが絹・紬《つむぎ》の織出しであったことはいうまでもない。江戸後期に村々から支配役所へ差し出された文書に、つぎのような箇所がある。これは諸種

❖コラム

谷村の商人

谷村《やむら》（都留市《つる》）は、郡内領《ぐんない》における近世前期の小城下町から変貌した在郷町《ざいごう》であった。早くから領内の特産物である郡内織の集散地として絹商人が多かったのをはじめ、駿河・伊豆や相模から海に結ばれる鎌倉往還をへて移入される塩・五十集物《いさばもの》（塩魚・干魚）・鮮魚などの海産物、甲府を中心とする国中《くになか》から運ばれる米穀・綿（繰綿《くりわた》・篠巻《しのまき》）・生糸《きいと》などや、そのほか他国からの小間物《こまもの》・荒物といった日用品の売買にあたる各種商人の活動でにぎわった町であった。

一般に谷村の名でよばれても、行政上は上谷村《かみや》と下谷村《しもや》の二村で、富士道《ふじみち》沿いに、上谷村では新《しん》町・早馬《はやうま》町・上《かみ》町・下天神《しもてんじん》町・上天神町・裏天神町・袋《ふくろ》町、下谷村に横町・下《しも》町・中町が並んで町屋を形成していた。富士山北裾野の村々では、その経済圏の中心にあった上吉田《かみよしだ》宿（富士吉田市）で充足しえない商品は、谷村の商人から買い入れなければならなかった。

谷村の町でいとなまれる八朔《はっさく》祭りは、多くの見物人を集めて、町場ならではの祭礼行事である。隣接する四日市場村（都留市）に鎮座する生出《おいで》神社の祭礼であるが、山車《だし》を帯同した谷村への神輿《みこし》の巡行に続いて、町々が加わった付祭《つけまつり》が、祭礼行列をいちだんとはなやかに盛りあげたものであった。

江戸中期の経世家《けいせいか》として名高い海保青陵《かいほせいりょう》が、甲斐を訪れたのは寛政五、六年（一七九三〜九四）頃と考えられるが、その著『稽古談《けいこだん》』には、谷村に二カ月ばかり逗留して、書物について講義したとみえる。そこに会したのはおもに谷村の商人たちであったにちがいない。

の願書などにほぼ共通してみられる内容で、「織物渡世《とせい》専一に仕る」ことで地域経済が成り立っていることを端的に示している。「当郡は山間の地で耕地が狭く、米穀が払底のため、他郡から七分どおりを買い入れて主食の不足を補わなければならない。したがって、男女ともに養蚕と機《はた》稼ぎに専念して収入をえなければならない。それから織物の運上《うんじょう》を納め、年貢・諸役を上納するので、皆金納《かいきんのう》となった土地柄である」と。

郡内領で古くからいとなまれてきた絹・紬の生産が、この地方の特産物として定着し発展することになったのは、寛永十（一六三三）年に谷村《やむら》藩主となって入部した秋元泰朝《あきもとやすとも》の殖産政策にもとづくものと考えられている。やがて江戸をはじめ京都・大坂などへむけた商品として、元禄期（一六八八〜一七〇四）にかけて生産を漸増させていくが、江戸の越後《えちご》屋では店内に日野《ひの》絹（上州絹）と郡内絹を並べて販売しており、また、白木《しろき》屋の江戸店《えどだな》でも上州絹についで貞享三（一六八六）年から郡内嶋《じま》の仕入れをはじめたという。当時、郡内縞《じま》に代表された郡内絹が、中等の品として都市の庶民生活のなかに普及していたことは、井原西鶴《さいかく》の天和二（一六八二）年の『好色一代男《こうしょくいちだいおとこ》』や、貞享三年の『好色五人女』の八百屋お七の物語などに郡内縞の名がみえることからもわかる。元禄三年の『土芥寇讎記《どかいこうしゅうき》』が秋元喬知《たかとも》の郡内領について、「国民絹布ヲ織ルヲ業トスル故ニ民豊カ也」とのべているのを、そのままには認めがたいが、当時の郡内絹の風評にもとづいたものであろう。

幕府領になって二〇年ほどをへた享保十（一七二五）年の「郡内領郷帳《ごうちょう》」には、絹紬運上として金二三五両二分余がみえ、その上納は二一〇両余が請負人によったもので、二五両二分余が村々直納の分であった。その頃の郡内織の展開のようすを、享保十七年の『万金産業袋《ばんきんすぎわいぶくろ》』は、郡内縞・白郡内・織色郡内

（海気《かいき》）・郡内太織《ふとり》・郡内平《ひら》などの各種織物とその特色について記し、全体に谷村《やむら》（都留市）の辺から織り出されるのが上品だとのべている。同年の『甲州噺《ばなし》』によれば、上物《じょうもの》と目される織物の産地がさらに明らかにされていた。白絹は真木《まぎ》・花咲《はなさき》（ともに大月市）、菱《ひし》絹は小形山《おがたやま》（都留市）、縞の類は上下谷村（都留市）、海黄《かいき》は田野倉《たのくら》（都留市）、八反掛《はったんがけ》は新倉《あらくら》（富士吉田市）と玉川（都留市）、紬は松山（富士吉田市）、夏袴《はかま》地は暮地《くれち》（富士吉田市・西桂町）と小沼《おぬま》（西桂町）というのである。そして、これらの織出しを一年に五万疋余とし、したがって土地の生糸だけでは不足していたと記録される。

絹生産は元来、養蚕—製糸—製織と一貫していとなまれた作業で、ほとんどは女性の稼ぎであったが、少なくとも十八世紀初頭には領外からの購入原糸を必要とするようになっていた。先の花咲村では、享保五年に織り出した六〇〇疋のうち三六〇疋（六〇％）が購入糸繭に依存した分であったというように、機業地としての発展は、相模・駿河や国中《くになか》東部の養蚕地帯からの原糸の購入を増加させていった。次頁に掲げた4表は、入金・出金の内容におもなもので欠落があるが、十八世紀後半の七万疋の絹織出数を中心とした郡内領の経済構造をよく示しているといえよう。

この間、越後屋・白木屋など呉服商売の江戸の大店は、谷村のほか流通上の拠点となる土地商人を買宿《かいやど》とし、手代《てだい》をむけて織物の仕入れにあたらせた。買宿は買継《かいつぎ》を務めたわけであるが、絹問屋へ営業を拡大した者もあった。そして問屋の下に仲買人や、問屋に抱えられその指図にしたがいながら目利《めきき》によって絹の買い集めを業とした場造《ばぞう》の活動が広くみられたほかに、他国へ旅売り行商をいとなむ者が多く存在した。先に八反掛の産地として名を現していた新倉村が天保三（一八三二）年に谷村の問屋の場造二人をはじめ、仲買二人、他国出し一〇人の商人を書き上げていたように、絹の流通にかかわった小商人の簇出《そうしゅつ》がめだ

〔4表〕 **郡内領渡世書**(安永4〈1775〉年)

入　金	絹織出数　　70,000疋	58,000両余
	吉田・川口御師初穂	2,000両
	〔他国より入金合計〕	60,000両
出　金	年貢・運上	20,000両
	信州酒・甲州米・相州米	20,000両
	富士茶	13,000両
	油・元結・櫛・笄	7,000貫文
	鍬・鎌・野道具	7,000貫文
	仕着木綿	13,000両
	〔出金合計〕	66,000両・銭14,000貫文
出入金差引		−6,000両・銭14,000貫文
出　金	伝馬人足(米・木銭など)入用	30,000両
差　引		−36,000両・銭14,000貫文

1.「下郡内煙草代金取り入れ候分は塩・相州茶・履物に引く」。
2. 郡内領の石高2万石余，村数111カ村，人数6万人。

った。一方、甲州道中東端の上野原宿《うえのはら》(上野原市)には、一・六の日を市日《いちび》とするいわゆる六斎市《ろくさいいち》が寛保二(一七四二)年に開設されて以来、郡内領における唯一の市としてにぎわった。のちに猿橋宿《さるはし》(大月市)、ついで下吉田村(富士吉田市)に市立《いちだて》の運動がおこったが、上野原宿の故障にあって挫折している。

文政十二(一八二九)年、幕府は絹・紬の運上の徴収を従来の運上請負人制にかえて、農民(生産者)が所持する機具《はたぐ》数を基準に賦課しようとした。これに対する織物運上場七七カ村の反対運動が運上仕法替《しほうがえ》一件とよばれるもので、村方側からだされた村請負制が天保三年に結着をみるまで、生産者によって執拗に展開されたのである。

この頃の織物の生産規模を、個々の農民が所持する機具台数についてみると、三〜五台の所持者もわずかながら認められるが、一〜二台に集中して平均値で一戸当り二台弱となる。また、織出数を葛野《かずの》村(大月市)と小明見《こあすみ》村(富士吉田市)の二カ村についてみる

〔5表〕　葛野村・小明見村織出疋数(天保2〈1831〉年)

織出疋数(疋)	戸数(戸) 葛野村	小明見村
37		1
30		1
23		1
22	1	
21	1	1
20		1
19	1	3
18	1	5
17		3
16		2
15	1	4
13	1	1
12	3	1
11	4	5
10	6	8
9	2	7
8	5	9
7	6	11
6	11	9
5	16	10
4	15	14
3	13	9
2	12	4
1	4	1
戸数計	103戸	111戸
織出疋数計	621疋	989疋

と(5表)、一戸平均では前者が六疋、後者が九疋と零細性は否めないが、一方、村内での個々の生産にかなりの差異が明らかにされる。つまり織物の生産者のなかには、すでに専業化の途をとっていた者の存在が知られよう。ちなみに、江戸末期における郡内織の生産は一〇万疋を数えるまでになっていたという。

東郡の養蚕と登せ糸●

東郡《ひがしごおり》とよばれた甲府盆地東部(山梨・八代両郡東部)の村々は、用水や土壌など農業生産の諸条件に恵まれていたうえに、養蚕がいとなまれて、甲斐ではもっとも富裕な地といわれた。「民多クハ嬌奢《きょうしゃ》ニ弊《お》ユ」(『甲斐国志』)と指摘されたのも、江戸時代、地域産業として形成されたこの養蚕地帯における消費生活の高まりを伝えるものであろう。

慶長検地で桑一束が米一升に換算されて本高に組み入れられていたように、旧来この地域でいとなまれてきた養蚕が、一層の進展をみせることになったのは、貞享二(一六八五)年白糸《しらいと》(中国産生糸)輸入が制限されたため、元禄年間(一六八八〜一七〇四)から一般に国内産生糸の生産を増大させたことにある。

宝永二（一七〇五）年の東郡の村明細帳に、女の稼ぎとして「蚕仕り、糸に引き申し候」と記されるのは、京都糸問屋へ送るいわゆる登《のぼ》せ糸《いと》の生産であった。

正徳二（一七一二）年に甲府藩が行なった施策に注目してみたい。一つは桑代金の貸し付けで、蚕飼《こが》いのため他から桑を買い入れる元手《もとで》で、四カ月後に元利《がんり》を返納させる定めであった。つぎに、在地の登せ糸商人（豪農層）は自己資金にもとづいて、仲買人を通して集荷した生糸を京都へ送っていたが、京都糸問屋の仲間組織による糸値段の規制に対抗するための、在地糸商人の組織化を図ったことである。そして釜《かま》元《もと》（生産者）の直売や商人の抜売《ぬけうり》の禁止と、釜元への糸代金支払いに差し支えないように、藩から糸商人に糸買金の拝借が許されるというものであった。この頃、すでに自家栽植の桑だけでなく、買桑により養蚕規模を拡大したり、やがて享保期（一七一六～三六）になると、他から繭《まゆ》を買い入れて糸生産の増大を図る農民がある一方で、商人が繭を農民に貸し付けて糸を挽《ひ》かせる賃挽《ちんびき》もみられるようになっていた。同じ養蚕地帯にあっても、個別的には煙草栽培や他の商業的農業へのかかわり方で、村方による違いはあったが、少なくとも村内の半数以上から、「百姓残らず」と書き上げる村まで、養蚕は広がりをみせていた。

寛延三（一七五〇）年七月、養蚕地帯における象徴的な一揆がおこった。発展の顕著な養蚕と煙草に着目した八代郡米倉《よねぐら》村（笛吹市）の豪農平七が、幕府へ新規運上《うんじょう》の上納を出願し、みずから運上請負人となる利権をえようと企図したことにあった。これに対する反対運動が、東郡の村役人主導の惣百姓による蜂起となって、平七宅が打ちこわされるに至った。発頭人《ほっとうにん》をはじめ多数の犠牲者をだしたが、この運上願いは沙汰《さた》止みとなったもので、「米倉騒動」の名でよばれる。

この頃の蚕（春蚕）の飼育日数についてみると、享保九年に東郡の北東部にあたる上於曾《かみおぞ》村（甲州市）

❖コラム

河野徳兵衛の『農事弁略』

天明七（一七八七）年、八代《やつしろ》郡夏目原《なつめはら》村（笛吹市）の長百姓《ちょうびゃくしょう》河野徳兵衛《こうのとくべえ》（通如《みちゆき》）は『農事弁略《のうじべんりゃく》』を著した。徳兵衛は二五歳、四〇石ほどを所持して村で三番目の高持《たかもち》であり、酒造業もいとなんでいた。近世甲斐における唯一の農書とされる本書は、徳兵衛が「家の伝記、子孫の助《たすけ》ともならん」ことを願って書いたもので、「必々他見致すまじく」と断っていたことから、公刊されることはなかったが、十八世紀後半の国中《くになか》地方における農業技術を理解するうえで貴重な文献となっている。

内容は、⑴序文、⑵肥料の種類と施用法、⑶諸作物の栽培法、⑷三土（この地域でいう強真土《こわまつち》・野土・砂土）の調合法（土拵《つちこしら》え）などからなる。彼は元来、宮崎安貞《やすさだ》の『農業全書』（元禄十年刊）を参考に、栽培技術の熟達につとめてきたが、地域の立地・風土の条件にあてはまることは少ないので、『農業全書』を基本に、土地の老農の考えを聞き歩き、また自身の記録をも集めてつくったのが本書であると序文に記していた。

彼の村は山寄りであるので、田の水入口の稲の不出来な所の工夫として、本畔《あぜ》のなかに三方へ仮畔をこしらえる、つまり冷水対策として温水路の考案を示している。換金作物である煙草は、東郡に属するこの地域では蚕糸収入につぐ位置を占めていたことから、早生《わせ》煙草の作り方に詳しい。あるいは、ほとんど自給用にとどまっていた綿の栽培について、「木綿は土地によりて高下格別にあり」と、この地域の劣りを盆地西部の綿作地帯との比較でのべるなど、生産条件の地域性が技術的段階とともによく示されているといえよう。

で、三月下旬（旧暦）の掃立《はきた》てから五月上旬の上蔟《じょうぞく》まで五〇日ほどとしていたが、隣接する赤尾《あかお》村（甲州市）の保坂家日記の宝暦五（一七五五）年と同十年にみえる養蚕記録では四二日ほどに短縮されていた。三十数石を持高とする保坂家のような豪農層によるこの間の飼育法の向上であろう。

働き手として女子の労働が求められた養蚕期間中でも、熟蚕《じゅくさん》の時期を迎えると、家族のほかに他家からの手伝いを必要とする。同家の日記では「蚕ひろい」（熟蚕《ひきこ》を取り上げる）に近所の三人の女性を頼んでいるが、その後の記録でも「ぼこひき」（上蔟）の日には三人ずつの女手を他に求めていたことがわかる。この地域の百姓が女子を奉公にだした証文に、とくに蚕飼中には夜中とも手伝いをさせることの文言を入れているのは、いかにも養蚕地帯にみられる特色といえよう。五月上旬に養蚕が終わると、麦刈りから同月中旬には田植えがはじまり、田仕事が一段落したあとの夏のうちが繭から糸を挽く作業となる。このように養蚕と製糸は一貫して女性によってになわれ、商品経済の進展にともない、地域農民の経営上ますます大きな役割をはたすことになった。豪農層のなかには女子奉公人を糸挽きに従事させたり、一定の時期に近村から糸取り女を雇い入れることも行なわれ、また、糸繭商人として活動する仲買人が糸を賃挽きさせる形態（問屋制家内工業《といやせいかないこうぎょう》）も広範化していた。

十九世紀になると、この養蚕地帯で二つの養蚕の手引書が著されている。文化十三（一八一六）年の山梨郡竹森《たけもり》村下切《しものきり》（甲州市）の萩原治兵衛の『蚕養育伝書《かいこよういくでんしょ》』と、天保八（一八三七）年の同郡上萩原村（同市）の宮原良弥《みやばらよしや》の『蚕養秘録《こがいひろく》』である。とくに後者は、蚕の掃立てから上蔟までの育蚕の方法のほか、蚕病防止法、桑の管理、種紙《たねがみ》（蚕卵紙《さんらんし》）の取り方などにもおよんで詳細である。村役人であった治兵衛も良弥も、養蚕の巧者だったにちがいない。

市川大門と河内の紙●

甲府盆地南端の八代郡市川大門村《いちかわだいもん》（市川三郷町）を主とし、さらに南部の富士川河谷地帯には、巨摩郡西嶋村（身延町）を中心として紙を漉《す》き出す村々が富士川に注ぐ谷川に沿って点在した。産する紙を前者は市川紙、後者は河内《かわうち》領紙とよび、市川紙は肌吉《はだよし》（奉書《ほうしょ》紙）・糊入《のりいれ》紙・杉原《すぎはら》紙・国栖《くず》紙・周防《すおう》紙・檀紙《だんし》その他、河内領紙は糊入紙・檀紙・西《にし》ノ内《うち》紙など、それぞれ種類は多様であった。

古くから紙漉きの由緒をもって知られた市川大門村では、戦国期武田氏時代に御用を務めた新右衛門・新左衛門の二人の肌吉工がおり、武田氏滅亡後は徳川家康により諸役を免除されて肌吉の調進にあたった。幕府開設後は「御納戸《おなんど》御用の奉書紙」ともみえるが、これは楮《こうぞ》を原料とする厚手で表面のなめらかな純白の高級紙で奉書に用いられ、同村の特産紙であった。その後、肌吉漉衆はあらたに命じられる者があって、承応元（一六五二）年には一四人に増加していた。

これに対して、一般に売買される紙の漉出し（売紙漉き）も、販売市場である江戸をはじめ、近くは甲府城下での消費需要の高まりによって進展した。寛文十三（一六七三）年二月、甲府八日町の「宿取改《やどとりあらため》書上の事」によると、同月八日から十二日にかけて八日町一丁目で河内領紙の問屋をいとなむ五兵衛のもとへ、河内領の四カ村の紙商人七人が紙売りにきており、その書上にはこれらの者は月に六、七度ずつ訪れると記されている。貞享四（一六八七）年の甲府における諸商品の取扱高のうちに、紙問屋三人として糊入・檀紙二〇〇〇両余とみえるのは、市川大門村と河内領で産した売紙であった。

河内領は約八五%が山林面積で、農業生産にきわめて劣るため、林産物の稼ぎに依存する面が大きかったが、山裾や田畑の畔《あぜ》などに植えつけられた楮や、栽植の広がりにやや遅れるが三椏《みつまた》は、ともに紙草（漉草）とよばれて紙漉人の紙料となり、また紙漉きをいとなまない村方では、市川大門村と西嶋村へ搬出するもっとも手近な換金作物であった。紙草の値段は両村の仲買人との取引で決められていたのである。

原料処理の作業をへて、漉船で漉きあげた紙は、干板で乾燥して仕上げ、裁断して商品となるが、ここで西嶋村の延享三（一七四六）年の「村明細帳」によってみてみよう。「当村は紙漉き申し候、但し十一月より四月迄、是は農業の間、男は紙漉き、女は手伝仕り候、右紙は糊入にて御座《ござ》候、諸国へ商売仕り候」とあるように、紙漉きは冬春の間、農民がいとなんだ農間の副業であった。ここには「手伝い」としてみえるが、剝皮《はくひ》などの原料精製や漉立て、紙干しといった労働をになった女性の役割に注目しなければならないだろう。西嶋村の紙漉人は明和六（一七六九）年には五五人であったという。

文化九（一八一二）年と天保十五（弘化元、一八四四）年の書上によると、先の西嶋村のほかは、河内領南端で漉船五九艘を所持する巨摩郡万沢《まんざわ》村（南部町）と三六艘の福士村（同

市川大門の紙漉き（『並山日記』）

前）以外は一六艘以下で、紙漉きに従事する農民は少なく、むしろ楮・三椏の供給地となっていたこと、つまり地域的分業の展開が知られる。

市川大門村は宝永二（一七〇五）年に家数五六五軒のうち、御用紙漉きの一四軒を別として、本百姓紙漉き一六三軒、店借水呑《たながりみずのみ》紙漉き五五軒を数え、市川紙の産地にふさわしく、江戸紙商人と小紙商人をあわせて四四軒があった。ときには楮値段の高騰により紙値段に引き合わず、休業を余儀なくされて、享保十七（一七三二）年のように漉船七〇艘を減じたということもあったが、その後、文化六年の売紙漉き二三五人を数えるまでに増加している。

同村でも冬の漉始めから春の漉留めまで、約半カ年の稼業であったのは、この季節に漉かれた紙は品質がよかったことと、もう一つは楮値段の抑制と紙価の維持にあったようである。この紙漉日限は、年々紙漉仲間の相談で決められて、違反者に対しては制裁があった。

この時代をとおして、紙漉稼ぎに対しては漉船に課せられる船役米と、産紙高に応じて取り立てられる運上《うんじょう》紙があった。市川大門村の場合、明暦二（一六五六）年以降は船役の米納にかえて、朱印役紙（運上紙）を四割増しで紙納させることになったが、やがて寛政五（一七九三）年から金納化（同年金一四七両二分余）されたことは、同村の紙生産が河内領諸村のそれと発展段階を異にしていたと考えられよう。

特産物の広がり●

地域の気象や土壌など自然的条件に相応した各地に特有の生産物が、元禄期（一六八八〜一七〇四）までには登場していた。前述した郡内織と蚕糸と紙漉きは、江戸時代の甲斐を地域的に大きく明確に区分した特産物を代表するが、そのほかにいとなまれた主要なものを、葡萄《ぶどう》・煙草《たばこ》・木綿《もめん》についてみておこう。

(1)葡萄　葡萄は、桃その他の果物とともに現在山梨県有数の特産品である。江戸時代に国中《くになか》地方では多種の果樹が栽培され、いつ頃からか定かでないが、葡萄・梨・桃・柿・栗・林檎《りんご》・石榴《ざくろ》・胡桃《くるみ》の八種を総称して、「甲斐八珍果《はっちんか》」の名もうまれていた。なかでももっとも有名な葡萄は、甲州道中の勝沼宿と隣接した菱山《ひしやま》村、両村と日川をへだてた八《やっ》代《しろ》郡の上・下岩崎《いわさき》村の四カ村（甲州市）に限って栽培されていたものであった。元禄八年の『本朝食《ほんちょうしょく》鑑《かがみ》』が、葡萄産地として第一にあげた甲州とはこの土地である。しかし、正徳四（一七一四）年から同六年にわたる四カ村の検地帳によれば、葡萄栽培面積は合計一四町七反三畝余（約一四・七ヘクタール）にすぎなかった。

もっとも多くの栽培面積（六町二反余）をもった上岩崎村で、二人の上層農民が延享元（一七四四）年江戸の水菓子《みずがし》問屋へ送った葡萄の勘定帳をみると、出荷の諸入用を差し引いて、源五左衛門《げんござえもん》は八一八籠で金一〇両三分余、六郎左衛門は五七三籠で七両二分余の収入をえていたことがわかる。葡萄がこれらの村々で産する青梨や柿とともに、甲州道中を駄荷《だに》で運ばれていった先は、多くは江戸神田《かんだ》の水菓子問屋で、一部が甲府であった。また、勝沼宿ではもちろん街道沿いの茶店が、棚下に小店をしつらえて旅人に葡萄を売りこんでいる情景が想像されよう。松木蓮之《れんし》の「勝沼や馬士《まご》は葡萄を喰《く》ひながら」の句は有名であるが、

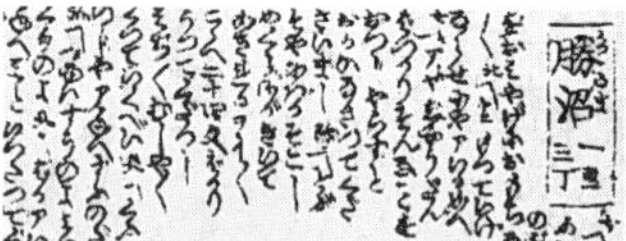

勝沼の葡萄売り（『身延参詣甲州道中膝栗毛』）

江戸時代における甲州道中の紀行が、勝沼宿の辺りできまって葡萄について記すのは天下に名高かったからである。

しかし、葡萄栽培は当時の技術や年々の気候に制約されるところが大きく、また液果《えきか》のなかでもとくに葡萄は、市場への運輸事情などにも左右されて、やや安定性を欠いた商品作物であった。したがって栽培地も、十八世紀末に甲府の近在にわずかに拡散した程度であった。旧来の四カ村は十九世紀前半になって、栽培面積を正徳期（一七一一〜一六）の二倍に増加させたにすぎなかったが、「多年錬磨の功（熟練した栽培技術）に依《よっ》て之《これ》を能《よ》くす」（『甲斐国志』）といわれたように、甲州葡萄の名産地としての地位をその後長く保持することになる。

(2)煙草　煙草も『本朝食鑑』によると、当時全国的に名をえた産地と並んで、「甲州の門前《もんぜん》（和田村法泉寺＝甲府市）・小《こ》松《まつ》（甲府市）」と「甲《こう》（甲州）の石火箭《いしびや》（萩原煙草＝甲州市）」があげられている。

延宝八（一六八〇）年一月、甲府町年寄《まちどしより》が桜田屋敷（甲府家）へ年始に出府した際、その土産のなかに甲金《こうきん》一両分の煙草がみえるが、当時甲府家が領内から御用煙草として買い上げていた

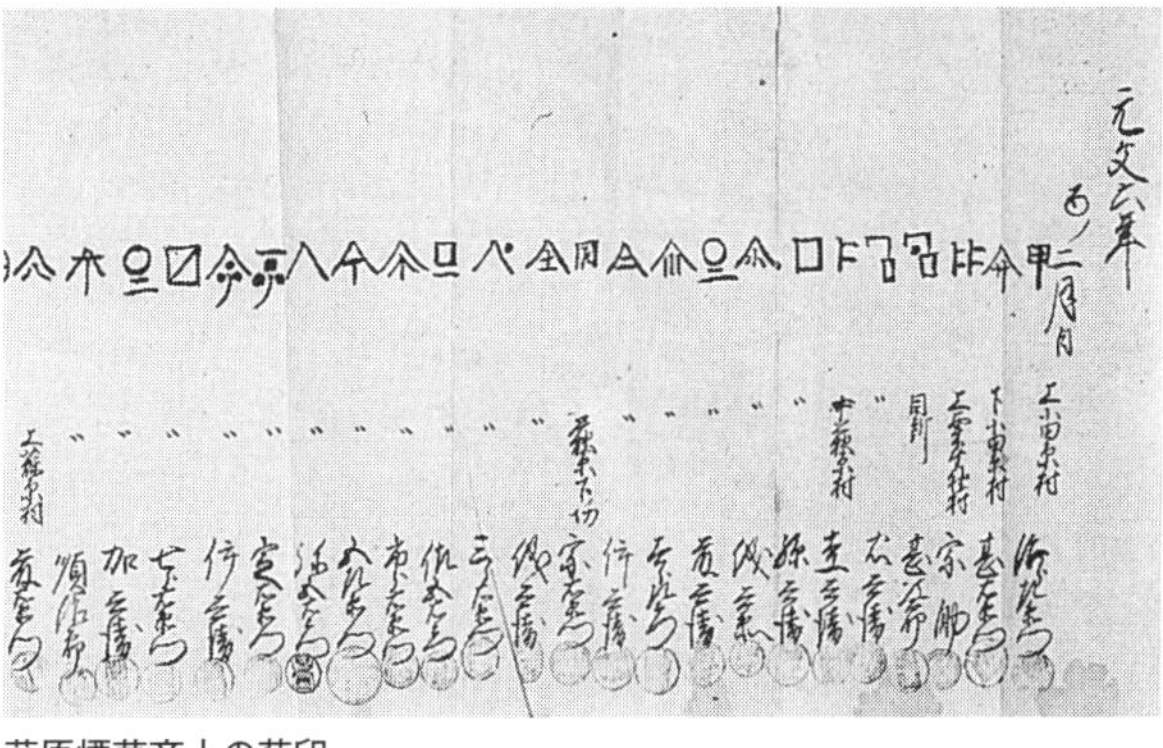

萩原煙草商人の荷印

のが、城下の北に近接した和田・小松など四カ村の煙草だったので、持参したのもすでに名産化していたこの土地のものであったにちがいない。貞享四（一六八七）年、甲府で煙草が小売りばかりで一二〇〇両余といい、四軒の煙草問屋があった。他国へはすべて在方《ざいかた》の生産地から直接に移出していたので、当時盆地周縁部に広がって栽培されていた煙草の生産はかなりの額におよんでいたと考えられる。

甲州産の煙草の第一の品質という和田・小松に並ぶのが龍王《りゅうおう》煙草（甲斐市）で、これらについで西郡《にしごおり》煙草（南アルプス市ほか）が知られ、おもに江戸へ向けられた。盆地東部の山寄りの村落では、萩原《はぎわら》煙草が香りや味が強く漁師の好みにあうことから、駿河・遠江の両国へ販売されたほかに、千野《ちの》（甲州市）・西保《にしぶ》（山梨市）・徳和《とくわ》（同市）や八代《やつしろ》（笛吹市）などと地名を冠した煙草が多くみられた。また、郡内領でも下郷《しもごう》（大月市・上野原市ほか）の村々で産した煙草が、海辺《かいへん》の西国へ搬出されていた。

元文元（一七三六）年、大坂に諸国から入荷した諸商品とその主産地に、甲斐の物産がみえるのは絹（郡内絹）と煙草の二品目であったように、産地一六カ国の一つとして煙草は甲斐を代表する商品であったといえる。

(3)木綿　甲斐における綿の栽培は戦国時代にはじまって以来、江戸時代になると栽培地は高冷地を除く甲府盆地一帯に拡散していった。寛永十五（一六三八）年の『毛吹草《けふきぐさ》』に、甲斐の物産として「柳下木綿《やぎしたもめん》」の名が記されているが、どこで製織され、どのような綿布であったのか確証をえない。

天和三（一六八三）年に甲府の木綿問屋の取扱高が一七万反で代金一万二〇〇〇両、元禄五（一六九二）年には一五万七九五〇反で代金九六四一両と、一七世紀末頃、生産された甲州木綿のうち、一七人の甲府問屋を経由して流通市場にのった木綿が、一年に一六万〜一七万反であったとみることができる。これらは主産地の中郡《なかごおり》・西郡・北山《きたやま》の三筋、つまり巨摩《こま》郡の中部の村々から織り出したもので、大部分が白布で、ほかが縞《しま》布であった。

盆地西部にあたるこの地域は、夏季の生育期における高温・少雨の気候と、砂土《さど》または礫質《れきしつ》砂土の土壌であったことで、綿の栽培のうえで条件を備えていた。こうして形成された甲斐の綿作地帯のなかでも、御勅使《みだい》川扇状地を中心とした西郡綿をはじめ、釜無《かまなし》川氾濫原の南湖《なんご》綿（南アルプス市）や龍王綿（甲斐市）などの名が知られた。「奈胡《なご》（南湖）の白布」が有名だったのは、この地で産する綿が良質であったからである。

実綿《みわた》から繰綿《くりわた》──打綿《うちわた》──篠巻《しのまき》という工程をへて、紡糸──製織へと進む作業は、ほとんどが婦女子の仕事であった。この地域の村明細帳に、「作間《さくま》、女は木綿布織り渡世《とせい》仕り候」と記されるとおりであった。したがって、村々に木綿布商人の活動が盛んであったのもいうまでもない。

しかし、従来近国商人との取引によって移出されてきた綿布の生産が、やがて十八世紀後半になるとふるわなくなっていた。関東で下野の足利《あしかが》・真岡《もうか》、上野の桐生《きりゅう》、武蔵の青梅《おうめ》などが、それぞれ特色ある木綿の産地として著しい進展を示してきたのにともない、甲州木綿は市場をせばめたのではないか。『甲斐国志』が「今は業として他方に鬻《ひさ》ぐ（売る）に足らず、国用となすのみなり」とのべていたのが、その頃の木綿生産の状況だったのである。こうして繰綿や篠巻が、甲府で「綿屋町」の名でよばれた山田《ようだ》町の綿屋仲間をへて他国へ販売されたり、綿作のいとなまれない郡内領や逸見《へみ》筋（国中の北西部）の村々へ送られる主要商品になっていった。

8章

地域文化の展開と支配の動揺

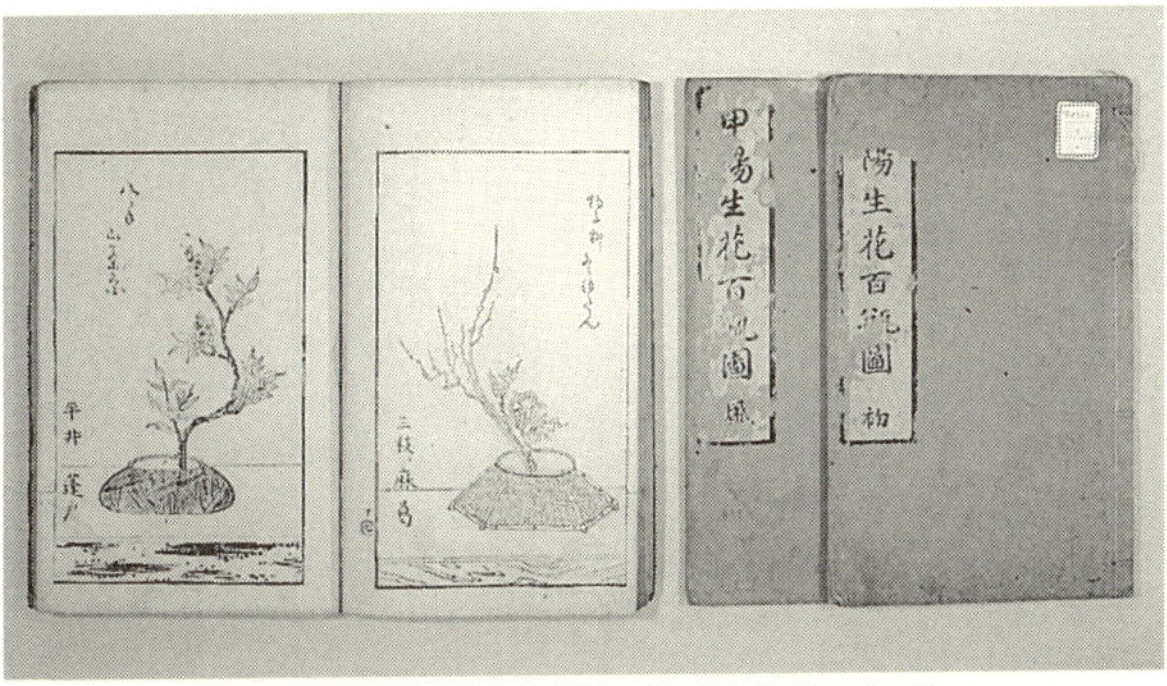

『甲陽生花百瓶図』(天明8〈1788〉年刊のもの)

1　教育・学問と遊芸文化

地域の文人たち●

甲斐の学芸がもっとも輝きをみせたのは、十八世紀中・後期であった。まずこの時期を代表したのが、山梨郡下小河原《しもこがわら》村（甲府市）の山王権現の神官加賀美光章《かがみみつあき》と巨摩郡藤田《とうだ》村（南アルプス市）の医者五味釜川《ごみふせん》であった。光章は京都で儒学を崎門《きもん》三傑の一人三宅尚斎《みやけしょうさい》に、ほか歌学・国学を学んで帰郷し、家塾環松《かじゅくかんしょう》亭《てい》を開いたのに対して、釜川は江戸で蘐園《けんえん》学派の太宰春台《だざいしゅんだい》に学び、やはり郷里に開塾していた。ほかに甲府近在の神官で、光章とともに享保十二（一七二七）年京都に上って垂加《すいか》神道や和歌を学んだ山本忠《ただ》告《つぐ》・飯田正紀《まさのり》、少し後れて堀内憲時《ほりうちのりとき》らがそれぞれ家塾を開いて子弟の教育につとめ、新しい学問の花を咲かせることになった。

世にいう明和《めいわ》事件で死罪に処せられた山県大弐《やまがただいに》は、享保十年巨摩郡篠原《しのばら》村（甲斐市）に生まれ、父が甲府与力《よりき》の村瀬《むらせ》家を継いだので甲府に移った。はじめ光章に、ついで釜川に学んだ。延享二（一七四五）年村瀬軍治《ぐんじ》と名乗って家督を継いだが、弟の殺人逃亡事件に座して宝暦元（一七五一）年改易され、山県姓に復し江戸にでて開塾、儒学や兵学を講じた。大弐の尊王斥覇《そんのうせきは》の思想が結実された著書『柳子新論《りゅうししんろん》』は有名である。

甲斐をはなれた大弐を別として、甲斐の学芸をになう人々が光章と釜川の門から輩出した。光章の門下として八代郡二之宮《にのみや》村（笛吹市）の美和《みわ》明神の神官でのちに幕府の連歌衆になった栄名井聡翁《さかないそうおう》（上野広俊《うえのひろとし》）、

『甲斐名勝志』の著者で本居宣長《もとおりのりなが》に入門し国学者となった山梨郡一丁田中《いっちょうたなか》村（山梨市）の萩原元克《はぎわらもとえ》のほか、つぎの人々が知られた。甲斐における中興期俳諧の指導者となった山梨郡川田《かわだ》村（甲府市）の上矢敲氷《うわやこうひょう》、のちに『甲斐国志』の編纂にたずさわった巨摩郡西花輪《にしはなわ》村（中央市）の内藤清右衛門《せいえもん》と同郡上小河原村（甲府市）の村松善政《よしまさ》、また、八代郡末木村（笛吹市）の人で石門心学《せきもんしんがく》の普及につとめた志村天目《てんもく》、山梨郡国府《こう》村（同市）の医者でのちに宣長の門にはいる辻保順《つじほじゅん》、八代郡一宮《いちのみや》村（同市）の一宮神官で書で聞こえた古屋蜂城《ふるやほうじょう》の三兄弟などであった。一方、釜川に学んだおもな人たちに、八代郡市川大門《いちかわだいもん》村（市川三郷町）の医者で儒学と能書で著名な座光寺南屏《ざこうじなんぺい》、藤田村の医者広瀬中庵《ちゅうあん》、甲府の富商で書をもって知られた加藤竹亭《ちくてい》と辻孔夷《こうい》らがいた。

加藤竹亭は、甲府で一番の繁華街であった八日町一丁目に間口一〇間の屋敷をもって、薬種と香具などを商っていた若松屋平八であった。釜川のあと光章について学んだことから、山県大弐とは同門として親交があり、大弐が撰文した酒折宮《さかおりのみや》の碑は竹亭（翼《たすく》）の書になるものであった。彼は八人の子に恵まれ、長男の昌融《しょうゆう》から昌齢《しょうれい》・昌預《まさやす》の三人をともに光章の門に学ばせた。学芸的雰囲気を豊かに備えた家庭環境のなかで、二人の兄と共通して和歌の道を志した昌預は、はじめ藤原定家《ふじわらのていか》や藤原浜成《はまなり》・烏丸光広《からすまるみつひろ》らの歌学書や歌集の

山本金左衛門（春日昌預）画像（長谷川雪旦筆）

筆写にはげんだ。この間、安永四（一七七五）年昌預二五歳のとき、甲府町年寄を世襲していた山本金左衛門家に養子入りした。同年、町年寄見習につくが、彼の同学との交友と学芸志向はいっそう深められていった。

平成五（一九九三）年、関西大学の木下正俊《きのしたまさとし》・神堀忍《かんぼりしのぶ》両教授によって「冷泉本《れいぜいぼん》」万葉集の書写本が発見された。元関西大学学長の広瀬捨三氏の所蔵するところから「広瀬本万葉集」と名付けられることになったが（岩波書店刊『校本万葉集』所収）、これは天明元（一七八一）年十二月に書写・校合《きょうごう》を終えた、その識語《しきご》のあとに春日《かすが》昌預の署名が付されたものであった。春日は昌預の実家加藤家の先祖の姓に由来し、山本金左衛門昌預である。そして、この書写本には萩原元克の書き入れが所々にみえることや、書写の筆跡から七人以上の関与が推定されており、昌預の仕事として、元克ほか国学仲間の協同をえて、書写作業が行なわれたのであろう。しかし、その書写はいかにして可能であったか、経緯については不明である。

この時期に輩出した文人の多くは、農村の豪農や神職であった。彼らはそれぞれの地域に私塾を開き、醸成された文運はつぎの世代へ引き継がれていった。昌預自身はやがて町年寄に就任し、繁忙な職務に明け暮れしながらも、その後、和歌の実作に傾注したことが、現在山梨県立博物館所蔵の彼の多数の家集にうかがわれる。晩年の昌預から指導をうけたという孫の山本苗子《なえこ》は、幕末の女流歌人として知られた。

徽典館と郷校と寺子屋●

宝暦八（一七五八）年山梨郡牛奥《うしおく》村（甲州市）では、村内を三組にわけて組ごとに入札で長百姓《ちょうびゃくしょう》役を選出することになったが、落札した者のうち二人が無筆無算《むひつむさん》のため、名主《なぬし》と他の長百姓から早急の措置が求められていた。読み・書き・算盤《そろばん》の能力は村役人層として不可欠であったことはもちろん、商品経済が進展した十八世紀中頃には、一般百姓にとっても必要性が高まっていた。庶民を対象とする教育施設として寺子屋《てらこや》は、甲斐でも古く開設されたものがあったが、その数が増えはじめるのがこの時期であった。以後、寺子屋が地域的に密度を増していった十八世紀末から十九世紀前半に、幕府直轄都市である甲府に官学の徽典館《きてんかん》と、これに続いて、代官所所在地などに郷校《ごうこう》の創設をみる。

徽典館は、寛政八（一七九六）年に甲府勤番士とその子弟の教育を目的として設立された甲府学問所にはじまり、文化二（一八〇五）年に大学頭林述斎《だいがくのかみはやしじゅっさい》によって命名されたのをうけて、松平定信の書になる徽典館の扁額《へんがく》が校舎に掲げられた。教育は四書《ししょ》・五経《ごきょう》を中心とし、寛政二年に正学として幕府教学の中心的位置を占めた朱子学《しゅしがく》であった。そして、武道を教授する講武所や、勤番医と町医が医書を講じた医学所が併設された。天保十四（一八四三）年に二度目の学舎改築で追手門前に移り、江戸の昌平坂《しょうへいざか》学問所から年々教授が二人ずつ交替で徽典館学頭《がくとう》として派遣されることになった。現在、山梨大学教育人間科学部構内に建つ天保十四年十二月の「重新《じゅうしん》徽典館碑」は、創設以来この年に至る徽典館の経緯に詳しい。同年の達《たっし》によると、「此度《このたび》当地文学（学問）御引立《おひきたて》のため」として、勤番の者のみでなく、「市中末々《すえずえ》のもの迄有志の輩《ともがら》」をも教育の対象として、聴講を許しその拡大をはかっていた。

甲斐における郷校として代表的なものに、代官の主導で支配所の有志の協力をえて設立した石和《いさわ》教諭所（由学館《ゆがくかん》）と谷村《やむら》教諭所（興譲館《こうじょうかん》）がある。まず石和代官山本大膳《だいぜん》が、人気軽薄におちいっていた支配村々を回村する際に、村民の教化につとめていたが、文政六（一八二三）年に八代郡小城《こじょう》村（笛吹市）の天神社の社地に教諭所を設置した。これ（小城教諭所）が天保十年頃石和陣屋の近くに移り、石和教諭所とよばれるようになった。大膳が草したという「教諭三章」が板行《はんこう》されて村々に配布され、また彼が編集した「五人組帳前書」のほか、「六諭衍義大意《りくゆえんぎたいい》」などが教科書として使用されていた。同じく石和代官の佐々木道太郎《みちたろう》が、谷村（都留市）の出張陣屋内に天保十三年に創立したのが谷村教諭所であった。全国的に郷校の設立が盛んになっていた当時、甲斐における東西二つの郷校の開校も、封建的危機の深刻化に対処するための民衆教化を意図したものであった。

このように体制的な必要によって上から創出された郷校と違って、元来、初歩的な読法・書法や、実用的な知識の習得を主として、庶民の要求からうまれたのが寺子屋であったが、その普及には地域的な差異があった。分布で山梨郡東部を第一に、これにつぐのが八代郡東部であったように、商品経済の進展度にかかわっていた。全体に女子の就学は劣るが、天保年間に四カ所の寺子屋が設けられていた勝沼宿（甲州市）には、女師匠小池みさごの経営する寺子屋があった。彼女は文化十四年一九歳のときから五年ほど幕府の大奥《おおおく》に侍女《じじょ》として祐筆《ゆうひつ》をつとめ、二六歳で勝沼の商家に嫁《とつ》ぎ、文政十年に開設したものだという。慶応二（一八六六）年の寺子数が男子一〇人、女子九〇人であったように、ほとんど女子を対象としており、したがって読・書・算のほか、三味線・琴・茶の湯・和歌などをも習わせていた。町場の寺子屋の典型であろう。勝沼宿に近く、牛奥村（甲州市）と上栗原村（山梨市）にも農婦と神官の妻による寺子屋が設けられていて、読・書のほか前者は裁縫を、後者は和歌を教えていた。寺子屋開業の年代的傾向としては、文字学習の欲求の一般的な高まりにより、ちょうどこの天保期以降が顕著であり、庶民教育はかなりの広がりをみせるようになっていた。

俳諧の盛行●

庶民のあいだでもっとも身近な文芸として親しまれ、広く展開したのは俳諧《はいかい》であった。まず甲斐出身の著名な俳人として、松尾芭蕉《ばしょう》と親交のあった山口素堂《そどう》がいるが、彼の活動は直接甲斐の俳諧に影響を与えることはなかった。貞享二（一六八五）年に甲斐最初の俳書『俳諧白根嶽《しらねがたけ》』が出版された。編者の一瀬調実《いちのせちょうじつ》は市川（市川三郷町）の肌吉衆《はだよししゅう》の一人で、江戸の俳諧師岸本調和《ちょうわ》や京都の北村季吟《きぎん》に教えをうけた。その後しばらく甲斐の俳諧は調実を中心に展開されたが、享保十六（一七三一）年に江戸で「五色墨《ごしきずみ》」運動がおきると、素堂門下の山口黒露《こくろ》が甲府に住んで甲斐の俳壇を指導したほか、五色墨のにない手である中川宗瑞《そうずい》や松木珪琳《けいりん》（蓮之）らが入峡した。その影響下に巨摩郡古市場村《ふるいちば》（南アルプス市）で酒造業をいとなむ豪農大久保一林《いちりん》父子や、八代郡上野村（市川三郷町）の御崎神社神主市川和橋《わきょう》らの活動があった。

ついで蕉風《しょうふう》復興の運動が全国的に高まった十八世紀後半に、甲斐の俳壇は充実期を迎えた。柳居《りゅうきょ》門俳諧の甲斐への移入は門瑟《もんしつ》と巻阿《かんあ》を通して行なわれたが、この頃、甲斐を代表する俳人に門瑟系で八代郡藤《ふじ》

「芭蕉翁甲斐冢」の碑（甲州市大善寺境内）

松本守拙『峡中俳家列伝』

井村《い》（甲州市）の渡辺梅童《ばいどう》、山梨郡小原村《こばら》東分《ひがしぶん》（山梨市）の早川石牙《せきが》、川田村《かわだ》（甲府市）の上矢敲氷《うわやこうひょう》、巨摩郡上条南割《かみじょうみなみのわり》村（韮崎市）の堀内引蝶《ほりうちいんちょう》らと、巻阿の門弟で明和八（一七七一）年に甲府上府中《かみふちゅう》の相《あい》川の近くに如雪庵《じょせつあん》を結んだ尺五《せきご》であった。もう一人、柳居門ではなく加賀国金沢《かなざわ》の高桑闌更《たかくわらんこう》の教えをうけ、本居宣長に入門するなど広い教養を身につけて俳諧に打ちこんだ巨摩郡藤田《とうだ》村（南アルプス市）の五味可都里《ごみかつり》がいた。

梅童は宝暦十二（一七六二）年居村に近い柏尾《かしお》の大善《だいぜん》寺境内に芭蕉の塚を築き、『はいかい甲斐冢《かいづか》集』を出版し、尺五はまた安永四（一七七五）年に甲府の善光《ぜんこう》寺に芭蕉句碑を建て、『月影冢《つきかげづか》の集《しゅう》』を刊行する。これに続く芭蕉句碑は、可都里が師の闌更とともに指導して山梨郡等々力《とどろき》村（甲州市）の万福《まんぷく》寺に建立したもので、記念して『駒墳《こまづか》集』がだされていた。彼らをはじめ活動する在村俳人は、ほとんどが長百姓を務める豪農層であった。そして、江戸や他国の俳人との交流がいっそう盛んになっていったのがこの時代であった。

これに続く化政期（一八〇四～三〇）は、越前国敦賀《つるが》（福井県敦賀市）の出で可都里を訪ねて甲斐に住んだ辻嵐外《らんがい》、早川石牙の子で医業を継いだ漫々《まんまん》、山梨郡加茂《かも》村（笛吹市）の竹下草丸《くさまる》らによって代表された。彼らのもとに集まった多数の門人たちによって、俳諧の大衆化が進んだ。安永・天明期（一七七二～八九）に刊行が盛んであった俳書は、化政期には出版をいっそう増加させた。そして、俳諧は大衆のあいだに趣味と娯楽の対象として、社交の一つの場ともなっていく傾向をみせるようになっていた。

生花と盤上遊戯●

宝暦期（一七五一～六四）頃、多くの生花の宗匠が京都・大坂から江戸へ下って、それぞれの流派を形成

❖コラム

亀屋座芝居

歌舞伎《かぶき》が全盛時代にはいる明和期（一七六四〜七二）に、甲府で「芝居人寄渡世《しばいひとよせとせい》」として登場したのが西一条《にしいちじょう》町の与兵衛《よへえ》であった。明和二年に金手《かねんて》町の教安《きょうあん》寺境内に借地して普請した小屋で、与兵衛は五月二十六日から一五日間、浄瑠璃《じょうるり》仕形《しかた》芝居の興行を行なった。これが甲府亀屋座《かめやざ》の前身である。

十八世紀初頭以来、甲府では寺社境内の仮小屋で歌舞伎芝居の興行がみられたが、この頃から名《な》題《だい》役者の入甲があいついで、甲府の町人をはじめ近在の人々の関心がいっそう集められていった。五代団十郎《だんじゅうろう》が坂東三津五郎《ばんどうみつごろう》や森田勘弥《もりたかんや》らと甲府入りしたのは寛政三（一七九一）年四月で、歴代の団十郎として最初の地方興行であったという。享和三（一八〇三）年甲府の大火で類焼の難にあった与兵衛は、小屋を彼が居住する西一条町に移すことにした。間口一一間、奥行二〇間の規模で文化二（一八〇五）年の落成という。歌舞伎は化政期（一八〇四〜三〇）の爛熟期を迎え、二代目与兵衛が正式に名乗った亀屋座は隆盛期にはいった。文政五（一八二二）年市川海老蔵《えびぞう》（七代団十郎）が松本幸四郎《まつもとこうしろう》・市川門之助らを伴って入甲、夏芝居で出し物は一番目「曾我《そが》」、二番目「壇浦兜《だんのうらかぶと》軍記《ぐんき》」、大切《おおぎり》は所作事《しょさごと》「戻駕色相肩《もどりかごいろにあいかた》」であった。その後も三度の興行がみられた。

浮世絵師として名高い歌川広重《うたがわひろしげ》が、道祖神祭りの幕絵を描くことを依頼されて、甲府を訪れたのは天保十二（一八四一）年四月であったが、逗留中の仕事の合間に、彼の楽しみの一つは亀屋座に足を運ぶことだったようである。この頃、甲府の下層住民の婦女子のあいだには、繭《まゆ》から糸を挽《ひ》く賃仕事をいとなむ者も少なくなかったが、その稼ぎも夏芝居に費やすといわれるほどだった。

し流布につとめていたなかに、是心軒一露《ぜしんけんいちろ》により宝暦十一年にはじめられた松月堂古流《しょうげつどうこりゅう》があった。そして、一露がこの流儀の地方普及をはかるため、最初に目をむけたのが甲府であり、門弟を養ったのは明和年間（一七六四〜七二）の末頃からであろう。やがて安永三（一七七四）年には門人一〇〇人の作品を収めた『甲陽生花百瓶図《こうようせいかひゃっぺいず》』三巻の成立をみた（章扉写真参照）。もっとも出版されたのは一四年後の天明八（一七八八）年である。

一〇〇人中、甲府・石和両代官所役人の子女と推定される五人のほかは、すべて雅号のみで居住地・職業・実名は不明である。門人となった者が多いなかでも、百瓶に選ばれた者同士では、雅号でつうじあえる同好の風雅の世界が成り立っていたのである。中巻に序文を書くのは如雪庵尺五、下巻の跋文《ばつぶん》は平橋庵（上矢）敲氷であり、彼らとともに作品に名をみせるのは、八代郡右左口村《うばぐち》（甲府市）七覚山円楽寺六角堂の山主で尺五と親交のあった観照軒瑚璉《かんしょうけんこれん》や、美濃国岐阜《ぎふ》（岐阜県岐阜市）の出で入峡して八代郡四日市場村（笛吹市）に住んで敲氷と親密であった半峯亭母必《はんぽうていもひつ》をはじめとして、中興期俳諧の甲州俳壇で活躍する俳人を中心に、周辺の文人たちであったと考えられる。『百瓶図』は奥付に三都の書肆《しょし》を載せていたことから、地方出版物に終わらずに、広範な販路がこの流派の普及とともに考えられていたのである。

松月堂古流を学んだ階層を、在の豪農層や甲府の上層町人とみるならば、教養・趣味の文化活動の一つを花道に求める層を、さらに広範化したのが十九世紀前半であった。新流派の普及をはかって入甲する遊歴の師匠がみられたが、なかでもきわだって活動したのが、東風遠州流《とうふうえんしゅうりゅう》を創立した松桐庵一司《しょうとうあんいっし》であった。一司は上野国桐生（群馬県桐生市）出身で、江戸で学んだ正風《しょうふう》遠州流が関東に広まっていたことから、一司は正正風の未開拓の甲斐で、彼の興した新流派の教導をはかったのが弘化年間（一八四四〜四八）末からであろう。嘉永三（一八五〇）年には門弟の作品を三巻に収めた『東風挿花《いけばな》蝶乃《ちょうの》友《とも》』を出版し、ついで甲府で一司を会主とする花会が催されていた。その後も作品集は隔年に刊行されて四編におよんだ。門弟は教導の拠点であった甲府に多かったが、甲府盆地の村々に広がりを示していた。新興の流派による生花の習得の簡便さと遊芸化が進められていくなかで、受容層も拡大されていったのである。

　庶民のもっとも手近な遊芸として、広く愛好者をもつようになったのが囲碁《いご》・将棋《しょうぎ》であった。十八世紀中頃、甲府では達人として碁は林猶夢《はやしゆうむ》、将棋は堺屋庄右衛門《さかいやしょうえもん》（薬種屋）といわれた市中の評判は、碁・将棋の普及を物語っている。他国から碁打《うち》・将棋指《さし》の入甲がみられるようになったのもその頃であった。

　碁の愛好者層の広がりを反映して、十九世紀になると人名録や番付が各地でつくられるようになるが、国中《くになか》では弘化元（一八四四）年「囲碁相撲《いごずもう》・甲斐人名録」が出版されている。これの嘉永五年版をみると、当時多くの遊芸になれ親しんでいた甲府勤番士のなかでも、流行する市中の囲碁の会に参加し、三七三人を載せた番付に四四人が名を連ねていた。

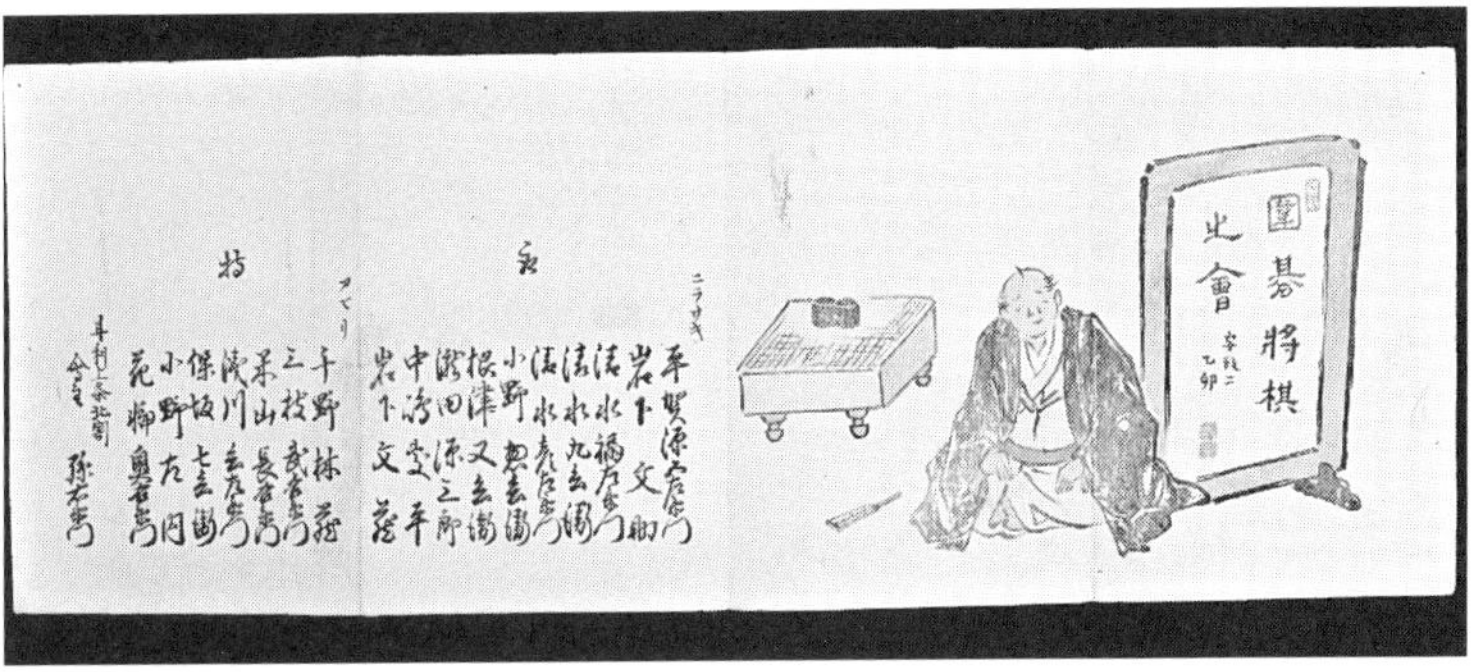

囲碁・将棋の会の引札（安政２〈1855〉年）

将棋は文化二（一八〇五）年四月、甲府城下の南端に接する遠光寺村《おんこうじ》（甲府市）千松院《せんしょう》で、郡内《ぐんない》の将棋指をも含む六二人が参加した「象戯会《しょうぎかい》」が一五日間にわたって興行されていたのをはじめ、各地に将棋会の催しがみられた。当時、甲斐でもっとも有名な棋士《きし》は八代郡岩間村《いわま》（市川三郷町）の赤池嘉吉《あかいけかきち》で、大橋宗英《そうえい》撰『将棋奇戦《きせん》』には文化五年の彼の棋譜《きふ》が二番収められている。彼は市川大門（市川三郷町）に指南所《なんじょ》を設け、専門棋士として活動していた。将棋所《どころ》の伊藤宗看《そうかん》の門人である内藤蘭風《らんぷう》が甲府に来遊して、能成寺《のうじょう》で将棋会を開いたのは天保三（一八三二）年であった。甲府に将棋稽古所《けいこじょ》を設けて門弟の指導にあたったほか、取立《とりたて》弟子が各地で指南するなど、将棋に関心を寄せる人々に大きな影響を与えた。蘭風は二〇年近い甲府滞在を終えて江戸へ帰り、嘉永五年に改名して御城将棋に出勤する和田印哲《わだいんてつ》となった。碁・将棋は、日常的な遊芸となって社交の手段としてもその後ますます盛んとなっていった。

2　生活と風俗

農民の衣食住●

甲斐の古民家の典型として知られるものに、神奈川県の川崎市立日本民家園に移築復元されている山梨郡上萩原村（甲州市）の広瀬家住宅がある。十七世紀後期の有力農民の家と推定され、桁行《けたゆき》八間《けん》、梁行《はりゆき》四間半（一間は約一・八メートル）の大型家屋で、茅葺切妻造《かやぶききりづまづくり》は近世の甲府盆地東部にみられた形式を示している。内部は広い土間《どま》の入口脇に馬屋があり、土間にならんだ土座《どざ》には二カ所の囲炉裏《いろり》が設けられ、この土座居所《いどこ》に続いて座敷・中納戸《なかなんど》・納戸の三室となるが、建ちの低い外観とともに素朴な住生活をうかがわせる。富裕農民を除けば、多くの小前《こまえ》百姓は、その後も長く莚《むしろ》やねこだを敷いた土座住いで、板敷に茣蓙《ござ》か畳を敷いた座敷が、彼らの住生活に入れられるのは江戸後期であった。

しかし、家屋の構造や規模に生業との関係による地域的な違いも生じていた。十八世紀前半の国中《くになか》にあって東部の村々には養蚕をいとなむために二階屋が多いのに対して、他の地域では二階屋はまれであったという。これは外観が二階建ての家ではなく、上部に梁を平らに組んで屋根裏全体を蚕飼《こがい》に利用できるようにした造りで、したがって家屋の規模も比較的大きくなるだろうが、十九世紀前半におけるこの養蚕地帯にみられた家屋の規模は、桁行五〜六間、梁行三間が平均値で、甲府盆地の中西部では、おそらく一五坪以下が多くの小前百姓の家の規模であっただろう。

江戸時代は〝木綿《もめん》の時代〟といわれるように、木綿が衣料の中心となった。商品としての綿布の生産地(二〇八頁参照)以外でも、自給用の綿を栽培して織り、高冷地である盆地北部の山寄りの村々や郡内領では、繰綿《くりわた》や篠巻《しのまき》を買い入れて綿布を織るのが、婦女子の仕事として一般的であった。ほかに青梅縞《おうめじま》などの良質の綿織物の購入もみられた。また、古くからの衣料であった苧麻《からむし》から織った麻布や、楮《こうぞ》などの繊維を原料とした太布《たふ》が仕事着に供されていた。

農民の衣食住については、幕府は触書《ふれがき》や五人組帳前書で法的に規制していたが、一方、村内においても共同体の身分的秩序の保持のため、村役人層と小前百姓のあいだには、幕法以上に細微にわたった截然《せつぜん》たる差別があった。それは村定《むらさだめ》に明示されたり、あるいは「郷例仕来り《ごうれいしきたり》」とされたものであった。文化元(一八〇四)年の巨摩郡荒川村《あらかわ》(甲府市)の村定では七カ条の一つに、家普請は分限に応ずべきこととして、名主・長百姓と役儀を休んでいても右と家柄を同じくする者のほかは、玄関・無双狭間《むそうざま》・爩《うつ》(煙出《けむだ》し)や長屋門・平地門《へいじもん》などを設けてはいけないとしている。これより先、八代郡藤垈村《ふじぬたむら》(笛吹市)で明和七(一七七〇)年に小百姓の一人が家作に榑縁《くれえん》(縁板《えんいた》を敷居に平行に張った縁側)を備えようとしたため、村役人から中止させられ、また、長押《なげし》を用いた者がその取りはずしを命じられていたのも、村の仕来りに反したからだという。成長する小前百姓のなかには大きな家屋をもち、土蔵その他の付属屋を備えたりして、村役人側からは分をこえたとされる造作《ぞうさく》を加える者が目立ちはじめたのが十八世紀後半からであった。

衣生活の変化もこの頃で、平百姓は分をすぎた衣服を着用しないこととか、紺屋《こうや》に注文する染色も高価なものにならないことなどを定めた村法度《はっと》が多くみられるのも、彼らの衣服に入れられるようになってきた絹織物の着用や奢《おご》りをおさえることにあった。文化十年、山梨郡上小田原村《かみおだわらむら》(甲州市)で、村役人が百姓代以下の小前百姓を相手に石和《いさわ》代官所へ出訴した出入《でいり》があった。二年前に一百姓が嫁を迎えて村の挨拶回りをするにあたって、打掛《うちかけ》の着用を名主所へ伺ったところ、前例がないこととして当人を納得させたという。ついでこの年、二人の百姓が嫁取りの村回りに、縮緬《ちりめん》の小袖《こそで》に下着もそれに準じたものを着用させたことに端を発して、村方騒動にまで拡大してしまったのである。村役人が五人組御仕置帳《おしおきちょう》や郷例にもとづき、村役人と小前百姓の差別をわきまえて、それぞれの分限に応ずるべきものとするのに対して、当の二人をこえて百姓代以下の小前百姓は、旧来の生活面にかかわる身分的規制を桎梏《しっこく》とし、村内における差別の撤廃を求めたことにあった。小前百姓に対する絹類着用の禁令も、彼らの生活の向上によって、しだいになしくずしとなっていくのである。

食事は、この時代を通して米食の比重がきわめて低かった。一般に米を三分ほどに麦や粟《あわ》・稗《ひえ》の雑穀類と、里芋・菜・大根などの野菜をまぜて炊いたものや、これに味噌《みそ》を味つけにした雑炊があったが、用いられる食材や米の割合は、地域や階層、あるいは時期によってさまざまであり、麦のつなぎに米を少し入れた麦飯《ばくめし》や、「すばく」（素麦）も食されていた。

石臼《いしうす》（石の挽臼《ひきうす》）の使用や水車の普及が、雑穀の製粉をうながして、粉食の日常食への組み入れを容易にしたことは明らかであった。十八世紀前半の見聞を記す『裏見寒話《うらみかんわ》』に、蜀黍《もろこし》を東郡《ひがしごおり》（甲府盆地東部）で多く産し、これを粉に挽き団子《だんご》にして食するとあるのは「おやき」であるが、畑作を主とする村々に広く用いられた食であった。同書には、饂飩《うどん》を味噌汁で煮た「ほうとう」、また、蕎麦《そば》（蕎麦切《きり》）について在《ざい》では菜・大根をまぜて食していることなどがみえる。日向《ひゅうが》（宮崎県）の修験者泉光院《しゅげんじゃせんこういん》の回国《かいこく》記録（「日本九峰修行日記」）には、文化十二年九月末から四カ月余を甲斐各地ですごし、家々で供された飲食も散見されるが、もっとも多い「蕎麦切の馳走」のほかは、彼にとって「珍食」の類のようである。巨摩郡在家塚《ざいけつか》村（南アルプス市）では「今夕は当国の名物ハウトウ（ほうとう）という馳走」があり、八代郡上大鳥居《かみおおとりい》村（中央市）では「今朝珍らしき物を食す、輪大根・青菜・芋・蕎麦の粉を入れ、煉り交ぜたる物なり、又平四郎（従者）は粟の粥《かゆ》

石臼と「ごんぱち（こねばち）」

に千切大根《せんぎり》の入りたる物を食したり」と、これらははじめての食であったらしい。前者は「蕎麦掻《がき》」の特殊な食べ方であろう。また、市川《いちがわ》・水口《みずぐち》の両村（山梨市）での朝の「焼団子」は、前述の「おやき」か、あるいは小麦粉を水でねり囲炉裏《いろり》の火で焼いた「焼餅《やきもち》」であろうか。日記には農民の布施《ふせ》として米・餅などが記されているが、供応された食事は甲斐で広範にみられた日常食がほとんどであった。いつ頃からか「朝おやき、昼麦飯《ばくめし》に、夜ほうとう」という俚諺《りげん》があったというが、粉食を主としたこの地方の食生活を示したものであろう。

海をもたない甲斐に、駿河・伊豆から運ばれる魚介類は、冬季を除けば鮪《まぐろ》や宗太鰹《そうだがつお》の塩物《しおもの》やその他の干《ひ》物《もの》であった。そのような条件のもとで、のちに甲斐の名産ともなるのが煮貝《にがい》（あわびを煮て醬油漬けしたもの）であった。

病と医療と習俗●

衣と食と住は一体として、その時代に相応した人々の暮らしと健康の維持を可能にした。しかし、当時の生活条件から、人々はしばしば病におかされる不安におびやかされることがあった。文政二（一八一九）年四月、石和代官支配所の六九カ村の嘆願書は、三年前の風水損に続いた旱損に、この年は春以来の疫病の流行でわずらう者が多く、農業に差し支えて難渋のあまり、神仏に祈禱《きとう》したり寺社へ代参をたて、また医師への薬礼《やくれい》など物入りがかさんで立ち行きがたいとのべる。それも「平日夫食《ぶじき》（食糧とする米穀）よろしからざる上、寒中薄着にてあい凌《しの》ぎ候ゆえ、右躰《てい》の病気流行いたし候儀にも御座《ござ》あるべきや」というのであった。

辻邦生氏が、辻家の歴史を作品とした『銀杏散りやまず』で、山梨郡国府《こう》村（笛吹市）の郷士《ごうし》辻家の医師としては初代の辻保順《ほじゅん》（天明八〈一七八八〉年本居宣長の門にはいった守瓶《もりかめ》）の寛政十二（一八〇〇）年にはじまる日記「春秋」は、当時名医として知られていた彼の医事関係の記録に詳しい。近くの石和陣屋へ赴任してきている代官や下役《したやく》の家族の主治医でもあったが、彼の往診は山梨郡東部を中心に広範におよんでいて、距離としてはほぼ三里（約一二キロ）以内の村々であった。ときには夜間で往診先に泊ったことなどもみえる。この年の冬は疱瘡《ほうそう》（天然痘《てんねんとう》）の流行がはげしかったようで、その記事が多く、悲惨な状況を伝えている。石和代官（川崎平右衛門）の子女二人が罹病、療治により全快したが、手代《てだい》二人の男子はともに死亡、彼の村では七〇人余がわずらい、彼と門弟が治療にあたったが、九人の小児が死んだ。

市川大門村（市川三郷町）の医師橋本伯寿《はくじゅ》が、痘瘡《とうそう》を伝染病であると書いたのは文化八（一八一一）年刊行の『断毒論《だんどくろん》』である。当時は一般に疱瘡除《よ》けのため、疱瘡神を祀ることが行なわれ、疱瘡にかかった者がでると、その家に集まって祀り、贈物が交換されたりするために、かえって流行をはげしくしてしまうというのである。伯寿の説は結局は隔離論となるのであった。疱瘡感染の予防法である種痘《しゅとう》が甲斐でほどこされるのは嘉永三（一八五〇）年の冬であったという。巨摩《こま》郡藤田《とうだ》村（南アルプス市）の出身で蘭方医となって京都で開業していた広瀬元恭《げんきょう》が、生家で医業を継いでいた兄平五郎の許へ、門人に託して自著の『新訂牛痘奇法《ぎゅうとうきほう》』と痘苗《とうびょう》を届け、平五郎がこれを生後一年六カ月の長男和育《ちかやす》（のち貴族院議員）に種痘したのがはじめである。以後、それを広めた彼は甲斐最初の種痘医として知られることになる。

この間、十八世紀中頃から村方の各地に医者が存在するようになって、しだいに医療の大衆化は進んでいた。しかし、医療水準の低さは否めなかったし、零細な農民層に至っては売薬も求めがたく、迷信的な護符《ごふ》や食物その他にかかわる禁忌《きんき》にたよるほかはなかった。

医者が多く、村方より医療環境に恵まれている甲府城下においても、ときに猛威をふるう疫病のために惨況を呈したことが、町年寄の御用日記にみえる。享和三（一八〇三）年四月の城下最大の火災後、極度の疲弊におちいっていた町々に広がった麻疹《ましん》（はしか）と、これに続発した痢病《りびょう》（赤痢の類）による死者は四七〇人、うち子供二四二人。安政五（一八五八）年七月下旬から甲府にもおよんだ暴瀉病（コレラ）は、同年の町方人口の三・四％にあたる四〇六人の死者を数えるほどであった。そして、子供に多くの死者を生ずるのは疫病流行時の常であった。人々は勤番支配役所から町中へ触れ渡された応急の薬方や、民間で行なわれた手当によって治癒をはかったり、工《たくみ》町の白山《はくさん》、畔《あぜ》村（甲府市）の住吉《すみよし》明神、古府中の八幡《はちまん》、元紺屋《もとこんや》町祇園《ぎおん》寺の牛頭天王《ごずてんのう》の神幸《しんこう》にたよったりするのであった。疫病追放と病気平癒の祈願は共同体の行事であった。

甲府の歳時記●

十八世紀初頭以来、甲府城下における江戸風の流入は急速に進んでいた。やがて嘉永三（一八五〇）年の『甲斐の手振《てぶり》』（宮本定正）は、城下のようすを、武家や市中の婦人の風俗をはじめ、乱舞《らんぶ》・碁将棋《ごしょうぎ》・俳諧その他の遊芸を楽しみ、飲食や衣服におごる町人の消費生活の向上に、ほとんど江戸と異なるところがないと記すほどだった。それは市中の年中行事のなかに読みとれるのは当然ながら、また地方色豊かな独自なものが混然としてみられる。これを同書と、一〇〇年ほど前の宝暦二（一七五二）年序の『裏見寒話《うらみかんわ》』を参考に、おもな行事をまとめてみると、次頁の1表のようになる。そのなかからいくつかとりあげてみよう。

元日の市中は江戸と同様に、夜になると商店は初売《はつうり》の支度にかかり、二日には暁八《や》ツ時《どき》（午前二時頃）

〔1表〕 **甲府城下のおもな年中行事**

月 日	歳　　事	月 日	歳　　事
1. 2	初売	4.下旬	幟の市立つ
3	一蓮寺の正ノ木稲荷縁日	5. 5	端午の節句
8	横近習町の薬師参り	6.	月末より諸寺百八灯
14	削掛を供える。道祖神祭	晦日	御崎明神・八幡の夏越の祓
15	古府中八幡の奉射の神事	7.	盂蘭盆(朔日～16日)
16	金手町尊躰寺真向三尊の開扉	8. 15	八幡の流鏑馬・角力
28	元紺屋町の荒神参り。八幡の疱瘡神参り	19	御崎明神・大泉寺の角力
2.	初午(稲荷祭)	23	一蓮寺祖師忌の角力
上旬	三河万歳来る	9. 9	重陽，穴切明神祭
15	諸寺涅槃会	12	信立寺会式
下旬	柳町・八日町・魚町辺に雛市立つ	10. 20	恵比須講
3. 3	上巳節句	11. 8	ほたけ祭
下旬	凧揚げはじまる	28	光沢寺祖師忌
4. 3	一蓮寺の正ノ木稲荷祭	12. 8	事始め
12	信玄命日で古府中大泉寺・岩窪の廟所参詣	中旬	柳町仲店の歳市立つ
	二ノ亥の日，一・二・三ノ宮御幸祭	大晦日	横近習町・柳町の大神宮の追儺

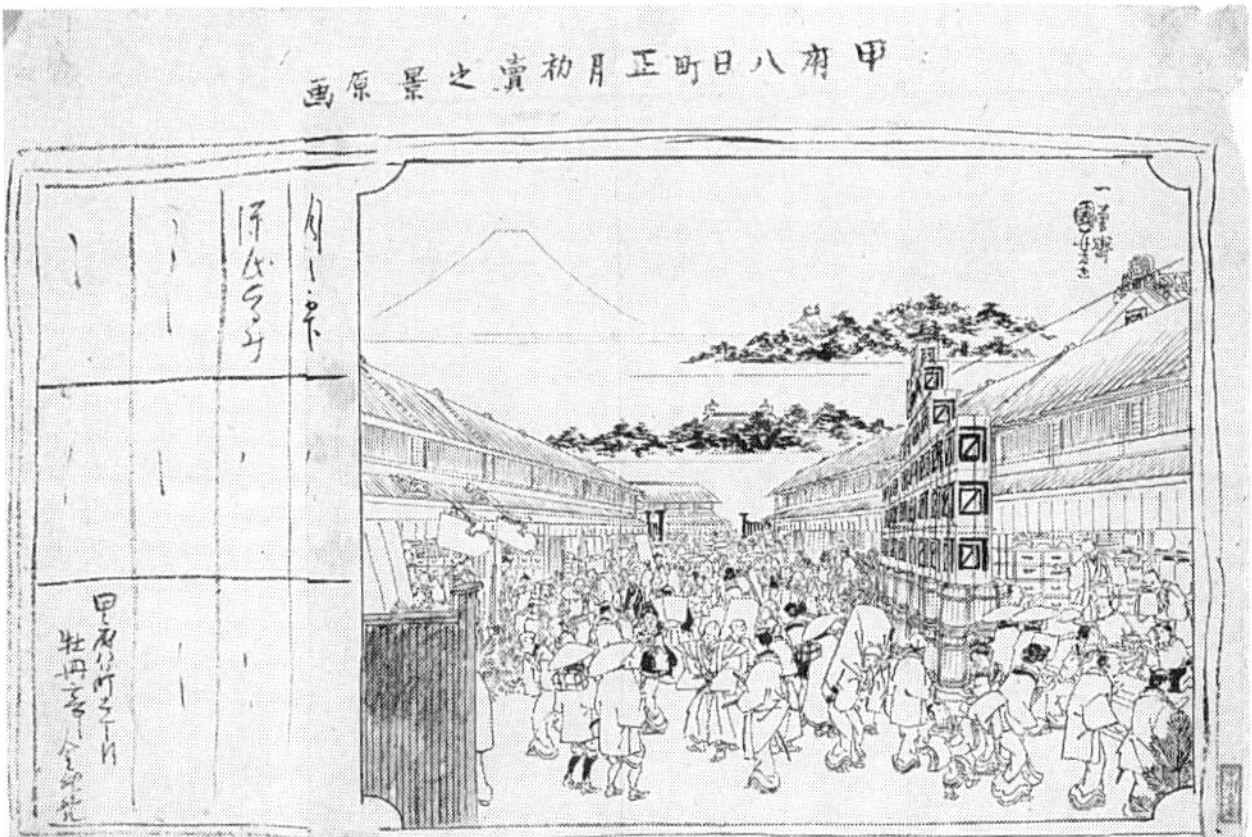

甲府八日町正月初売之景　原画は一勇斎国芳筆。〼は菓子商の牡丹亭金升。

❖コラム

武家屋敷へ妻女の駆込み

一般に、縁切寺《えんきりでら》として鎌倉の東慶寺《とうけい》や上野（群馬県）の満徳寺《まんとく》が知られる。ともに尼寺《あまでら》で、離縁を望む女性が駆け込めば離婚を認められたのである。甲斐では、宝暦二（一七五二）年序の『裏見寒話《うらみかんわ》』に、甲府の町人や在《ざい》の百姓の妻女の駆込《かけこ》みについて、以下のように記しているところがある。

近年まで町人や百姓の妻女が武家の屋敷へ駆け入り、夫と離別したいと願う者が多かった。勤番の武士の威光を借りようというもので、迷惑もはなはだしいこととして追い返そうとすれば、夫の家を立ち退いた以上、見つけ出されれば殺害されるかもしれないと嘆くので、もてあましたことであった。そこで甲府勤番支配の久留島出雲守《くるしまいずものかみ》と能勢因幡守《のせいなばのかみ》から、駆入者を保護してはならない旨の掟《おきて》が出され、また、夫婦の関係の始めに、媒酌《ばいしゃく》のないのは密通《みっつう》と同じであるとの道理を触《ふ》れ聞かされて以来、今はこの駆入りのことはなくなった。

ここに両勤番支配が発した掟というのは、延享三（一七四六）年六月二十九日のもので、男女が相対《あいたい》で約束した夫婦は密通として、訴え出しだい吟味のうえ、密通の咎《とがめ》を申しつけるという厳法であった。在方においても、これに続いて早速、各代官から同趣旨のことが支配村々へ触れ回されていた。この触より三〇年前、甲府藩の時代に享保元（一七一六）年町奉行から城下へだされた町触にも、前々から家中へ町方の女の駆込みの噂があるが、今後そのような者があっても留めおいてはならない旨、家中へ申し渡してあり、町方の女の駆込みを厳禁していた。このような風習は一体いつ頃からはじまったものか明らかでない。

から店を張って、提灯《ちょうちん》をだす。武家や町在《まちざい》の男女の初買で町中にぎわい、飲食店・蕎麦《そば》屋などは尺寸《せきすん》の地もないほどである。正月は行事があいつぐが、「当国一大盛事」といわれたように、町在ともにもっとも盛んであったのが道祖神《どうそじん》祭りであった。市中では一町ごとに、「さいのかみまつり」、または「衢神《みちのかみ》御《お》広前《ひろまえ》」などと唐《とう》木綿《もめん》二布《ふたの》に染めぬいた大幟《おおのぼり》を立て、工夫をこらし飾り立てた祭礼のはなやかさは江戸神田明神のそれのようである。九日頃から町々で子供による太鼓《たいこ》・囃子《はやし》の音が日夜かまびすしくなるが、その調子は武田信玄《しんげん》の陣太鼓の遺風と伝える。また、町ごとに神楽獅子《かぐらじし》が一具《ぐ》ずつあって、婚礼や慶事《けいじ》のあった家へ舞い歩くので、それぞれの分限に応じて祝儀をだすのが例である。祭りは十三・十四・十五日のうち十四日が盛んであるが、この三日間は飲食店を除き市中の商売は休業する。町々では人物・山川などを彩色で描いた道祖神幕が一面に張られ、素人《しろうと》狂言・踊りなどが演じられて、多くの見物人を集めている。

江戸を回った三河万歳《みかわまんざい》が甲府へやってくるのは二月上旬になってからで、この月も下旬には中心街である柳町・八日町・魚町辺に雛市《ひないち》が立つ。当国製の押絵《おしえ》雛が多いが、江戸風の雛も少なくない。

四月三日は一蓮《いちれん》寺境内の正《しょう》ノ木《き》稲荷《いなり》の祭りで、府内はもちろん、近在からは蚕を守る神として参詣者が群参し、見せ物や商売でにぎわった。十二日は信玄卒去の日、大泉寺で信虎《のぶとら》・信玄・勝頼《かつより》の

一蓮寺正ノ木稲荷の絵馬(『並山日記』)

三代の木像その他什宝《じゅうほう》を拝観できるので群集おびただしく、岩窪《いわくぼ》の信玄廟所《びょうしょ》も同様である。端午《たんご》の節句が近づくと幟の市が立ち、そのほか弓・矢・青竜刀《せいりゅうとう》の類で江戸から回ってきた物のほか、当地でつくった物もある。五月幟《さつき》は緋鯉《ひごい》と、上の方は紋付《もんつき》で下の方を彩色の武者絵としたものであるが、兜人形《かぶとにんぎょう》に、張抜《はりぬき》でつくった土地独特の素朴な「かなかんぶつ」(表紙カバー写真参照)とよぶものも売られていた。

夏越《なごし》の祓《はらえ》を終えると盆月である。町在とも一家親類の者たちが日を申し合わせて、秋の草花をたずさえ、今日は誰の寺、明日は誰々などと四、五人、または七、八人が組になって墓参りをする。また、「盆前に一族集まりて宴会するを生盆《いきぼん》という、生身魂《いきみたま》の心か」(『裏見寒話』)といわれたように、盆月に子たちが生者である親に酒食をふるまい祝うのであった。盆中町々では碁・将棋・双六《すごろく》などを楽しみ、女の子たちは盆踊りに興じた。八月には鎮守《ちんじゅ》の祭礼があいついで、境内で行なわれる奉納相撲《ほうのうずもう》が盛んである。

十月二十日は恵比須講《えびすこう》。商家が商売繁昌を祝福して、市中では赤飯《せきはん》か供餅《そなえもち》あるいは菱餅《ひしもち》などを、その家々の例によって得意場《とくいば》へ配っている。十一月にはいると、信濃の在から男女が連れ立って、翌年の三月まで甲府へ奉公稼ぎにやってくる。これを江戸と同様に椋鳥《むくどり》とよぶ。十一月八日は「ほたけ祭」といい、町の鍛冶《かじ》・鋳物師《いもじ》や白銀細工《しろがねざいく》など鞴《ふいご》を使う職人たちの祭りであった。やがて十二月も中旬になると、暮れから正月の準備の飾り物などを売る市が柳町仲店《なかみせ》に立つ。そして大晦日《おおみそか》(節分)、豆撒《まめま》きは郭内(武家町)では昼八ツ時(午後二時)すぎから声が聞こえるが、市中は夕暮れである。夜五ツ《いつ》半頃(午後九時頃)横近習町と柳町の大神宮で行なわれる追儺《ついな》は参詣人がおびただしく、家々で軒提灯《のきぢょうちん》をだして夜店を張り、柳町通りは江戸の縁日のようである。

このような寺社の祭礼や民俗的な信仰でいろどられた行事は、それらにかかわるさまざまな芸能や買物などとともに、人々の生活に大きな楽しみを与えていた。そして、甲府という都市空間のなかで、四季の移りとともにある行事に、たとえば一・二・三ノ宮の御幸《みゆき》祭り（四月中旬頃）から単物《ひとえもの》への衣更《ころもがえ》、またこの頃から冷麦《ひやむぎ》を胡麻汁《ごまじる》で食するという、衣や食の変り目が結ばれることも多かったようである。甲府の年中行事には村のそれと通底するものがあったことはいうまでもないが、都市独特の生活のリズムを示しながら一年のサイクルをつくりあげていたのである。

3　郡内騒動前後

天明の飢饉から天保へ●

「卯年《うどし》の儀は何拾年にも覚えざる大凶作にて、百姓相続覚束《おぼつか》なき年柄《としがら》に御座《ござ》候」と、西郡筋《にしごおり》（盆地西部）の諸村が書き上げていたように、天明三（一七八三）年に東日本を襲った大凶作は、甲斐においても例外ではなかった。この年の凶作は一般に冷害（夏中の冷気）のためとされるが、西郡筋は前年に続く旱魃《かんばつ》による被害が甚大であったという。翌四年になると一月早々、東郡では大野《おおの》河原（山梨市）、西郡では荒川《あらかわ》端（甲府市）に多数農民の嘯集《しょうしゅう》の風聞が広がった。不穏な空気が伝えられるなかで、各地で難渋者が「手回《てまわ》り宜《よろ》しき者」（富裕者）へ無心し米麦などを借りうけ、また支配役所へ対して年貢の減免や年賦上納、そして夫食《ふじき》拝借金を求めたりしていた。

　天明六年も夏中雨天という不順な天候が、田畑作物の不熟をもたらした。あいつぐ凶作は米穀値段を高騰させて、甲府の町人の生活を圧迫した。この年九月、甲府勤番支配と四分代官は米穀他国出しを止めるべき触《ふれ》を発していたが、一方で高値続きの米穀の買占めをはかる商人がいた。翌月十五日には甲府で四人、在方で二人が買占商人として名指しされ、下々《しもじも》の困窮人が右の商人たちから押借りするという張紙が町々にみられ、ついで荒川辺での集会の噂もたった。

翌天明七年になると、甲府で住民の生活の難渋を訴える声が一段と高まった。五月二十日にはじまった江戸打ちこわしの情報が、甲府町方に正式に伝えられたのは二十四日であった。六月一日夜半、甲府でもっとも繁華な八日町の札《ふだ》（高札場《こうさつば》）の辻《つじ》をはじめ、町々の木戸に数通の張紙が張られた。魚《うお》町の村田屋善十郎と三日町の鳴海《なるみ》屋市右衛門の二人の米穀川下げを糾弾し、明三日夜打ちこわすとして、市中一五歳以上の者によびかけ、町役人で差し押さえようとする者があれば打ち殺すというものであった。これは現実の行動とはならなかったが、飢饉のもとで甲府城下に醸成された不穏一件であった。勤番支配役所はこれを、渡世を送りかねている下層貧民層が不埒《ふらち》の申し合わせをし、徒党《ととう》に似た行動をとったものだとした。まもなく町方の困窮人のうち渇命《かつめい》にもおよぶほどの者の人数の書付が命じられた際、町方人口の九％にあたる一〇一八人を極窮民としていた。

すでに十八世紀前半以降、商品経済の発展は農民の階層分化を進行させていたが、天明の凶作・飢饉をはさんで、甲府盆地の農村の社会状況に変化がみられる。一つは、地主・小作間の矛盾が顕在化して、小作人の小作料滞納や軽減要求、あるいは小作地返還などの運動が目立つようになったことであった。「近来小作人共、風儀宜しからず」と指摘するのは、もちろん支配者側や村役人的立場からであったが、以後この種の紛争が頻発するのである。

もう一つは、無宿《むしゅく》・盗賊の横行であった。農村で没落離農していく者や、凶荒・飢饉が物騒な世情を増幅させていたが、やがて文化二（一八〇五）年関東筋無宿悪党の取り締まりによって、武蔵・上野など他国から無宿悪徒が多数甲斐へはいりこみ、ますます増長の傾向を深めており、甲斐の百姓・町人のなかにも、長脇差《ながわきざし》を帯び歩行する者が現れていた。対策として甲斐国取締出役《しゅつやく》が設置されたのは天保五（一八三四）年であった。

郡内騒動●

天保七（一八三六）年八月、甲斐を一国騒乱にまきこんだ打ちこわしがおこされた。郡内領農民の蜂起がその発端となったことから、一般に郡内騒動とよばれる。

天明の飢饉から五〇年ほどをへて、天保四年の夏季の冷気に起因した凶作は、翌年の端境期《はざかいき》には各地に飢餓状況を現出させた。一九八頁の4表（郡内領渡世書）に示されるような経済構造の郡内領では、この年の飢饉で、織り出した絹類の値段の下落に対し、国中《くになか》や他国から購入しなければならない米・雑穀類の高騰が、人々を苦境に追いこんだことは明らかであった。甲府でも米価騰貴に苦しむ窮民が続出していたことから、富裕町人の醵出《きょしゅつ》による施米《せまい》が行なわれていた。

甲府城下の御救い米（『世直鑑』）

二年後の天保七年、再度の冷夏は大凶作を招いた。この年「餓死者は数知れず」といわれる惨状を呈することになる郡内領では、生活の窮迫を代官所へ訴え、救済を願い出ていたが、なんら適切な施策がえられず、人々の不満は国中の米穀商人の買占めにむけられていった。

八月二十日、甲州道中の白野《しらの》宿（大月市）に宿場と沿道村々を中心に、他の地域の者をあわせ八〇〇人が集合した。頭取《とうどり》となったのは下和田《しもわだ》村（大月市）の貧農で絹仲買をいとなんでいた治左衛門《じざえもん》（七〇歳）と、犬目《いぬめ》村（上野原市）の村役人で貧窮化していたが、算法にすぐれたという兵助《ひょうすけ》（四〇歳）であった。副頭取的役割をになったのは、中初狩《なかはつかり》宿（大月市）で代々脇本陣《わきほんじん》を務めてきたが、やはり急激に没落していた伝兵衛《でんべえ》であった。また、一揆《いっき》の行動綱領を起草したのは黒野田《くろのだ》宿（大月市）の名主兼問屋の泰順《たいじゅん》で、彼は眼科医であったほか囲碁《いご》や弓術にもすぐれ、知識人として近郷の人望を集めていたという。

蜂起した一揆は、同日郡内領内の阿弥陀海道《あみだかいどう》と黒野田の両宿で米穀の押借りを行なったが、暴動化していなかった。翌二十一日の早朝、笹子《ささご》峠をこえて国中にはいると、駒飼《こまかい》宿（甲州市）を手はじめに打ちこわしが本格化した。斧《おの》・鋸《のこぎり》・鳶口《とびぐち》・竹槍《たけやり》などで武装し、幟旗《のぼりばた》を立て、鐘《かね》・太鼓《たいこ》を鳴らし西進した一揆勢に、やがて勝沼《かつぬま》宿（同市）の辺から貧窮民や無宿が大量に参加して、その数が二、三千人にもおよぶと同時に激化の一途をたどった。

翌二十二日、村々の富農を襲撃し、あるいは饗応させながら進んだ一揆勢は、熊野堂《くまのどう》村（笛吹市）の奥《おく》右衛門《えもん》家を徹底的に打ちこわしている。彼は質業や糸繭商売をいとなみ、村内外に集積した広大な土地を小作地として貸し付けていた地主で、また米穀を郡内領の商人に販売していたが、この飢饉にあたっての買占めが一揆勢の怒りを買ったのである。郡内勢の大半が奥右衛門家を襲って引き上げていった後、無宿などを中心に入れ替わった一揆はさらに数を増したという。

一揆に対して各代官所はまったく無力であった。甲府へせまった際に、勤番支配は用人《ようにん》以下、与力《よりき》・同心《どうしん》を城下東境の防備にむけたり、町方からも人足を差し出させていたが、二十三日昼前、一揆勢はこれを圧倒して城下へ乱入、一三軒の富商を打ちこわした。甲府で打ちこわしに加わり、のちに逮捕された町方住民は店借《たながり》・職人と無宿を含む五四人であったが、参加者はもちろんこれだけではなかった。甲府代官が甲府勤番支配とはかって、信濃高島藩へ出兵要請にふみ切ったのが同日夜半であった。

すでに三、四手にわかれて拡大していた一揆は、南は鰍《かじか》沢《ざわ》宿（鰍沢町）、北西は信濃境にまでおよんで国中を席捲《せっけん》した。この大打ちこわしは、甲府の七町のほか一一一カ村にわたって三一九軒を数えた。高島藩兵の出動によって、二十五日から二十八日のあいだに一揆は鎮圧され、捕らえられた者は六三〇人ほどであった。二年後、天保九年五月の断罪《だんざい》によれば、磔《はりつけ》・死罪の一三人（うち一二人牢死）をはじめ、遠島《えんとう》以下叱《しかり》に至るまで五八九人、そのほか五八〇カ村ほどの

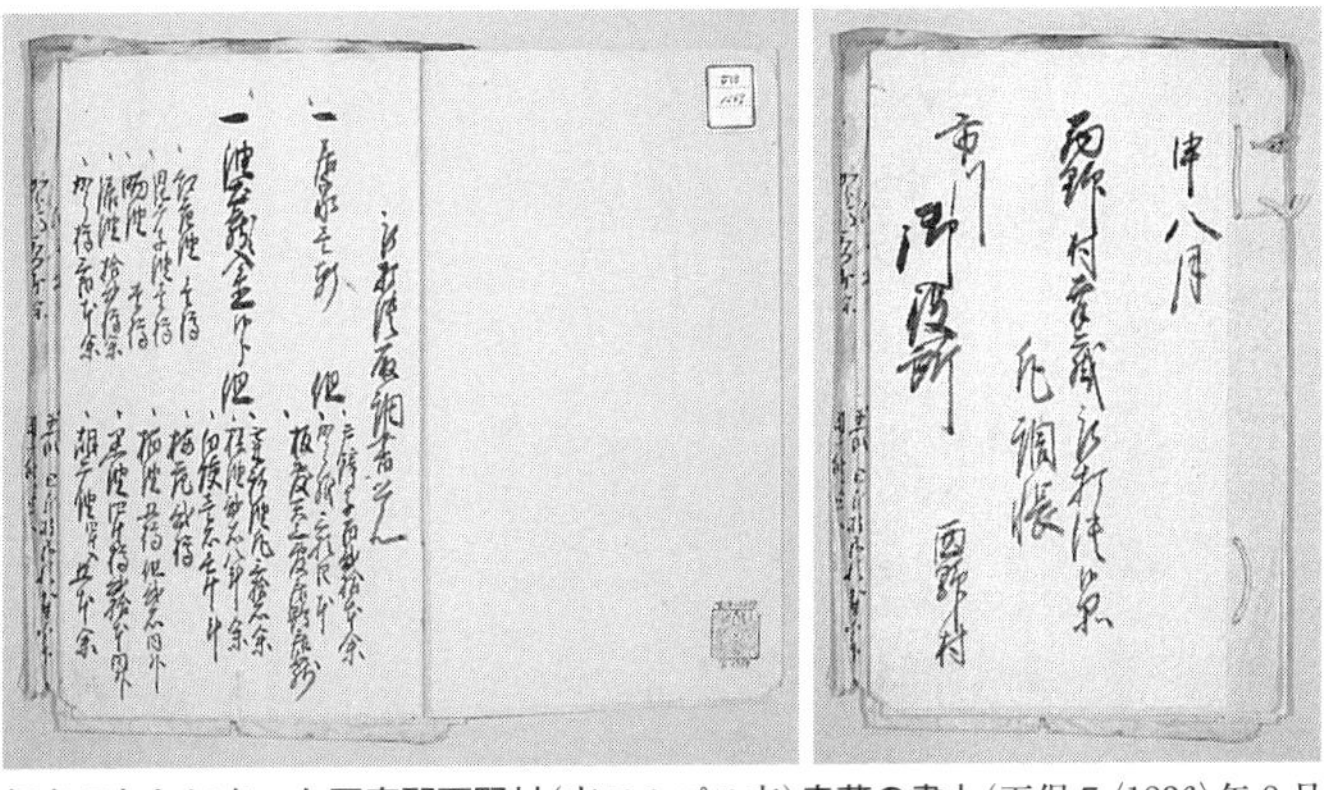

打ちこわしにあった巨摩郡西野村(南アルプス市)幸蔵の書上(天保7〈1836〉年8月)

村々が過料銭を科せられた一方、支配者側でも責任を問われて、甲府勤番支配と三分代官、その下僚まで多数処分をうけた。

この年、水戸藩主徳川斉昭《なりあき》が、天保七年の三河加茂《かも》と甲斐の一揆、同八年の大坂の大塩平八郎《おおしおへいはちろう》の乱、当年の佐渡《さど》の一揆とあいついだ一揆について、「畢竟《ひっきょう》、下々にて上を怨《うら》み候と、上を恐れざるより起り申し候」と、将軍への建白書「戊戌封事《ぼじゅつふうじ》」に記したことはよく知られる。

横浜へむかう甲州商人●

幕末の社会が大きく揺れているなかで、幕府がアメリカをはじめとする五カ国と締結した通商条約にもとづいて、横浜・長崎・箱館《はこだて》の三港を開き貿易をはじめることを、一般の人々に公布したのは安政六（一八五九）年一月であった。

横浜開港は六月二日であるが、これに先立つ三月の初め、甲斐の東郡養蚕地帯の南西端に位置する八代郡東油川村《ひがしあぶらかわ》（笛吹市）の篠原忠右衛門《しのはらちゅうえもん》は、近村の広瀬村（同市）の川手《かわて》五郎右衛門とともに郷里を出発し、外国奉行に対し貿易と拝借地の許可を求めた願書を提出している。二人は長百

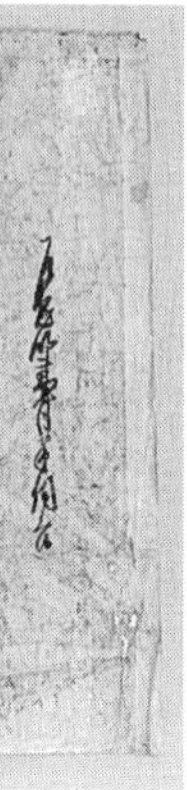

篠原忠右衛門の奉行所あて伺書(安政6〈1859〉年6月8日付)

姓同士であり、たがいに商業活動を通して親密な関係にあって、甲州物産を貿易品とする共同経営の店、甲州産物会所《かいしょ》を開設しようという計画であったが、結局は二人がそれぞれ甲州屋の名で、横浜本町二丁目に出店することになった。

忠右衛門は開港の一カ月前、五月の初めに店舗《てんぽ》を完成させたが、この拝借地で最初の普請《ふしん》が越後屋（三井八郎右衛門）で、これに続いたのが忠右衛門であった。ここに通りの斜向《はすむか》いに完成した二つの店舗は、続いて出店する商人の二つのタイプを象徴することになる。福地源一郎《ふくちげんいちろう》は『懐往事談《かいおうじだん》』で、「開港の当日までに横浜に開店したる商人らは、幕府の内命にて出店したる門閥《もんばつ》の豪商と、奇利《きり》を博《はく》せんと望みたる冒険投機商との二種を以て組織せられたる者のみなりき」とのべていたが、まさに越後屋は前者を代表し、甲州屋は後者の一人であった。

七月二日、忠右衛門は山梨郡大野《おおの》村（山梨市）の半兵衛らが出荷した生糸《きいと》を、イギリス商人バーバーに売ったが、これは彼の最初の外国商人相手の取引であったと同時に、日本における生糸売込みの創始ともいわれている。甲府の商人のなかでもこれに続いて、緑町の藤井屋弥助《ふじいややすけ》や柳町の太田屋佐兵衛《おおたやさへえ》のように、バーバーや横浜の売込商芝屋清五郎と取引する商人があいついで現れた。

横浜における輸出品の中枢となる生糸貿易は、文久二（一八六二）年に顕著な発展を示した。生糸需要の増大とその価格の高騰で活況を呈した甲斐の養蚕地帯は、これまでの京都への生糸の送荷（登《のぼ》せ糸《いと》）をかえて、横浜へ市場を大きく転換していた。忠右衛門が生糸売込みによって巨大な利益をあげ、急激な上昇をとげたのはこの年であった。

巨摩郡在家塚《ざいけつか》村（南アルプス市）の生まれで、土地産物の行商にはじまり、甲府八日町に移って商業をいとなんでいた若尾逸平《いっぺい》、八代郡金田《かねた》村（笛吹市）の出で、甲府で定飛脚《じょうびきゃく》と為替《かわせ》業をいとなむ京屋（村井）弥兵衛《やへえ》の店で二〇年ほど奉公してのち、安政元年柳町に店を構えて登せ糸の製造を業としていた風間伊七《かざまいしち》、この二人の甲府新興商人の活動が、横浜での生糸取引を中心に活発化したのが同じ文久二年であった。

二度にわたる五品江戸廻《ごひんえどまわ》し令《れい》による貿易抑制策が解かれた元治元（一八六四）年以降、忠右衛門の生糸売込みは巨額におよんだ。この頃、ヨーロッパの蚕糸業地帯で流行した微粒子病《びりゅうしびょう》のため、蚕種需要が日本にむけられた結果、にわかに蚕種ブームに沸くことになり、甲州産の蚕種が投機的商品として登場した。売込商人や荷主にとっては、商品相場の変動を一刻も早く把握するために、それにかかわる情報に敏であることが求められる。忠右衛門はこれまで生産地である郷里にあって彼の代理人となり活動している長男正次郎《しょうじろう》と、しきりに情報交換につとめてきたが、ここでも蚕種貿易に関する情報にいち早く接した忠右衛門は、蚕種製造への出精や、甲州産のほか信州産の買付けを指示していた。五年ほど続いた蚕種景気は、忠右衛門に甲州屋開業以来最大の蓄積をもたらしたが、その全盛をくつがえしたのも蚕種景気の崩壊による莫大な損失であった。明治六（一八七三）年甲州屋を閉じたが、横浜進出から一五年であった。

ところで、忠右衛門に続き冒険投機商として登場した若尾は、慶応二（一八六六）年頃甲州産生糸の改良をはかって、上野の前橋辺で用いられていた製糸器械に工夫を加え、甲府で多数の工女を雇い入れた製糸マニュファクチュアを経営した。すでに甲府屈指の富商となっていた若尾は、やがて甲州財閥の巨頭と仰がれる道を上っていく。一方、やはり生糸商人として、問屋制生産と糸買付けで経営を拡大させていた風間は、彼に遅れて進出してきた甲府上連雀《かみれんじゃく》町の矢島栄助《やじまえいすけ》とともに、のちに甲斐の製糸業界をリードする中核となった。なお、若尾と同じく明治期に甲州財閥の一方の旗頭となる山梨郡牛奥《うしおく》村（甲州市）出身の雨宮敬次郎は、開港後急激に増加した横浜・江戸と甲斐のあいだを往来する小商人の一人にすぎなかった。

富士川を上ったお札降り●

開国後、国内は経済変動と政局混乱が複雑にからみあって、激動の時代を迎えていた。尊王攘夷《そんのうじょうい》と公武《こうぶ》合体《がったい》の運動による政治過程は、社会の動きをあわただしくしていったが、甲斐の民衆の生活へのかかわりでみると、まず文久元（一八六一）年、皇妹 和宮《かずのみや》の降嫁《こうか》にともなう中山道《なかせんどう》の宿々への当分助郷《すけごう》が甲斐の農村へ割り当てられた。また、幕府が無宿・悪党などの横行や、そのほか事変突発に対する非常取り締まりに備えさせるため、百姓のうち一五歳以上、六〇歳までの勇壮人をもって農兵隊を組織させたのは文久三年であった。翌元治元（一八六四）年、天狗党《てんぐとう》の乱がおこり、西上する浪士勢の甲斐侵入の情報に、一部農兵隊の出動が命じられ、甲府の町方でも諸人足の徴発が頻繁化したが、乱入のことはなくすんだ。ついで慶応元（一八六五）年には長州再征による東海道宿々への当分助郷が命じられた。これは人馬で務めず、現地で買人馬により調達し、宿方へ村高に応じて出金することにしたが、そのほか、幕府は「御進発」のためとして、甲府をはじめ村方へ多額の御用金を負担させた。

貿易がはじまって以来、諸物価の異常な騰貴が多くの人々の生活を苦しめていた。とくに慶応元年から翌二年に続いた凶作による米価の高騰をはじめ、塩・豆腐・灯油など必需品の値上りが、甲府では生活の難渋を訴えた窮民の嘯集をひきおこした。米値段は慶応元年五月中旬の京枡一升二一一文が十月中旬の三四五文に、二年には正月中旬の三五五文から八月中旬の最高値六六四文を記録していた。

慶応三年十月、崩壊寸前の幕府は国中《くになか》三郡における独特な税法として行なわれてきた大小切《だいしょうぎり》税法の廃止を通達した。財政上、貢租の増徴をはかったものであるが、この税法を武田信玄以来の一大恩典と信じてきた三郡農民にとっては耐えがたいことであった。幕府は十一月から十二月初めにわたって惹起された五八七カ村惣百姓による反対運動に逢着せざるをえなかった。

これに並行したのが「御《お》札《ふだ》降《ふ》り」であった。この年七月中旬に三河（愛知県）ではじまったお札降りは、熱狂的な「ええじゃないか」の大衆運動となって流行した。東海道筋を東へ進んだお札降りは、駿河（静岡県）から富士川を上って甲斐へおよんだのである。

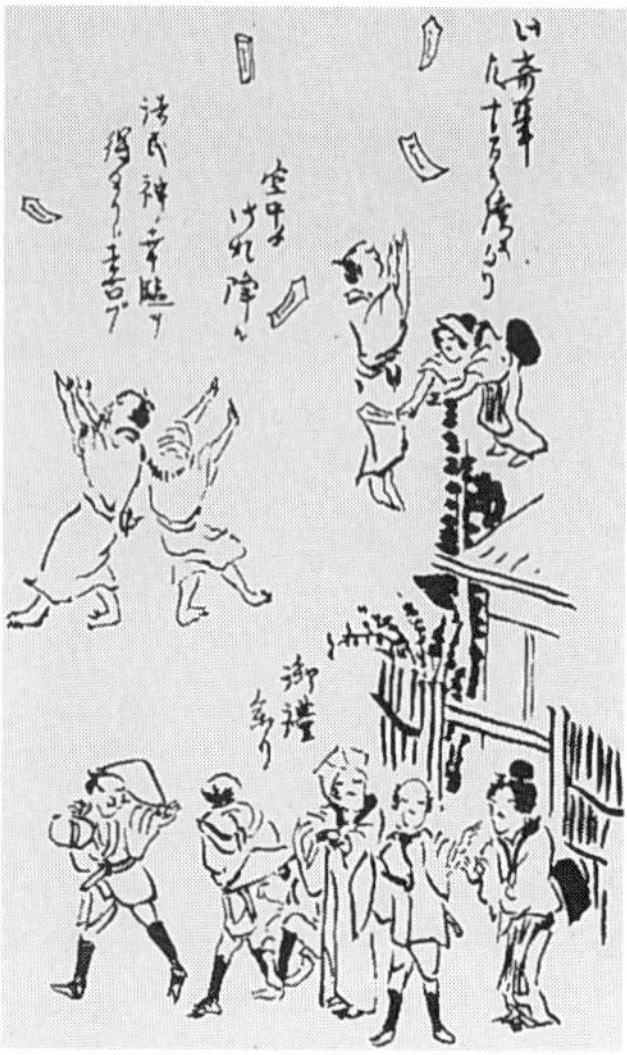

御札降り（木内三朗『落穂拾遺』）

三河岸の一つ、鰍沢《かじかざわ》宿（富士川町）でお札降りがあったのは十月十八・十九両日であったという。伊勢神宮その他の神札が降り、祭礼同様の立騒ぎの情報が伝えられたため、甲府では町奉行所から、万一降札が甲府に押し移った場合はただちに訴え出るように町方へ申し渡していた。まもなく同月二十六日昼四ツ半時頃（午前十一時頃）三日町一丁目の万吉の店に道了権現《どうりょうごんげん》の札が降ったのをはじめとして、十一月十三日まで城下の町々に神札のほか仏像・掛物などの降下があった。奉行所が祭礼に似た振舞を禁じ、赤飯などを近辺へ配らないように命じていたのは、お札降りからおこされる民衆の非日常的な狂態を好ましくないとしたからであった。お札降りは甲府城下へ広がったほか、鰍沢宿から駿信往還沿いに進み、韮崎《にらさき》宿（韮崎市）をへて北部の諸村にまで達した。

巨摩郡万歳村《まんざいむら》（甲斐市）の深沢五郎作は「諸事控帳」に、十一月下旬、東河内《ひがしかわうち》領農民およそ二〇〇〇人が武田信玄の墓前に大小切税法の存続を願い、大泉寺《だいせんじ》参りに、「めいめい襟《えり》に赤白のぼんてんをかけ、色旗を押立て」、「実にめだちたる姿」で、狂態を示しながら甲府城下を通行したと記録していた。ここには一揆行動が、お札降りの大衆運動と一体化していた面がうかがわれる（松本武秀「ええじゃないか騒擾の位相」『甲斐路』第二六号）。しかし、甲斐にみられる事例の多くは、この運動に明確な目標や意識は認められず、当時の政情や支配に対する不満の高まるなかで、民衆の行動的はけ口が、宗教的な狂態となって表現されたように考えられる。

政局は十月十四日大政奉還《たいせいほうかん》が行なわれて後、十二月の王政復古のクーデタを目前にしていた。

9章

近・現代の歩み

昭和10年頃の御坂峠

1　近代山梨の起点

山梨県の成立●

慶応四（一八六八）年一月三日の鳥羽《とば》・伏見《ふしみ》の戦い、二月九日の東征軍の進発など騒然としていた二月三日、官軍鎮撫隊先触《ちんぶたいさきぶれ》と称する小沢雅楽助《おざわうたのすけ》率いる一隊が甲府に到着し、甲府城代佐藤駿河守《するがのかみ》にすみやかな開城と維新政府への恭順を求めた。十一日には、逸見《へみ》・武川《むかわ》筋の武田浪人や御岳《みたけ》の神職なども加わり総勢二〇〇〇余名に膨れあがった高松実村《たかまつさねむら》の本隊が、甲府城東の天尊躰寺《てんそんたい》にはいった。だが、小沢雅楽助は以前甲府に住んでいた彫刻師の小沢一仙《いっせん》で、彼らは偽勅使ではないかとの噂が広まり、東山道《とうさんどう》総督府の達書で偽勅使と断定され、鎮撫隊は解散となり小沢一仙は処刑された。この事件は、同時期にニセ官軍として信州下諏訪で処刑された相良総三《さがらそうぞう》の赤報隊《せきほうたい》と同じ背景をもっていた。すなわち、赤報隊は「年貢半減」などを布告して東征軍の先を進軍し鎮撫の役割をはたし、小沢らも武田浪士への現石《げんこく》保証や年貢半減を約束しつつ甲州街道の沿道の鎮撫を行なった。しかし、東国情勢が新政府に有利になるにつれその利用価値はなくなり、むしろ年貢半減などの布告が邪魔となって切り捨てられたのである。

三月十二日に甲府にはいった東海道副総督軍参謀の海江田信義《かいえだのぶよし》は、武田浪人や神職に官軍への協力を呼びかけた。これに呼応して武田浪人たちは「草莽《そうもう》志願書」を提出し、富士北口浅間《せんげん》神社の御師《おし》が編成した蒼竜《そうりゅう》隊は官軍として上野戦争や東北地方を転戦したが、十分な恩賞もないまま解散させられた。この一方で、いち早く御鎮撫・御仁政をたたえ、多額の献金を申しでた甲府の大商人の若尾逸平《わかおいっぺい》などは、生糸蚕《きいとさん》種取《たねとり》扱《あつかい》肝煎《きもいり》や名主《なぬし》格に仰せ付けられ権力との連係を強めていった。

『山梨県史』は海江田の国事代理開始を「是レ本県立庁ノ始」としている。六月一日に甲府城代が廃止されて鎮撫府がおかれ、柳原前光《やなぎはらさきみつ》が鎮撫使となった。さらに十一月五日には鎮撫府は甲斐府《かいふ》となり、滋野井公寿《しげのいきんひさ》が知府事に任命された。この間、旧幕時代の甲府・石和《いさわ》・市川三代官所は三分代官《さんぶだいかん》となり、府中・石和・市川県をへて、九月四日に甲斐府に統合された。甲斐府は翌二年七月二十八日に甲府県となり、同四年十一月二十日、山梨県と改められて土肥謙蔵《どひけんぞう》が県令に任命された。

維新後も山梨・八代《やつしろ》・巨摩《こま》三郡の一〇三カ村、石高にして四万七九六〇石余の田安《たやす》領はそのままであった。明治二（一八六九）年、その田安領で贋金《にせがね》問題をきっかけに一揆《いっき》がおきた。貨幣制度混乱の弊害を除去する目的で政府が命じた正金《しょうきん》上納に際し、田安代官所は農民の上納した正金に贋金が含まれていたことを理由に悪金を突き返して、改めて正金での上納を命じた。これを不満とする田安領民はこれまでの田安家の不正を列挙して、「田安御支配之儀ハ是非共御免」とその支配をこばみ、天

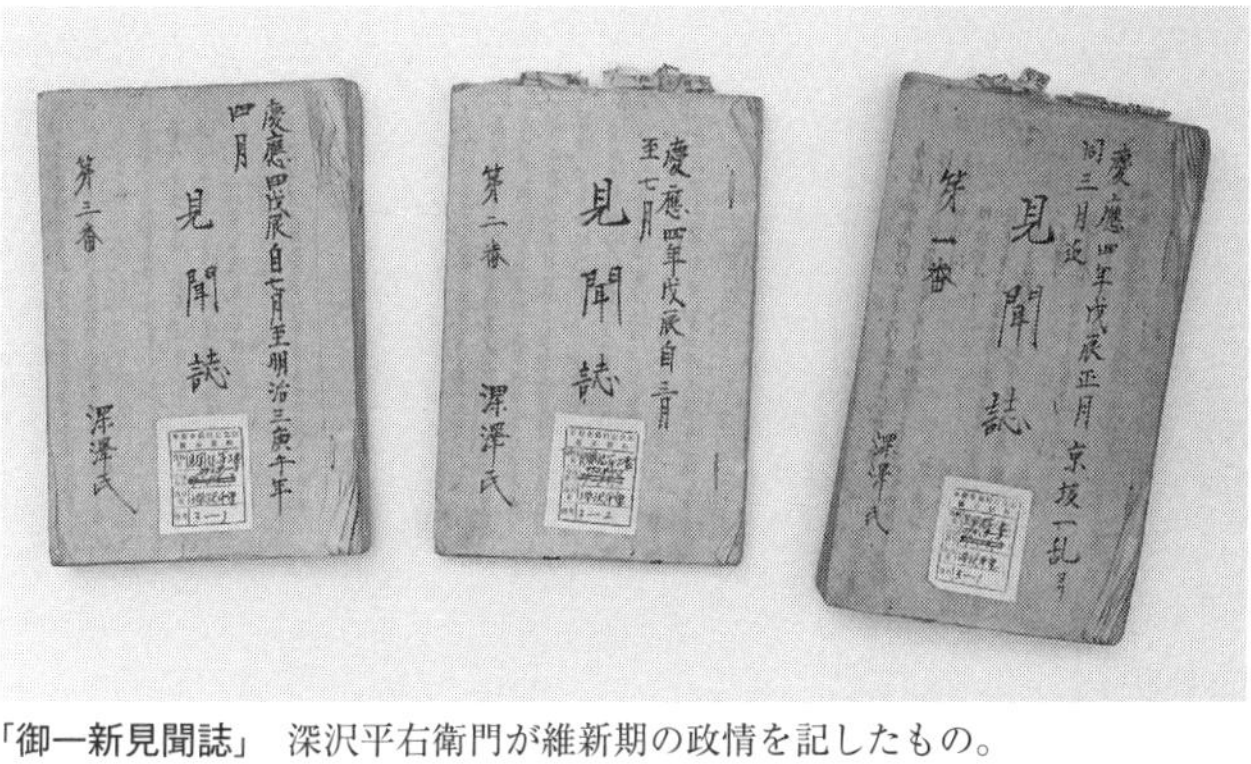

「御一新見聞誌」　深沢平右衛門が維新期の政情を記したもの。

朝御料地への編入を出願した。だが、甲府県の対応は農民に冷たく、村役人たちを説諭する消極的な態度に終始した。

騒動は山梨・八代両郡に拡大していった。十月十五日、山梨・八代両郡の五八カ村の四〇〇〇人余の農民たちは笛吹川原に集合し、夜になっても解散しない不穏な行動にでた。この事態に政府は民部省の塩谷《しおのや》良翰《りょうかん》を派遣し、田安領民・田安代官所・甲府県庁のあいだを斡旋させ、同月二十一日に至り土肥謙蔵甲府県権知事の立ち会いのもとに、田安家の領地返上と政府直轄領への編入を約束して事態をおさめた。翌年、田安領は甲府県に編入され、農民の要求は一人の犠牲者もださずに達成された。それは前年八月の段階で、甲府県大参事の赤松孫太郎《あかまつまごたろう》が天朝領と犬牙歯接《けんがしせつ》している田安領の接収を建策していたように、山梨の政治情勢が田安領民に有利にはたらいたのである。

明治五年一月、山梨県下四郡二六町七九六村は山梨郡第一区〜一六区、八代郡第一区〜一六区、巨摩郡第一区〜三五区、都留《つる》郡第一区〜一二区の七九区に区分された。一区が大体一〇カ村ほどであった。翌六年四月に山梨郡第二区が分割されて同郡が一七区となったため、県下は八〇区に改められた。山梨県の村々の合併は、同六年権令《ごんれい》として赴任した藤村紫朗《ふじむらしろう》がおし進めた。同八年には合併数が一〇三件にのぼり、七九六村の村落数は同十年には三四二村に減少した。冗費節約のための合併であり、村持山や入会《いりあい》山の利用、水防や用水堰の費用負担などは慣行を認めた。しかし、合村で村域が拡大し、村内が山川によって隔絶された不便や、村落固有の習慣の破却の弊を嘆く声も聞かれた。明治九年十月、合村が進んだ結果、当初の区画に大幅な異動を生じたことや、区画の狭小さが不便となったため県下の区画改正がなされ、従前の八〇区は三四区となった。なお、山梨県が大区小区《だいくしょうく》制を採用しなかったのは、甲府盆地の平坦地を除けば、山間部に散在した村落が多く、山や谷によって隔絶されて交通が不便である地理上の理由とされている。

地租改正と林野官民有区分●

近世、甲斐の国中三郡では武田信玄の遺制といわれた農民に有利な大小切租法《だいしょうぎりそほう》が適用されていた。米価が暴騰した幕末には、農民の負担は他地域とくらべかなり軽かったという。財政難に苦しんだ江戸幕府も何度かその廃止を試みたが、そのつど国中三郡の農民の反撃で失敗した。

財政基盤を強化したい明治政府は、旧幕時代の天領や各藩領における農民負担の軽重をならす必要があった。ここに大小切租法が地租改正に先立って廃止される理由があった。

大小切ノ甘法ハ陽ニ民心ニ浸潤シ……一朝夕ノ決ニ至兼候ノミナラス、固結ノ民情紛乱ヲ醸シ御体裁ニ相響候

山梨県の態度は慎重であったが、地租改正が日程にのぼると大小切租法の存続は時間の問題となった。明治五（一八七二）年八月八日、政府は農民の抵抗を恐れる山梨県の時期尚早という進言を無視し、その廃止を決定した。予想通り甲府盆地の各地で村役人を先頭に農民たちの存続嘆願が展開され、一部では県庁に押しだして強訴《ごうそ》せんとする不穏な動きもみられた。この事態に、土肥謙蔵県令をはじめ県官吏は懸命の説得にあたり、その一方で、八月二十日にはひそかに長野県上田分署に一個中隊の出動を申請し、二十二日には山県有朋《やまがたありとも》陸軍大輔にも派兵の要請がなされた。県当局は早い段階に武力で農民たちの要求を押え込む方針を固めていたのである。

八月二十三日、山梨郡の栗原《くりはら》・万力《まんりき》筋の九七カ村の六〇〇〇人余が蜂起した。武装した農民たちは警戒

線を突破し、夕刻には甲府市内に突入して県庁にせまった。追い詰められた県当局は、「願意聞届候」と書かれた「黒印状」を農民に渡し、大小切租法の存続を約して騒動の鎮静化をはかった。しかし、これは武力弾圧の肚を固めていた県当局の謀略であり、軍隊の到着後、県は反撃に転じた。九月三日、土肥県令は軍隊を引き連れ塩山《えんざん》の恵林《えりん》寺に出向き、騒動の中核であった万力・栗原筋一一一カ村の村役人を集め、二十三日に渡した「黒印状」を取り上げた。首謀者小沢《おざわ》留兵衛《とめべえ》《るへい》と島田富十郎《しまだとみじゅうろう》の死刑を含め、騒動参加者への処罰総数三七七二人にものぼる大弾圧によって、山梨県民の要求を粉砕した政府は地租改正を強行する。

明治六年の「地租改正条例」の制定と地租改正事務局の開設で改租作業は本格化する。政府の方針は、外国貿易の不振と近代産業の未発達で、財政収入の八割以上を地租に頼らざるをえなかったことで、「旧来ノ歳入ヲ減セサルヲ目的トシ」という旧幕時代とかわらない年貢水準の維持にあった。山梨県では、明治八年から耕地の等級付け作業である地押《じおし》丈量が開始され、それまで見逃されていた縄延《なわの》びや隠田《おんでん》を正すことも行なわれた。

地価は、収穫米を基準米価で換算し、そこから一五％の籾代や肥料代、地価の四％の地租と地方費を引き去り、残った作益に六％の利子率を乗じて算出された。ここには政府の増租の意図が巧妙に隠されてい

小沢・島田二氏の顕彰碑(恵林寺境内)

る。実際の米価よりも高い基準米価と、一割であった当時の一般的な利子率より低い利子率は、同じ収穫量でも地価を高くする。しかも、種籾や肥料代が収穫の一五%しか控除されておらず、耕作農民たちの労賃は考慮されていない。農家経営をまったく無視していると非難されるのも当然である。三重県と愛知県にまたがる伊勢暴動や茨城県の真壁《まかべ》騒動など、全国各地で地租改正反対一揆が続発した。

大小切騒動で敗北した山梨県でも強硬な反対闘争があった。巨摩郡西八幡《にしやはた》・玉川（甲斐市）、鍋山（韮崎市）、浅原《あさばら》（南アルプス市）の諸村は山梨県の説諭を聞き入れず、最終的には「近傍類地ノ比準ヲ取リ、相当ノ地価ヲ定メテ地券相渡収税申付候」と、全国的にみても少なかった明治九年第六八号布告による処分をうけるまで抵抗した。しかも、鍋山村はなお屈せず地券授与をこばみ、新租の上納を拒否し続けた。県当局は「官没ノ上公売致ス」と鍋山村の農民をおどして反対運動をやっと抑え込んだ。

山林原野の地租改正は明治九年から開始された。旧幕時代の御林《おはやし》や寺社上地《じしゃじょうち》は官有地に編入されたが、入会地であった山林は官民有区分不確定地とした。農民たちは入会地の官有地編入によって、従来の慣行が否定されると考えて反対するとともに、盛んに乱伐を行なった。これに対して、県当局は「調査ノ上官地ニ帰スルモ、其旧慣アルモノハ、詮議ノ上、従前ノ通可差許筈ニ付、心得違無之様」と布達したが、乱伐・盗伐は止まなかった。

明治十四年、藤村紫朗県令の手で山梨県内のおよそ三五万町歩余の旧小物成地《こものなりち》の九九%が官有地に編入された。藤村県令は民有地とすれば税金をおさめねばならず、官有地になっても従来どおり入会慣行で樹木や芝草の伐採は可能と考えていた。しかし、農商務省は入会慣行を完全に否定し、官有地に編入された山林は払い下げによらない限り一木一草の伐採をも禁止する方針でのぞんだ。

『甲斐国現在人別調』

『甲斐国《かいのくに》現在《げんざい》人別調《にんべつしらべ》』は、「他府県人別政表ノ模範」とするべく実施されたわが国最初の近代的人口統計調査であり、国勢調査の源泉ともいえる。

山梨県が調査対象となったのは、「四面山を繞らし他地方との交通便ならず且つ徳川氏の時に在ても曾て之を分割したることなく維新後も亦其の全国を一県として管轄を他と交へず」という地勢的な特質による。この調査を実施したのは、元幕府の開成所《かいせいじょ》教授並で、明治維新後は駿河《するが》藩《はん》府中《ふちゅう》奉行格《ぎょうかく》支配調役や沼津兵学校教授をへて太政官政表課に転じた権大書記官杉亭二《すぎこうじ》である。なお、杉は明治二（一八六九）年に駿河国でも同様の調査を実施して「駿河国沼津政表」と「駿河国原政表」を公表している。

調査は、明治十二年十二月三十一日午後十二時の本籍人と寄留人を対象とする現在人口主義が採用された。住家・寄留・族籍・家族・婚姻・年齢・生国・宗旨・職業・疾病など、調査項目を印刷した家別表一一万枚を事前に配布し、「其家々ニ就キテ一々之ヲ調へ家別表雛形ニ依リテ書キ載ス」とあるように聞き取り調査を行ない、転記した個人票によって集計した。この間、調査に先立って藤村紫朗県令をはじめ戸籍主任らと協議をくり返し、また、郡長を集め調査の趣旨の徹底に努めた。調査員のマニュアルである「人別調人心得并家別表書雛形」が作成され、杉亭二みずからが翌年九月に属官八人とともに山梨県に赴いて「各郡ヲ巡廻シテ家別表ヲ点検シ、疑ハシキモノハ一人毎ニ取調掛ニ質問」を行なっており、調査の精度と信頼性はかなり高い。なお、そのときのようすは随行した鈴木敬治《けいじ》の『入峡記』にくわしい。

調査結果は、明治十五年十月に太政官統計院から四五〇頁をこえる『明治十二年十二月三十一日甲斐国現在人別調』として刊行された。手作業の集計とは思えないほどのスピードである。ちなみに調査に要した費用は六二二三円余であったという。そのときの山梨県の現住人口は男一九万七六六三人、女一九万九七五三人の三九万七四一六人であった。

本調査は、兼業が広く行なわれていた時代の個人レベルでの職業を、副業や針仕事といった婦女子の家庭内労働までを具体的に明らかにできる点で優れている。これは近世期の「人別調」や、のちに欧米の統計学の調査方法を導入して実施された「国勢調査」でもえられない貴重なデータである。

❖コラム

甲斐国何郡何村

家別表書込雛形

住家　持地持家　明治十二年何月何日

姓名	家主及家族	男	女	身上ノ有様	年齢	生国	宗旨	職業	唖聾盲
平何ノ誰	家主	男		夫	四十五 八月	甲	真	直農作	
誰	祖母		女	夫死	八十八	武	真	ナシ	
誰	妻		女	妻	四十二 十一月	甲	真	○針仕事	
誰	長男	男		未婚	十八 二月	甲	ナシ	農作	
誰	妹		女	離縁	三十三 七月	甲	真	○機織	
誰	附籍	男		未婚	十四 一月	相	ナシ	農作	

農商務省と県民の板ばさみとなった藤村県令は再三入会慣行の継続を願いでるが、認められなかった。この事態に藤村県令は、入会慣行が存在していたものは年期を限って有償で樹木や柴草を払い下げる「官有地山林原野草木払下条規」を制定した。しかし、払い下げ手続きはきわめて煩雑であり、自由に山林に分け入って薪炭・肥料・秣草などを採集してきた農民たちには煩しいものであった。山梨県の農民は入会地の官有地編入を認めておらず、なかにはあえて法規を無視して、広範な濫伐を行なう場合も少なからずあった。

明治二十二年、山梨県の官有山林原野はそっくり皇室財産である御料地《ごりょうち》に編入された。

藤村県政と反対勢力●

大小切騒動の責めを負って土肥県令が免官され、その後をうけた二八歳の元熊本藩士藤村紫朗権令の最重要課題は、騒動の後遺症を取り除き、治政を安定させることである。明治六（一八七三）年二月二十八日に着任した藤村は、県庁への不信を募らせている県民にむかい「門閥ノ旧弊ヲ破リ人材登用……四民ノ権ヲ一ニス」と新政府の改革方針を伝え、「一村改メサレハ一国ノ耻辱トナリ、一国改メサレハ万国ノ侮《あなどり》ヲ受ク」と開化政策の重要性を強調した。その後、明治二十年三月に愛媛県知事に転ずるまでの一四年間の藤村県政の中心は、国策に沿った殖産興業の推進と学校教育の普及であった。

まず、藤村権令は県政を下支えする地方名望家《めいぼうか》を中心とした人心掌握に意を注ぎ、新聞解話会《しんぶんかいわかい》の普及に努め、県民に新聞を読み聞かせることで政策の末端への浸透をはかった。その一方で、明治九年には全国に先駆けて半数は区長、半数は公選議員からなる県会を開設した。しかし、この県会での議論を通じて藤村の施策に疑問がうまれ、新聞解話会の組織はのちに反藤村勢力の県政批判の拠点となる。

また、明治七年一月、「道路開通告示」を発し、道路の整備が「人智随テ開ケ物産大ニ興リ……邦家富強ノ基礎」であると力説し、県民にむかって「財アル者ハ財ヲ出シ、財ナキ者ハ力ヲ致シ」とよびかけた。その本当のねらいは、輸出品の大宗である生糸《きいと》を横浜へ直結させることにあった。これに呼応して都留郡や山梨郡の諸村から「道路開鑿願」がだされ、それまでの細くて曲がりくねった道は馬車が通れるように広げられ、甲州街道や青梅《おうめ》街道は幹線道路として整備されていった。藤村紫朗が「道路県令」とあだ名される所以《ゆえん》である。

だが、それは県民に過重な負担としてのしかかっていった。北都留郡富浜《とみはま》村（大月市）の土地収用をめぐる反対運動は内務省へ直訴するところとなり、柳沢《やなぎさわ》峠をこえ東　郡《ひがしごおり》と県境の丹波山《たばやま》村（丹波山村）を結ぶ一四里余の青梅街道は、神奈川県側の未着工により本来の機能をはたせなかった。

さらに、藤村権令は「学事奨励ニ関スル被仰《おおせい》出書《だされしょ》」の聖旨にそって日常の冗費をはぶき学費の足しにすることを説き、学校の設置を進めるために各村に学校世話掛をおいた。藤村の強い要請にこたえるように県下各地で小学校があいついで開校された。ちなみに明治七年末までに県下で設立された学校数は二三九校を数えたという。藤村紫朗といえば「藤村式建築」とよ

旧春米《つきよね》学校（現富士川町民俗資料館）

ばれるルネッサンス風のバルコニーをもつペンキ塗りの学校建築が連想されるほどである。だが、小学校の建設や維持費用はすべて地元の負担となっており、その負担は重かった。県当局は学校の新築資金を半強制的に献金という形で集めた。事実、『山梨県史』には小学校新築資金の献金に対する賞詞が多数記載されている。

青梅街道改修の失敗と藤村の強引ともいうべき県政運営に対して、徐々に不満が高まっていった。藤村県政批判に油を注いだのが、当時、全国的な広がりをみせつつあった自由民権運動であった。山梨県では藤村の施策に疑問をいだいて県庁を辞した佐野広乃《さのひろの》や、依田孝《よだたかし》・薬袋義一《みないぎいち》などが中心となって、『峡中新《こうちゅうしん》報《ぽう》』の紙上で藤村県令の手になる殖産興業の象徴である山梨県勧業製糸場の運営に対する批判を手始めに、入会林野の官有地編入を不当とする論説などの県政批判をくり広げた。

明治十二年に大阪で開催された第三回愛国社大会に佐野と小田切謙明《おだぎりけんめい》が出席して、全国の運動と連係を強めた。同年から翌十三年にかけて国会開設を求める声が高まり、全国各地で請願運動が盛りあがった際には、山梨からも依田や古屋専蔵《ふるやせんぞう》などが上京し、県民を代表して太政官《だじょうかん》に国会開設を請願した。本県の自由民権家には、ほかに林　闇《はやしただし》・加賀美平八郎《かがみへいはちろう》・八巻九万《やまきくまん》などがいたが、県下有数の豪商農であった。

しかし、明治十四年の国会開設の詔勅と翌十五年のリーダー佐野広乃の急死によって、山梨県の民権運動は退潮にむかった。同十四年十二月、依田孝は突如として県会副議長を辞して西八代郡長に転じ、薬袋義一も同十七年に北都留郡長に就任した。その他の自由民権活動家のその後を明治十七年十一月の『山梨《やまなし》日日新聞《にちにちしんぶん》』はつぎのように報じている。

八巻九万氏は……其心志を一転して全力を殖産の事に傾注す……田辺有栄《たなべゆうえい》氏は……殖産の事に労して

開鑿《かいさく》拓地維れ勉むる……古屋（平作）氏は炭坑開鑿に苦心し、幡野《はたの》（弘毅《こうき》）氏は郡吏たる……細田文《ほそだぶん》蔵新津真《ぞうにいつしん》……二氏共に官選戸長……

なお、松方デフレ政策がひきおこした農村不況の真っ只中の明治十七年八月、薬袋郡長の膝元の北都留郡楓原《ゆずりはら》・大鶴《おおつる》・甲東《こうとう》・巌《いわお》・島田《しまだ》（上野原市）の諸村で負債農民の不穏な動きがみられた。

甲府市街の形成●

藤村紫朗県令は、新政府の県庁所在地にふさわしい甲府市街地の整備をおし進めた。まず、旧甲府勤番《こうふきんばん》士《し》たちの立ちのきで荒廃が進んでいた甲府城郭内《かくない》の再開発が行なわれるとともに、郭内と市中との境が取り払われ、旧郭内にあった武家屋敷跡や郭外の士屋敷地はあらたに市街地に組み込まれていった。また、二ノ堀や三ノ堀などは下水路となる部分を残して埋められ、上府中や飯沼村の土塁や濠なども撤去された。その大規模な土木作業には、甲府監獄所の囚人まで動員されたという。

藤村県令は「市中繁栄ノ為住居家等建築ノ見込ヲ以模寄町内協議埋立ノ儀申出」をうけて、その許可を大久保利通《おおくぼとしみち》内務卿に要請し、「畢竟町内協力ニアラサレハ成功モ難期程ニ有之」と埋め立て地無償払い下げを考えていた。ちなみに、新地は坪三銭で払い下げられたという。旧城郭内の市街地化にあたっては、

此般、旧郭内幷堀埋地等家屋新設ノ為払下ケ又ハ下ケ渡候場所ヘ建築ノ分ヨリ改正シ、必ス家屋ノ左右前後ニ多少共空地ヲ存シ樹木等植付、各自健康ヲ保チ予メ火災ヲ防キ候様注意可致

と、建築内容にまで注文をつける「市廛建築ノ制」が布達されたが、藤村の町造りに対する意気込みが感じられる。

市街地への組み込みにともなって、明治八年二月には旧城郭内にあった追手《おうて》小路・松原《まつばら》小路・土手《どて》小

路・新先手《しんさきて》小路などの諸小路の名は、それぞれ錦《にしき》町・常盤《ときわ》町・桜《さくら》町・朝《あさ》日《ひ》町などに改められ、旧組屋敷は代官《だいかん》町・佐渡《さど》町・二十人《にじゅうにん》町などにうまれかわった。片側が濠であったことに由来する片羽《かたば》町が、埋め立てによって相生《あいおい》町となったのもこのときである。

そして、これらの町々には、錦町一八番地に山梨県の殖産興業のシンボルともなった東西七〇間、南北七三間の規模をほこった白亜の県営勧業製糸場が建設されたのをはじめ、山梨裁判所、山梨県病院、山梨県師範学校、ギヤマン堂の異名をもった山梨県庁など、のちにいわゆる「藤村式建築」とよばれる擬洋風《ぎようふう》の建物が続々と建設された。ちなみに、これらの建物の多くを手がけたのが、市井の大工棟梁であった塩山出身の小宮山弥太郎《こみやまやたろう》と甲府出身の土屋庄蔵《つちやしょうぞう》である。

明治九年六月十二日の『甲府日日新聞』は、甲府の中心地が文明開化の波をうけて急速に変貌していくさまを、

旧郭内の艸茫々として凸凹たる道路変じて恰も畳上かる坦路に替る。続いて茅屋造りも変じて煉化石造りに交る。反古張り窓変じてガラス張りと換わる姿は倫敦《ロンドン》、巴黎《パリ》の都も斯くやあらんと思うばかりなり。市中家屋の庇を切り取り道巾変じて広くなり店向変って品物羅列が見よくなり是れでは漸々東京銀座通りと見違る

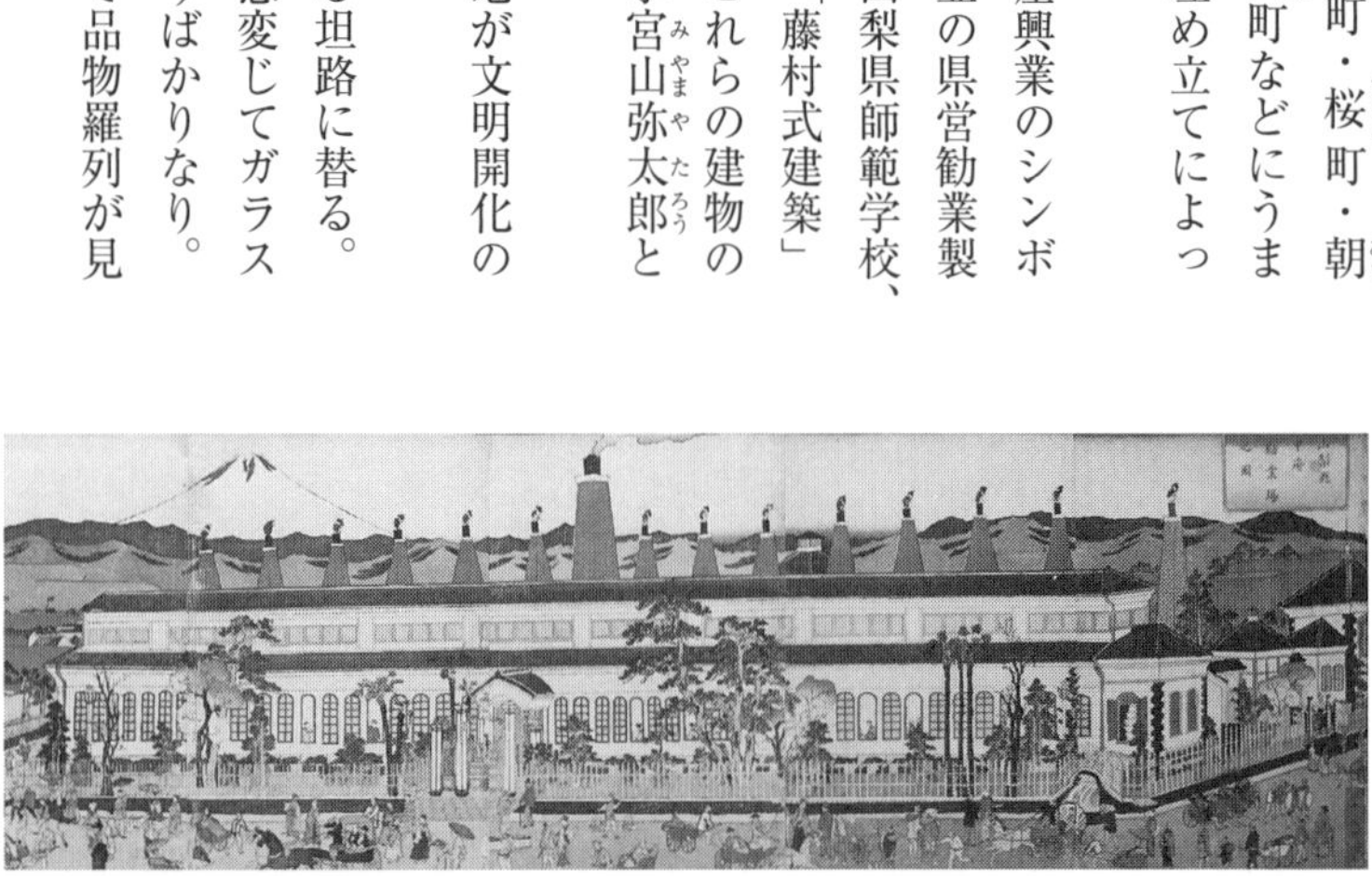

洋風レンガ造りの山梨県勧業場

と、驚きの目をもって伝えている。

一方、国有地となった旧城内には、明治九年に勧業試験場が、翌十年には葡萄酒《ぶどうしゅ》醸造所が建設された。なお、旧郭内にあった橘《たちばな》小路は橘町と改められ、その西側には明治八年に甲府監獄所が建設された。これは同三十六年に甲府駅が開業したのにともなって、甲府市の玄関口として駅周辺の整備の必要性から郊外の西山梨郡里垣《さとがき》村（甲府市）に移転されるが、同四十四年に甲府監獄が落成して移転するまで駅周辺の発展を妨げることになる。

明治二十二年、甲府は、東京・大阪・横浜など三八の都市とともに市制が施行された。さらに、同二十九年にはじまった中央線の敷設工事で北部の清水曲輪《しみずくるわ》や旧御花畑《おはなばたけ》はそっくり線路敷や甲府駅の用地となり、城は南北に分断されてしまった。しかし、中央線の開通と甲府駅の開業は甲府市発展の引き金となったことは間違いない。

その後、明治三十三年に南西部の楽屋《がくや》曲輪を県立甲府中学校の敷地とし、同時に山梨県教育会附属図書館が設立された。内城は明治三十七年に県借用地として開放されて舞鶴城《まいづるじょう》公

甲府城跡　手前は旧制の甲府中学校の校庭。

園となり、大正六（一九一七）年には村松甚蔵《むらまつじんぞう》の寄付金で陸軍省から払い下げをうけ、県有財産として公園らしい整備が行なわれた。

昭和六（一九三一）年には、甲府中学校移転跡地に現在の山梨県庁旧館と県議会議事堂があいついで建設された。この際、城跡西側の石垣が壊され、太鼓橋も撤去され、堀が埋められた。さらに同八年には二の丸に武徳殿《ぶとくでん》が建設されるなど、城内への巨大建造物の建築は続く。そのたびごとに甲府城跡は蚕食され、規模を縮小させられていった。甲府市街の形成は一面、甲府城の破壊の歴史でもある。

2　近代化への歩み

殖産興業をささえた群像●

明治六（一八七三）年四月、藤村紫朗権令は、

蚕卵蚕糸ハ御国第一ノ名産ニシテ、海外諸国ニ於テモ之ヲ愛重シ、其利益不少、実ニ家ヲ興シ国ヲ富スノ良産ト云フヘシ……鴻益斯ク明瞭タルノ良業捨テ為サ丶ルハ、実ニ国ノ富強ヲ妨クル一端ト云ハンカ……天ハ幸福ヲ人ニ与ヘスシテ勉強ニ与フト、畢竟人ノ幸福ハ其身平常ノ働ニ依ル者ナレハ、宜敷此道理ヲ悟リ遊惰ノ風ヲ去リ、自カラ我身ヲ動カシ、我身ヲ頼ミ、家業ノ栄ヲ致シテコソ人ノ人タル道ニ適フト云フヘシ……

と「物産富殖ノ告諭《こくゆ》」を発し、人々に殖産興業に励むことをよびかけ、みずから先頭に立って勧業政策を強力におし進めていった。藤村権令のねらいは告諭の冒頭に「蚕卵蚕糸ハ御国第一ノ名産ニシテ、海外諸

国ニ於テモ之ヲ愛重シ」とあるように、近世以来甲府盆地の東郡地域で広く展開していた養蚕業を盛んにして、わが国の輸出品の大宗であった生糸を生産し、国益に寄与するとともに山梨県産業の近代化をはかろうとしたのである。

藤村は、大小切租法を廃止して導入された新租税法の実施で生じた差額金の二割にあたる二万三〇〇〇円余の御下金を財源として、

一、巨摩郡若神子新町《わかみこしんまち》ヨリ北方里俗逸見《へみ》筋村々ノ間日野原《ひのはら》ト称スル……凡拾五万坪余開拓致シ、桑茶其他ノ種樹植付……管下四郡ノ内山梨八代都留三郡ハ養蚕営業致ス者有之候ヘ共、独巨摩郡ノミ未タ其業不相開候ニ付、此地ヨリ相始メ養蚕ノ利益アル事ヲ目撃為致、漸次拡張盛大ナラシメ……

二、甲府山田町《ようだまち》名取彦兵衛《なとりひこべえ》（雅樹）新案製糸器械ハ愈簡便精良ノ製糸ニ付……先ツ製糸車数百五拾ノ器械ヲ甲府内便宜ノ地ニ取設……

三、甲府元組屋敷《もとくみやしき》等……窮民授産ノ為貸渡……右地所一円桑茶葡萄植付、無産ノ者へ割渡シ精々奨励養蚕法其外教示致サセ、游手徒食ノ者無之様致シ……

四、……是マテ養蚕不致村々へ信州ヨリ桑苗買入現品ニテ貸渡シ、川縁其外不毛地ヲ始メ良圃ニモ為植付

を内容とする勧業授産を実行に移した。これに呼応して県内各地に会社組織の共同結社の設立があいついだ。明治七年『山梨県理事概表』によれば富士川運輸会社、甲斐絹《かいき》を生産する郡内《ぐんない》会社、生糸《きいと》改《あらため》会社、蠟燭《ろうそく》製造会社、蒲原《かんばら》水道社の設立が判明する。また、産業振興にとって不可欠の金融機関の整備は、

世ニ有益ナル人工地産ノ業ヲ起スニ念アリト雖トモ、財本ニ乏シクシテ其業ヲ空舗スル者等ノ力ヲ助

ケン為ニモ融通ノ道ヲ開キ、其業其産ヲ興サシメ其功ヲ遂ケシム

と工業振興を目的に産業資金の貸出しを業務とする興益社《こうえき》が、明治七年一月に甲府で設立された。のちの第十国立銀行の前身である。社長には、当時、藤村権令の片腕として殖産興業政策の推進役であった巨摩郡穴山村（韮崎市）出身の栗原信近《のぶちか》が就任し、出資者や役員には若尾逸平・名取忠文《なとりちゅうぶん》・風間伊七《かざまいしち》・大木喬命《きょうめい》など甲府の豪商たちが多数名を連ねた。

さらに明治十一年に設立された農産社《のうさん》は、願書が営業主眼を「牧畜紡績等ノ業ヲ興」し「民産ノ世ニ益アル者ハ又悉ク此社ニ於テ研磨練精シ大ニ国産ヲ増殖スルヲ務メ」とのべているように、県当局のよびか

C・イビーと山中笑――キリスト教と民俗学

カナダのオンタリオ州で生まれたC・イビーは、三一歳のときにカナダミッションの第二回派遣宣教師として明治九（一八七六）年に来日し、日本メソジスト教会の基礎を築いた。翌年、巨摩郡睦合《むつあい》村南部《なんぶ》（南部町）の近藤喜則《よしのり》の私塾蒙軒学舎《もうけんがくしゃ》の招きに応じた。

蒙軒学舎は近隣の子弟に、四年間の修業年限で英学・漢学・数学などを教授した。北村透谷《きたむらとうこく》も数カ月とどまったこともあり、出身者からは山梨県峡南《きょうなん》地方の指導者が輩出した。近藤喜則は南部宿の本陣や郡中総代《ぐんちゅうそうだい》を勤める家に生まれ、自伝『一生涯』によれば長崎に遊学し、明治二年に身をよせていた旧幕臣豊島佳作《としまけいさく》と私塾聴水堂《ちょうすいどう》を開き、のち蒙軒学舎と改称した。明治九年には殖産社を設立して特産物の三椏《みつまた》の栽培に努め、明治十二年には県議会の初代議長に選任された。

明治十一年、浅尾長慶《あさおながよし》・内藤宇兵衛《うへえ》・新海栄太郎《しんかいえいたろう》らの招きで、甲府緑町の英学義塾《えいがくぎじゅく》に移ったイビ

❖コラム

ーは、同年七月に桜町に創設された甲府教会を拠点に三年にわたって勝沼や市川大門など甲府盆地各地で布教活動を行なった。洗礼をうけた者のなかには一町田中《いっちょうたなか》村（山梨市）出身で幕末に新選組隊士となり、柏尾《かしお》（甲州市）の戦いに際しては甲陽鎮撫隊《こうようちんぶたい》に属した結城無二三《ゆうきむにぞう》もいる。イビーは十四年に帰京するが、近藤が英語教師として招聘したことは山梨県へのキリスト教伝導のきっかけとなった。

甲府教会の六代目牧師が山中笑《えみ》である。山中笑は、嘉永三（一八五〇）年、江戸四谷《よつや》の幕府の御家人の家柄に生まれ、維新後は静岡に移り英学を修めた。カナダ人宣教師D・マクドナルドの通訳を務めたのが縁で洗礼をうけ、甲府教会の牧師となり、明治二十五年に東京の下谷《したや》教会に移る。共《きょう》古《こ》と号した。彼は、甲府に滞在中の明治十九年の冬から数年間にわたって目にした甲府の町のようすや甲斐の民俗・遺跡・物産・方言などの稿を、明治二十二年と三十五年から三十六年にかけて『東京人類学雑誌』に発表した。それらはのちに『甲斐の落葉』としてまとめられ、昭和元（一九二六）年に東京小石川の郷土研究社から炉辺叢書《ろへんそうしょ》の一冊として刊行された。同書は民俗学の草分け的な位置をしめ、柳田《やなぎた》国男《くにお》にも影響を与えたといわれている。

甲府教会(明治24年)

ける殖産興業政策に呼応した郡部地域での動きといえよう。そのイニシアチブをとったのは栗原信近であり、発起人の八二人には県内の有力者とともに、地元の北巨摩地方で区長や戸長をつとめ、勧業世話役となっている豪商農層が名を連ねている。同様に巨摩郡睦合村《むつあい》（南部町）の近藤喜則《よしのり》は殖産《しょくさん》社を舞台に河内《かわうち》地方の物産、とくに、楮《こうぞ》や三椏《みつまた》の栽培に尽力し、八代郡一桜村《いちおう》（笛吹市）の雨宮広光《あまみやひろみつ》は輸出生糸の荷為替と貸付けを業務とする甲商《こうしょう》社を設立するなどの動きもある。

これ以外にも、郡内地方の絹織物業の改良や蝙蝠《こうもり》傘地の織り出し、また、国中《くになか》地方の東郡《ひがしごおり》地域のワイン醸造業の起業など、県内各地の在来産業の再編成やあらたな産業の創業などさまざまな試みがなされ、これらの豪商農の下支えによって、山梨県の殖産興業政策が広範に定着していったであろうことは間違いない。

殖産興業期の山梨県の経済界のリーダーであった栗原信近は、無利子・一〇年賦という手厚い保護をうけて、明治十三年に西八代郡市川大門村《いちかわだいもん》（市川三郷町）に洋式紡績工場の市川紡績所を建設した。政府が購入した英国製二千錘紡績機を装備するいわゆる「十基紡《じゅっきぼう》」の一つであった。しかし、市川紡績所はおりからの松方デフレ政策でひきおこされた深刻な農村不況に逢着し、また、原料綿や技術的な限界などもあり挫折した。さらに、栗原の縁者である中田善三郎《なかだぜんざぶろう》は明治十三年に北巨摩郡江草村《えぐさ》（北杜市）の自宅に農産社の分工場として江草織工所を建設して木綿布の生産に従事するが、販売ルートの確保に苦労して経営は行き詰まる。

その後、市川紡績所は渡辺信《わたなべしん》の経営する渡辺紡績所に引き継がれるが、西郡《にしごおり》地域での綿花栽培は急速に衰え、養蚕業に取ってかわられ、しだいに桑園が広がっていった。

藤村紫朗県令が建設した男女工四〇〇人を擁する県営勧業製糸場の成功に刺激されて、県内各地に器械製糸工場の建設があいつぎ、器械製糸県としてスタートしたところに近代山梨の産業発展の起点がある。事実、明治十二（一八七九）年の県内の一〇人繰以上規模の器械製糸工場は八〇を数え、長野・岐阜県につぎ、生糸生産量では長野県についでいた。しかし、民間での器械製糸業の発展とともに、県営勧業製糸場の存在がそれら民営工場の発展を阻害する側面も明らかになり、自由民権派は機関紙『峡中新報』で県営勧業製糸場批判を展開した。このためその実質的な経営者であった名取雅樹《なとりまさき》は辞職に追い込まれた。

その後、甲府では矢島栄助《やじまえいすけ》が二〇〇釜規模の矢島組を、風間伊七が六〇〇釜規模の風間組を開業し、県内の器械製糸工場数は明治十六年には一四八、同二十四年には二二八工場に急増する。山梨県は器械製糸業のメッカであったが、工場の半ばは東山梨・東八代両郡からなる東郡地域に立地していた女工数三〇人以下の工場である。製糸工場の急増は製糸女工の不足をひきおこし、その争奪を激化させる。それを防ぐ目的でつくられた「工女取締規約」を原因として、明治十九年六月に甲府の雨宮《あまみや》製糸で日本最初の女工争議がおき、経営者側の譲歩を勝ち取った。雨宮製糸争議は『東京日日新聞』を通じて全国に報じられ、その後、甲府市内の製糸工場に飛び火していった。

ところが、山梨県では明治二十五年頃から製糸工場の減少がはじまり、明治三十一年には大恐慌が突発し、明治三十年の二二一工場が同三十二年には一〇二工場に半減した。その原因は横浜生糸市況の沈静もあるが、本県の固有の問題として、ともに維新以来最大の水害と赤痢《せきり》の流行があったと考えられる。その復興過程で山梨県の器械製糸業界では、明治三十四年に四四〇釜の山梨製糸株式会社、翌三十五年に九九五釜の草薙《くさなぎ》合資会社などの巨大製糸工場が開業し、経営規模の拡大が進行するとともに、県内の器械製糸業の中心地は東郡地域から甲府や中巨摩郡に移っていく。

しかし、山梨県の製糸業は、明治三十年代以降、長野県に水をあけられていく。それは中央線開通が明治三十六年と信越線開通から一〇年以上も遅れたためである。長野県諏訪地方の製糸家は和田《わだ》峠(長野県諏訪郡)をこえて信越線大屋《おおや》駅(同県上田市)へ出荷し、横浜への時間距離を短縮していた。しかも中央線の開通は、この間に大きく成長した長野県諏訪地方への女工流出と、県外業者の原料繭購入のための県内進出をひきおこした。明治二十年代以降、片倉製糸・山十製糸などの巨大工場を輩出しつつ急速に発展した諏訪地方の製糸業は、増大する労動力と原料繭を山梨や岐阜など隣接する諸県に求めた。

山梨県からの製糸女工の出稼ぎは諏訪地方にとどまらず、埼玉県の大宮・熊谷・川越方面にまでおよんだ。ちなみに大正七(一九一八)年の山梨県の製糸女工適齢人口は約六万人であったが、うち一万五〇〇〇人は県内の製糸工場で就業し、一万九〇〇〇人が県外に流出した。なお、同年の出稼ぎ女工の賃金一六〇〇万円は県の歳出二〇〇万円に匹敵するほどである。出稼ぎ女工を送りだしたのが、大正十年に県当局の音頭で組織された山梨善誘《やまなしぜんゆう》協会が各町村に配置した女工紹介組合である。なお、会長は栗原信近で、活動がもっとも活発なのは北巨摩郡であった。

大正初年に蚕糸不況があったが、第一次世界大戦後には空前の「生糸ブーム」が到来して本県の器械製糸工場は一二九工場に急増し、増加の勢いは昭和初年まで続く。その中心となったのは東郡地域の中小規模工場であり、「生糸ブーム」は山梨県の製糸業界を基本的にマニュファクチュア水準を脱却できない中小規模の器械製糸工場が散在的に立地する地域へとかえていったのである。

山梨県の器械製糸業が規模拡大を指向しなかった理由は、その投機的な性格にあったと考えられる。事実、『山梨日日新聞』紙上にはくり返し製糸家の投機的な行動をいましめる記事が登場するが、その背景には価格変動による投機的利益の確保という強みと、季節性による原料確保の不安定性という弱さを同時に抱え込む経営体質が存在した。それは製糸工場の利潤額が激しい上下動をくり返して、安定的でなかったことに端的に表現されている。昭和前期には生糸価格の惨落の大打撃をうけるが、その中心となったのは「生糸ブーム」期に急増した東郡地域の中小規模工場であった。しかしながら、相場が山梨県の製糸業にある種の活気を与えていたことも、また、事実である。

山梨県は製糸業に依存することで明治期以降の産業経済のめざましい進展をみたが、これが「養蚕モノカルチュア」を構築し、何回かみられた生糸価格の暴落はそのつど山梨県の養蚕・製糸業を痛打し、さらなる発展の芽を摘むと同時に、外的な条件の変化による衝撃を大きなものとした。ここに器械製糸業に全面的に依拠する山梨県の産業経

尾脇撚糸工場(大正4年，谷村〈都留市〉)

済の基礎基盤が意外にもろかった原因がひそんでいた。

農業発展と地主制●

明治以降の山梨県農業の発展はそのまま養蚕業の歩みといってよい。殖産興業期の本県の養蚕業は繭生産量は多いが気候に左右される清涼育のみで、繭の生産に失敗する違蚕《いさん》に見舞われる養蚕農家もあとを絶たず養蚕改良は急務であった。明治十六（一八八三）年、県は福島地方の温暖飼育を学ばせるために県費補助実習生を派遣し、彼らの伝えた温暖育技術は東八代郡鵜飼《うかい》村（笛吹市）の八田達也《はったたつや》が著した『新撰養蚕書《しんせんようさんしょ》』で広く普及していった。

また、東山梨郡七里《ななさと》村（甲州市）の古屋久昌《ふるやひさまさ》は、桑を刈桑状態で蚕に与える条桑育《じょうそういく》の有利性に注目し、郡内式櫓飼《ろがい》に独自の改良を加え「二十世紀新飼育法」と名付け、明治四十年には『改良蚕児櫓飼法《さんころがいほう》』を著してその採用を奨励した。だが、県当局や周辺の条桑育への風あたりは強く、「粗放育」や「無精育」と非難する者もいた。しかし古屋は、私財を投じ屋敷内に櫓飼技術伝習所を開設して生徒を募り実地指導をする一方で、各地の講習会や講演会に出向き精力的に指導啓発を行なった。この結果、昭和初年には山梨県では条桑育を採用する養蚕農家が九割をこえるまでに普及するようになった。

養蚕改良は飼育技術だけでなく蚕種や桑の改良も重要である。山梨県では改良魯桑《ろそう》の選出に成功した東山梨郡日川《ひかわ》村（山梨市）の小野元兵衛《おのもとべえ》、蚕種の風穴《ふうけつ》貯蔵で秋蚕飼育を可能にした同郡菱山《ひしやま》村（甲州市）の三森忠右衛門《みつもりちゅうえもん》、さらに、葉質や収量が優れている一瀬桑《いちのせくわ》を発見した西八代郡上野《うえの》村（市川三郷町）の一瀬益吉《ますきち》などの存在も忘れられない。

これら先人の努力によって発達した養蚕業が山梨県農業の性格を規定し、また、全国でも有数の地主制をささえることになる。

第二次大戦前段階の山梨県農業は「米と繭の経済構造」を有していた。事実、大正十四（一九二五）年の農産物価額構成比は、米二八・六％、麦八・八％、豆・雑穀・蔬菜といった食用および工芸作物である特用農産物八・二％、果実二・九％、繭五一・五％である。これを全国の米四七％、麦八・二％、果実二％、養蚕一九・一％、その他二三・七％と比較すると山梨県では繭が半ばをこえ、米は三〇％未満と全国水準より二〇ポイントも低い。また、養蚕業へ特化しているために、麦・果実・食用農産物などの比重が著しく低い。山梨県でもっとも生産力水準が高いのは、甲府盆地の東山梨・中巨摩・北巨摩三郡に展開する養蚕と米作をうまく組み合わせた地域であり、山梨県農業は養蚕業の存在で経営基盤の強化が可能となったのである。いってみれば、本県の農業は「養蚕モノカルチュア」ともいうべき特質を形成していたのであり、このような農業構造を前提に製糸業の広範な展開が可能となったのである。

大正末年段階の山梨県は、地主的土地所有の展開度を示す指標である小作地率が東山梨・中巨摩・西山梨・東八代郡で六〇％をこえ、全国最高の大阪府のそれに匹敵するほどの高比率を示し、高度に地主制が展開していた。

山梨県の地主の頂点に立つのが甲州財閥の総帥若尾逸平《わかおいっぺい》である。文政三（一八二〇）年に巨摩郡在家塚《ざいけつか》村（南アルプス市）の没落旧家に生まれ、生糸貿易で巨額の富をえて明治五年に山梨県の蚕種製造人大総代に、翌六年には県主導でつくられた生糸改会社副社長に任命され、山梨県の蚕糸業に君臨した。このため明治五年の大小切騒動では焼き打ちをうけた。松方デフレ期をへて明治前期には三六〇町歩を所有する県内随一の大地主となり、明治二十二年に初代甲府市長、翌二十三年に貴族院多額納税者議員に選任され、山梨県内の産業経済界はもとより政界でもリーダーの地歩を固めた。若尾家は最盛期には所有面積七〇〇町歩を誇った。これ以外にも昭和初年当時、山梨県内には五〇町歩をこえる巨大地主が二二人存在した。

しかし、山梨県の地主制の展開もフラットではなく地域性があって、中巨摩・北都留・東八代・東山梨郡では零細地主の、これに対して西山梨郡は所有面積一〇町歩以上層の割合が高く、北巨摩郡は両者の中間に位置している。なお、西八代・南巨摩・南都留郡の小作地率は全国平均値を下回っている。一方、地主層の対極にある所有面積五反未満の零細農民の存在状況は、北都留・西山梨・中巨摩・西八代・南巨摩・南都留郡できわめて高い。また、大正末年の山梨県の農家をその経営形態で区分すると、自作農家が二三・三%、自作兼小作農家が四〇・〇%、小作農家が三六・七%の構成比を示し、三分の一が純小作農民であり、全農家の七六・七%が、なんらかの形で地主的土地所有の支配下にはいらねば経営が維持できなかった。そしてこれらの零細農民の養蚕業と製糸女工の現金収入を前提にして、地主制がささえられていたのである。

地主制の類型や零細農民の存在が小作争議の激発に大きく影響するが、繭価格の暴落で小作争議が頻発していた昭和七（一九三二）年に、その所有地三〇町歩余のすべてを小作農民に解放した西八代郡市川大門《いちかわだいもん》町（市川三郷町）の大地主渡辺沢次郎《わたなべさわじろう》のような存在も忘れることはできない。

富士川舟運と中央線●

明治元（一八六八）年、甲州や信州の御廻米《ごかいまい》輸送が廃止され、富士川舟運は大打撃をうけ川筋が荒れてしまった。ところが殖産興業への取り組みが物流の大動脈として富士川舟運の役割をかえ、山梨県は鰍沢《かじかざわ》（富士川町）、青柳《あおやぎ》（同町）、黒沢《くろさわ》（市川三郷町）の三河岸の通船取扱人に会社組織の設立を勧め、明治七年に遠藤聡知《えんどうそうち》を社長に、資本金四〇〇〇〇円の富士川運輸会社が設立された。同社の出現は、個人で船を操り舟運に従事していた船頭をおびやかした。両者は対立するが、県庁をバックとする同社は船頭たちの再編成を進め業績を伸ばしていった。

富士川運輸会社の発展は、創業当初四カ所にすぎなかった出張所や分社が明治八年には流域の二〇カ所に開設され、独占的な地位を固めたことに端的に表現されている。そして、舟運事業の活発化にともない水難事故が頻発するようになり、明治十一年には、失われる人命や貨物に対する損害補償を念頭においた「富士川物貨運搬営業規則」が制定された。事実、明治八年六月八日、東京の地方官会議に出席すべく富士川を下っていた藤村紫朗県令一行の乗船が難破し、同乗していた増穂《ますほ》村（富士川町）の大商人で富士川運輸会社の副社長であった秋山源兵衛《あきやまげんべえ》が溺死する事件がおきている。しかし、同規則は独立営業者に対して富士川運輸会社へいっそう従属することを強制したのである。

明治十八年、富士川運輸会社は九〇〇〇〇円に増資され、支店は六七店、船数五二〇艘、水夫二〇八〇人を擁する会社に発展

全盛期の鰍沢乗船場

し、同二十二年の東海道本線の開通にともなって岩淵《いわぶち》停車場（静岡県富士川町）が開業すると、鉄道利用者も富士川舟運を利用するようになった。なお、同二十五年の宿泊調査によれば鰍沢宿の年間の宿泊人は三万四一三〇人を数えたという。

富士川運輸会社の最盛期は東海道本線の開通から中央線が開通するまでの期間であり、中央線の開通後はふるわなくなった。事実、明治三十五年頃、一〇〇〇艘をこえていた通船数も中央線の開通後は一五〇艘に激減し、富士川運輸会社は大正十一（一九二二）年に解散した。鰍沢の老舗《しにせ》両国屋の『備忘録』は同社の設立から解散に至る過程をつぎのようにのべている。

一時ハ富士川便ニテ船数三百艘モアリテ、実ニ貨物ノ出入頻繁ナリシカ、中央線開通来此業ノ打撃ニテ……此度、富士川改修ノ為メ所有地買上建物移転等ニテ、左ノ如ク収入アリシ為メ、是レヲ株主ニ配当シ、残余ハ遠藤氏ニ慰労トシテ贈リ、会社ハ解散スルコトトセリ

明治二十年、山梨県を通過する鉄道計画として、東海道線御殿場《ごてんば》駅（静岡県御殿場市）から甲府・松本をへて北陸へ抜ける甲信《こうしん》鉄道が企画された。もちろん有力な輸出品であった生糸の主産地の山梨や長野と横浜を結ぶことをねらいとしていた。

同二十五年、日本の幹線鉄道の未来像を示した「鉄道敷設法」では中央線ルートは、すでに八王子まで開通していた甲武《こうぶ》鉄道を西にのばして甲府に至る八王子線、御殿場から県境の籠坂峠《かごさか》をこえ富士北麓を西に進み東八代郡芦川《あしがわ》（笛吹市）から甲府に至る御殿場線、東海道線の岩淵から富士川沿いに北上して市川大門から甲府に至る岩淵線の三本が考えられていた。

岩淵線案は地形的な理由で早い段階でしりぞけられた。八王子・御殿場線両案は、利用者数に差がなく、

八王子線のほうが工事費がかさむが、純益見込みはほぼ同じだった。だが、政府は軍事的意義を優先させて八王子線案を採用し、同三十六年には甲府まで開通した。岩淵線ルートは昭和三（一九二八）年に富士身延《ふじみのぶ》鉄道線として実現をみており、御殿場線ルートのみが幻となった。

しかし、長野県では明治二十六年に信越線が開通しており、この一〇年間で山梨県の製糸業は長野県に大きく水をあけられていた。中央線や富士身延線がもっと早く実現していたなら、その後の山梨県の産業の歩みは大きくかわっていたに違いない。

中央線開通からほぼ一〇年が経過した明治四十五年六月から三三回にわたり、「甲府繁栄策」が『山梨日日新聞』に連載された。その背景には資本主義経済の進展にともなう都市化の進行と、その一方での農村疲弊の深刻化、山梨県に限っていえば明治四十・四十三年の大水害と養蚕・製糸業の不振など問題が山積していた。執筆者は甲府市内の有力な豪商やブルジョアジ

甲府停車場全図（甲府市藤村記念館）

ーと学識者であった。登場するキーワードは「工業化」「観光開発」「市街地・交通機関の整備」「甲府気質」などであり、現代にも通じる古くて新しい問題でもある。そこで提言されている、県病院の清水寅雄《しみずとらお》や製糸業者の矢島栄助の、今日の表現でいえば「衣・食・住」のシビルミニマムを用意せよ、銀行家で甲府市議の名取忠愛《なとりちゅうあい》の「中流以下のものをして甲府は暮しよき処なりとの観念と懐かしむ」という発言、さらには大島正健《おおしままさたけ》甲府中学校長の「目前の射利の念を除去し誠心誠意事に当」たれという主張などは、商業・工業・農業振興に共通する今日でも傾聴に値する意見である。

3　転換の時代

未曾有の大水害●

甲斐では古来から水害に悩まされ、武田信玄の築いたといわれる信玄堤《しんげんづつみ》をはじめ人々は長いあいだ水との闘いを続けていた。明治以降でも三十九（一九〇六）年までに大小二五回の洪水に見舞われたが、山梨県で水害の歴史を語るとき、「災後の甲州は最後の甲州」といわしめた明治四十年の大水害を忘れることはできない。

明治期に山梨県で水害が頻発したのは、険しくて高い山々に囲まれ、そこを大小の河川が流れている地形的な特徴にもよるが、人為的な原因も存在した。すでにのべたように、明治以降、山梨県では器械製糸業が急速に発展したため、生産過程での煮繭用の湯の補給や動力源の蒸気機関の燃料としての薪炭の需要が急増した。事実、三十年代半ばの県内の器械製糸工場では年間で約三九〇万貫の薪炭を消費したという。

一方、製糸業の発達は当然原料の繭を供給する養蚕業を盛んにする。しかも明治以降、新しい養蚕技術である温暖育が普及し、蚕室の温度をあげるための燃料として薪炭の需要がこれまた急増した。

これに加え、石炭の運搬に大きな力を発揮する中央線の敷設の時間的な遅れと、地租改正時の山林原野の官有地への強制的な編入が、山林の荒廃にいっそうの拍車をかけることになった。人々は、盆地周辺に広がる山々から薪炭をえていたに違いない。当然、おびただしい木材が伐採され、山々はみるみるうちにはげ山となっていった。山林の荒廃が進むにしたがって山林のもつ保水能力は著しく低下し、水害もまた増加していった。明治四十年の未曾有の大水害はおこるべくしておきたのである。

明治四十年八月二十一日夜半から二十六日にかけて県内全域で降り続いた雨は、北都留郡大原村《おおはら》（大月市）での七一八ミリを最高に、石和町《いさわ》（笛吹市）の四八〇ミリ、飯野村《いいの》（南アルプス市）の四七九ミリ、谷村町《やむら》（都留市）の四六九ミリ、上野原町《うえのはら》（上野原市）の四三八ミリ、韮崎町《にらさき》（韮崎市）の四〇四ミリと記録的な雨量を観測した。県下では二八三九カ所の山崩れが発生し、中小河川が氾濫したことはいうまでもない。もっとも甚大な被害をうけたのは峡東《きょうとう》地方であった。重川《おも》と日川《ひ》の合流点では堤防が決壊し、もとは石和町と甲府市との境を流れていた笛吹川が石和駅の東側で川筋をかえてしまい、石和町は一時濁流のなかに孤立した。警察官望月嘉三郎《もちづきかさぶろう》は『水害地巡視日記』に、

石和町及其付近ハ一面湖水ノ如シ、一時人ヲシテ太古ノ海洋ニ浚シ去ラシムルナキカヲ憂ヘシム。甲運橋ハ東西ノ橋詰ヲ被リ橋ハ笛吹ノ中流ニ一部ヲ存ス。激浪逆捲キ人家ヲ倒シ家屋ノ流失スル景況頗ル悽惨ヲ極メタリ。石和町甲運橋際ノ高所ニ一ノ草葺屋根ノ住家ヲ残ス。家人五名屋根ニ揚リテ救ヲ叫ブト雖モ之ヲ救ニ術ナシ。刻々危急ニ瀕ス。午後遂ニ激浪ノ渦中ニ葬リ去レタリ……警察署裏手ヨ

リ遠妙寺付近ニ漂着セル死体拾余人アリ。道路田園一体ニ砂漠ニ化シタルカヲ疑フ。川中嶋ハ殆ド全滅シ埋没セル家屋ノ三、四アルヲ認ムルニ過ギズ、人命ノ被害又寡カラズ。……流木漂着シ茲ニ川ノ寄洲ヲ為ス。内ニ人影三、四名アリ。救助セントスルモ渡ルコト能ハズ、縄ヲ投ズルモ達セズ、忽ニシテ激浪ノ襲フ所トナリ相抱ヘテ其渦中ニ投ズルヲ見ル。

と記している。ちなみに、県全体では二六二人の死者をだし、壊れたり流失した家屋は二万一〇八七戸、被害耕地は七一三町歩、堤防の決壊や破損は五万一六八五間にのぼり、直接被害額だけでも一二〇〇万円に達した。しかし、この明治四十年の大水害の被害も十分に癒えていない明治四十三年八月、ふたたび大洪水が国中《くになか》地方一帯を襲うのである。

翌年三月の臨時県会は、明治四十年の県の歳出額一一八万円の三・七倍に相当する水害復旧費四三八万円を可決する。災害復旧のための負担が県財政に重くのしかかってくる。度重なる水害で耕地や財産を失った被災者のなかには、新天地としての北海道での再起をかけて移住する者も多かった。明

激流で壊された甲運橋(明治40年，石和町)

治四十一年から四十三年にかけて被害の大きかった東山梨・東八代・中巨摩郡から六六〇戸の三一四二人が北海道へ移住した。しかし、待っていたのは未開の原野の開拓であり、山梨県とは異なるきびしい気候に飢餓線上での苦闘が続くことになる。

打ち続く水害に、明治三十年頃からは治山治水のための御料地の下戻運動がくり広げられていたが、明治四十年と同四十三年の大水害をきっかけに、四十三年八月に甲府機山館《きざんかん》で開催された県民大会は御料林の還付請願を決議し、県議会も「御料地無償還付ニ関スル意見書」を内務大臣あてに提出した。これをうけて翌四十四年三月には天皇の特別の思召をもって、御料地二九万八〇〇〇町歩が山梨県に下賜され恩賜《おんし》県有財産《けんゆうざいさん》となった。

岳麓開発●

大正という時代は富士北麓地域にとり大きな転換点となった。大正十二（一九二三）年一月、『山梨日日新聞』は富士山と富士五湖を包括する山梨・静岡両県にまたがる範囲が国立公園候補地の第一位と報じた。以後、国立公園富士箱根の指定をめざす運動と連動しながら岳麓《がくろく》を中心とする郡内《ぐんない》地方の開発が本格化した。

富士北麓地域の発展の可能性をひめた甲信鉄道敷設計画は幻と終わったが、岳麓と開通した中央線や東海道線とを結びつける試みは早くからみられ、明治三十六（一九〇三）年九月、富士・都留・御殿場の三つの馬車鉄道で中央線大月駅から下吉田（富士吉田市）、籠坂《かごさか》（山中湖村、静岡県小山町）をへて御殿場《ごてんば》駅（静岡県御殿場市）間が結ばれた。

岳麓開発に最初に着目したのは、勧業政策の一環として明治三十九年に一府九県連合共進会を開催し、

「共進会知事」の異名をとった武田千代三郎《たけだちよさぶろう》知事であった。なお、甲府城の旧稲荷曲輪《いなりくるわ》に公会堂の機山館が建設され、張りぼての天守閣がつくられたのはこのときである。

一方、富士北麓の観光地としての価値に早くから注目していた外国人がいた。イギリス人H・S・ホイットウオーズである。明治二十七年に精進湖《しょうじ》を訪れてその美しさに魅せられ、翌年、湖畔の卯之崎《うのさき》に精進ホテルと名付けた山梨県最初の洋式ホテルを建設した。ホイットウオーズが欧米の新聞紙上に紹介記事をさかんに投稿したために、欧米における精進湖の名声は高まり、ホテルは外国人の利用客が多かった。彼は日本人女性と結婚しており、明治四十年に日本に帰化したのちは日本名を星野芳春《ほしのほうしゅん》と名乗ったが、村人からは「ソロモンさん」との愛称でよばれていた。ホイットウオーズは大正二年に死去したが、ホテルは昭和十二（一九三七）年頃まで未亡人が経営していたという。

大正五年十月に着任した山脇春樹《やまわきはるき》知事は、山梨県の産業振興や交通整備の一環として積極的に富士山麓開発の必要性を説いた。翌六年九月、山脇知事は帝国ホテルに赴き根津嘉一郎《ねづかいちろう》・小野金六《おのきんろく》・若尾璋八《わかおしょうはち》・小池国三《こいけくにぞう》など山梨県出身の在京実業人と富士山麓開発を協議したのを手始めに、本格的な取り組みを開始した。これをうけて当日出席した実業家たちは後日協議し、山梨県内の豪商農も加えて富士山麓開発案を発表した。その後、大正十一年には皇太子の富士五湖遊覧などもあって富士山麓へ注目が集まり、ふたたび富士岳麓開発問題が浮上した。歴代知事は岳麓開発に意欲をみせるが、比較的短期間での知事の交替などもあったために事業はなかなか進展しなかった。

大正十三年に本間利雄《ほんまとしお》知事が「岳麓開発調査委員会設置規定」を制定することでいよいよ本格化し、翌十四年、山中湖《やまなか》から西湖《さい》に至る富士五湖全体を含む広大な地域の観光地開発が企図された。だが、同計画を審議した山梨県議会は賛否両論があいつぎ、議論は沸騰した。しかし、昭和元年、堀内良平《ほりうちりょうへい》を社長とする富士山麓電気鉄道株式会社の発足にこぎつけ、岳麓開発は本格的な軌道に乗ることになる。

景勝地である山中湖畔には大正十四年頃から別荘が建てられるようになり、籠坂峠の北斜面に広がる一帯は、山荘である双宣荘でライフワーク『近世日本国民史』を執筆した文豪徳富蘇峰《とくとみそほう》が昭和七年に旭日丘《あさひがおか》と命名した。

自動車時代の到来は交通運輸業の発達をうながし、道路網の整備を要請した。昭和二年、山梨県は船津《ふなつ》村（富士河口湖町）から御坂《みさか》峠（笛吹市）をこえ黒駒《くろこま》村（同上）に至る国道八号を景勝開発道路として改修し、甲府盆地と郡内地方を自動車道路で結ぶことを企図したが、本県と京浜地方とを結ぶ産業道路の意味あいもこめられていた。昭和五年におりからの昭和恐慌の失業者救済事業として着工され、一年後、延べ三六万人を使用して竣工した延長二万一〇〇〇メートル、幅員六メートルの道路により、徒歩で一二時間を要した甲府—船津間の所要時間が二時間に短縮された。

富士ビューホテル(昭和50年代)

その後、昭和恐慌が終息しつつあった昭和九年五月、臨時県会で関屋延之助《せきやえんのすけ》知事は富士北麓地域の観光開発の拠点としての県営ホテル建設構想を提案し、二年余ののち、当初計画を大幅に上回る三七万円の巨費を投じた二万一〇〇〇坪の広大な敷地を有する富士ビューホテルが竣工した。富士山麓の通称諏訪《すわ》ノ森《もり》の赤松の巨木をふんだんに使用した、完全木造の重厚な建物は近代日本の木造建築の代表作の一つとされ、谷崎潤一郎《たにざきじゅんいちろう》の『細雪《ささめゆき》』にも登場する。なお、ホテルの完成に先立つ同十一年二月、富士北麓地域は念願の国立公園に指定された。

たちあがる民衆●

大正二（一九一三）年、二個師団増設問題を発端に第一次憲政擁護運動は全国に波及し、桂太郎内閣を倒した。山梨でも一月十六日の甲府桜座《さくらざ》の県民大会には二〇〇〇人が、二十三日の護憲大演説会には一五〇〇人が集まった。また、大正七年八月の米騒動では、甲州財閥の若尾家が四〇〇〇人をこえる群衆に焼き打ちされ、甲府四十九連隊が出動して鎮圧した。さらに、第一次世界大戦後の不景気のなか、県内では宝鉱山・山梨自動車会社・山梨交通などで馘首《かくしゅ》反対のストライキや、富士電気軌道会社での退職金要求紛争などが頻発した。民衆の登場である。

山梨県でもっとも早い小作組合は、明治二十五（一八九二）年に西山梨郡住吉《すみよし》村字上村《かみむら》（甲府市）の相互扶助、小作料競上防止などを内容とする上村小作人組合であったが、本格的な農民運動の到来を告げるのは、霜害に端を発した大正九年四月の東山梨郡七里《ななさと》村（甲州市）の下於曾《しもおぞ》農民組合の闘争である。下於曾農民組合は組合長を先頭にさかんに農村問題講演会を開いて啓蒙活動に努め、同年七月の村議選で桐原《きりはら》準平《じゅんぺい》組合長を県下初の無産村議として当選させた。この下於曾争議を契機に県内各地で農民組合が続々と結成され、翌十年に一三カ村の二七組合が参加して東山梨小作組合同盟会が設立された。

一方、中巨摩郡では、大正十一年十二月に全国的な組織の応援をえて闘われた鏡中条《かがみなかじょう》争議が勃発した。鏡中条村農民組合（南アルプス市）は小作料の本年度五割引き、永久には四割引き下げ要求を決定し地主側に申し入れたが、地主側が拒否したために周辺諸村をまきこんで三年にもおよぶ大争議に発展した。争議過程で農民組合関東同盟への参加を決定し、名取仁十郎《なとりにじゅうろう》鏡中条村小作組合長と沢登登《さわのぼりのぼる》三恵《みつえ》村（南アルプス市）加賀美《かがみ》小作組合長は、東京で開かれた日本農民組合関東同盟大会の席上で中央の応援を求めた。関東同盟側は、会長の鈴木文治《ぶんじ》をはじめ、北沢新次郎《きたざわしんじろう》や三宅正一《しょういち》などの幹部を派遣して、翌年三月には小作問題の演説会を開催した。演説会の開催は鏡中条・三恵・藤田村ばかりでなく、敷島《しきしま》（甲斐市）、稲《いな》積《づみ》（中央市）、三町《さんちょう》村（中央市）など中巨摩郡の各村であった。この演説会で農民組合の連合体結成の気運がおき、まず、大正十二年四月に中巨摩郡西部農民組合連合会が、ついで釜無川左岸に位置する各村の小作組合が連合して中巨摩郡東部農民組合連合会が結成された。その後、中巨摩郡の一九組合の代表者会議が開催され、中巨摩郡の郡連合組織が設立された。

さらに、大正十四年に不作に見舞われた中巨摩郡落合《おちあい》村（南アルプス市）では、四割引要求が突き付けられたことで、地主二〇人と小作人二二三人が関係する争議がはじまった。交渉も不調に終わり、小作側は小作米を競売して銀行にあずけ、地主側は土地返還訴訟をおこし法廷にもちこんだ。翌年も不作となり、小作側は隣接の九カ村と歩調をそろえて小作料五割引の要求をまとめ、団結を強めた。年末に至り県の小作官が調停に乗りだし、ほぼ農民側の要求が認められた。その後、昭和三（一九二八）年に小作側は畑五割以上、田五割五分の減額を要求し、ふたたび争議がはじまった。翌四年に落合無産青年同盟が結成され、これが争議をリードすることになる。村長への暴行を理由に検挙者がでたが、落合無産少年団や婦人部を動員した大衆運動を展開し、農民は要求通りの減免を勝ち取った。

この間、大正十三年十月に全県的な組織として日本農民組合関東同盟山梨県連合会が七一組合の六五四六人の参加で結成され、翌年、小作組合は二三七組合、組合員数は三万人に増加した。昭和二年の県議選で農民組合を背景に大鷹貴祐《おおたかたかすけ》と臼井治郎《うすいじろう》が当選し、同四年の町村議会選では三四七人を当選させた。しかし、運動の盛りあがりとともに一般大衆を指導すべき幹部たちは離合集散をくり返した。大正十五年、京都で開かれた日本農民組合全国大会で左右両派が対立し、右派の山梨県の平野力三《りきぞう》は脱退して、あらたに全日本農民組合同盟を結成した。その後、山梨県の農民組織は、三枝一保《さえぐさかずやす》らの日本農民組合山梨県連合会、平野らの全日本農民組合同盟山梨県連合会、臼井らの山梨農民組合同盟の三派に分裂し、混迷を深めていった。このため指導力が低下し、山梨県の小作争議は追いつめられていく。その後、右派の平野派の行き着く先は国粋主義団体の皇道会《こうどうかい》であった。

昭和五年、東山梨郡奥野田村《おくのた》(甲州市)では旱害を理由に小作料引き下げを要求した小作農民に対し、地主側は土地明け渡しの請求を裁判所に申請した。土地明け渡しの強制執行の際の地主殴打事件をきっかけに、小作農民の一斉検挙が行なわれた。応援を求められた全国農民組合県連合会は、三枝委員長が県下から四五〇人の大衆動員をかけ、これに対抗した。しかし、警察当局の三五カ町村での家宅捜索と三枝や深沢義守《ふかさわよしもり》など幹部の検挙という大弾圧をうけ、耕作継続も認められなかった。この時期、県内では竜王や大鎌田村《おおかまだ》(甲府市)などでも、地主の土地取り上げを理由に流血事件をともなう小作争議が頻発したが、いずれも小作側が敗北した。

不況の進行とともに労働争議も増え、昭和四年八月には甲府市の矢島製糸第三工場で男女工四五〇人の一週間にわたる一斉罷業があり、県内の無産団体の応援をえて街頭での宣伝活動を展開した。その後、市内の松沢・伊藤・駒井製糸でも争議がおき、経営行き詰まりのトラブルや待遇改善要求も頻発して、同年十月には山梨製糸労働組合が結成された。

恐慌と戦争●

反動恐慌と関東大震災の影響で慢性的な不況が続く昭和二（一九二七）年に金融恐慌が突発し、山梨県では若尾銀行が破綻した。さらに、同四年にアメリカではじまった世界恐慌が襲い、翌五年には農村不況と凶作が重なって事態は一層深刻化していった。昭和恐慌である。

養蚕業が展開し現金収入源を繭に頼っていた本県では、繭価格の大暴落で破綻する農家が続出した。事

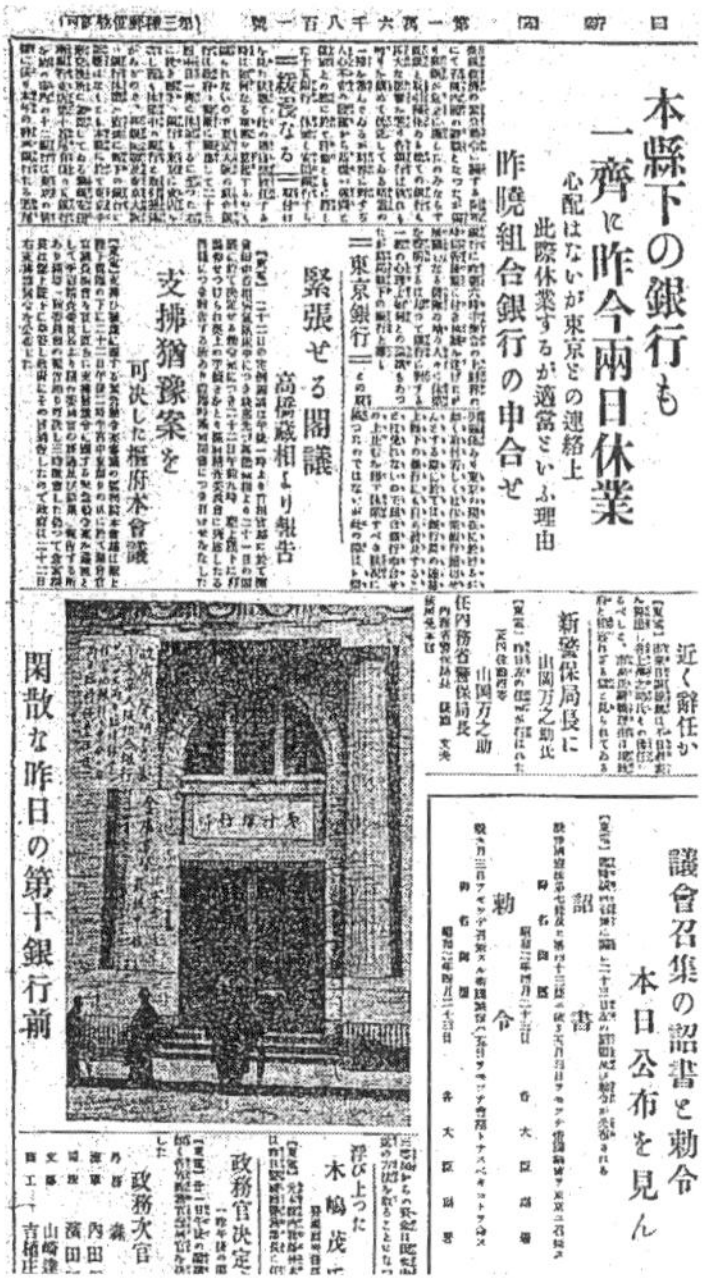

本縣下の銀行も
一齊に昨今兩日休業
心配はないが東京との連絡上
此際休業するが適當といふ理由
昨曉組合銀行の申合せ
緩漫なる
東京銀行
緊張せる閣議
高橋藏相より報告
支拂猶豫案を
可決した樞府本會議
近く辭任か
新警保局長に
山岡万之助氏
任内務省警保局長
山岡万之助
議會召集の詔書と勅令
本日公布を見ん
詔書
勅令
閑散な昨日の第十銀行前
浮び上つた
木嶋茂
政務官決定
政務次官

銀行の一斉休業を報じる『山梨日日新聞』
（昭和２年４月23日）

実、大正十四（一九二五）年に石あたり一〇五円であった繭価は、昭和二年に六三円、同五年には三〇円にまで暴落し、『山梨日日新聞』は「明治廿七年以来の殺人的安値」と報じている。ちなみに同年の春蚕の石あたり生産費は四六円四〇銭であった。養蚕農民は各地で繭を川に投げ捨てたという。養蚕不況の深刻さは農林省「昭和五年地方別小作争議概要」が、山梨県の小作争議の特徴を、

地主ハ、収入減ニ苦シミ、殊ニ小地主ノ経済、特ニ窮迫シタル為、之等小地主ハ、公租公課ノ負担ニ不足スル小作料収入ヲ期待スルヨリモ、自ラ労働スルニ優ルト為シ、土地ノ明渡ヲ求ムル事件続出

とみているように、没落の危機に直面した中小地主と生活を守る小作人たちが激突することになる。また、破綻に瀕した農家の次三男や娘たちは職を求めて流出した。たとえば、昭和四年の東山梨郡松里村《まつさと》（甲州市）の出寄留率は男は三八・四％、女は三六・一％にのぼった。

犬養毅内閣は同六年に金輸出を再禁止し、度重なる恐慌で深刻さを増している農村不況の克服のため、翌七年六月の「救農議会」で救農対策の実施を決めた。山梨県は昭和六年度予算に養蚕業振興のため繭検定所の乾繭設備設置、郡農会農業技術員の増員、緑肥栽培奨励費や窮民助成費などを計上し、加えて国中《くになか》と郡内《ぐんない》地方を結ぶ国道八号の改修工事の前倒し着工も決定した。だが、窮民助成費はわずか四二〇五円であるように十分ではない。

苦境におちいった農家は借金をかかえ、山梨県の農家の借金総額は九〇〇〇万円の巨額に達し、一戸あたり一一一八円となる。これは当時の優良農家の二年分の収入額に相当する。また、不況による町村財政の窮迫は、教員俸給の未払いや欠配という事態をひきおこしていた。不況脱出策として経済更生計画運動が展開され、県は昭和七年度の五六カ町村を皮切りに、同十年度までに県内の全町村の三分の二を経済更

生計画樹立指定町村とした。

昭和七年、日本は中国東北部を占領し「満州国」として独立させ、この「満州」開発の目的で導入されたのが満蒙開拓団《まんもうかいたくだん》である。そのねらいは土地を要求する小作農民に土地を与えて小作争議を鎮静化すると同時に、農村の過剰人口の解消にあった。満州移民は昭和七年頃からはじまり、同十二年の「百万戸移住計画」で本格化した。山梨県でも東八代郡英《はなぶさ》村（笛吹市）や北都留郡丹波山《たばやま》村（丹波山村）で分村移住がなされ、同八年の第二次武装移民を皮切りに二万人の開拓農民や青少年義勇軍が渡満した。その多くは昭和二十年八月、ソ連軍侵攻で敗走した関東軍を追って逃避行を強いられることになる。

昭和八年頃から「非常時」といわれるようになり、山梨県でも県当局の音頭で山梨県国防研究会が発足し、町村単位で国防婦人会が結成され、在郷軍人分会の活動も活発化してしだいに戦時色が濃くなっていった。そして全国的にブームとなっていた愛国機献納運動では本県でも予定額をこえる献金が集まった。

昭和十二年、北京《ペキン》郊外の武力衝突ではじまった日中戦争は、中国政府や中国民衆の抵抗で泥沼化していった。翌十三年に南都留郡福地《ふくち》（富士吉田市）から山中湖村にまたがる約二〇〇〇町歩の原野に開設された北富士演習場は、地域住民に戦争を身近に実感させるものだった。多くの青・壮年男子は兵士として戦線に送られ、銃後の婦女子は食糧増産や軍需工場に動員された。物資や食糧の不足が深刻となり日常生活に細かい統制が加えられたが、法の盲点を突いて儲ける戦争成金もあとを絶たなかった。また、上意下達機関の常会を通じ茶殻回収、木炭供出、草木灰蒐集などがよびかけられ、人々を戦争へ駆り立てていった。養蚕県の山梨では製糸工場は軍需工場へ転換させられ、繊維をえる目的で学童による桑の皮むきが行なわれた。同十八年に北太平洋アッツ島で全滅した守備隊長が山梨県禾生《かせい》村（都留市）出身であったために、県内では「軍神山崎部隊長忠烈感謝運動」が展開された。そして昭和二十年七月六日の夜間、甲府市は約一二〇機のB29の空襲で一〇〇〇人をこえる死者をだし、市街地の八割が灰塵に帰した。翌七日には中島賢蔵《なかじまけんぞう》知事が「焦土から断乎起て！」とよびかけたが、もはや戦争遂行能力は完全に喪失していた。七月十九日付の中巨摩郡三恵《みつえ》村（南アルプス市）役場への手紙がそれを象徴している。

　釜一個供出せよとの仰せですが、毎日使用して居ります釜一個しか御座いませんから、鍋と取換へて戴きとう御座います。

しかし、米軍の空襲は続き、七月三十日には南都留郡下吉田町（富士吉田市）の武蔵航空吉田工場が、さらに敗戦わずか二日前の八月十三日には北都留郡大月町（大月市）の都留高等女学校などが襲われ、女生徒を含む死者数は五四人にのぼった。

焦土と化した甲府市街地（昭和20年）

4　変貌する地域社会

戦後復興と天野県政●

平和は回復したが国土は空襲や乱開発で荒れ、これに海外引揚者《ひきあげしゃ》が加わって食糧事情は一気に悪化した。しかも山梨県は、昭和二十（一九四五）年の秋に二度の台風に襲われ、一六〇〇町歩の田畑が埋没してきびしい食糧事情の悪化に拍車をかけ、冬には大量の餓死者も予想された。農産物の増産は焦眉の急であった。

だが、肥料不足などで生産は伸び悩み、供出は思うにまかせず、翌二十一年一月末の本県の供出状況は割り当ての二割にしか達しなかった。悪化する一方の食糧事情に、政府は昭和二十一年二月に「食糧緊急措置令」を公布し、斎藤昇知事は同年三月三十一日、中巨摩郡藤田村《とうだ》（南アルプス市）と北巨摩郡穂足村《ほたり》（北杜市）での実施に続き、県内各地で「ジープ供出」とよばれた強制収用を強行した。この強権発動は農民たちと鋭く対立したにもかかわらず、県の供出量は割り当ての三分の二にとどまった。六月になると逼迫する食糧事情の解決のために、山梨県食糧危機打開本部が中心となって県民運動が展開された。

県では海外引揚者に食糧と住居を与える失業対策と食糧増産の同時解決をねらい、富士北麓や八ケ岳山麓の高冷地に広がる荒蕪地への開拓入植事業を実施した。標高一〇〇〇メートル前後に広がる一六〇〇町歩の西八代郡富ケ嶺郷《ふじがね》（富士河口湖町）拓殖団もその一つで、海外引揚者や戦災者など三七八戸が入植した。富士豊茂《ふじとよしげ》開拓農業協同組合のスタートであり、生産の中心は酪農と高原野菜栽培にあった。だが、高冷多霧の気候に加え火山灰地で地下水もない悪条件に悩まされ、さらに、昭和二十八・二十九両年は冷害で収穫皆無となり、この間に入植者の三分の二は脱落して離農していった。また、水田のなかった東山梨郡大和《やまと》村（甲州市）田野《たの》地区では食糧難打開の一策として開田の気運が盛りあがり、一町四反余の水田の造成に成功する。

空襲後の甲府の市街地では、被災者の手で学校や公園に無秩序にバラックが建築されていた。昭和二十一年五月、甲府市は都市建設部長に四〇歳の山内丈夫《やまうちたけお》を招き、学園・工業・商業都市の複合的な性格をもった都市とする戦災復興都市計画を策定した。当初の計画では、市内の主要道路の幅員はすべて三六メートルとなり、三万六〇〇〇平方メートルの甲府駅前広場から南に幅員五〇メートルの道路を貫通させ、公園緑地の増設も盛り込まれていた。焼跡の三割は道路敷きでつぶれる勘定である。立ち退きが予定されていた地域からはその優良な立地条件ゆえに「反対の嵐」と称された異論が続出して、事業の着工は遅れた。最終的には地方財政の困窮を理由に計画は大幅に縮小し、五〇メートル道路の幅員も三六メートルに変更され、また、駅前広場も四分の一となった。昭和二十六年春、甲府空襲の跡をただよわせていた駅南口にあった急造の商店や飲食店が取り払われて、ようやく県都の表玄関としての体裁を整えた。しかし、「市百年の将来」をみすえた町づくりのチャンスは失われたのである。

吉江勝保《よしえかつやす》初代公選知事は、「灰燼から復興へ」をスローガンに戦後改革を推進するとともに、山梨県の産業経済の振興と総合開発の基本方向を定めた。戦争の痛手から立ち直り、ようやく世の中が落ち着きを取り戻しはじめた昭和二十六年に後をうけた天野久《あまのひさし》知事は、「富める山梨」をスローガンに一六年間にわたって県土総合開発を推し進めることになる。

知事就任の翌年から開始された野《の》呂《ろ》川総合開発事業は、総延長二五キロの野呂川林道による約二三万立方メートルの流域の森林資源の開発、県営西山発電所での電源開発、野呂川上水道による原七郷《はらしちごう》の水不足の解消などからなり、甲斐では古くからできない相談と同義語であった「野呂川ばなし」を現実のものとしたのである。また、弾丸道路とよばれた中央道の建設の準備にも着手した。

　首都圏に隣接しながらも山梨県の経済発展が長く停滞的な状態に押しとどめられていた主要な原因の一つは、周囲を囲繞する急峻な山岳にはばまれた交通運輸の悪条件にあったといってよい。再選された天野知事はその解消をねらって道路の整備を

「山梨総合開発の夢」（『山梨日日新聞』昭和27年１月１日）

行なったが、その中核的な工事が、首都圏との時間的距離の大幅な短縮を実現する御坂《みさか》山地の難所の笹子《ささご》峠の下を貫通する笹子トンネルであった。昭和三十三年、総工費一三億円余を要した全長三〇〇三メートルの新笹子トンネルは開通し、同年十二月七日、笹子有料トンネル開通祝賀式が挙行された。ちなみに、同トンネルは当時のわが国にあっては陸路トンネルとしては日本最長であった。これによって山梨県の産業の立地条件は大幅に改善され、峡東《きょうとう》地域におけるブドウやモモといった果樹栽培の急増はそのことを端的に表現している。また、これにより京浜方面からの工場進出が可能になったのである。

養蚕から果樹へ●

農業県山梨での民主化を象徴するのが、農村社会を支配していた地主制を解体し、多数の自作農民をうみだして農村の雰囲気を大きくかえた農地改革であった。全国的には地主勢力を中心に反対する動きもみられたが、ＧＨＱの強力な後押しもあって短期間に大きな成果をあげた。山梨県では約二万ヘクタールの耕地と八〇〇〇ヘクタールの牧野が解放された。それまで高い小作料に苦しめられていた小作農民たちの生産意欲は向上し、農村には活気がみなぎった。農地改革は小作争議で掲げられた「農民の手に土地を」のスローガンの実現であり、昭和恐慌の克服過程で導入された自作農創設政策の総しあげといえる。

平和産業である蚕糸業は戦時下で転・廃業を余儀なくされ、また、食糧増産のため桑園は畑に切りかえられていった。このため昭和二十一（一九四六）年には養蚕農家数は最盛期の五六％の三・四万戸にまで減少し、繭生産量も同じく八分の一以下の六八・八万貫にまで低落していた。平和の回復とともに蚕糸業はふたたび息を吹き返した。戦後、食糧事情の逼迫などの悪条件もあったが、山梨県は養蚕業の復興にとくに力を入れ、養蚕農家数は昭和三十二年に戦後のピークの三万九九四一戸を、繭の生産量も昭和二十七年までは前年比一〇%以上の割合で増加して、昭和四十三年には戦後のピークである三二一・七万貫を記録した。しかし、過剰生産とたび重なる災害は養蚕業を不振におとしいれ、繭生産量は昭和四十年代半ば以降は一転して減少を開始し、昭和六十年には七五・八万貫と敗戦直後の水準となる。この養蚕業の凋落に取ってかわったのが果樹生産である。

古くから養蚕地帯であった塩山市域(甲州市)では昭和二十五年の耕地面積の構成比は、畑が三九・八%、田が三〇・九%、桑園が二四・四%であったのに対して、果樹園は五%にすぎなかった。しかし、同四十年には果樹園が三八%で首位にたち、ついで桑園の二五・六%、田の二四・六%がこれに続き、畑は一一・五%にまで激減する。これは戦後の塩山市域の農業復興は養蚕と果樹生産が中心であり、普通畑の果樹園への転換が急速に進んだことを意味する。

ところが桑園面積は昭和二十七年の四〇二ヘクタールから昭和三十年代いっぱいは増加傾向を維持するが、同三十八年の四九六ヘクタールを頂点に一転して減少を開始する。これは昭和四十年代初頭以後、山梨県において養蚕業がしだいに振るわな

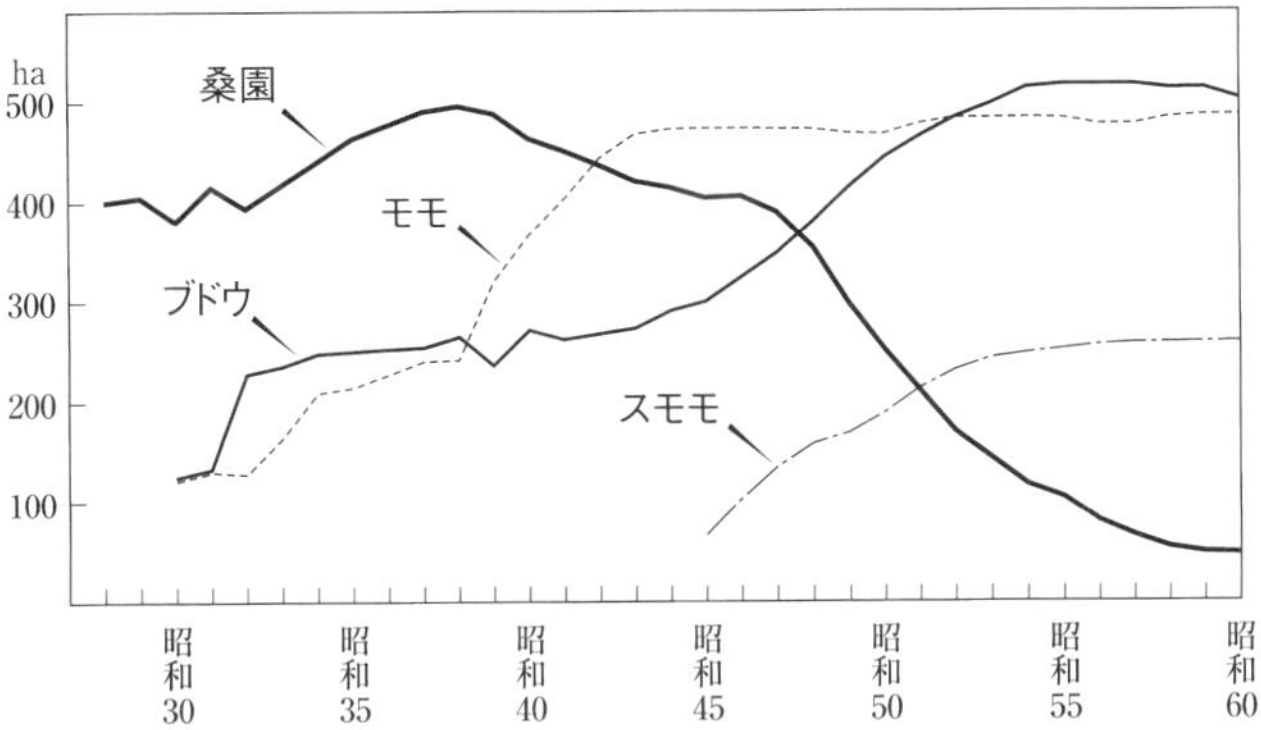

桑園・果樹園面積の推移(『山梨県統計書』より作成)

くなっていったことと符合する。これより早く昭和三十四年三月の『山梨日日新聞』は、「養蚕不況と桑園縮小」を原因として峡東地域の製糸工場は例年よりも四〇日も早く操業停止に追いこまれ、これにともなって失業者が増大したと報じている。翌年もこの事態はかわらず、繭不足で一月も早く休業し、製糸工場の女子工員たちは各果実出荷組合の袋かけのアルバイトに動員されたという。養蚕業の後退状況が恒常化しつつあり、長いこと塩山市域の農家経営をささえてきた養蚕業の解体が開始されたのである。その後、塩山市域での桑園面積は、昭和四十五年に昭和二十年代後半の水準となり、同五十年には三〇〇ヘクタールを、同五十六年には一〇〇ヘクタールを割りこみ、昭和六十年には四四ヘクタールとなって、塩山市域の耕地面積に占める割合もわずかの三・二%にまで後退した。長い歴史をもった東郡地域の養蚕業は、その歴史的な使命を終えたのである。

一方、果樹園面積は増加し続ける。昭和三十三年十月五日の『山梨日日新聞』は「果樹への切り換え本腰を入れる塩山市」と題する記事で、桑園や畑地を果樹や園芸とする畑地転換に本格的に取り組みはじめたことを報じている。しかし、ブドウと

ブドウの籠詰め作業(昭和35年)

モモの栽培面積の推移はかなり異なることも事実である。

ブドウの栽培面積は、昭和三十二年にいっきょに倍増した。この背景には新笹子トンネルの開通とデラウェアを新品種のように生き返らせたジベレリン処理による種なしブドウの誕生がある。一時的な停滞ののち同四十五年を境に増加に転じ、昭和五十七年には五一七ヘクタールとなる。一方、モモの栽培面積は、昭和四十年代の初頭まで急増が続き、昭和三十九年にはブドウの栽培面積を、同四十二年には桑園面積を抜く。しかし、四十年代にはいると伸び方はにぶり、昭和四十五年には昭和三十年当時の三倍の四七三ヘクタールを記録するが、横ばいで推移し、昭和五十三年にふたたびブドウの栽培面積に抜かれる。また、スモモの栽培面積は昭和四十年代の半ばから登場し、五十年代半ばまでは増加する。かつての養蚕地帯は果樹地帯にかわっていったのである。

しかし、昭和五十年代にはいると果樹生産にも伸び悩み傾向がみられる。これは、昭和四十五年以降しだいに顕在化してきたように農家数の減少がはじまり、五十年代になると塩山市域では養蚕業や果樹生産の頭打ち状態を背景に、比較的経営規模の小さな農家の農業離れが進んだと考えられる。

在来産業と企業誘致●

戦争の激化にともない平和産業であった蚕糸業では転・廃業が進められ、敗戦時には山梨県内の器械製糸工場はわずかの一七工場を数えるのみとなり、生産量も明治三十（一八九七）年代半ばの水準である三・五万貫にまで低落する。

戦後、山梨県は製糸業の復興に力を入れ、生糸生産量も昭和二十七（一九五二）年までは前年比一〇％以上の割合で増加しており、昭和四十三年の器械製糸生産量は戦後段階ではもっとも多い二七・一万貫に達した。しかし、化学繊維の普及とわが国の服飾習慣の変化は製糸業を不振におとしいれ、器械製糸工場数はついに昭和二十年の一七工場をこえることはなく、昭和四十年以降はわずか一桁となった。また、座《ざ》繰《ぐり》製糸工場数も戦前の水準を回復できずに、敗戦直後の昭和二十一年には三九八工場あったが、その後一貫して減少し続け、同四九年に五〇工場を下回って、昭和六十年には一四工場を残すのみとなり、生産量もわずかの二・五万貫となった。

本県のもう一つの有力な地場産業である郡内《ぐんない》機業《きぎょう》も、昭和十八年に一万五〇〇〇台を数えた力織機台数は、転・廃業と金属回収で多くが供出され、昭和二十二年には六〇〇〇台余に激減していた。しかし、敗戦を境に織物業は復興し、工場数は昭和二十三年の一八〇二工場が二十五年に四五七〇工場とわずか二年間で二・五倍に急増したように、郡内機業は急速に再建されていった。生産量は統制撤廃後の二十五年には一八六四平方メートルと三年間で四・三倍に急増する。生産価額は名目で四七・七倍にもなった。この時期はつくれば売れた「ガチャ万時代」とよばれ、機業地帯は活況に沸いた。その後、昭和三十年代半ば以降に深刻化した労働力不足の影響で、織機台数は一時的に減少に転ずるが、昭和四十年には工場数は六四五四工場、織機台数も四五年に一万九四六五台を数えた。

ところが、オイルショックが襲った昭和四十三年を境に事態は一変する。工場数は長期的な減少傾向を推移し、昭和五十三年には五〇〇〇工場台を、また、六十三年には三〇〇〇工場を下回るところまで減少し、一方、織機台数も六十三年に一万台の大台を切り八八五四台にまで落ちこむ。昭和五十五年と六十年に実施された織機の共同廃棄はすさまじいものがあった。

昭和三十一年以降の山梨県の県内純生産の推移を全国と比較すると、昭和四十四年を境にして山梨県の伸びが日本全体のそれを上回っており、また、本県の工業部門の製造品出荷額などの伸び率が全国トップクラスの高水準を維持することで工業生産額が大きく成長し、山梨県は「工業立県」としての性格を強めた。

山梨県の相対的に高度な経済成長を可能にしたのは製造業の成長であった。なお、製造業の業種別の製造品出荷額などの構成比の推移をみると、この期間に製造業の内部では業種構成の転換が生じ、それまでの繊維・木材・食料品などの業種から金属製品・一般機械・電気機械・輸送機械・精密機械などの業種に生産の比重が移っていることは明らかである。

それは昭和四十三年以降に総事業費五七億円を投じ、甲府市・昭和町・玉穂村《たまほ》（中央市）にまたがる総面積九六ヘクタールの国母《こくぼ》工業団地の造成によって本格化した、二〇〇を数える誘致企業の県内進出によってもたらされたものである。その後、甲西《こうさい》・釜無《かまなし》・身延《みのぶ》の工業団地もあいついでつくられた。事実、事業所数でみるかぎり、三人以下事業所は昭和四十八年以降は基本的には減少傾向で推移しているのに対して、四人以上事業所は一貫して増加している。これは三人以下事業所の規模拡大もあるが、昭和四十二年を境に本格化した県外企業の誘致・開業によるのである。

その結果、山梨県の製造業の零細・小規模工場の圧倒的部分は食料品・繊維・家具などの業種が中心であったが、金属製品・機械・電機・プラスチックといった業種がこれら在来部門に続くグループを形成することとなった。しかし、比較的規模の大きな誘致企業の参入と二度の石油ショック以降にみられる零細・小規模企業の低迷で、山梨県の製造業は大企業と零細・小規模企業とのあいだに格差が生じつつある。三人以下事業所の製造品出荷額などが製造業全体とパラレルであったのは昭和三十七年までで、以後、しだいに水をあけられるようになった。企業誘致を強力なテコとする山梨県経済の高度成長過程で、繊維・家具・衣服・木材・印刷などの業種では零細規模事業所の比重が増大し、家族従業者への依存度がいっそう高まるという事態が進行していった。さらに、高度成長過程で大きく成長した業種の三人以下事業所では、常用労働者のなかで女子労働の割合も高まり、繊維・非鉄・機械・電機・輸送機・精機・衣服などの業種では製造品出荷額などに占める加工賃収入の割合が大幅に上昇している。このことは三人以下事業所の多くは、県経済の相対的な高度成長の進行過程で、いわゆる「下請企業」としての性格を強めていったということができる。

変わり行く景観●

昭和三十一(一九五六)年、山梨県は首都圏に包含され、国道五二号の改築にはじまる道路網の整備が進んだ。三十六年、石和町八田《はった》(笛吹市)での泉温四五度の温泉湧出をきっかけに、石和町は百数十軒のホテルや旅館を有する温泉郷へとかわり、おりからの果樹生産の伸長を背景にブドウ狩りなどの観光と果樹をセットとした観光農業が発展した。その後、昭和三十九年の県営有料道路の第一号の富士スバルラインの開通は、富士山五合目まで快適に達することを可能とした。富士山の本格的な売り出しとなり観光客は急増したが、旧登山道は衰退し沿道の茶屋や小屋は激減した。ついで御坂トンネル有料道路、中央自動車道富士吉田線、河口湖大橋など観光資源を結ぶ道路の開通があいついだ。モータリゼーションの普及を背景に、山梨県は東京に隣接する観光県としての性格を強めていった。しかし、その陰では昭和初年以来甲府と西郡地域を結んでいた山梨交通電車の通称「ボロ電」も、昭和三十七年に自動車運行に取ってかわられ、自動車社会の到来は都市郊外での大型ショッピングセンターを立地させ、それまでの中心商店街の空洞化をひきおこした。

日本の経済発展による産業構造の変化は地域をかえていった。甲府盆地の中央に位置し、農村地帯の性格を色濃くもっていた以前の玉穂町域（中央市）では、昭和四十五年を境に農業生産は多角経営化が進み、第一種兼業農家が減少に転じて中核的な農家が急速に解体していった。この頃から甲府周辺では、蔬菜栽培にウェイトをおいた都市近郊型農村への転換がはじまった。また、高度経済成長の進行にともなって若年労働力の流出を原因に、玉穂町域の人口は減少し続けたが、昭和四十五年を底に一転して増加に転じた。昭和四十一年に隣接する甲府市や竜王（甲斐市）・昭和・田富（中央市）などの諸町村とともに、首都圏整

石和温泉　温泉が湧きでた昭和36年当時。

通称「ボロ電」　昭和32年頃の甲府錦町通り。

備法の首都圏都市開発区域に指定されたことと深く関係すると考えられる。しかし、世帯数が急増した昭和五十年以降、事態は一変する。第二次・第三次産業に従事する世帯の割合が、昭和四十五年の三〇・三%からいっきょに五七・四%とほぼ倍増したのである。居住する世帯の職業構成から、もはや玉穂町域は農村地帯ではなくなったといってよい。

この一方で、農山村から都市への人口流出で過疎化が進行し、林業の不振と重なって昭和四十年代半ばから造林面積は減少の一途をたどり、山は荒れはじめた。これに生活様式の変化で増大する生活用水の需要を背景とするダム建設が、山村をいっきょに消滅させていった。笛吹川は秩父山地に発し、甲府盆地東部地域をうるおす県内有数の河川であり、流域の複合扇状地や氾濫原には広大な農業地帯が広がっている。昭和三十二年以降の一〇年間にかぎっても昭和三十四年・三十六年・四十一年とたび重なる水害がおき、洪水による年平均被害額は三億円余にのぼった。とくに、昭和三十四年八月の台風七号は県全体で一〇四人が死亡し、千数百戸の家屋の倒壊・流出をはじめ、耕地・山林などに多大の被害を与えた。被害総額は三〇四億円にも達したといわれている。このため流域の住民たちは抜本的な洪水対策をのぞみ、昭和四十四年に笛吹川の水資源を総合的に開発して流域の災害防止、産業振興、住民生活の安定向上などを目的とする笛吹川総合開発が計画された。その中核が洪水調節、農業や上水道の用水供給、発電という多目的ダムとして総貯水量一四三〇万立方メートルの規模をもつロックフィル型の広瀬《ひろせ》ダムの建設であった。総事業費は三八億円が見込まれた。しかし、ダムの建設予定地の三富《みとみ》村広瀬地区では、広さ五四八〇アールの湖底に三九戸の民家と季節分校の三富小学校広瀬分校、公民館などが湖底に沈むことになる。広瀬地区の人々は塩山や山梨市、あるいは県外に移住して新しい生活をはじめることになった。その後、県内では塩川や荒川の流域でも同様の光景がみられた。

急激な都市化の進行は甲府の街の景観をもかえた。長いこと甲府城は市街地から遠望できた。だが、昭和三十二年に県民会館や舞鶴会館が甲府城跡に隣接して建設され、さらに高度経済成長期の開発ラッシュで続々と林立した高層ビル群が甲府城跡を囲繞し、やがて甲府の城は市民の視界から消えていった。そして、昭和三十九年の町名変更が、城下町であったことを伝えていた由緒ある町名を消し去った。現在、甲府城跡は本丸と二の丸周辺の石垣と内堀の一部を残すのみである。

戦後、養蚕業の凋落に直面した山梨県は、モモやブドウといった果樹栽培に活路をみいだし、日本の食生活の変化と交通網の整備を背景に、「果樹王国」を築くことに成功したが、あらたなモノカルチュア構造の構築という農業体質に変化はなかった。そして高度経済成長をはさみ、先端的な誘致企業の増加にともなって山梨県の産業構造は一変し、「工業立県」をうたう声も少なくない。しかし、その陰で過疎や過密が進行し、産業間の格差は大きく拡大した。二十一世紀を目前にしている今こそ、英知を結集して歴史的な教訓に学んだバランスのとれた産業構造を築くときではなかろうか。

二十一世紀を迎え、本県の交通網は劇的に変化する。中部横断自動車道と新東名高速道路の連結、東富士五湖道路の東名高速道路への延伸、また、埼玉県深谷市と甲府市を結ぶ西関東連絡道路の開通など道路網の整備が進む。さらに、県内に新駅が開業するリニア中央新幹線の東京—名古屋間の完成も近い。一方で、来日外国人旅行者の急増は著しい。これらの動向に対応した魅力あふれる「観光立県」の構築は急務である。

あとがき

旧版の『山梨県の歴史』が刊行されたのは昭和四十八（一九七三）年三月であった。磯貝正義先生（山梨大学名誉教授）と飯田の共著で、山梨県の通史としてこの種の概説書の刊行ははじめてであったが、当時の県内の自治体史や個別的研究成果をとりこんで叙述に努めたこともあって、多くの読者に親しまれ相応の評価をえたことは幸いであった。それからちょうど四半世紀をへて、新版『山梨県の歴史』の編集について、執筆者の世話役を要請された。本来なら気鋭の新しい執筆者への仲間入りは遠慮すべきであったが、現在編纂中の山梨県史に携わるとともに、これまで多くの仕事で協同してきている関係上、意見交換の機会をもちやすい同士として、四人でこれにあたることにした。

本書は、県という地域の歴史をとらえるについて、そこに住み暮らした人々によってになわれ形成された歴史が、日本の歴史の流れにどのようにかかわりを示したかを明らかにすることに努めた。そこにおのずから山梨という地域像が浮かびあがってくると考えられるからである。平成二（一九九〇）年にはじまった山梨県史の編纂事業は、まだ資料編の刊行が緒についたばかりであるが、旧版刊行時からみると、この間、市町村史誌の編纂はさらに進んで、研究環境が一段と整備され、また、県域をフィールドとした精緻な個別研究もあいついでみられるなかで、それらの諸成果をできるだけ取り入れて平易に叙述することにした。ただ紙幅の関係上、簡潔さが求められることは概説書として当然である。とくに近代・現代の叙述がかなり圧縮されているのは、この県史シリーズの統一編集方針にしたがったものである。執筆分担はつぎのとおりである。

秋山敬　1〜3章〈原始・古代・中世〈室町時代まで〉〉

笹本正治　4・5章〈中世〈戦国時代〉〉

飯田文弥「風土と人間」、6〜8章〈近世〉

齋藤康彦　9章〈近代・現代〉

付録のうち、年表と参考文献は右の時代別の執筆者が分担したほか、沿革表と祭礼・行事、参考文献の一部については早川俊子氏に作成していただいた。また、多くの掲載図版については望月健男〈山梨県立図書館司書幹〉・小林幸代〈同館郷土資料担当〉両氏の協力をえたこと、資料所蔵の方々から格別の御理解をいただいたことを記し、執筆者を代表して感謝申し上げたい。なお執筆に際して参照させていただいた文献について、注記を多く省略しているが、関係各位の御了解をお願いしたい。本書が、地域社会の歴史と今後の歩みを考える素材として利用されることを願うとともに、御批正をいただければ幸いである。

一九九八年十二月

飯田文弥

埼玉県
東京都
神奈川県
山梨県
小鹿野町
ときがわ町
横瀬町
越生町
秩父市
毛呂山町
日高市
西武秩父線
飯能市
青梅市
甲武信ヶ岳
2475
国師ヶ岳
2592
雁坂トンネル
古札山
2112
唐松尾山
2109
笠取山
雲取山
2017
奥多摩町
おくたま
乾徳山
2031
丹波山村
北都留郡
小菅村
多摩川
奥多摩湖
御岳山
1266
大岳山
日の出町
羽村市
三頭山
1531
檜原村
あきる野市
大菩薩嶺
2057
梨市
えんざん
やまなし
甲州市
圏央道
権現山
1312
上野原市
八王子市
大月市
扇山
1138
中央自動車道
八王子Jct
たかお
おんせん
かいやまと
大月Jct
おおつき
中央本線
桂川
うえのはら
相模原市
緑区
笛吹市
御坂山
1596
三ツ峠山
1785
富士急行
つるし
西桂町
都留市
道志村
愛川町
河口湖
富士河口湖町
西湖
かわぐちこ
ふじさん
御正体山
1682
南都留郡
丹沢山
1567
清川村
厚木市
南都留郡
鳴沢村
忍野村
東富士五湖道路
山中湖村
山中湖
伊勢原市
山北町
松田町
秦野市
富士吉田市
富士スバルライン
富士山
3776
小山町
平塚市
大井町
中井町
宝永山
2693
開成町
大磯町
御殿場市
南足柄市
ごてんば
二宮町
御殿場線
小田原市
おだわら
箱根町
箱根山
芦ノ湖
富士市
位牌岳
1457
1187
愛鷹山
長泉町
裾野市
新東名高速道路
東名高速道路
沼津市
三島市
湯河原町
函南町
真鶴町

飯田　文弥　いいだぶんや

1928年，山梨県に生まれる
1952年，中央大学法学部卒業
現在　山梨郷土研究会常任理事
主要著書　『山梨県の歴史』（共著，山川出版社，1973年），『近世甲斐産業経済史の研究』（国書刊行会，1982年），『図説山梨県の歴史』（共著，河出書房新社，1990年），『甲斐と甲州道中』（編著，吉川弘文館，2000年）

秋山　敬　あきやまたかし

1945年，山梨県に生まれる
1968年，山梨大学教育学部卒業
元山梨郷土研究会常任理事
主要著書・論文　『図説山梨県の歴史』（共著，河出書房新社，1990年），「戦国商人末木氏の系譜について」（『武田氏研究』13号，1994年），「一蓮寺門前町の成立」（同19号，1998年）

笹本　正治　ささもとしょうじ

1951年，山梨県に生まれる
1977年，名古屋大学大学院文学研究科修士課程修了
現在　長野県立歴史館長，信州大学名誉教授
主要著書　『戦国大名武田氏の研究』（思文閣出版，1993年），『武田勝頼―日本にかくれなき弓取―』（ミネルヴァ書房，2011年），『甲信の戦国史―武田氏と山の民の興亡―』（ミネルヴァ書房，2016年）

齋藤　康彦　さいとうやすひこ

1947年，東京都に生まれる
1980年，筑波大学大学院歴史・人類学研究科博士課程単位取得退学
現在　山梨大学名誉教授
主要著書　『地方産業の展開と地域編成』（多賀出版，1998年），『転換期の在来産業と地方財閥』（岩田書院，2002年），『産業近代化と民衆の生活基盤』（岩田書院，2005年），『高橋箒庵　近代数寄者の語り部』（宮帯出版社，2020年）

山梨県《やまなしけん》の歴史《れきし》　　県史　19

1999年1月25日　第1版1刷発行　　2020年9月15日　第2版3刷発行

著　者　飯田文弥《いいだぶんや》・秋山 敬《あきやまたかし》・笹本 正治《ささもとしょうじ》・齋藤康彦《さいとうやすひこ》
発行者　野澤伸平
発行所　株式会社　山川出版社　〒101-0047　東京都千代田区内神田1-13-13
電話　03(3293)8131(営業)　03(3293)8134(編集)
https://www.yamakawa.co.jp/　振替　00120-9-43993
印刷所　明和印刷株式会社　製本所　株式会社ブロケード
装　幀　菊地信義

ISBN978-4-634-32191-5

付　　録

■ 索　　引

● あ 行

●か 行

● さ　行

● た　行

●な　行

●は　行

●ま　行

●や　行

●ら・わ　行

■ 年　　表

年代	時代	事項
～3万年前	先土器時代	東八代郡中道町立石，南巨摩郡富沢町天神堂，北巨摩郡高根町丘の公園などの遺跡。
1万2000年前～	縄文時代	北巨摩郡明野村神取(かんどり)，同郡大泉村金生(きんせい)(国史跡)，同郡長坂町酒呑場，東山梨郡勝沼町・東八代郡一宮町釈迦堂，同郡中道町上野原，同郡境川村一の沢，塩山市中萩原重郎原，南都留郡河口湖町鵜の島，都留市中谷，大月市原平などの遺跡。
前3世紀頃～	弥生時代	中巨摩郡敷島町金の尾，韮崎市宮ノ前，東八代郡中道町上の平，同町宮ノ上などの遺跡。
4世紀中頃～	古墳時代	東八代郡中道町銚子塚(国史跡)，同町大丸山，同町天神山，同郡八代町岡銚子塚，西八代郡三珠町大塚(以上前方後円墳)，中道町丸山塚(国史跡)，東八代郡御坂町姥塚，甲府市加牟那塚(以上円墳)などの古墳。

西暦	年号	事項
	(雄略)13	***9-*** 木工猪那部真根(いなべのまね)の助命のため，勅使が甲斐の黒駒に乗って刑場に駆けつける。
672	(天武)元	***7-4*** 壬申の乱に参加した甲斐の勇者，近江軍の将廬井鯨(いおいのくじら)を馬で追う。
	(白鳳)	この頃，寺本廃寺(春日居町)建立。
688	(持統)2	***5-8*** 百済の敬須徳那利を甲斐国に移す。
702	大宝　2	***2-22*** 歌斐国より梓弓500張を献上，大宰府の用にあてる。
709	和銅　2	***3-5*** 甲斐など7カ国の民を蝦夷征伐に徴発。***5-20*** 甲斐など5カ国，連雨で大被害。
714	和銅　7	***10-*** 山梨郡可美里日下部某，調庸布を貢納(里名の初見)。
716	霊亀　2	***5-16*** 甲斐など7カ国の高麗人1799人を武蔵国に移し，高麗郡を建てる。
731	天平　3	***12-2*** 甲斐国，神馬献上。***12-21*** 甲斐守田辺史広足らに恩賞を与え，また国は今年の庸，馬を出した郡は調庸ともに免除。
737	9	この年，甲斐国進上御馬の部領使である山梨郡散事小長谷部麻佐(おはせべのまさ)，甲斐国の旧防人39人ら，駿河国6郡で食料の官給をうける。
761	天平宝字5	***12-23*** 甲斐守山口忌寸佐美麻呂，逃亡した仕丁漢人部(あやひとべ)町代の替りに巨麻郡栗原郷の漢人部千代を坤宮官(こんぐうかん)廝丁に貢上。
762	6	***9-13*** 漢人部千代，石山院奉写大般若経所より逃亡。***10-*** 山梨郡より雑役の胡桃子を貢進。
765	天平神護元	***6-1*** 甲斐国飢饉となり，これに賑給する。
781	天応　元	***7-6*** 富士山噴火(噴火の初見)。
789	延暦　8	***6-9*** 渡来人山梨郡の人要部(ようほう)上麻呂・古爾(こに)・鞠部(きくほう)・解礼らの本姓をそれぞれ田井・玉井・大井・中井に改めるのを許す。

797	延暦	16	*3-2* 甲斐・相模2国の国堺争いについて，都留郡□留村東辺砥沢をもって両国の堺とするよう裁定。
799		18	*12-5* 甲斐国の百済人止弥若虫・久信耳鷹長ら190人にそれぞれ石川・広石野の姓を許す。
800		19	*3-14* 富士山噴火。
802		21	*1-8* 富士山噴火。*1-11* 甲斐・駿河など東国の浪人4000人を陸奥国胆沢城に配備。
823	弘仁	14	*5-5* 甲斐国の賊首吉弥侯部(きみこべ)井出麻呂ら13人を伊豆国に配流。
827	天長	4	*10-15* 甲斐国に牧監(ぼくげん)をおき御牧を経営管理させる。
829		6	*10-1* 天皇，武徳殿において甲斐国の貢馬を見る。
835	承和	2	*3-14* 甲斐国，不動倉2宇と器杖屋1宇が全焼した旨を言上。*4-2* 巨麻郡馬相野の空閑地500町を葛原親王に賜る。
852	仁寿	2	*2-22* 甲斐国の定員に目(さかん)1名を加える。
864	貞観	6	*7-17* 甲斐国，富士山の大噴火により熔岩が本栖・剗(せ)両湖を埋め，さらに河口湖に向かい甚大な被害が出た旨を言上。
865		7	*5-16* 甲斐など8国に介をおく。*12-9* 勅により八代郡に浅間社を立て官社に列し，禰宜・祝をおく。*12-20* 山梨郡にも浅間明神を建立。
872		14	*3-20* 都留郡大領矢作部宅雄(やはぎべのやかお)・少領矢作部毎世(ことよ)に矢作部連の姓を賜る。
876		18	*10-22* 都留郡の人当麻部秋継，同郡百姓の丈部鷹長を殺害し，遠流に処せられる。
886	仁和	2	*2-3* 任命後任地に赴かない甲斐守藤原当興ら10人を尋問。*5-18* 藤原当興ら4人の位一階を下げ位記を召し上げる。
901	延喜	元	*2-15* 寛平7年以来坂東に群盗が出没し，甲斐・信濃など4国の被害甚大につき諸社に奉幣。
904		4	*8-17* 天皇，南殿において穂坂牧の貢馬を見る(穂坂牧の初見)。
936	承平	6	この年，真衣野・柏前牧が貢馬(両牧の初見)。
937		7	*11-* 甲斐国，富士山の神火が水海を埋めた旨を言上。
940	天慶	3	*3-7* 甲斐国，平将門の弟将武らを討ちとったことを奏上。
944		7	*5-6* 武徳殿において競馬が行なわれる(20疋のうち穂坂牧5疋，真衣野牧2疋が甲斐の出身)。
952	天暦	6	*9-23* 御馬の貢上期日や員数を守ることを命じ，違えた時は国司・牧監を処罰する旨を甲斐など関係4国に通知する。
969	安和	2	*7-8* 山城国法勝院領目録に市河荘13町9段310歩が記載される(甲斐の荘園の初見)。
975	天延	3	*2-1* 甲斐・信濃など4国に検牧使を派遣し，諸牧の御馬や牧内の雑事を調査させる。
987	永延	元	*5-10* 右近の馬場での競馬に敗れた穂坂牧の馬が急死。
999	長保	元	*3-7* 富士山噴火。
1012	長和	元	*4-13* 甲斐国司に御牧から貢上する馬の定数や期日を違えないよう厳命。
1017	寛仁	元	*9-17* 甲斐守保任，馬10疋を藤原道長に贈る。
1030	長元	3	*9-2* 甲斐守源頼信および坂東諸国司に平忠常の追討を命じる。
1031		4	*4-28* 甲斐守源頼信，投降した平忠常を伴って上京する旨を報告。*6-*

			6 忠常，重病にかかり美濃で病没。6-16 頼信，忠常の首級を携えて入京。
1032	長元	5	2-8 源頼信，平忠常追討の賞により美濃守に転任。12-16 富士山噴火。
1083	永保	3	3-28 富士山噴火。
1087	寛治	元	8-21 穂坂・真衣野両牧の駒牽(甲斐の貢馬記事の最後)。
1100	康和	2	1- 僧寂円，山東郡内牧山村米沢寺千手観音の前に籠って如法経書写を開始。
1101		3	10-13 甲斐守惟実(藤原惟信か)，馬2疋を右大臣藤原忠実に贈る。
1102		4	2-3 源義光，忠実に馬2疋を贈る。5-13 甲斐守藤原惟信，成功(じょうごう)により重任。11-12 藤原惟信，馬2疋を忠実に贈る。
1103		5	3-24 僧寂円，如法経書写を完了し，この日，柏尾山寺往生院の仏前に写経を移す。4-3 寂円書写の如法経供養を往生院で挙行。4-22 如法経を柏尾山の東白山の峰に埋納。
1106	嘉承	元	10-28 甲斐守藤原惟信，馬7疋を関白忠実に贈る。
1130	大治	5	12-30 源清光，濫行のかどで常陸国司に告発され，ついで父義清とともに甲斐国に配流。
1139	保延	5	1-28 前介三枝守廉，熊野新宮に大般若経を奉納。
1149	久安	5	7-23 源義清死去(75歳，一説久安元年)。
1156	保元	元	7-11 保元の乱おこり，甲斐の住人塩見五郎・六郎が参加。
1159	平治	元	12- 平治の乱に，甲斐から井沢四郎信景が源義朝方として参加。
1162	応保	2	10-6 甲斐守藤原忠重の目代中原清弘・在庁官人三枝守政ら熊野社領八代荘に乱入，これを停廃する。12- 熊野神社が，国衙の乱暴を朝廷に訴え，朝廷は問宣旨を忠重に下す。
1163	長寛	元	1-29 藤原忠重，陳状を提出。3-4 検非違使，目代中原清弘を訊問。3-10 中原清弘・三枝守政ら自己の立場を弁明。4-7 明法博士中原業倫，3人の罪は絞刑に該当する旨を勘申。
1168	仁安	3	7-8 源清光死去(59歳)。
1176	安元	2	7-8 施薬院領甲斐国飯野牧の住人貞重殺害事件起きる。
1180	治承	4	4-27 源行家，以仁王の令旨を源頼朝に伝え，ついで甲斐・信濃両国に向かう。8-25 安田義定・工藤景光ら，富士北麓波志田山において平家方の俣野景久・駿河目代橘遠茂軍を破る。9-5 東国の叛徒追討の宣旨が出される。9-10 武田信義ら，平家方の菅冠者を信濃国伊那郡大田切郷に討つ。10-13 甲斐源氏，駿河に赴くため大石駅に泊まるが，駿河目代らの来襲計画を知り若彦路より駿河に入る。10-14 鉢田辺で駿河目代軍に大勝。10-17 武田方，使者を追討使平維盛に送り浮島原で見参を遂げたい旨申し入れる。10-18 富士川の合戦で甲斐源氏勝つ(『吾妻鏡』では20日)。10-21 安田義定が遠江守護に，武田信義が駿河守護になる。11-7 朝廷，再度宣旨を出し，源頼朝・武田信義らを追討させる。
1181	養和	元	閏 2-17 安田義定，頼朝の援軍和田義盛らを加え，遠江国橋本で，平家の来襲を待つ。3-7 武田信義，後白河法皇が源頼朝追討を命じたとの風聞を否定し，源頼朝に誓書を出す。8-12 頼朝，安田義定を討つとの風聞が京都に伝わる。

1183	寿永	2	*7-* 平家追討使として東海道は安田義定，北陸道は木曾義仲が源頼朝の代官となり入京。*8-10* 安田義定，遠江守に任じられ，従五位下に叙せられる。
1184	元暦	元	*1-20* 一条忠頼ら，源範頼・義経の軍と協力して木曾義仲を近江粟津に討ち滅ぼす。*2-7* 一ノ谷の合戦。安田義定，平経正らを討ち取る。*3-17* 板垣兼信，飛脚を鎌倉に送り土肥実平の専断を訴える。*6-16* 一条忠頼，鎌倉に招かれ源頼朝に謀殺される。
1185	文治	元	*1-6* 源頼朝，源範頼に将士統率の要を諭す消息を送り，文中で武田信光・小笠原長清を褒め，秋山光朝を非難。*3-24* 平家滅亡。*8-16* 加賀美遠光が信濃守，安田義資が越後守に任じられる。
1186		2	*3-9* 武田信義死去(59歳)。
1188		4	*3-15* 武田有義，源頼朝の剣を持って随行するのを渋り，怒られて逐電。*7-4* 加賀美遠光の女大弐局，万寿(頼家)の養育係となる。
1190	建久	元	*7-30* 板垣兼信，隠岐国に配流。
1191		2	*8-27* 安田義定，牧荘放光寺に銅鐘を寄進。
1193		4	*11-28* 越後守安田義資梟首。*12-5* 安田義定，子義資の事件に連座して遠江浅羽荘地頭職を収公される。
1194		5	*3-13* 武河御牧の駒８疋鎌倉に到着，源頼朝これを見たのち京都に進める。*8-19* 安田義定梟首(61歳)。
1200	正治	2	*1-28* 武田信光，梶原景時の謀反事件に関わって兄有義が逐電した旨を報告。
1201	建仁	元	*6-29* 浅利与一義遠，将軍源頼家の許しをうけ越後の勇女板額を妻にして甲斐に下向。
1203		3	*9-4* 比企能員の失脚に伴い，頼家の側近小笠原長経が拘禁される。
1211	建暦	元	*5-19* 小笠原牧の牧士と奉行三浦義村の代官との争いに幕府裁定を下し，義村の奉行を罷免。
1213	建保	元	*5-4* 和田義盛の与党古郡左衛門尉保忠兄弟，甲斐国板東山波加利の東競石郷二木で自殺。*5-7* 波加利本荘・同新荘・古郡・岩間・福地・井上などが武田信光らに，大弐局に陸奥由利郡が恩賞として与えられる。
1221	承久	3	*5-25* 承久の乱おこり，武田信光・小笠原長清ら東山道大将軍として総勢５万余騎を率いて鎌倉を出立。*6-24* 合戦の張本人の公卿たちが六波羅に捕えられ，武田信光は藤原光親を，小笠原長清は源有雅を預かる。*7-12* 武田信光，幕命により加古坂において光親を斬る。*7-29* 小笠原長清，稲積荘小瀬村において有雅を斬る。この年，論功行賞で，長清が阿波守護，信光が安芸守護，逸見惟義が和泉守護となる。
1229	寛喜	元	*8-7* 幕府，甲斐大善寺に守護所使などの乱入を停止させる。
1248	宝治	2	*8-19* 武田信光死去(一説12月５日)。
1274	文永	11	*5-12* 日蓮，波木井実長の招きに応じ鎌倉を出発，甲斐に向かう。*5-17* 日蓮，波木井に到着。*6-17* 日蓮，身延の草庵に入る。
1281	弘安	4	この年，波木井実長，日蓮のため一宇を構え身延山久遠寺と名づけるという。
1282		5	*10-13* 日蓮，武蔵池上郷の池上宗仲館にて死去。
1286		9	この年，再建中の大善寺薬師堂の立柱が行なわれる(正応３年完成)。
1290	正応	3	*3-10* 甲斐源氏浅原為頼父子３人，禁中に乱入し伏見天皇殺害を企て

		失敗し自殺。
1295	永仁　3	この年，時宗2世真教，甲斐に入って布教。
1330	元徳　2	この年，二階堂貞藤，恵林寺を建て夢窓疎石を開山とする。
1331	元弘　元 （元徳3）	*8-29* 幕府，上洛軍を編成出発させる。守護武田政義，一族・国内御家人を統率して上洛軍に加わる。
1334	建武　元	*5-3* 後醍醐天皇，甲斐倉見山の地を南部政長に与える。
1335	2	*12-26* これよりさき武田信武，兵をあげて足利尊氏に応じ，この日熊谷蓮覚を安芸矢野城に破る。
1336	延元　元 （建武3）	*1-13* 武田信武，兵を率いて上京。*5-5* 南朝方の初雁五郎，兵をおこして大善寺を焼く。
1348	正平　3 （貞和4）	*7-11* 幕府，甲斐波加利本荘の地頭武田氏信と同新荘の地頭島津師久に北朝譲位の用途および女房装束料を賦課。
1350	5 （観応元）	*12-25* 鎌倉府執事高師冬，鎌倉の足利基氏と不和になり須沢城に没落。
1351	6 （　2）	*1-17* 高師冬・逸見孫六入道ら，諏訪下宮祝部らに攻められ，須沢城にて自害。*9-27* 尊氏方の波多野清秀，武田信成の命により，甲斐橋田山関を警固して直義方の入国を防ぐ。*12-11* 波多野清秀，富士川河原および蒲原合戦で戦功を立てる。*12-29* 直義方の武田貞政，尊氏方の小笠原氏の軍と甲斐七覚寺で戦う。
1352	7 （文和元）	閏 *2-18* 新田義宗，鎌倉に入り，足利尊氏，武田信武らを率いて武蔵狩野川に逃れる。閏 *2-20* 尊氏軍，武蔵人見原・金井原に新田軍と戦う。閏 *2-25* 尊氏，万福寺に敵軍平定を祈禱させる。閏 *2-28* 尊氏，宗良親王・新田義宗らと武蔵小手指原・入間河原・高麗原に戦う。
1355	10 （　4）	*2-21* 武田信春，柏尾山に陣を構えて南朝方と戦う。
1359	14 （延文4）	*7-13* 武田信武死去。
1367	22 （貞治6）	*6-25* 南朝，南部信光・政持の軍忠を褒め，信光に甲斐神郷半分を，政持に倉見山3分の1を与える。
1380	天授　6 （康暦2）	*1-20* 武田信成，抜隊得勝のために塩山向岳寺を創建。
1387	元中　4 （嘉慶元）	*2-20* 向岳寺開山の抜隊得勝死去。
1394	応永　元	*6-13* 甲斐守護武田信成死去。
1416	23	*10-2* 上杉禅秀の乱おこり守護武田信満，禅秀方につく。
1417	24	*1-10* 上杉禅秀ら鎌倉に敗死。*2-6* 武田信満，木賊山で自殺。
1425	32	閏 *6-11* 武田信重，逸見・穴山らの反乱を恐れ，甲斐守護として入国させようとする幕府の命を拒否。*8-16* 足利持氏，上杉淡路守に命じて武田信長を甲斐に討たせる。
1426	33	*6-26* 足利持氏，武田信長討伐のため，武蔵横山口を出発。*8-25* 信長，鎌倉府に降伏して，以後出仕する。
1433	永享　5	*4-29* 鎌倉府より逐電して甲斐に入った武田信長，跡部父子および輪宝一揆と戦って敗北。
1438	10	*8-17* 幕府，甲斐守護武田信重を帰国させるため，小笠原政康に援助

		を命じる。***10-4*** 信重，この日までに甲斐に入国。
1439	永享　11	閏 ***1-13*** 甲斐の逸見有直が誅に伏すとの報告が京都に達し，廷臣諸将ら幕府に参賀。***2-10*** 足利持氏，鎌倉で自殺。逸見氏の一族多く戦死。
1440	12	***3-15*** 結城氏朝の乱おこる。討伐軍に武田信長・信重ら従軍。
1441	嘉吉　元	***4-16*** 結城城陥落。武田信重，結城七郎を討ち取る。
1450	宝徳　2	***11-24*** 武田信重死去。
1455	康正　元	***5-11*** 武田信守死去。
1465	寛正　6	この年，武田信昌，守護代跡部上野介景家を滅ぼす。
1460 ~65	寛正年間	この頃，曹洞宗中山広厳院が建立される。
1472	文明　4	***4-24*** 信濃勢，甲斐へ乱入。
1482	14	***10-*** 甲斐に一揆おこる。
1490	延徳　2	この年，大飢饉のため餓死者多数。福徳2年の私年号を使用。
1492	明応　元	***6-11*** 甲斐乱世の兆しおこる。***7-22*** 武田信縄(のぶつな)・信恵(のぶよし)兄弟が戦い，大津芸州ら戦死。***9-3*** 今川氏親の軍，甲斐に乱入。
1493	2	この年，国内でしばしば合戦，総領信縄方たびたび敗戦。
1494	3	***3-26*** 武田信縄，弟信恵を破る。この年，武田信虎，石和館に生まれる。
1495	4	***8-*** 北条早雲，伊豆より甲斐に攻め入り鎌山に布陣したが，武田と和睦して帰国。
1498	7	***8-25*** 大地震，国内の家屋堂塔ことごとく倒れ，海辺は津波の被害甚大。***8-28*** 大暴風雨，西湖湖畔の諸集落，山崩れによって死者多数。この年，武田信昌・信縄父子が和睦。
1501	文亀　元	***9-18*** 北条早雲，伊豆より甲斐に打ち入り，吉田に城を構える。甲斐勢，大挙してこれを取り巻く。***10-3*** 早雲敗退。
1505	永正　2	***9-16*** 武田信昌死去。
1507	4	***2-14*** 武田信縄没し，子の信直(信虎)相続。この年，弥勒2年の年号使用。
1508	5	***10-4*** 武田信虎，叔父信恵父子らを滅ぼす。***12-5*** 国中にて武田方と小山田方が合戦，小山田弥太郎とその同心多数が戦死。
1509	6	この年，秋より国中の武田軍，郡内に乱入し河口を焼く。
1510	7	この春，武田氏と小山田氏が和睦。
1512	9	この年，売買なく世間おおいにつまる。撰銭が行なわれる。以後連年撰銭行なわれる。
1514	11	この年，駿河守護今川氏親，甲斐の争乱に乗じ勝山城に出兵。
1515	12	***10-17*** 武田信虎，大井信達を攻めて敗れ，小山田大和守・板垣伯州ら戦死。
1516	13	***9-18*** これより先，大井信達，今川氏親に援兵を請う。この日，氏親出兵し，国中を焼き勝山に築城。
1517	14	***1-12*** 武田方，吉田城を攻略。***3-2*** 今川氏親，連歌師宗長を介して武田信虎と和睦し，氏親の兵駿河へ帰る。
1519	16	この年，4月まで武田信虎と今井兵庫助信是との内戦つづく。***12-20*** 信虎，新館を甲府躑躅ケ崎に営み，この日移る。
1520	17	***5-*** 栗原信友ら一家国人，主信虎をさげすみ甲府を退去。***6-*** 信虎，今

			井・大井・栗原らを破る。この年，信虎，積翠寺丸山に要害城を築く。
1521	大永	元	*2-16* 駿河勢，甲斐へ侵入。*10-16* 信虎の軍，飯田河原で福島正成の軍を破る。*11-3* 武田晴信(信玄)積翠寺で生まれる。*11-23* 信虎の軍，上条河原で福島正成の軍と戦って正成ら600人を敗死させる。
1524		4	*2-* 信虎，関東に出兵し関東管領上杉憲房と北条氏綱との戦いに介入。*11-* 信虎，北条氏綱と講和。
1525		5	この年，信虎，北条氏綱・今川氏親らとしばしば戦う。
1526		6	*7-30* 信虎，加古坂麓梨ノ木平で北条氏綱の軍を破る。この年，信虎上京のうわさあり。
1527		7	*6-3* これより先，信虎，信濃伴野氏をたすけ信濃へ出兵。この日再び出兵したが和談となる。*7-8* 信虎，善光寺に参詣。この年，信虎，今川氏輝と和睦。
1528	享禄	元	*9-30* 信虎，堺川で諏訪頼満父子と戦って敗れ，荻原備中守戦死。この年，信虎，徳政令発布。
1530		3	*4-23* 小山田信有，北条氏綱と北都留郡矢壺坂に戦って敗北。この年，信虎，上杉憲房の後室を側室とする。
1531		4	*1-21* 飯富兵部・栗原兵庫・今井信元ら，信虎に背き，御岳に拠って救援を信濃の諏訪頼満に求める。*4-12* 信虎，諏訪の軍を河原辺に大破し，栗原兵庫ら戦死。
1532	天文	元	*9-* 信虎，今井信元を降伏させる。
1533		2	この年，武田晴信，上杉朝興の女を妻に迎える。
1535		4	*6-5* 信虎，駿河に出兵。*8-* 北条氏綱，都留郡に侵入，武田方の小山田衆・勝沼衆が多数戦死。*9-17* 信虎，諏訪郡堺川に出張，神長の仲介で諏訪頼満と講和。
1536		5	*1-17* 武田晴信，従五位下に叙せられる。*3-* 晴信，元服し将軍義晴の偏諱を受け晴信と名乗る。*6-* 前島一門，甲府で切腹し，武田の奉行衆ことごとく退去。*9-23* 正親町公叙，甲斐より帰京。この年(一説に天文6年)，晴信，三条公頼の女を妻に迎える。
1537		6	*2-10* 信虎の女，駿河守護今川義元に嫁す。ついで北条氏綱，駿河に出兵して興津辺まで焼く。信虎，今川氏救援のため須走口に出陣。
1538		7	この年，晴信の長子義信生まれる。この年，相模との争い続く。
1540		9	*5-* 武田信虎，信濃佐久郡を攻略，1日で36城を陥れる。*7-10* 信虎，西之海衆に古関の役を免除。命禄元年の年号を使用。*11-29* 信虎の女，諏訪頼重に嫁す。
1541		10	*5-13* 信虎，諏訪頼重・村上義清らとともに海野棟綱を攻める。棟綱敗れて上野に出奔し，上杉憲政を頼る。*6-14* 信虎，子の晴信に逐われて駿河今川義元を頼る。
1542		11	*7-2* 晴信，高遠頼継とともに，諏訪頼重を上原城に攻め，この日，頼重，桑原城に移る。*7-5* 晴信，頼重と和し，彼を甲斐に幽閉。*7-21* 頼重，甲府で切腹。*9-25* 晴信，頼重の遺子虎王を擁し，高遠頼継を破り，諏訪郡を奪取。
1543		12	*9-* 晴信，大井貞隆を長窪城に攻めて捕える。
1544		13	*10-* 晴信，伊那に出兵，藤沢頼親を福与城に攻める。
1545		14	*4-* 晴信，高遠城を攻略。*6-* 晴信，福与城を攻略。*9-* 晴信，義元救援

			のため駿河に出兵し，北条氏康の軍と戦う。***10-*** 晴信の斡旋で今川・北条・上杉3氏が和睦。
1546	天文	15	*5-20* 晴信，内山城を攻略。この年，武田勝頼誕生。
1547		16	*6-1* 晴信，「甲州法度之次第」を制定。閏 *7-27* 正親町三条公兄，甲斐に下向。***8-11*** 晴信，笠原清繁を志賀城に攻め陥れる。
1548		17	*2-14* 晴信，村上義清と信濃上田原に戦って敗れ負傷，板垣信方ら戦死。*7-19* 晴信，小笠原長時を塩尻峠に破る。***9-*** 晴信，佐久郡に入り前山城を回復。***10-*** 晴信，村井城(小屋城)を築く。
1550		19	*4-20* 晴信，後奈良天皇宸筆の般若心経を甲斐一宮浅間社に奉納。***7-*** 晴信，小笠原長時の本拠林城を陥れる。長時，平瀬城に退き，ついで村上義清を頼る。***8〜9-*** 晴信，村上義清の属城信濃戸石城を攻める。***10-1*** 戸石城より退却，横田高松ら戦死。
1551		20	*2-20* 晴信，甲斐一宮浅間社に信府攻略を謝して社領を寄進し社殿を修造。***5-26*** 真田幸隆，戸石城を攻略。***10-24*** 晴信，信濃平瀬城を攻略。
1552		21	*8-12* 晴信，小岩岳城を攻略。***11-27*** 武田義信，今川義元の女を娶る。
1553		22	*4-9* 晴信，葛尾城を攻略し，村上義晴，長尾景虎(上杉謙信)を頼る。*4-22* 晴信の先鋒，上杉軍と八幡で戦う。***8-*** 晴信，長尾景虎と川中島で戦う(第1回川中島戦)。
1554		23	***5-***「甲州法度之次第」2カ条を追加，57カ条。***8-*** 晴信・義信父子信濃に出陣，義信，佐久郡の諸城を攻略。ついで伊那郡の知久頼元ら降伏。***12-*** 長尾景虎の部将北条高広，武田氏に内応し挙兵。晴信の女，北条氏康の子氏政に嫁す。
1555	弘治	元	この春，晴信・景虎，川中島に出陣し相対峙する。*7-19* 晴信，長尾景虎と川中島で戦う(第2回川中島戦)。閏 ***10-15*** 今川義元の調停により，甲越の和議成る。
1556		2	***8-*** 長尾景虎の将大熊朝秀，晴信に通じ，景虎に叛す。
1557		3	*2-15* 晴信の兵，落合備中守を葛山城に攻めて全滅させる。***4-*** 景虎，信濃善光寺に出陣，ついで武田方の諸所を経略。*7-5* 武田の兵，安曇郡小谷を攻略。***8-*** 武田の兵，長尾の兵と信濃上野原で戦う(第3回川中島戦)。
1558	永禄	元	***4-*** 武田信繁，子息信豊のため意見99カ条を定める。***9-25*** 晴信，善光寺如来を甲府に移す。この頃，晴信，信濃守護に任じられる。
1559		2	***5-*** 信玄，信濃松原諏訪社に祈願文を納める(「信玄」の初見)。
1560		3	*8-2* 信玄，甲斐竜王の川除へ移住する者の棟別役を免除。この年，信玄，海津城を築城。
1561		4	*3-2* 長尾景虎，小田原城を攻めるにより，信玄の兵，北条氏康を支援。*9-10* 信玄，上杉政虎(謙信)と信濃川中島で戦い，弟信繁戦死(第4回川中島戦)。***11-*** 信玄，関東に出陣，北条氏康と共同作戦を展開。***12-*** 信玄，氏康とともに倉賀野直行を上野倉賀野城に攻める。
1562		5	***11-*** 信玄，北条氏康とともに上野・武蔵における上杉輝虎の属城を攻略し，ついで武蔵松山城を囲む。
1563		6	*2-4* 信玄父子，北条氏と武蔵松山城を陥れる。***11-***「恵林寺領御検地日記」できる。この冬，信玄，上野に出兵し岩櫃城を攻略。

1564	永禄	7	*3-* 信玄の兵，信濃野尻城を攻略し，越後に乱入。*4-* 蘆名盛氏，信玄の誘いにより，小田切弾正に越後菅名荘を侵させる。*7-* 山県昌景，飛騨に進攻。*8-* 上杉輝虎(謙信)，信玄と戦わんとして信濃川中島に出陣，両軍は衝突なく引き揚げる(第5回川中島対陣)。
1565		8	*1-* 信玄，富士山中宮造営のため，甲斐黒駒の関銭を同宮に寄進。*5-* 信玄，上野倉賀野城を攻略。*7-* 上杉輝虎，信濃出兵を試みる。*11-13* 武田勝頼，織田信長の養女遠山氏を娶る。
1566		9	*9-29* 信玄，上野箕輪城を攻略。
1567		10	*5-5* 信玄，上野惣社城を攻略。*8-7* 信玄，将士に起請文を徴し，これを信濃生島足島神社へ奉納。*10-19* 武田義信自殺。
1568		11	*2-* 信玄，徳川家康と駿・遠両国の略取を約束。*3-* 信玄，北信濃に出兵。輝虎の将本庄繁長，信玄に内応し挙兵。*7-* 信玄，本庄繁長の支援のため飯山城を攻める。*12-6* 信玄，今川氏真攻略のため駿河に進攻。*12-13* 信玄，駿河府中に入り，氏真，遠江懸川に出奔。この月，信玄の将秋山信友，遠江を侵す。徳川家康，信玄の違約を責める。ついで信友，駿河に退く。
1569		12	*1-26* 北条氏政，伊豆三島を発し，駿河薩埵山に拠る。信玄，出て興津に布陣する。*4-7* 信玄，家康に掛川城の攻略を促す。*4-24* 信玄，陣を徹して，駿河より甲斐に帰る。*6〜7-* 信玄，駿河東部および伊豆に進攻。*9-10* 信玄，上野より武蔵に入り北条氏邦を鉢形城に攻める。*10-6* 信玄，上野・武蔵を経て相模に入り，小田原城下に放火して退く。この日，北条氏政の兵と同国三増峠に戦う。*11〜12-* 信玄，駿河に進攻し蒲原城を攻略。ついで岡部正綱の守る府中を再占領。
1570	元亀	元	*1-* 信玄，駿河花沢城を攻略。*4-* 信玄，駿河東部および伊豆に進攻。将軍足利義昭に万疋の地を贈るを約す。*8-12* 信玄，伊豆韮山城を攻める。*9-* 信玄，関東に出陣。*12-15* 本願寺顕如，信玄・勝頼父子に好みを通ずる。
1571		2	*1-* 信玄，駿河へ進攻，興国寺城・深沢城を攻める。*3-* 信玄，小笠原長忠を遠江高天神に攻める。*4-* 信玄・勝頼，三河に入り，足助城を降し，吉田城を攻め，徳川家康の兵と二連木に戦う。*11-20* 信玄，海賊衆を伊勢で募る。*12-27* 甲・相同盟復活。
1572		3	*1-* 本願寺顕如，信玄に救援を請う。閏 *1-* 信玄，関東に出馬し謙信と対陣。*3-* 延暦寺衆徒，信玄に延暦寺の再興を依頼。*7-26* 信玄，僧正に任じられた斡旋を謝し曼殊院覚恕に太刀を贈与。*10-3* 信玄，この日甲府を発し遠江に入る。ついで諸城を攻略し，さらに二俣城を攻めてこれを降す。またその将山県昌景，三河に侵入。*11-14* 信玄の将秋山信友，美濃岩村城を降す。*12-22* 信玄，徳川家康と遠江三方ケ原に戦ってこれを破り，ついで同国刑部に陣す。*12-28* 信玄，朝倉義景の近江撤退を難詰する。
1573	天正	元	*2-* 信玄，徳川家康の属城三河野田城を陥れ，ついで長篠城に入る。*4-12* 信玄，信州駒場で死去(53歳)。
1574		2	*2-5* 勝頼，美濃明智城を攻略。*3-5* 武田信虎，信濃高遠で死去(81歳)。*5-12* 勝頼，遠江に入り，高天神城を囲む。*6-17* 勝頼，高天神城を攻略。

1575	天正	3	*4-* 勝頼，三河に入り，奥平信昌を長篠城に攻める。*5-18* 徳川家康は三河高松山に，信長は極楽寺山に陣し，長篠城を援ける。勝頼，滝沢川(寒狭川)をわたり，これと対峙。*5-21* 長篠の合戦，武田方大敗。*12-24* 勝頼の将依田信蕃，家康に和を乞い，二俣城を去る。
1576		4	*4-16* 恵林寺で信玄の葬式を行ない，快川和尚が大導師をつとめる。
1577		5	*1-22* 勝頼，北条氏政の妹を娶る。
1578		6	*3-13* 上杉謙信死去。*6-* 勝頼，上杉景虎を救けようと兵を率いて越後に入り，やがて景勝と和す。
1579		7	*9-13* 勝頼，駿河黄瀬川に北条氏政と対峙。*10-20* 上杉景勝，勝頼の妹お菊御料人を娶る。
1581		9	*1-* 勝頼，韮崎の北に新府城を築き，府中の居館を破棄し，12月ここに移る。
1582		10	*2-2* 信濃木曾義昌，武田勝頼に背いて織田信長に通ず。この日，勝頼，諏訪上原に出陣。*2-3* 信長，甲斐侵入の進路を定め，諸将に割当てる。*2-16* 勝頼の将今福昌和，鳥居峠に織田の兵と戦って敗北。*3-1* 江尻城将穴山信君，家康に誘われ降る。*3-2* 信濃高遠城陥ち，守将仁科盛信戦死。*3-3* 勝頼，新府の居館を焼いてのがれる。*3-11* 勝頼，室北条氏・子信勝とともに田野天目山において自殺。*3-29* 信長，河尻秀隆に甲斐4郡(河内領を除く)および諏訪郡を与える。河内領および駿河江尻領は穴山信君に与える。*4-3* 恵林寺快川国師ら信長の兵に殺される。*6-2* 本能寺の変。穴山信君，山城国宇治で土民に殺される。*6-15* 武田の遺臣三井弥市郎ら蜂起して河尻秀隆を殺す。*7-9* 徳川家康，甲斐に入る。*8-10* 家康，陣を新府に移し，北条氏直の若神子の陣に対す。*8-21* 武田の遺臣ら起請文を出して家康に忠誠を誓う。*12-12* 家康，平岩親吉を甲府城代とし，鳥居元忠に都留郡を与える。
1583		11	*2-24* 狩野原宿の退転百姓に帰住を命ず。
1585		13	*4-* 甲府城縄張り。
1587		15	*6-7* 穴山勝千代が病死，嗣子なく穴山家断絶。
1589		17	この年，伊奈熊蔵，甲斐国九筋の検地を行なう。
1590		18	*4-25* 伊奈熊蔵，九筋百姓中に起請文を出す。*8-1* 家康，関東へ転封。羽柴秀勝，甲斐を領す。
1591		19	*4-* 加藤光泰，甲斐を領す。郡内城代は加藤光吉。この年，一条小山城(甲府城)の築城工事促進される。
1593	文禄	2	*8-29* 加藤光泰，朝鮮の軍中に病没。*11-20* 浅野長政・幸長父子が受封，家老浅野氏重が郡内領を領す。
1594		3	*8-* 浅野氏重，郡内領検地。
1596	慶長	元	この年より翌年にかけて浅野氏，山梨・八代・巨摩3郡を検地。
1597		2	*7-* 浅野幸長，朝鮮に出陣。この年，領内に大規模な逃散あり。
1600		5	*10-* 幸長，紀伊和歌山に転封。
1601		6	*2-* 平岩親吉，上野厩橋より甲斐に移り甲府城代となる。代官頭は大久保長安。都留郡1万8000石は鳥居成次に与えられる。この年より翌年にかけて大久保長安が国中三郡を検地，高21万9000石余。
1603		8	*1-28* 家康の第9子五郎太(徳川義直)，甲斐を領す。*8-1* 山梨郡後屋敷新町に馬市開設。

1607	慶長	12	閏 *4-26* 徳川義利(義直)，尾張清洲に転封。平岩親吉も犬山に移り，甲府城は城番制となる。この年，角倉了以，富士川に舟路を通ずる。
1612		17	*3-* 肥前有馬城主の有馬晴信，甲斐に配流。
1613		18	*4-25* 大久保長安死去。
1616	元和	2	*9-13* 将軍秀忠の3男国千代(忠長)，甲斐23万8000石を受封。
1618		4	この年，甲州道中の勝沼宿設定。
1628	寛永	5	*10-24* 竜王河原宿新屋の15軒に代官岩波七郎右衛門道能より屋敷年貢諸役免許の印書出される。
1631		8	*5-28* 徳川忠長，甲府へ蟄居を命じられる。
1632		9	*10-22* 忠長，上野高崎へ配流のため甲府出立。*10-23* 大久保忠成甲府城番，本堂茂親谷村在番となる。*11-16* 忠長の家老鳥居忠房ら配流。
1633		10	*2-3* 秋元泰朝，上野総社から郡内領1万8000石を受封。伊丹康勝甲府城番となり，山梨郡のうちに1万2000石を領し同郡徳美を居所とする。この年より帰路を中山道・甲州道中経由とする茶壺道中はじまる。
1636		13	*12-* 甲府柳町宿成立。この年，谷村藩，大堰の開削に着手。
1637		14	*7-* 代官触頭平岡和由，竜王村に水路を開き富竹新田をたてる。
1638		15	この年，青柳に御米蔵を設け，鰍沢・黒沢とともに富士川3河岸整う。
1639		16	この年，上神取村清右衛門・村山東割村重右衛門ら，自普請にて浅尾堰開削に着手。
1651	慶安	4	*4-3* 徳川綱重，河西の地14万4000石，駿州富士郡のうち6000石，あわせて15万石を受封。
1660	万治	3	*1-18* 伊勢町より出火し甲府大火(九蔵火事)，これより甲府に火消人足の制度を設ける。
1661	寛文	元	閏 *8-9* 徳川綱重，甲府城主となる。代官触頭平岡良辰，河東に移り石和陣屋を建てる。
1664		4	*8-4* 八代郡北都塚村の旗本領農民，逃散を決行。
1665		5	*7-9* 徳島兵左衛門，徳島堰の開削を起工。
1666		6	この年，野村宗貞，楯無堰の開削に着手。
1669		9	この年，谷村藩，郡内領検地。杉村七郎右衛門，穂坂古堰の開削起工。
1672		12	*6-4* 旗本山上領3カ村農民の逃散・強訴おきる。
1673	延宝	元	この年，桜田領高免につき百姓騒動し桜田邸に強訴。
1674		2	*2〜3-* 国中大飢饉，餓死者多数。*10-6* 甲府家家老新見正信，役儀召放ちのうえ流刑，代官以下も処罰される。
1678		6	*10-25* 徳川綱豊，綱重の遺領25万石を襲封。
1681	天和	元	*1-* 谷村藩に19カ村代表の越訴おこる。
1683		3	*1-* 松尾芭蕉，谷村に来遊。
1685	貞享	2	*1-* 一瀬調実編『俳諧白根嶽』出版。
1687		4	*3-15* 甲府で町中の犬改めを行ない，下府中分102疋，右府中分15疋，計117疋を書き上げる。
1694	元禄	7	*11-* 甲府・江戸間に三度飛脚開かれる。
1696		9	*3-28* 桜田領代官桜井政能，濁川の開削に着手，山口素堂これを助ける。
1698		11	*9-15* 伊丹勝守自殺により徳美藩廃絶。
1704	宝永	元	*12-5* 綱豊，将軍綱吉の養嗣子となり江戸城西の丸に入る。*12-21* 川越

			城主柳沢吉保，甲府城主となる。*12-25* 谷村藩主秋元喬知，川越に移封。
1705	宝永	2	*10-* 柳沢吉保，甲府岩窪に穏々山霊台寺を創建。
1706		3	*9-* 荻生徂徠，吉保の命を奉じ甲斐に入り，『峡中紀行』ついで『風流使者記』を著す。この年，甲府城の修復と殿舎造営。
1707		4	*11-23* 富士宝永山の噴火。この年，甲安中金を鋳造。
1708		5	この年，笛吹川以東の三筋の検地始まる。
1709		6	*6-3* 柳沢吉保致仕し，吉里相続する。*7-2* 穏々山霊台寺を竜華山永慶寺と改める。
1710		7	*8-15* 永慶寺に宇治黄檗山万福寺の悦峰道章入山。
1714	正徳	4	*11-2* 柳沢吉保死去，永慶寺に葬る。この年，甲安今吹を鋳造。
1716	享保	元	*4-14* 甲州海道を甲州道中と改称。
1718		3	*9-* 穂坂堰の開削成る。
1721		6	この年，甲重金を鋳造。甲斐国の人口29万1168人。
1724		9	*3-11* 柳沢吉里，大和郡山へ所替となる。*4-12* 甲府代官・石和代官・上飯田代官を設置。*6-11* 甲府城引渡し。*7-4* 甲府勤番支配(大手・山手)設置。*8-* 勤番士200人・与力20人・同心100人，甲府に遣わされる。
1727		12	*12-9* 郭内勤番士屋敷より出火し甲府城及び城下の13町を焼く。この年，甲定金を鋳造。
1728		13	*7-8* 諸川氾濫し大洪水により被害甚大。
1732		17	この年，御勘定方村上某の『甲州噺』成る。
1734		19	*12-24* 甲府城内に盗賊侵入，御金蔵破られる。
1735		20	この年，甲府佐渡町の駒市終る。
1738	元文	3	この年，宇治茶の谷村勝山城貯蔵を廃止。
1740		5	*9-1* 青木昆陽，古文書採収のため甲斐に入る。
1742	寛保	2	*5-* 川田陣屋設置。この年，上野原宿開市。
1746	延享	3	*9-15* 田安領一町田中陣屋，一橋領宇津谷陣屋を設置。
1747		4	*8-18* 国中の河川出水。
1750	寛延	3	*7-19* 八代・山梨両郡農民，蚕と煙草の新規運上に反対して運上請負の出願人宅を打ちこわす(米倉騒動)。
1752	宝暦	2	*11-* 野田成方の『裏見寒話』成る。
1753		3	この年，一橋領宇津谷陣屋，河原部村に移る。
1755		5	*10-* 猿橋に成島錦江の撰文になる「峡中猿橋碑」建つ。
1756		6	*11-* 鷹野慧広，『甲斐国三郡村高帳』刊行。
1759		9	*2-* 山県大弐，『柳子新論』を著す。この年，川田陣屋取り払われる。
1762		12	*4-* 山県大弐撰文の酒折宮碑建立。この年，渡辺梅童，柏尾の大善寺境内に芭蕉塚を建てる。
1763		13	この年，清水領下岩下陣屋を設置。
1765	明和	2	*5-26* 甲府西一条町与兵衛，金手町教安寺境内で浄瑠璃仕形芝居の15日間興行を行なう(亀屋座の前身)。この年，市川大門村に駿府の出張陣屋を設置。
1767		4	*8-21* 山県大弐，斬に処せられる(明和事件)。
1768		5	*10-* 元文金と甲金の両替定値段に反対し，国中三郡の御料・私領惣百姓の訴願闘争おこる。

1770	明和	7	*9-2* 甲府大火，市中の1160軒を焼失。
1775	安永	4	この年，如雪庵尺五，甲府善光寺に芭蕉句碑を建てる。
1780		9	この年，甲州枡存続の国中三郡農民の訴願闘争始まる。
1783	天明	3	*9-* 萩原元克の『甲斐名勝志』出版。この年，大凶作にて米価高騰。
1784		4	*1-* 東郡大野河原・西郡荒川端に農民集結し不穏。
1787		7	*7-* 上飯田陣屋を取り払う。飢饉のため米価高騰，甲府に米価引下げ運動おこる。*10-* 河野徳兵衛『農事弁略』成る。
1788		8	この年，是心軒一露編『甲陽生花百瓶図』出版。
1790	寛政	2	この年，賀茂季鷹入峡し『富士日記』を著す。
1791		3	この年，猿橋宿の市立願い，上野原宿の故障により挫折。
1792		4	*12-26* 田安領内に太枡騒動おこる。
1793		5	この年，志村天目，末木村に心学教導のため忠款舎を創立。
1794		6	*10-12* 一橋領，遠江相良に場所替となり河原部陣屋を廃止。
1795		7	*10-* 清水領下岩下陣屋を引き払う。
1796		8	この年，甲府学問所を設置。
1797		9	*6-11* 甲府医学所を創設。
1803	享和	3	*4-3* 柳町より出火し甲府大火(鳥羽屋火事)，類焼家数1108軒。*6-* 5月以来の麻疹と痢病の流行により甲府で死者470人。
1805	文化	2	*8-* 亀屋座，西一条町に移転再興。この年，小島蕉園，田安領代官として赴任。甲府学問所，林述斎により徽典館と命名される。
1810		7	この年，橋本伯寿，『断毒論』を著す。
1814		11	*5-* 河内領農民，楮・三椏他国出し差留め一件につき駕籠訴決行。*11-* 『甲斐国志』成立。
1816		13	この年，萩原治兵衛，『蚕養育伝書』を刊行。
1823	文政	6	*1-* 石和代官山本大膳，八代郡小城村に教諭所(由学館のはじめ)を設ける。
1830	天保	元	*6-* 清水領陣屋，正徳寺村で再開。*9-* 郡内領に郡内絹運上仕法替え反対の騒擾おこる。
1831		2	この年，清水領陣屋，八幡北村に移る。
1833		4	この年，国中凶作，米価高騰。
1834		5	この年，甲斐国取締出役が設置される。
1836		7	*7-* 西野手習所，松井渙斎を迎えて開設される。*8-21* 郡内領農民蜂起し郡内騒動おこる。
1837		8	*3-* 宮原良弥の『蚕養秘録』刊行。*9-* 市川代官所手代葉山孫三郎の不正を糾弾して，河内領36カ村代表駕籠訴を決行。
1841		12	*4-5* 歌川広重，甲府に画用を帯び入峡。
1842		13	この年，石和代官佐々木道太郎，谷村出張陣屋内に教諭所(興譲館のはじめ)を設置。
1843		14	この年，徽典館学舎を追手門前に改築，「重新徽典館碑」建つ。
1848	嘉永	元	この年，大森快庵，『甲斐叢記』を著す。
1850		3	*1-* 宮本定正，『甲斐の手振』を著す。
1854	安政	元	*3-24* 柳町より出火し甲府大火(富士富火事)。*11-4* 大地震により被害甚大。
1856		3	この年，清水領陣屋廃される。

1858	安政	5	***8-*** コレラ流行，甲府で7月下旬より9月中旬までの死者406人。
1859		6	***5-*** 篠原忠右衛門，横浜に甲州屋を開店。
1861	文久	元	***10-*** 和宮下向につき中山道宿々へ当分助郷を命じられる。
1862		2	***7-*** 麻疹流行。***8-*** コレラ流行。甲府で7月より閏8月15日までの死者390人。
1863		3	この年，農兵隊編成される。
1864	元治	元	***3-*** 甲府勤番支配の町方兼務を解き，甲府町奉行を設置。
1865	慶応	元	***5-*** 長州再征につき東海道宿々へ当分助郷を命じられる。
1866		2	***8-*** 甲府城代を新設。この年，市川代官所支配村々，代官の場所替え要求を訴願。前年に続く凶作で米価高騰。この頃，若尾逸平，甲府で製糸マニュファクチュアを始める。
1867		3	***10-18*** 鰍沢宿にお札降り，以後甲府のほか河内領・西郡・韮崎宿方面の諸村に波及。***10-*** 国中三郡惣百姓，大小切税法廃止反対の訴願闘争おこす。
1868	明治	元	***2-3*** 小沢雅楽助ら甲府に入る。***3-5*** 板垣退助，甲府入城。***3-6*** 近藤勇ら柏尾に戦い敗走。***4-*** 林昌之介ら遊撃隊黒駒に屯集。***6-1*** 鎮撫府をおく。***8-2*** 甲府・市川・石和の三部代官を三部知県事とする。***11-5*** 鎮撫府を甲斐府とする。***11-12*** 三部知県事を廃し郡政局をおく。
1869		2	***7-28*** 甲斐府を甲府県とする。***7-29*** 三部郡政局を本庁に合する。***10-15*** 田安騒動おこる。
1870		3	***5-*** 田安領4万8000石を本県に合す。***9-*** 甲府県大小切租法の存続を稟議。***10-27*** 蘭学者広瀬元恭死去。
1871		4	***8-*** 甲府城兵部省所轄となる。***10-14*** 黒駒勝蔵斬罪。***11-13*** 甲金の称呼廃止。***11-20*** 甲府県を山梨県に改め，土肥謙蔵県令。
1872		5	***1-18*** 管内を80区に分ける。***7-***『峡中新聞』(『山梨日日新聞』の前身)を創刊。***8-23*** 大小切税法廃止に反対して農民蜂起，翌24日甲府若尾逸平宅を打ちこわし。***9-27*** 新聞解話会を設ける。
1873		6	***1-22*** 県令土肥を免じ，藤村紫朗を権令に任命。***4-*** 物産富殖の告諭。***4-28*** 名取雅樹，製糸器械改良により褒章。
1874		7	***1-31*** 富士川運輸会社設立。***6-1*** 興益社開業。***7-13*** 甲府野口正章，ビール醸造開業。***10-25*** 甲府に県営勧業製糸場建設。
1875		8	***3-15*** 師範講習学校を山梨県師範学校と改称。***8-17*** 模擬県会開く。***12-4*** 睦沢小学校(現甲府市藤村記念館)落成。
1876		9	***2-*** 甲府上水完成。***9-1*** 巨摩郡旧鍋山村民改租不服の申立て。地租改正不満高まる。***10-3*** 管内80区を34区に改める。***11-7*** 山梨県会条例・県会規則を発布。この年，甲州街道改修反対運動。
1877		10	***4-15*** 第十国立銀行を設立。***5-7*** 甲府一蓮寺に県会を開く。***6-4***『観風新聞』創刊。***7-*** C・イビー，南部でキリスト教伝道。***10-10*** 土屋竜憲・高野正誠，葡萄酒醸造研究のためフランスへ留学。
1878		11	***3-*** 官林取締仮規則。***9-23***『をとめ新聞』創刊。***12-19*** 郡区町村編制法により4郡を9郡に分ける。***12-24*** 初代各郡長を発令。
1879		12	***3-2***『峡中新報』創刊。***4-22*** 県会開設。***12-31***『甲斐国現在人別調』の調査。この年，市川紡績開業。
1880		13	***3-30*** 民権政社峡中同進会結成。***5-31*** 国会開設請願で依田孝・田辺

			有栄上京。***6-17*** 明治天皇巡幸。***11-25*** 板垣退助ら入峡。
1881	明治	14	***1-8*** 山林原野の官民有区分決定。***10-*** 横浜連合生糸荷預所争議。
1882		15	***3-10*** 板垣退助，入峡。***6-*** 立憲保守党結成。***7-27*** 佐野広乃死去。***8-22*** 峡中改進党結成。この年，北都留郡に鶴北自由党，南都留郡に都留郡改進党結党。コレラ流行。
1883		16	***3-22*** 峡中立憲党結党認可。***8-16***『峡中新報』廃刊。
1884		17	***7-18*** 北都留郡諸村の借金党不穏。***9-20*** 峡中立憲党解散。
1885		18	***10-*** 東山梨郡役所(現明治村)落成。
1886		19	***6-14*** 甲府雨宮製糸で女工ストライキ，以後女工ストあいつぐ。
1887		20	***3-8*** 藤村紫朗，愛媛県に転ず。***11-3*** 県会議事堂落成。
1888		21	***6-3***『峡中日報』創刊。***6-*** 望月直矢『峡中沿革史』を著す。
1889		22	***6-1*** 山梨英和女学校開校。***7-1*** 甲府に市制施行。***8-*** 甲府紡績開業。
1890		23	***2-2*** 山梨同志会結成。***3-24*** 内務大臣，甲府市会解散を命ず。***7-*** 山梨県農会設立。***11-3*** 山梨政社結成。
1891		24	***8-1*** 郡制施行。***10-1*** 県制施行。***11-8*** 山梨鉄道期成同盟会設立。
1892		25	***2-*** 第2回総選挙に干渉頻発。***7-9*** 薬袋義一議会報告演説会で大混乱。***7-11*** 甲府市会，巡査駐在所費全廃を決議。この年，住吉小作組合結成。
1893		26	***4-9*** 小田切謙明死去。***10-22*** 自由党山梨支部結成。
1894		27	***2-11***『山梨民報』創刊。***8-1*** 甲府測候所設立。
1895		28	***6-10*** 有信貯金銀行創立。
1898		31	***2-18*** 山梨農工銀行創立。***5-28*** 山梨馬車鉄道甲府・勝沼間営業開始。***7-30*** 憲政党山梨支部結成。
1899		32	***1-18*** 飯野村民ら葉煙草専売所を襲撃。***3-21*** 憲政本党山梨支部結成。
1900		33	***3-6*** 権太政，子守学校開設。***5-10*** 甲府電力会社芦川発電所が送電開始。***9-*** 都留馬車鉄道開業。***10-21*** 山梨県教育会附属図書館を設立。***11-3*** 立憲政友会山梨支部結成。
1901		34	***3-19*** 三枝雲岱死去。この年，一瀬益吉，一瀬桑を発見。
1903		36	***6-11*** 中央線開通祝賀式，笹子トンネル記念碑除幕式。
1904		37	***4-1*** 甲府城址を舞鶴公園とする。
1905		38	***2-11*** 恵林寺焼失。***3-1*** 東京・甲府間電話開通。***9-26*** 織物税徴収をめぐり谷村で騒擾。この年，凶作。
1906		39	***6-11*** 中央線塩尻まで開通。***10-1*** 一府九県連合共進会を甲府で開催。甲府市内電話開通。***10-12*** 身延山深敬病院設立。
1907		40	***2-9*** 甲府市上府中で大火，新柳町遊廓など全焼。***5-*** 中村星湖『少年行』を発表。***8-22*** 全県下に大水害。***11-3*** 甲府市穴切町に遊廓を移す。***12-20*** 駒橋発電所が長距離送電開始。
1908		41	***1-*** 片山潜演説会を開く。***5-*** 笛吹川河流変更工事に着手。
1909		42	***2-28*** 甲府商業会議所設立。***4-22*** 歩兵第49連隊入営。
1910		43	***4-*** 林野警察制度実施。***5-25*** 大逆事件で宮下太吉検挙。***8-22*** 県民大会が御料林還付を決議。***8-*** 全県下に大水害。
1911		44	***1-20*** 雨宮敬次郎死去。***3-11*** 帝室御料林を県有財産として下賜。***12-20*** 神金村萩原山の恩賜林を東京市へ売却。
1912	大正	元	***4-26*** 富士身延鉄道会社創設。***11-11*** 山梨同志会を政社組織に改組。
1913		2	***1-16*** 憲政擁護県民大会を開く。***9-7*** 若尾逸平死去。

1916	大正	5	*1-* 地主団体山梨農政研究会設立。*3-* 乗合自動車営業始まる。
1917		6	*2-17* 野口少蘋死去。
1918		7	*8-15* 若尾家焼打ち。*10-* 甲府勧業共進会開催。
1919		8	*3-* ブラジル水晶原石初めて甲府に入る。*4-11* 武田神社創建。*10-20* 韮崎警察署員同盟罷業。
1920		9	*1-* 山梨普通選挙期成同盟会結成。*2-25* 甲府で普選運動のデモ。*5-* 甲府市太田町公園に付属動物園を開設。
1921		10	*1-5* 東山梨郡七里村下於曽小作組合設立。*5-* 鐘紡，草薙製糸を買収。*9-22* 山県神社創建。*10-9* 舞鶴公園に政友会関東大会を開催。
1922		11	*2-11* 舞鶴公園で普選断行山梨大会。*2-18* 堺利彦ら演説会をつぶされる。*6-* 宝銅山従業員罷業。*9-26* 恩賜林謝恩塔除幕式。*10-* 給料不払いのため七保村教職員同盟休業。
1923		12	*9-1* 関東大震災(県内で全半潰3914戸，死者137人)。
1924		13	*2-11* 日農山梨県連合会結成。*9-* 山梨高等工業学校設立。
1925		14	*4-1* 県で初の女校長３人を発令。*7-* 町村会議員選挙で農民組合推薦候補者200名当選。この年，電気料金引き下げ運動。
1926	昭和	元	*3-28* 日本農民組合大会で山梨県連合会脱退。*4-11* 全日本農民組合同盟結成。*11-* 山中笑『甲斐の落葉』刊行。
1927		2	*8-* 富士測候所開設。*10-7* 普選法の県会議員選挙，農民派２名当選。
1928		3	*3-30* 身延線全通。*4-1* 第十銀行・若尾銀行合併。*7-2* 奥野田村で小作争議始まる。
1929		4	*2-17* 山梨土地株式会社設立。*6-23* 富士山麓電鉄完成。*7-* 矢島製糸争議。*9-* 県会議事堂新築。*12-15* 山梨農民労働党結成。
1930		5	*7-3* 奥野田村の小作争議暴動化。*9-* 鎌田川の蛍，天然記念物指定。県教育会付属図書館新築。
1931		6	*4-1* 中央線甲府・新宿間電化。「甲府夜曲」発表。*5-1* 県下初のメーデー。*11-* 国道８号線竣工。
1932		7	*11-21* 教員赤化事件で訓導検挙。*12-* 山梨電鉄の甲府・青柳間開通。この年，小学校教員俸給未払状況悪化。平野力三ら皇道会を組織。
1933		8	*6-7* 北満へ第１次武装移民出発。*7-* 根津嘉一郎，県下へピアノを贈る。*12-* 甲斐犬を天然記念物に指定。
1935		10	*11-29* 小海線開通。
1936		11	*5-8* 第49連隊満州警備のため渡満。*7-1* 峡西５銀行合併し山梨殖産銀行となる。この年より13年にかけて陸軍，北富士演習場開設。
1937		12	*9-1* 歩兵第149連隊を編成。*12-21* NHK 甲府放送局開局。
1939		14	*8-19* 山梨郷土研究会の前身，山梨郷土学会結成。この年，歩兵第210連隊・第２次149連隊編成。甲府連隊，東部第63部隊となる。
1940		15	*1-4* 根津嘉一郎死去。*12-8* 大政翼賛会山梨県支部結成。この年，『峡中日報』(*10-1*)と『山梨民報』(*11-15*)，『山梨日日新聞』へ合併。
1941		16	*2-1*『山梨毎日新聞』を『山梨日日新聞』に合併。*5-2* 富士身延鉄道を国鉄に移管。*12-1* 第十銀行と有信銀行合併し山梨中央銀行設立。この年，農民組合の解散あいつぐ。
1944		19	*4-1* 山梨県立医学専門学校開校。*8〜9-* 東京より学童疎開。

1945	昭和	20	*7-6* 甲府市大空襲。*7-23* 日本銀行甲府支店開設。*10-* 日本共産党県委員会設立。*11-* 北富士演習場米軍接収。*12-22* 日本社会党県連発足。
1946		21	*3-1*『山梨時事新聞』創刊。*4-10* 富士ケ嶺地区に入植。*10-* 自由党支部結成。*12-8* 山梨社会党結成。
1947		22	*3-* 民主党支部結成。*4-5* 初代公選知事に吉江勝保当選。
1948		23	*3-7* 自治体警察発足。*10-* 第1回県芸術祭開催。
1949		24	*5-31* 山梨大学発足。
1950		25	*2-1* 米軍，北富士演習場周辺を接収。*8-* 山梨県総合開発審議会条例を制定。
1951		26	*3-1* 富士吉田市制施行。*3-6* 大雪しろが富士山麓で発生。*4-30* 知事選で天野久当選，初の県人知事。*11-19* 山梨県労連発足。
1952		27	*6-17* 日共党員，増穂町署を襲撃。*7-5* 野呂川開発起工式。
1954		29	*7-1* ラジオ山梨開局。*10-22* 山梨中央銀行職組ストライキ。
1955		30	*3-27* 北富士演習場B地区返還期成同盟結成。*11-* 甲斐史学会創立。*12-10* 自由民主党山梨県支部結成。*12-18* 重要文化財金桜神社を全焼。
1958		33	*6-20* 北富士演習場B地区，キャンプマックネア返還。*12-7* 新笹子トンネル開通。
1959		34	*7-23* 県農試果樹分場で種なし葡萄の栽培。*8-13* 台風7号被害甚大。*9-17* NHK甲府放送局，テレビ放送開始。*9-26* 台風15号大被害。*12-1* ラジオ山梨テレビ開局。*12-18* 市立都留短大，都留文科大学に昇格。
1961		36	*1-24* 石和で温泉湧出。*11-11* 陸上自衛隊北富士駐屯部隊，開庁式。
1963		38	*6-27* 県庁新庁舎落成。
1964		39	*4-1* 富士スバルライン開通。*6-1* 南アルプス国立公園指定。
1965		40	*7-1* 中央線甲府・松本間電化。
1966		41	*4-1* 山梨英和短期大学，山梨県立女子短期大学開校。*9-25* 台風26号被害甚大。*11-26* 山梨文化会館完成。
1967		42	*1-30* 知事選で田辺国男当選。*4-7* 新御坂トンネル開通。
1969		44	*3-17* 中央自動車道富士吉田線が開通。*4-1*『山梨時事新聞』廃刊。*4-12* 甲府駅前の武田信玄銅像除幕式。*11-5* 大菩薩峠で赤軍派学生逮捕。
1970		45	*6-1* 県立図書館新館落成式。*10-1* 中央線新宿・甲府間が全線複線化。*10-14* 県立中央病院新築完成。
1971		46	*4-2* 甲府バイパス完成。*4-19* 河口湖大橋開通。
1972		47	*7-27* 北富士演習場内の県有地返還。*8-28*「北富士演習場の暫定使用に関する覚書」調印。
1973		48	*3-29* 甲府精進湖有料道路が開通。*4-3* 北富士演習場使用協定調印。この年，連峰スカイライン計画断念。大腿四頭筋短縮症問題化。
1974		49	*4-9* 最高裁，富士8合目以上は富士本宮浅間神社のものと判決。*12-16* 広瀬ダム完成。
1975		50	*3-4* 中込百貨店倒産。県内で大型倒産続く。
1976		51	*6-15* 降雹被害。

1977	昭和	52	***4-1*** 愛宕トンネル有料道路開通。***5-16*** 県流通センター完成。***12-20*** 勝沼バイパス完成。
1978		53	***11-3*** 県立美術館開館。この年，猛暑で旱魃被害。
1979		54	***2-3*** 知事選で望月幸明当選。***9-*** 中道町で方形周溝墓群発見。***11-12*** 南アルプススーパー林道完成。
1980		55	***4-15*** 山梨医科大学開校。***8-14*** 富士山で大落石事故。国勢調査で県人口80万4272人。
1981		56	***3-30*** 中央自動車道甲府以西完成。***4-7*** 甲府北バイパス開通。***9-*** 大泉村で金生遺跡発掘。
1982		57	***8-2*** 台風10号災害。***11-3*** 県立考古博物館開館。***11-10*** 中央自動車道全線開通。***11-23*** 県民文化ホール完成。
1984		59	***8-21*** 新甲府駅舎完成。***10-31*** 荒川ダム完成。
1985		60	***2-19*** 大雪被害。***8-29*** 有毒液入りワイン発覚。***10-6*** 甲府駅ビル「エクラン」開業。***10-9*** 高山植物保護条例可決。
1986		61	***2-19*** 大雪被害。***11-1*** 国電大月駅へ乗り入れ。***11-15*** 大門ダム貯水開始。この年，かいじ国体開催。
1988		63	***2-12*** 甲府地域テクノポリス開発計画承認。
1989	平成	元	***9-15*** 甲府博覧会開幕。***11-3*** 県立文学館開館。
1990		2	***1-26*** 連合山梨発足。この年，水質汚染広がる。地価高騰。
1991		3	***2-3*** 知事選で天野健当選。***3-30*** 要害城国史跡に指定。この年，河口湖増水。
1992		4	***7-*** 俳句誌『雲母』が終刊。***12-*** 身延深敬園が閉園。この年，景気後退，倒産続出。
1993		5	この年，政界浄化の声強まる。冷害と米不作。
1994		6	***7-*** 富士山でマイカー規制開始。この年，談合・不正献金頻発する。
1995		7	***3-*** オウム事件上九一色村で強制捜査。***11-*** 地方病終息宣言。
1996		8	***3-***『山梨県史』刊行始まる。***8-*** 全国高校総合体育大会開催。***11-20*** 小選挙区選挙で自民党独占。
1997		9	***4-*** リニア走行実験開始。この年，県公費不正支出表面化。大型店の出店あいつぐ。ゴミ処理問題おこる。
1998		10	***1-*** 記録的豪雪。***2-16*** 甲府西武閉店。***4-1*** 県立看護大学開学。***4-23*** 雁坂トンネル開通。この年，不況深刻化。
2000		12	***4-7*** ソーヌ・エ・ロアール県(フランス)と姉妹提携。
2001		13	***5-10*** 第53回全国植樹祭
2002		14	***10-1*** 山梨医科大学と山梨大学が統合，山梨大学発足。
2003		15	この年町村合併あいつぐ(〜平成18年)。
2005		17	***2-17*** 知事選で横内正明当選。***4-1*** 県立看護大学と県立女子短期大学が統合して，山梨県立大学開校。***5-*** 山梨郷土研究会『甲斐路』を『甲斐』と改称。***10-15*** 県立博物館開館。
2006		18	***12-16*** 中部横断自動車道双葉 JCT—増穂 IC 間開通。
2007		19	***2-25*** 飯田龍太死去。
2008		20	***1-***『山梨県史』刊行完了。***10-11*** 根津記念館開館。

■ 沿 革 表

1. 国・郡沿革表

(2008年11月現在)

国名	延喜式	吾妻鏡 その他	郡名考・ 天保郷帳	郡区編制	現在	
					郡	市
甲斐	山《やま》梨《なし》	山梨	山《やま》梨《なし》	東山梨 西山梨		山梨市・笛吹市・甲州市 甲府市
	八《やつ》代《しろ》	八代	八《やつ》代《しろ》	東八代 西八代	西八代郡	甲府市・笛吹市・中央市 甲府市
	巨《こ》麻《ま》	巨摩	巨《こ》摩《ま》	北巨摩 中巨摩 南巨摩	中巨摩郡 南巨摩郡	韮崎市・北杜市・甲斐市 甲府市・南アルプス市・中央市・甲斐市
	都《つ》留《る》	都留	都《つ》留《る》	北都留 南都留	北都留郡 南都留郡	大月市・上野原市 富士吉田市・都留市・上野原市

2. 市・郡沿革表

(2012年2月現在)

甲《こう》府《ふ》市

明治22年7月1日　甲府総町・上府中総町・西山梨郡飯沼村・稲門村が合併，市制施行
昭和12年8月1日　西山梨郡里垣村・相川村・中巨摩郡国母村・貢川村の4カ村を合併
昭和17年4月1日　西山梨郡千塚村・大宮村を合併
昭和24年12月1日　中巨摩郡池田村・西山梨郡住吉村畔区を合併
昭和29年10月17日　西山梨郡山城村・朝井村・住吉村・玉諸村・甲運村・千代田村・能泉村・中巨摩郡大鎌田村・二川村・宮本村の10カ村を合併
昭和32年6月1日　東八代郡石和町の一部(松本の一部)が編入し境界変更
昭和47年7月1日　中巨摩郡昭和町の一部(紙漉阿原の一部)と中巨摩郡玉穂村の一部(中楯の一部)が編入し境界変更
昭和58年3月7日　中巨摩郡昭和町の一部(押越の一部)が編入し境界変更
昭和63年4月21日　中巨摩郡昭和町の一部(西条の一部)が編入し境界変更
平成18年3月1日　東八代郡中道町・西八代郡(上九一色村北部(古関・梯)を編入

富士吉田市

昭和14年8月1日　南都留郡瑞穂村に町制施行，下吉田町となる
昭和26年3月20日　南都留郡下吉田町・富士上吉田町(昭和22年11月23日，福地村に町制施行)・明見町(昭和23年5月3日，町制施行)が合体，市制施行

昭和35年１月１日　南都留郡西桂町上暮地全域と下暮地・小沼の各一部を編入

都《つ》留《る》市

昭和29年４月29日　南都留郡谷村町(明治29年３月７日，町制施行)・宝村・禾生村・盛里村・東桂村が合併，市制施行

山梨市

昭和29年７月１日　東山梨郡加納岩町(昭和７年４月１日，町制施行)・日下部町(昭和７年12月１日，町制施行)・八幡村・山梨村・日川村・後屋敷村・岩手村の２町５カ村が合併，市制施行

平成17年３月22日　東山梨郡牧丘町・三富村と合体

大月市

昭和８年４月１日　北都留郡広里村に町制施行，大月町となる

昭和29年８月８日　北都留郡大月町・笹子村・初狩村・賑岡村・七保町(昭和29年４月１日，町制施行)・猿橋町(昭和10年４月１日，大原村に町制施行)・梁川村が合併，市制施行

昭和29年９月８日　北都留郡富浜村を編入

韮《にら》崎《さき》市

明治25年９月20日　北巨摩郡河原部村に町制施行，韮崎町となる

昭和12年６月　北巨摩郡祖母石村・更科村を合併

昭和29年10月10日　北巨摩郡韮崎町・穂坂村・藤井村・中田村・穴山村・円野村・清哲村・神山村・旭村・大草村・竜岡村の１町10カ村が合併，市制施行

昭和33年８月10日　北巨摩郡双葉町の一部(宇津谷の一部)を編入

南《みなみ》アルプス市《し》

平成15年４月１日　中巨摩郡八田《はった》村(昭和31年５月３日，中巨摩郡御影村・田之岡村が合併，八田村となる)・白根町(昭和29年４月１日，中巨摩郡巨摩町〈昭和26年７月１日，飯野村・在家塚村が合併し町制施行〉・百田村・西野村・今諏訪村が合併，白根町となる，昭和32年11月１日，中巨摩郡源村の一部〈曲輪田新田・飯野新田・築山〉を編入，昭和34年５月１日，中巨摩郡源村を合併)・芦安《あしやす》村(明治22年７月１日，村制施行)・若草《わかくさ》町(昭和29年３月10日，中巨摩郡三恵村・鏡中条村・藤田村が合併，若草村となる，昭和34年10月１日，町制施行)・櫛形《くしがた》町(昭和29年４月１日，中巨摩郡小笠原町〈昭和11年７月１日，明穂村に町制施行〉・榊村・野之瀬村が合併，櫛形町となる)，昭和32年７月20日，中巨摩郡甲西町の一部〈下宮地の一部〉を編入，昭和35年４月１日，中巨摩郡豊村を合併)・甲西《こうさい》町(昭和30年４月１日，中巨摩郡落合村，大井村，五明村・南湖村が合併，甲西町となる，昭和32年７月20日，中巨摩郡櫛形町の一部〈山寺の一部〉を編入)が合体，市制施行，南アルプス市となる

北《ほく》杜《と》市《し》

平成16年11月1日　北巨摩郡明野《あけの》村(昭和30年3月1日，北巨摩郡上手村・小笠原村・朝神村が合併，明野村となる)・須玉《すたま》町(昭和30年3月31日，北巨摩郡津金村・若神子村・穂足村・多麻村が合併，須玉町となる，昭和31年9月30日，北巨摩郡江草村を合併，昭和34年4月1日，北巨摩郡増富村を合併)・高根《たかね》町(昭和29年6月1日，北巨摩郡安都玉村・安都那村・熱見村・甲村が合併，高根村となる，昭和31年9月30日，北巨摩郡清里村を合併，昭和37年10月1日，町制施行)・長坂《ながさか》町(昭和30年1月20日，北巨摩郡日野春村・秋田村・清春村が合併，長坂町となる，昭和30年3月30日，北巨摩郡小泉村を合併，昭和30年7月1日，一部〈片颪〉が白《はく》州《しゅう》町へ編入)・大泉《おおいずみ》村(明治22年7月1日，村制施行)・白州町(昭和30年7月1日，北巨摩郡鳳来村・菅原村・駒城村の一部〈横手・大坊新田〉・長坂町の一部〈片颪〉が合併，白州町となる)・武川《むかわ》村(昭和8年4月1日，北巨摩郡新富村・武里村が合併，武川村となる，昭和30年7月1日，北巨摩郡駒城村の一部〈柳沢〉を編入)が合体，市制施行，北杜市となる

平成18年3月15日　北巨摩郡小淵沢《こぶちさわ》町(昭和29年3月31日，北巨摩郡小淵沢村・篠尾村が合併，小淵沢町となる)を編入

甲《か》斐《い》市《し》

平成16年9月1日　中巨摩郡竜王《りゅうおう》町(昭和31年9月30日，中巨摩郡竜王村・玉幡村が合併，竜王町となる，昭和33年8月1日，中巨摩郡敷島《しきしま》町の一部〈大下条・長塚の各一部〉を編入)・敷島町(昭和21年10月17日，町制施行，昭和29年10月17日，中巨摩郡睦沢村・清川村・吉沢村を合併，昭和33年8月1日，中巨摩郡竜王町の一部〈竜王新町の一部〉を編入)・北巨摩郡双葉《ふたば》町(昭和30年3月1日，北巨摩郡塩崎村・登美村が合併，双葉町となる，昭和33年8月10日，一部〈宇津谷の一部〉が韮崎市へ編入)が合体，市制施行，甲斐市となる

笛《ふえ》吹《ふき》市《し》

平成16年10月12日　東山梨郡春日居《かすがい》町(昭和32年9月1日，東八代郡石和《いさわ》町の一部〈徳条・鎮目・国府〉が春日居村へ編入し境界変更，昭和44年10月1日，町制施行)・東八代郡石和町(明治36年8月10日，町制施行，昭和31年9月30日，東八代郡英村・東山梨郡岡部村を合併，昭和32年3月20日，一部〈国衙・成田〉が東八代郡御坂町へ編入し境界変更，昭和32年6月1日，甲府市の一部〈川田町・向町・上阿原町の一部〉が編入し境界変更，昭和32年9月1日，一部〈徳条・鎮目・国府〉が東山梨郡春日居村へ編入し境界変更，昭和34年4月1日，東八代郡富士見村を合併)・御坂《みさか》町(昭和30年4月29日，東八代郡錦生村と黒駒村が合併，御坂町となる，昭和32年3月20日，東八代郡石和町の一部〈国衙・成田〉が編入し境界変更，昭和33年8月1日，東八代郡花鳥村の一部〈大野寺及び竹居の一部〉を編入)・一宮《いちのみや》町(昭和29年12月10日，東八代郡一宮村・浅間村・相興村が合併，一宮町となる)・八代《やつしろ》町(昭和31年5月3日，東八代郡八代村・御所村が合併，八代町となる，昭和33年8月1日，東八代郡花鳥村の一部〈奈良原及び竹居の一部〉を編入)・境川《さかいがわ》村(明治36年4月1日，東八代郡五成村・圭林村・藤垈村・寺尾村が合併，境川

村となる）が合併，市制施行，笛吹市となる

平成18年８月１日　東八代郡芦川《あしがわ》村（昭和16年８月１日，東八代郡上芦川村・中芦川村・鶯宿村の３カ村が合併，芦川村となる）を編入

上野原市《うえのはらし》

平成17年２月13日　北都留郡上野原町（明治31年12月27日，町制施行，昭和30年４月１日，北都留郡大目村・甲東村・巌村・大鶴村・島田村・棡原村・西原村を合併）・南都留郡秋山村（明治22年７月１日，村制施行）が合体，市制施行，上野原市となる

甲州市《こうしゅうし》

平成17年11月１日　塩山《えんざん》市（昭和３年11月10日，東山梨郡七里村に町制施行，塩山町となる，昭和29年３月１日，東山梨郡奥野田村を合併，昭和29年３月20日，東山梨郡玉宮村を合併，昭和29年３月31日，東山梨郡松里村・大藤村・神金村の３カ村を合併，昭和29年４月５日，市制施行）・東山梨郡勝沼町（明治29年３月２日，町制施行，昭和17年５月10日，東山梨郡等々力村と合併，昭和29年４月５日，東山梨郡東雲村・菱山村・大和村の一部〈深沢地区〉・東八代郡祝村を合併）・大和《やまと》村（昭和16年２月11日，東山梨郡鶴瀬村，初鹿野村・東八代郡日影村・田野村・木賊村の５カ村が合併，大和村となる，昭和29年４月５日，一部〈深沢地区〉が東山梨郡勝沼町へ編入）が合体，甲州市となる

中央市《ちゅうおうし》

平成18年２月20日　中巨摩郡玉穂《たまほ》町（昭和30年３月20日，中巨摩郡稲積村・三町村が合併，玉穂村となる，昭和47年７月１日，甲府市の一部〈高室町の一部〉と中巨摩郡昭和町の一部〈紙漉阿原の一部〉が編入し境界変更，昭和60年４月１日，町制施行）・田富《たとみ》町（昭和16年２月11日，中巨摩郡小井川村・花輪村・忍村が合併，田富村となる，昭和43年４月１日，町制施行）・東八代郡豊富《とよとみ》村（明治22年７月１日，村制施行）が合体，市制施行，中央市となる

東山梨郡

牧丘《まきおか》町　昭和29年５月17日　東山梨郡諏訪町（昭和17年６月５日，町制施行）・中牧村・西保村が合併，牧丘町となる

三富《みとみ》村　明治22年７月１日　東山梨郡釜和原村・釜川村と柚木村上柚木が合併，村制施行，三富村となる

西八代郡

市川三郷《いちかわみさと》町　平成17年10月１日　西八代郡三珠《みたま》町（昭和29年11月３日，西八代郡上野村・大塚村・下九一色村の一部〈畑熊・中山・垈・高萩・三帳・下芦川〉が合併，三珠町となる）・市川大門《いちかわだいもん》町（明治33年４月24日，町制施行，昭和29年５月15日，西八代郡高田村を合併，昭和30年４月１日，西八代郡山保村の一部〈山家の一部〉を編入，昭和31年９月30日，西八代郡大同村の一部〈下大鳥居・八之尻，黒沢の一部〉を編入，昭和33

年１月１日，一部〈黒沢地内の駅前の各一部〉が南巨摩郡鰍沢町へ編入）・六郷町《ろくごう》(昭和26年４月１日，西八代郡岩間村・楠甫村・鴨狩津向村・宮原村・葛籠沢村・落居村の６カ村が合併，六郷村となる，昭和29年４月１日，町制施行）が合併，市川三郷町となる

南巨摩郡《みなみこま》

富士川町《ふじかわ》　平成22年３月８日　南巨摩郡増穂町(昭和26年４月３日，町制施行，昭和29年６月１日，中巨摩郡平林村と合併，昭和30年３月１日，南巨摩郡穂積村と合併)・南巨摩郡鰍沢町(明治29年８月15日，町制施行，昭和30年４月１日，南巨摩郡五開村と合併，昭和31年１月１日，一部〈十谷の一部〉が南巨摩郡中富町へ編入，昭和31年９月30日，西八代郡大同村の一部〈羽鹿島と黒沢の一部〉を編入，昭和33年１月１日，西八代郡市川大門町の一部〈黒沢地内と駅前の各一部〉が編入し境界変更)が合体，富士川町となる。

早 川 町　昭和31年９月30日　南巨摩郡五箇村・都川村・三里村・西山村・硯島村・本建村の６カ村が合併，早川町となる

身延町《みのぶ》　昭和６年１月１日　町制施行

昭和30年２月11日　南巨摩郡下山村・豊岡村・西八代郡大河内村を合併

平成16年９月13日　西八代郡下部《しもべ》町(昭和29年４月１日，西八代郡富里村が下部村と改称し同時に町制施行，下部町となる，昭和31年９月30日，西八代郡古関村・久那土村・共和村を合併，昭和33年４月１日，一部〈宮木・下田原〉が南巨摩郡中富町へ編入)・南巨摩郡中富町(昭和29年８月17日，南巨摩郡西島村・大須成村・静川村・曙村が合併，中富町となる，昭和30年８月１日，南中巨摩郡原村を編入，昭和31年１月１日，南巨摩郡鰍沢町の一部〈十谷の一部〉を編入，昭和33年４月１日，西八代郡下部町の一部〈宮木・下田原〉を編入)を合併

南部町《なんぶ》　昭和30年４月１日　南巨摩郡睦合村・西八代郡栄村が合併，南部町となる

平成15年３月１日　富沢《とみざわ》町(昭和30年２月11日，南巨摩郡富河村と万沢村が合併，富沢町となる)を合併

中巨摩郡

昭 和 町　昭和17年７月１日　中巨摩郡西条村・常永村が合併，昭和村となる

昭和46年４月１日　町制施行

昭和47年７月１日　甲府市の一部(大里町の一部)が編入し境界変更

昭和58年３月７日　甲府市の一部(大里町の一部)が編入し境界変更

昭和63年４月21日　甲府市の一部(国母の一部)が編入し境界変更

南都留郡《みなみつる》

道志村《どうし》　明治22年７月１日　村制施行

西桂町《にしかつら》　昭和27年９月15日　町制施行

昭和35年１月１日　一部(上暮地全域と下暮地・小沼の各一部)が富士吉田市

へ編入

忍野村《おしの》　明治22年７月１日　村制施行

山中湖村　明治22年７月１日　南都留郡中野村に村制施行

昭和40年１月１日　名称変更，山中湖村となる

鳴沢村《なるさわ》　明治22年７月１日　村制施行

明治32年５月16日　旧大嵐村が分離独立し，旧単村に戻る

富士河口湖町《ふじかわぐちこ》　平成15年11月15日　南都留郡河口湖町(昭和31年９月30日，南都留郡船津村・小立村・大石村・河口村が合併，河口湖町となる)・勝山村(明治22年７月１日，村制施行)・足和田村《あしわだ》(昭和30年４月10日，南都留郡西浜村，大嵐村が合併，足和田村となる)が合併，富士河口湖町となる

平成18年３月１日　西八代郡上九一色村《かみくいしき》(明治22年７月１日，西八代郡九一色村より梯・古関・精進・本栖が分離して村制施行，上九一色村となる)南部(精進・本栖・富士ヶ嶺)が合併

北都留郡

小菅村《こすげ》　明治22年７月１日　村制施行

丹波山村《たばやま》　明治22年７月１日　村制施行

■ 祭礼・行事

(2012年2月現在)

〔1月〕

7 **お松引き** ➔北都留郡丹波山《たばやま》村丹波(JR 中央線塩山駅よりタクシー，または JR 青梅線奥多摩駅，バス丹波行終点下車)

各家庭で飾った門松や笹竹を集めて山車のように船形に積み，村の平和を祈って大勢で道祖神場まで引く行事。正面にはその年の干支をかたどった飾り物をつける。林業が盛んだったころの「木遣り歌」を歌いながら引くのが特徴。山車は14日の「お松焼き」で焼かれる。

14 **藤木道祖神《どうそじん》祭り太鼓乗り** ➔甲州市塩山藤木・放光寺(JR 中央線塩山駅下車)

藤木地区の上藤木・下藤木・西藤木それぞれから三基の太鼓が集まり，ドンドンヤキの火を三方から囲み，太鼓上の役者が歌舞伎外題を掛け合いにより上演する。道祖神祭りと歌舞伎が結びついた珍しい形態のものであり，役者の姿が火という自然の照明に照らされるという独特な風情をうみだしている。

14 **山田の神楽獅子** ➔西八代郡市川三郷町落居(JR 身延線落居駅下車)

道祖神祭りに集落内の厄年・出産・新築・結婚のあった家々を回り，悪霊退散・無病息災・新婚者の和合・五穀豊穣を祈って舞われる獅子舞である。300年ほど前に重兵衛という人が京で習得し，郷里の若者に伝授したのが始まりといわれている。県指定無形民俗文化財。

14日近辺の土曜または日曜 **一之瀬高橋の春駒** ➔甲州市塩山上於曽・旧高野家住宅「甘草屋敷」(JR 中央線塩山駅下車)

市内一之瀬高橋地区に伝わってきた春駒は，小正月の行事として舞われてきた。同地区は武田の時代に黒川金山を経営していた人が移り住んだとの伝承があり，駒と露払いが一体となって舞う姿は，愛馬をいたわる仕草を演じているといわれている。過疎化により小正月の行事として現地での披露はできなくなったが，関係者の努力により1月と5月3日(甲州市塩山一之瀬高橋地内・市内から車で1時間ほど)に披露されている。県指定無形民俗文化財。

14～15 **筒粥神事** ➔富士吉田市下吉田・小室浅間《おむろせんげん》神社(富士急行線下吉田駅下車)

14日の夕方本殿で神事を行なった後，筒粥殿にて白米2升と粟5合を大釜で丑の刻から一夜中煮る。この粥の中に葭《よし》を約20センチほどに切ったもの24本を簾のように入れ，葭の茎の穴に入った粥のりの量によりその年の農作物の豊凶を占う。北巨摩郡明野村三嶋神社(2月16～17日)などでも行なわれる。

第2土曜かまたは第3土曜 **田野十二神楽** ➔甲州市大和町田野《たの》・田野公民館(JR 中央線甲斐大和駅下車)

十二神楽とは，神楽の舞が十二段(獅子舞・幣束の舞・汐汲みの舞・菱組の舞・剣の舞・姫の舞・鬼の舞・鍾馗《しょうき》の舞・介者の舞・種蒔の舞・笹の舞・翁

の舞)にわたっていることから名づけられたもので，この地域に江戸時代前期後半ころから伝承されている。形態的にも内容的にも県内では大変珍しい神楽である。地元氷川神社の祭典(4月第2日曜)でも奉納される。

旧暦16　**無生野《むしょうの》の大念仏**　➔上野原市秋山(富士急行線都留市駅，バス釣場行無生野下車)
その年の当番役の家に設けられた道場で白装束の男たちが鉦・太鼓を打ち鳴らし，口々に念仏や和讃を唱えながら，踊り手が悪霊を踏み鎮め，悪魔を追い払うよう踊りまくる。その発生は護良親王の悲運の伝説にあるといわれ，8月16日(新暦)とあわせて年2回行なわれる。県指定無形民俗文化財。

〔2月〕

3　**身延山久遠寺の節分会**　➔南巨摩郡身延町身延(JR身延線身延駅，バス身延山行終点下車)
久遠寺祖師堂で節分会大法要の後，祖師堂前の広場に特設された舞台で，豆撒きの行事を開催。豆撒きは力士・野球選手・タレントなどを年男に招いて行なわれる。

3　**甲府の大神さん**　➔甲府市中央2丁目・4丁目(JR中央線甲府駅下車)
甲府の大神宮(柳町大神宮は中央4丁目，祭神天照皇大神。横近習町大神宮は中央2丁目，祭神豊受大神)の節分祭り。赤鬼・青鬼が追儺《ついな》式で年男たちの撒く豆に追われて社の外に逃げ出す光景がみられる。

8　**湯立《ゆだて》祭り**　➔笛吹市御坂町二之宮・美和神社(JR中央線甲府駅，バス石和経由奈良原行夏目下車)
境内の真中に青竹を四方に立て注連をはり，その中央に大釜をおき湯を沸かす。神主が青竹でその熱湯をかき混ぜ，湯が青く泡立って変色したところで竹竿で厄年の善男善女にふりかけて厄払いをする行事。

10〜11　**十日市**　➔南アルプス市十日市場(JR中央線甲府駅，県道韮崎・櫛形・豊富線バス鰍沢営業所行・平岡行小笠原橋下車)
安養寺の門前市で古くから物資交換の市として開かれてきた。周辺の山村で製作される梯子・臼・杵などの木製品が路上に並び，売り手と買い手のにぎやかなやりとりのなかで取引される。また縁起物の飾り，だるま市などの露店も並ぶ。

13〜14　**厄除地蔵尊祭り**　➔甲府市湯村・塩沢寺(JR中央線甲府駅，バス3番線発車湯村温泉入口下車)
厄除地蔵尊の耳が年1回，13日の正午から14日の正午までの間だけ開くということから，厄年の人が，小粒の団子を年齢の数だけ供えて，厄難からのがれることを祈る。県内外の人々が参詣に訪れる。

21　**松本のお天狗さん**　➔笛吹市石和町松本(JR中央線石和温泉駅下車)
氏神である山神宮の祭り。午前0時から太鼓を打ち鳴らして幕あけし，翌日午前0時まで続く。矢立てをかたどった金札が養蚕守護の縁起物として売り出され，それを求める人々で明け方までにぎわう。山の高い所に祀ってある

山神宮の加護にあやかってか，鳶職の人々の信仰の対象にもなっている。

〔3月〕

15日前の日曜　**浅間神社山宮祭り**　➡笛吹市一宮町一ノ宮(JR中央線甲府駅，バス一宮経由勝沼行一宮神社下車)

摂社山宮神社の御幸祭り。木花開耶姫命の“お里帰り”とされ，氏子により神輿が浅間神社から山宮神社に渡御する。山宮までの沿道に待ちかまえていた親たちが，子供を抱いて神輿の下をくぐり抜け，子供の成長と無病息災を祈願する。

彼岸中日前後　**穴《あな》観音祭り**　➡韮崎市韮崎町・雲岸寺(JR中央線韮崎駅下車)

釜無川左岸に位置する七里岩の高さ約7メートルの中腹を掘って建てられた堂宇に祀られている窟《いわや》観音の祭り。この地方の最初の春祭りである。

〔4月〕

4～5　**山梨岡神社の太々神楽《だいだいかぐら》**　➡笛吹市春日居町鎮目(JR中央線石和温泉駅下車)

武田氏以来，源家武門の祖神とされ，江戸時代には甲府城の氏神として崇敬された神社の春の例大祭に神楽が行なわれる。信玄出陣の際，勝利を祈願して奉納されたと伝えられ，24種が伝承されている。「久米の舞」はその代表的なもので，舞人4人が剣をとって舞うところから「四剣の舞」ともよばれ，模擬戦闘舞踊として実に勇壮である。県指定無形民俗文化財。

10日前後の日曜　**天津司《てんづし》の舞**　➡甲府市小瀬町・天津司神社，下鍛冶屋町・諏訪神社(JR中央線甲府駅，バス中道橋経由御所循環・小瀬スポーツ公園行山城小学校下車)

下鍛冶屋町の諏訪神社(鈴ノ宮)お船祭りに天津司神社から神幸して舞う神事芸能。湖水伝説に由来し，水が引いて甲府盆地が出現したとき水辺に住む12神のうち9神が人形に姿を変えたといわれる。この9体の人形が諏訪神社までの「お成道」を笛・太鼓の囃子とともに御幸し，「お船囲い」という幕の張られたなかで天津司の舞を演ずる。国指定重要無形民俗文化財。

12　**武田神社祭典**　➡甲府市古府中町(JR中央線甲府駅，バス積翠寺行武田神社下車)

武田信玄の命日に毎年行なわれる例祭。神輿渡御の後に続いて，鎧武者の仮装二十四将の騎馬行進が行なわれる。これとは別に4月第1土曜日に「甲州軍団出陣」(信玄公まつり)が甲府駅前通りを中心に行なわれ，戦国絵巻がくり広げられる。

12　**信玄さん**　➡甲州市塩山小屋敷・恵林寺(JR中央線塩山駅，バス西沢渓谷行恵林寺下車)

武田信玄の菩提寺である恵林寺で，信玄の墓供養，信玄廟所の本尊武田不動尊の御開帳の祭りである。

15　**おみゆきさん**　➡笛吹市一宮町一ノ宮・浅間神社(JR中央線甲府駅，バス一宮経由勝沼行一宮神社下車)

甲斐国一之宮浅間神社の春の例大祭。同社より石和・甲府を横断して甲斐市の信玄堤の三社神社まで神輿が往復し，水防を祈願する。赤襦袢に化粧した若者たちによって神輿がかつがれる。当日浅間神社では豊作と無病息災を祈願する。二之宮美和神社(御坂町)では4月第1日曜日，三之宮玉諸神社(甲府市国玉町)では15日前後の日曜日に，それぞれ神幸祭が行なわれている。

18 **秋葉さん祭り** ➔甲州市塩山上於曾・向嶽寺(JR 中央線塩山駅下車)
向嶽寺境内にある秋葉神社の祭り。桜の名所でもある境内は，御札をうける参拝者と花見客でにぎわう。

〔**5月**〕

2〜5 **正ノ木祭り** ➔甲府市太田町・稲積神社(JR 中央線甲府駅，バス伊勢町行遊亀公園下車)
稲積神社に祀られている正ノ木稲荷の祭典。2日は前夜祭，3日は当日祭，この日神事の後，市内の有志による楽の奉納，琴の奉納などがある。4日は献木祭，5日の終了祭と続く4日間。植木市が立ち，県内各地より植木を買い求めに来る人でにぎわう。

5 **西島の神楽** ➔南巨摩郡身延町西島・若宮八幡神社(JR 身延線甲斐岩間駅より徒歩50分)
武田氏滅亡後村民の心を励ますため，神主を中心に神楽衆をつくり，諏訪・若宮両神社に奉納したのが始まりといわれている。神楽は「天岩戸の儀」をはじめ17座が，神楽囃子は18曲が伝承されている。9月15日の若宮八幡宮祭でも舞われる。県指定無形民俗文化財。

8 **藤切り祭り** ➔甲州市勝沼町柏尾・大善寺(JR 中央線勝沼ぶどう郷駅よりタクシー)
御神木から大蛇をかたどった12メートルほどの藤蔓を吊り下げ，法印が刀で切り落とすと町内の若者がこれを奪い合う。これは大善寺の行者堂に祀られる役小角《えんのおづぬ》が大蛇を退治して災厄から人々を救ったという伝説に由来する祭り。

17 **本栖《もとす》公家行列** ➔南都留郡富士河口湖町本栖(富士急行線河口湖駅，バス本栖国民宿舎行本栖湖下車)
山神社の春祭りに行なわれるもので，氏子たちは神社に礼拝して，大名・近習・徒士姿に扮装し，長柄・矢箱・旗竿・弓槍などをもって本栖湖畔を練り歩く。武田家滅亡後，徳川家康が甲府入りしたとき，九一色衆十七騎が道案内に加わったという故事により始まったといわれている。

〔**6月**〕

30 **菅田《かんだ》天神社の禊《みそぎ》祭り** ➔甲州市塩山上於曾(JR 中央線塩山駅下車)
鳥居いっぱいに飾られた茅の輪をくぐり抜けた後，男は白，女は赤の形代を奉納し，夏を迎えるにあたって健康を祈願する祭り。夏越《なごし》の祓《はらえ》である。

〔**7月**〕

1 **富士山の山開き** ➔富士吉田市・小御岳神社(富士急行線河口湖駅，バス富士山五合目行終点下車)

日本の霊峰富士山は修験者たちによって開かれ，五合目に小御岳神社があり，長寿延命・山の災難除けになると信仰された。山開きの朝，登山道へのお道開きが行なわれると，富士をかたどった神輿が登山道へくり出し，その後へ登山者たちも続いていく。北口本宮富士浅間神社においては，富士山開山前夜祭として，30日白装束に身を固めた富士講信者らが見守る中，登山の安全を祈願して「お道開き」の行事が行なわれる。吉田口登山道の起点となる鳥居に張られた注連縄を，大刀の神手力男命《たぢからおのみこと》が木槌で切り落とし幕開けを告げる。

中旬　**丹波山村《たばやま》のささら獅子**　➔北都留郡丹波山村丹波(JR中央線塩山駅よりタクシー，またはJR青梅線奥多摩駅，バス丹波行終点下車)
熊野神社の祭りにあわせて，村の青年たちによって奉納される獅子舞。太夫・小太夫・雌獅子が舞うが，それに4人のささら摺，2人の太刀使い，さらに笛・太鼓・唄い手が加わって村内にある4神社に奉納される。県指定無形民俗文化財。

16　**田植祭り**　➔甲府市住吉1丁目・住吉神社(JR中央線甲府駅，バス伊勢町行伊勢町営業所下車)
住吉神社の夏季大祭の神事で，花笠に色模様の着物，濃紺のたすき，袴に白足袋姿の早乙女たちが，境内にある御神田に田植えを行ない，五穀豊穣を祈願する。

28　**河口の稚児舞**　➔南都留郡富士河口湖町河口・河口浅間神社(富士急行線河口湖駅，バス大石ペンション村行・甲府駅行河口局前下車)
河口浅間神社の太々神楽祭りに奉納されるもので，舞い人は神社氏子中7歳から12歳までの少女たち。稚児たちは白衣にちはや・陣羽織を着し，緋のたすき姿で舞う。「御幣の舞」ののち本殿の扉が開かれ，祭事にはいる。4月25日の孫見祭りにも奉納される。県指定無形民俗文化財。

〔8月〕

5　**河口湖湖上祭**　➔南都留郡富士河口湖町(富士急行線河口湖駅下車)
湖畔の船津浜で湖の平安を祈願した後，夜を待って花火が打ち上げられ，夏の夜空を彩る。湖上には提灯やイルミネーションで飾りつけられた遊覧船もくりだす。ほかの富士五湖でも，この時期それぞれに湖上祭が行なわれる。1日山中湖「報湖祭」，2日西湖「龍宮祭」，3日本栖湖「神湖祭」，4日精進湖「涼湖祭」。

15　**南部の火祭り**　➔南巨摩郡南部町(JR身延線内船駅下車)
南部町地内富士川沿岸で行なわれる，盆の精霊送りの行事。10メートルほどの竹竿の先にくくりつけられた，蜂の巣とよばれる藁《わら》をつめた籠に，火のついた松明《たいまつ》を投げる「投げ松明」，古い卒塔婆《そとば》を積み上げて燃やす「大松明」，灯ろう流しのあと富士川両岸に108のたき木を並べて燃やす「百八たい」と続き，幻想的な世界が広がる。

26　**吉田の火祭り**　➔富士吉田市上吉田(富士急行線富士吉田駅下車)

日本三奇祭の一つに数えられる富士山の「お山じまい」を告げる行事。北口本宮富士浅間神社での神事を終えた神輿と「御影」と称される富士山をかたどったかつぎ物がお旅所に到着すると，大通りに立てられた大松明と薪を井桁《いげた》に組んだ松明に一斉に火がともされる。これは祭神である木花開耶姫が無戸室《うつむろ》の猛火の中で皇子を安産された故事によるものといわれる。

〔9月〕

1　**八朔《はっさく》祭り**　➔都留市四日市場（富士急行線都留市駅下車）

旧暦の8月1日，つまり八朔に行なわれた生出《おいで》神社の例祭で，現在は新暦で行なわれる。四日市場から谷村へかけて，巡幸する神輿を10万石大名の格式に準じた大名行列が出迎える。町にくりだす屋台幕は江戸の一流絵師を招いて描かせたもので，城下町の文化を伝えている。

4～6　**山中明神安産祭り**　➔南都留郡山中湖村山中・諏訪神社（富士急行線富士吉田駅，バス御殿場行ホテルマウント富士入口下車）

安産の祭りで，山中集落50人の氏子が，神輿と幣束神輿をかつぎお旅所で1泊する。翌日帰る神輿を赤子を背負った若妻や妊婦が待ちかまえ，先を争ってかつぐ。神輿をかついだ女性に安産が約束されると信じられている。6日には境内で奉納相撲が行なわれる。

19　**流鏑馬《やぶさめ》祭り**　➔富士吉田市下吉田・小室浅間神社（富士急行線下吉田駅下車）

紅白の衣装をつけた射手が乗った朝馬・夕馬が馬場を走り，馬上から神的を射る。的への命中度ではなく，その際の馬のひずめの跡によって吉凶を占う。800年の歴史をもつといわれる古式ゆかしい行事である。

〔10月〕

第1土曜　**鳥居焼き**　➔甲州市勝沼町（JR 中央線勝沼ぶどう郷駅下車）

真言宗の名刹大善寺の縁起にも伝えられている古い歴史をもつ。大善寺で焚かれた護摩の火は，松明に移され青年たちによって町内を巡った後，柏尾山の山腹にある鳥居平の篝に点火される。かつては旧暦7月14日に行なわれていたが，現在では「ぶどう祭り」のイベントの一つとなっている。

12　**万灯行列**　➔南巨摩郡身延町身延（JR 身延線身延駅，バス身延山行終点下車）

日蓮宗総本山久遠寺の報恩法要である「御会式」にあわせて，門前町の万灯講によって行なわれる。日蓮入滅のとき桜が咲きそろったという故事にならい，シダレザクラを模した紙花で作られた「おやなぎ」を繰りながら総門から本山に向かって行列が進む。

〔11月〕

22～23　**高尾の夜祭り**　➔南アルプス市高尾・穂見神社（JR 中央線甲府駅，バス平岡行終点下車，徒歩1時間）

夜参りで知られる祭り。この神社は農業の神であったが，大正時代の不景気なとき神社が縁起をかついで形式的に資本金を貸し出したという風習によっ

て商売繁盛の神になった。境内では夜通し神楽などが演じられている。

23日　**甲府えびす講祭り**　➔甲府市(JR 中央線甲府駅下車)

甲府市商店街連盟が中心となって行なう祭りで，えびす神輿などが練り歩き，市内の商店街ではそれぞれの特色を生かした大売出しを行なう。この祭りを境に盆地の人々の冬支度が始まるといわれた。

23～24　**子安地蔵尊祭り**　➔甲州市勝沼町休息・立正寺(JR 中央線勝沼ぶどう郷駅よりタクシー)

“お子安さん”の名で親しまれる子安地蔵尊は安産・子育ての守り本尊で，23日の宵祭りに始まる。安産まじないの底抜けの杓をいただいて帰り，願いのかなった人は杓を二つにして返す習わしもある。

〔12月〕

第1日曜　**御岳《みたけ》の火伏せ祭り**　➔甲府市御岳町・金桜神社(JR 中央線甲府駅，バス金桜神社経由昇仙峡滝上行金桜神社前下車)

大山祇命《おおやまつみのみこと》を祀る天狗山頂上へ地元の消防団が，手製の竹で作られた神輿をかつぎあげて行なう火伏せの祈願。拝殿での神事の後，神輿は山頂へ向かい岩上に正確にすえられる。少しでも位置がずれると大火がおこると伝えられている。

27　**善光寺の御身拭い《おみぬぐい》**　➔甲府市善光寺(JR 身延線善光寺駅下車)

越年に際し，御本尊の阿弥陀三尊像が八幡神に変身するというめずらしい儀式。香湯で三尊を御身拭いした後，麻の衲衣《のうえ》に茶色の頭巾をかぶせ，八幡神となる。1月7日の七草法要の折に，再び阿弥陀三尊に戻る。

■ 参考文献

【山梨県における地域研究の現状と課題】

山梨県においては，全28巻31冊の『山梨県史』が先頃完成された。江戸時代に編纂された地誌『甲斐国誌』以来，約200年ぶりの修史事業となる。武田氏の活躍や，四方を山に囲まれた独特の風土で生きてきた人々の生活・文化など，地域の歩みを示す資料を満載し，最新の歴史像を提示している。

県史編纂にともない，調査研究の成果を掲載した『山梨県史研究』は14号まで発行された。順次調査研究の成果を掲載している。また，山梨県史資料叢書『山梨県棟札調査報告書』(全５冊)，『村明細帳』(全５冊)は，『甲斐国志』に収録しえなかった豊富な資料を提供しており，利用度の高いものである。『山梨県史民俗調査報告書』(全６冊)も刊行されている。

地域史研究の団体として1939(昭和14)年に発足した山梨郷土研究会は，歴史，考古，民俗，地理，地学・生物などをあわせた総合的研究団体として調査研究活動を行ない，機関誌『甲斐路』は，2005(平成３)年『甲斐』とその誌名を改めたが，126号を数える。研究例会をはじめ，一区切りを迎えた「新夏草道中」は，現地を探訪し，地元の人々の参加をえて，その地域にかかわる研究発表・意見交換等を行なうという特色のある活動を続けてきた。そのほか，文化財保存運動に積極的に取り組んできたことが特筆されよう。

武田氏研究会は，武田氏を中心とした中世史を，考古・美術・民俗など広範な分野をあわせ総合的に研究するために1987(昭和62)年に誕生したもので，機関誌『武田氏研究』が32号まで刊行されている。また，1985(昭和60)年に発足した山梨近代史の会は，山梨県的なものの多くが，歴史的にはこの100年程の間に県民が経験したものに根ざしているに違いないという問いかけから始まった会であり，例会活動を行なっている。ほかに，郡内における都留市郷土研究会をはじめとして，地域的な研究団体の活動もみられる。

舞鶴城公園の整備事業にともなう甲府城跡の発掘調査は，1990(平成２)年より山梨県埋蔵文化財センターにより行なわれている。大量の金箔瓦や家紋瓦の出土などにより，甲府城の歴史的位置付けの再検討がせまられるなど，多くの新知見が提供され話題となっている。また，甲府市教育委員会による国指定史跡武田氏館跡の試掘調査も行なわれており，建物跡や水路跡など，戦国時代の遺構が思いのほか良好に残されている状況が確認された。それぞれに調査報告書が刊行されている。

発掘調査や自治体史誌の編纂事業の過程で収集された資料は，1982(昭和57)年に開館された山梨県立考古博物館をはじめとして，市町村の郷土資料館・民俗資料館など地域の特色を生かした保存機関で展示活動もみられるが，全県的に諸資料の整理・保存・利用の環境整備は未だしの感が強い。

2005(平成17)年，県民が渇望していた山梨県立博物館が「山梨の自然と人」を基本テーマに開館した。山梨の豊かな自然と人々がどのように向きあってきたのかと

いう歴史を総合的に調査研究し，それらの成果をこれからの地域振興の重要な指針として提示できるような博物館を目指している。山梨県立図書館に所蔵されていた地域資料である甲州文庫・頼生文庫・若尾資料，他家文書等約8万5000点も移管され，順次データベース化されるなど，利用度の高いものになっている。新たな学術研究の拠点であると同時に，子どもから高齢者までが世代をこえて交流し，歴史と文化を学ぶ場，そして情報発信の場としての総合博物館に期待したい。

【辞典・資料集など】
磯貝正義ほか編『角川日本姓氏歴史人物大辞典19・山梨県』 角川書店　1989
磯貝正義監修『山梨県の地名・日本歴史地名大系19』 平凡社　1995
荻野三七彦・斎藤俊六編『新編甲州古文書』全３巻　角川書店　1966-69
甲斐叢書刊行会編『甲斐叢書』全12巻　甲斐叢書刊行会　1933-36
「角川日本地名大辞典」編纂委員会編『角川日本地名大辞典19・山梨県』 角川書店　1984
国立史料館編『史料館叢書７・依田長安一代記』 東京大学出版会　1985
佐藤八郎ほか校訂『大日本地誌大系・甲斐国志』全５巻　雄山閣　1968-82
萩原頼平編『甲斐志料集成』全12巻　甲斐志料刊行会　1932-35
山梨郷土研究会編『山梨郷土史年表』 山梨日日新聞社　1981
山梨郷土研究会編『山梨郷土史研究入門』 山梨日日新聞社　1992
山梨県立図書館編『山梨県史料・山梨県史』全８巻　山梨県立図書館　1958-65
山梨県立図書館編『山梨県史料・甲斐国社記寺記』全４巻　山梨県立図書館　1966-69
山梨県立図書館編『甲州文庫史料』全８巻　山梨県立図書館　1973-80
山梨日日新聞社編『山梨百科事典・増補改訂版』 山梨日日新聞社　1989

【通史・論文集など】
磯貝正義・飯田文弥『山梨県の歴史』 山川出版社　1973
磯貝正義先生古稀記念論文集編纂委員会編『甲斐の地域史的展開』 雄山閣　1982
磯貝正義先生喜寿記念論文集刊行会編『甲斐の成立と地方的展開』 角川書店　1989
磯貝正義編『図説山梨県の歴史』 河出書房新社　1990
上野晴朗『甲州風土記』 NHK サービスセンター甲府支所　1967
植松又次先生頌寿記念論文集刊行会編『甲斐中世史と仏教美術』 名著出版　1994
黒川金山遺跡研究会編『甲斐黒川金山』 塩山市教育委員会　1997
児玉幸多監修『富士山麓史』 富士急行株式会社　1977
佐藤八郎先生頌寿記念論文集刊行会編『戦国大名武田氏』 名著出版　1991
関口欣也『山梨県の民家』 山梨県教育委員会　1982
田代孝『山梨の経塚信仰』 山梨日日新聞社出版局　1995
地方史研究協議会編『甲府盆地―その歴史と地域性―』 雄山閣　1984

萩原三雄編『定本・山梨県の城』 郷土出版社　1991
山梨県教育委員会編『山梨の文化財・国指定編』 山梨県教育委員会　1971
山梨県教育委員会編『県指定・山梨県の文化財』改訂全４冊　山梨県教育委員会　1980-83
山梨県教育委員会編『山梨県歴史の道調査報告書』全19冊　山梨県教育委員会　1984-91
湯之奥金山遺跡学術調査団編『湯之奥金山遺跡の研究』 湯之奥金山遺跡学術調査会　1992

【自治体史】

明野村誌編纂委員会編『明野村誌』 明野村役場　1963（『新装・明野村誌』２巻　明野村　1994·95）
芦安村編『芦安村誌』 芦安村　1994
飯島茂治編『日下部町誌』 日下部町役場　1952
石和町町誌編さん委員会編『石和町誌』全４巻　石和町　1987-94
市川大門町誌刊行委員会編『市川大門町誌』 市川大門町誌刊行委員会　1967
一宮町誌編纂委員会編『一宮町誌』全２巻　一宮町役場　1967·68
伊藤堅吉『道志七里』 道志村村史編纂資料蒐集委員会　1953
上野原町誌編纂委員会編『上野原町誌』全３巻　上野原町誌刊行委員会　1975
上野晴朗編『勝沼町史料集成』 勝沼町役場　1973
塩山市史編さん委員会編『塩山市史』４巻　塩山市　1995-
大泉村誌編纂委員会編『大泉村誌』全２巻　大泉村　1989
大月市史編纂室編『大月市史』全２巻　大月市役所　1976·78
忍野村編『忍野村誌』全２巻　忍野村　1989
鰍沢町誌編さん委員会編『鰍沢町誌』全２巻　鰍沢町役場　1996
春日居町誌編集委員会編『春日居町誌』 春日居町　1988
勝沼町誌刊行委員会編『勝沼町誌』 勝沼町役場　1962
萱沼英雄『河口湖町史』 河口湖町役場　1966
櫛形町誌編纂委員会編『櫛形町誌』全２巻　櫛形町役場　1966
甲西町誌編集委員会編『甲西町誌』全２巻　甲西町役場　1973
甲府市市史編さん委員会編『甲府市史』全16巻　甲府市役所　1987-93
小淵沢町誌編集委員会編『小淵沢町誌』全２巻　小淵沢町　1983
境川村編『境川村誌』全２巻　境川村　1978·90
サンニチ印刷編『秋山村誌』 秋山村役場　1992
敷島町編『敷島町誌』 敷島町役場　1966
下部町誌編纂委員会編『下部町誌』 下部町役場　1981
昭和町役場企画調整室編『昭和町誌』 昭和町　1990
白根町誌編纂委員会編『白根町誌』全２巻　白根町役場　1969
須玉町誌編集委員会編『須玉町誌』 須玉町役場　1975

須玉町史編さん委員会編『須玉町史』3巻　須玉町　1998-
高根町編『高根町誌』全4巻　高根町　1982-90
田富町誌編纂委員会編『田富町誌』 田富町役場　1981
丹波山村誌編纂委員会編『丹波山村誌』 丹波山村　1981
玉穂町誌編さん委員会編『玉穂町誌』 玉穂町役場　1997
都留市史編纂委員会編『都留市史』全7巻　都留市　1986-96
長坂町誌編纂委員会編『長坂町誌』全2巻　長坂町　1990
中富町誌編纂委員会編『中富町誌』 中富町役場　1971
中道町史編纂委員会編『中道町史』全2巻　中道町役場　1975·76
南部町誌編纂審議委員会編『南部町誌』 南部町役場　1964
韮崎市誌編纂専門委員会編『韮崎市誌』全4巻　韮崎市役所　1978·79
白州町誌編纂委員会編『白州町誌』全2巻　白州町役場　1986
八田村編『八田村誌』 八田村役場　1972
早川町教育委員会編『早川町誌』 早川町役場　1980
早川町誌編纂室編『早川町誌編纂資料編』 早川町役場　1974
日川村誌編纂委員会編『日川村誌』 日川村誌編纂委員会　1959
富士見村役場編『富士見村誌』 富士見村役場　1957
富士吉田市史編さん委員会編『富士吉田市史』7巻　富士吉田市　1992-
双葉町誌編集委員会編『双葉町誌』 双葉町役場　1977
牧丘町誌編纂委員会編『牧丘町誌』 牧丘町役場　1980
増穂町誌編集委員会編『増穂町誌』全3巻　増穂町役場　1976·77
御坂町誌編纂委員会編『御坂町誌』全2巻　御坂町役場　1971·72
三珠町誌編纂委員会編『三珠町誌』 三珠町役場　1980
身延町誌編集委員会編『身延町誌』全2巻　身延町役場　1970·96
武川村誌編纂委員会編『武川村誌』全3巻　武川村　1986-89
守重保作『小菅村郷土小誌』 小菅村　1983
八代町誌編纂室編『八代町誌』全2巻　八代町役場　1975·76
山中湖村史編集委員会編『山中湖村史』全6巻　山中湖村役場　1977-97
山梨県編『山梨県史』5巻　山梨県　1996-
山梨日日新聞社編『芦川村誌』全2巻　芦川村役場　1992
山梨日日新聞社編『上九一色村誌』 上九一色村役場　1985
山梨日日新聞社編『鳴沢村誌』全3巻　鳴沢村役場　1988-95
山梨日日新聞社編『三富村誌』全2巻　三富村教育委員会　1996
山梨日日新聞社編『六郷町誌』 六郷町役場　1982
山梨日日新聞社出版局編『大和村誌』全2巻　大和村役場　1996
龍王村編『龍王村史』 龍王村役場　1955
龍王町編『龍王町史』 龍王町役場　1976
若草町誌編纂委員会編『若草町誌』 若草町　1990

【原　始】
末木健・萩原三雄『山梨の考古学』 山梨日日新聞社　1983
山梨県考古学協会編『山梨考古学論集』Ⅰ～Ⅲ　山梨県考古学協会　1986・89・94
山梨県考古学協会編『新版山梨の遺跡』 山梨日日新聞社　1998
山本寿々雄『山梨県の考古学』 吉川弘文館　1968

【古　代】
磯貝正義『郡司及び采女制度の研究』 吉川弘文館　1978
野口二郎『甲斐拾遺』 山梨日日新聞社　1982
野口二郎編『史料甲斐源氏発祥考』 山梨日日新聞社　1989

【鎌倉・室町時代】
磯貝正義『武田信重』 武田信重公史蹟保存会　1974
磯貝正義ほか『小笠原長清公資料集』 櫛形町　1991
河村昭一『安芸武田氏』 広島市祇園公民館運営委員会　1984
清雲俊元『甲斐源氏安田義定』 放光寺　1984
高島緑雄編『甲斐武田氏文書集』1　地方史研究協議会　1965
渡辺世祐『関東中心足利時代之研究』 雄山閣　1926

【戦国時代】
磯貝正義『定本武田信玄』 新人物往来社　1977
上野晴朗『甲斐武田氏』 新人物往来社　1972
上野晴朗『定本武田勝頼』 新人物往来社　1978
奥野高広『武田信玄』 吉川弘文館　1959
奥野高広・岩沢愿彦校注『信長公記』 角川文庫　1969
酒井憲二『甲陽軍鑑大成』第１・２巻　汲古書院　1994
笹本正治『戦国大名武田氏の信濃支配』 名著出版　1990
笹本正治『中世的世界から近世的世界へ―場・音・人をめぐって―』 岩田書院　1993
笹本正治『戦国大名武田氏の研究』 思文閣出版　1993
笹本正治『武田氏と御岳の鐘』 山梨日日新聞社出版局　1996
笹本正治『武田信玄―伝説的英雄像からの脱却―』 中公新書　1997
笹本正治『武田信玄―芳声天下に伝わり仁道寰中に鳴る―』 ミネルヴァ書房　2005
笹本正治『武田勝頼―日本にかくれなき弓取り―』 ミネルヴァ書房　2011
柴辻俊六『戦国大名領の研究―甲斐武田氏領の展開―』 名著出版　1981
柴辻俊六『戦国大名武田氏領の支配構造』 名著出版　1991
柴辻俊六編『武田氏の研究』 吉川弘文館　1984
清水茂夫・服部治則校注『武田史料集』 新人物往来社　1967
野沢公次郎『甲斐源氏と武田氏』 東都山梨新聞社　1967

広瀬広一『武田信玄伝』 紙硯社　1944(歴史図書社復刻　1968)

【近　世】

安達満『近世甲斐の治水と開発』 山梨日日新聞社　1993
飯田文弥『太枡騒動』 綿塚重右衛門顕彰碑建設委員会　1978
飯田文弥『近世甲斐産業経済史の研究』 国書刊行会　1982
飯田文弥監修『江戸時代人づくり風土記19・山梨』 農山漁村文化協会　1997
池原錬昌『甲斐俳壇と芭蕉の研究』 日本図書刊行会　1987
磯貝正義・村上直編『甲斐近世史の研究』上・下　雄山閣　1974
大島真理夫『近世における村と家の社会構造』 御茶の水書房　1978
太田勝也『近世における駄賃稼ぎと商品流通』 御茶の水書房　1978
久留島浩・吉田伸之編『近世の社会集団—由緒と言説—』 山川出版社　1995
甲府城総合学術調査団編『甲府城総合調査報告書』 山梨県教育委員会　1969
国文学研究資料館編『古典講演シリーズ1・万葉集の諸問題』 臨川書店　1997
三枝久徳編『朝穂堰』『朝穂堰資料篇』 福永書店　1988
三枝善衛編『徳嶋堰』 徳嶋堰組合　1959
宿澤ます江『御役知上塩後村の歴史』 宿澤節夫　1996
露木寛『江戸時代の甲府上水』 地方書院　1966
手塚寿男『近世甲斐の史的研究』 山梨日日新聞社　1984
北條浩『近世における林野入会の諸形態』 御茶の水書房　1979
松本武秀『近世甲州学芸史の研究』 松本安子　1997
村上直『江戸幕府の代官』 国書刊行会　1983

【近代・現代】

雨宮要七『風雪二十年』 昭和書院　1969
有泉貞夫『やまなし明治の墓標』 山梨郷土研究会　1979
有泉貞夫『明治政治史の基礎過程』 吉川弘文館　1980
上野晴朗『山梨のワイン発達史』 勝沼町役場　1977
植松光宏『山梨の洋風建築』 甲陽書房　1977
大門正克『近代日本と農村社会』 日本経済評論社　1994
甲府労政事務所編『山梨労働運動史』 1952
齋藤康彦『地方産業の展開と地域編成』 多賀出版　1998
斎藤芳弘『甲州財閥物語』上・下　テレビ山梨　1975·76
佐藤森三・上野晴朗・飯田文弥『山梨の百年』 NHK サービスセンター甲府支所　1968
竹川義徳『山梨県農民運動史』 大和屋書店　1934
武田辰男『甲府商工会議所八十年史』 甲府商工会議所　1990
永原慶二ほか編『日本地主制の構成と段階』 東京大学出版会　1972
早川文太郎・須田宇十『山梨県水害史』 山梨県水害史発行所　1912

藤沢光宏『地方小都市の生態』 日本評論社　1958
古島敏雄『山村の構造』 御茶の水書房　1952
北條浩『村と入会の百年史』 御茶の水書房　1978
山寺勉『女性が主役戦前山梨の労働運動史』 平和プリント社　1990
山梨県編『山梨県恩賜県有財産沿革誌』 1936
山梨県編『山梨県政百年史』上・下　山梨県　1975·78
山梨県議会事務局編『山梨県民主議会史』9巻　山梨県議会　1953-84
山梨県議会事務局編『山梨県議会史』5巻　山梨県議会　1970-78
山梨県教育委員会編『山梨県教育百年史』3巻　1976-79
山梨県耕地課編『山梨県土地改良史』 1972
山梨女性史の会編『山梨のおんな』 東洋インターフェイス　1986
山梨中央銀行行史編纂室『創業百年史』 山梨中央銀行　1981
山本多佳子『樋口光治(聞書)ある農民運動家の百年』 山梨日日新聞社　1995
横田武『山梨県蚕糸業概史』 山梨県蚕糸業概史刊行会　1959
渡辺保『郡内電力史』 1987
渡辺洋三・北條浩『林野入会と村落構造』 東京大学出版会　1975

■ 図版所蔵・提供者一覧

カバー　甲府市藤村記念館・甲府市教育委員会
見返し表　中込幹治
　裏上　釈迦堂遺跡博物館
　裏下　山梨県立考古博物館
口絵1上　東京国立博物館
　下　甲府市教育委員会
口絵2上　大聖寺・若林賢明
　下　大善寺・若林賢明
口絵3上　岩国歴史美術館
　下右・左　高野山持明院・高野山霊宝館
口絵4上　善光寺・若林賢明
　下　勝沼町教育委員会
口絵5　山梨県立図書館
口絵6上　常光寺
　下　鰍沢町郷土資料館・サンニチ印刷
口絵7下　富士吉田市教育委員会
口絵8上　山梨県立図書館
　下　『山梨県統計書』
p. 3　サンニチ印刷
p. 5　山梨県立図書館
p. 9　山梨県立考古博物館
p. 10　山梨県立考古博物館
p. 12　山梨県立考古博物館
p. 13　山梨県立考古博物館
p. 16　八代町教育委員会
p. 17　甲府市教育委員会
p. 23　山梨県立考古博物館
p. 26　恵林寺・信玄公宝物館
p. 30　宮内庁正倉院事務所
p. 33　仁和寺・京都国立博物館
p. 34　奈良国立文化財研究所
p. 43　高賀神社
p. 45　熊野神社
p. 47　称願寺・若林賢明
p. 56　国立歴史民俗博物館
p. 61　吉川史料館(岩国市)
p. 70　窪八幡神社・若林賢明
p. 73　長野市商工部観光課
p. 75上　大泉寺
p. 104下　生島足島神社
p. 107　徳川美術館
p. 115　東京大学法学部法制史資料室
p. 132　山梨県立図書館
p. 138　『山梨県の歴史散歩』
p. 150　東京大学史料編纂所
p. 151　山岡正夫
p. 156　山梨県立図書館
p. 160　若林賢明
p. 163　若林賢明
p. 172下　山梨県立図書館
p. 175右・左　山梨県立図書館
p. 177　山梨県立図書館
p. 179下　山梨県立図書館
p. 183　山梨県立図書館
p. 191　山梨県立図書館
p. 193　山梨県立図書館
p. 204　山梨県立図書館
p. 206　山梨県立図書館
p. 207　古屋信義
p. 211　山梨県立図書館
p. 213　山本裕
p. 217上　若林賢明
p. 217下　山梨県立図書館
p. 221　山梨県立図書館
p. 225　甲府市民俗資料館・甲府市教育委員会
p. 229下　山梨県立図書館
p. 231　山梨県立図書館
p. 235　山梨県立図書館
p. 237　山梨県立図書館
p. 238　山梨県立図書館
p. 242　木内わか子
p. 245　山梨日日新聞社刊『写真集　山梨百年』
p. 247　甲府市藤村記念館・甲府市教育委員会
p. 255　増穂町教育委員会
p. 258　山梨県立図書館
p. 259　山梨日日新聞社刊『写真集　山梨百年』
p. 263　日本キリスト教団甲府教会
p. 267　山梨日日新聞社刊『写真集　山梨百年』
p. 271　山梨県立図書館
p. 273　甲府市藤村記念館・甲府市教育委員会
p. 276　郷土出版社刊『目で見る峡東の100年』
p. 279　山梨日日新聞社刊『写真集　山梨百年』
p. 283　山梨日日新聞社
p. 286　山梨日日新聞社刊『写真集　山梨百年』
p. 289　山梨日日新聞社
p. 292　内田宏
p. 297上　内田宏
p. 297下　若林賢明

撮影協力者　望月健男・小林幸代

敬称略。紙面構成の都合で個々に記載せず，巻末に一括しました。所蔵者不明の図版は，転載書名を掲載しました。記載洩れなどがありましたら，編集部までお申し出下さい。